AICTE'S

LIST OF PRESCRIBED TEXTBOOKS

in INDIAN LANGUAGES

AS PER MODEL CURRICULUM & OUTCOME BASED EDUCATION ALIGNED WITH

NATIONAL EDUCATION POLICY 2020

UNDERGRADUATE COURSE BOOKS

ENGLISH EDITION

S.No.	ISBN	Book Name	Book Code	No. of Pages
1	978-93-91505-14-1	Chemistry-I (with Lab Manual)	UG001EN	220
2	978-93-91505-09-7	English (with Lab Manual)	UG002EN	228
3	978-93-91505-21-9	Programming for Problem Solving (with Lab Manual)	UG003EN	348
4	978-93-91505-06-6	Engineering Graphics & Design	UG004EN	252
5	978-93-91505-15-8	Basic Electrical Engineering (with Lab Manual)	UG005EN	412
6	978-93-91505-33-2	Workshop / Manufacturing Practices (with Lab Manual)	UG006EN	172
7	978-93-91505-16-5	Physics (Introduction to Electromagnetic Theory) (with Lab Manual)	UG007EN	308
8	978-93-91505-05-9	Physics (Introduction to Mechanics) (with Lab Manual)	UG008EN	228
9	978-93-91505-25-7	Physics (Quantum Mechanics for Engineers) (with Lab Manual)	UG009EN	TBA
10	978-93-91505-13-4	Physics (Oscillation, Waves and Optics) (with Lab Manual)	UG010EN	TBA
11	978-93-91505-17-2	Mathematics - I : Calculus and Linear Algebra [For Non-Computer Science Engineering Branches]	UG011EN	596
12	978-93-91505-27-1	Mathematics - I : Calculus and Linear Algebra [For Computer Science Engineering Branches]	UG012EN	412
13	978-93-91505-28-8	Mathematics - II : Calculus, Ordinary Differential Equations and Complex Variable [For Non-Computer Science Engineering Branches]	UG013EN	TBA
14	978-93-91505-41-7	Mathematics - II: Probability and Statistics [For Computer Science Engineering Branches]	UG014EN	TBA

BOOKS ARE ALSO AVAILABLE IN

HINDI | MARATHI | TAMIL | TELGU | KANNADA

Also available as an ebook

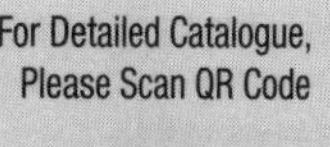

आईटी प्रणाली का परिचय

(लैब मैन्युअल सहित)

प्रशांत जोशी

KHANNA BOOK PUBLISHING CO. (P) LTD.
PUBLISHER OF ENGINEERING AND COMPUTER BOOKS
4C/4344, Ansari Road, Darya Ganj, New Delhi-110002
Phone: 011-23244447-48 **Mobile:** +91-99109 09320
E-mail: contact@khannabooks.com
Website: www.khannabooks.com

Dear Readers,

To prevent the piracy, this book is secured with HIGH SECURITY HOLOGRAM on the front title cover. In case you don't find the hologram on the front cover title, please write us to at contact@khannabooks.com or whatsapp us at +91-99109 09320 and avail special gift voucher for yourself.

Specimen of Hologram on front Cover title:

Moreover, there is a SPECIAL DISCOUNT COUPON for you with EVERY HOLOGRAM.

How to avail this SPECIAL DISCOUNT:

Step 1: Scratch the hologram

Step 2: Under the scratch area, your "coupon code" is available

Step 3: Logon to www.khannabooks.com

Step 4: Use your "coupon code" in the shopping cart and get your copy at a special discount

Step 5: Enjoy your reading!

ISBN: 978-93-5538-196-5
Book Code: DIP182HI

Introduction To IT Systems

by Prashant Joshi

[Hindi Edition]

First Edition: 2021
Reprint: Oct 2022, Feb 2023, Feb 2025

Published by:
Khanna Book Publishing Co. (P) Ltd.
CIN: U22110DL1998PTC095547

Visit us at: **www.khannabooks.com**
Write us at: **contact@khannabooks.com**

To view complete list of books, Please scan the QR Code:

Printed in Bharat.

प्रो. अनिल डी. सहस्रबुद्धे
अध्यक्ष
Prof. Anil D. Sahasrabudhe
Chairman

अखिल भारतीय तकनीकी शिक्षा परिषद्
(भारत सरकार का एक सांविधिक निकाय)
(शिक्षा मंत्रालय, भारत सरकार)
नेल्सन मंडेला मार्ग, बसंत कुंज, नई दिल्ली–110070
दूरभाष : 011–26131498
ई–मेल : chairman@aicte-india.org

ALL INDIA COUNCIL FOR TECHNICAL EDUCATION
(A STATUTORY BODY OF THE GOVT. OF INDIA)
(Ministry of Education, Govt. of India)
Nelson Mandela Marg, Vasant Kunj, New Delhi-110070
Phone : 011-26131498
E-mail : chairman@aicte-india.org

प्राक्कथन

इंजीनियरिंग ने सदियों से समाज की प्रगति और विस्तार में बहुत महत्वपूर्ण भूमिका निभाई है। भारतीय उपमहाद्वीप में उपजे इंजीनियरिंग विचारों ने संपूर्ण विश्व के चिंतन को प्रभावित किया है।

अखिल भारतीय तकनीकी शिक्षा परिषद (अभातशिप) ने वर्ष 1987 में अपने स्थापना से ही तकनीकी विद्यार्थियों को सर्व संभव सहायता देने में अग्रणी भूमिका का निर्वहन किया है। अभातशिप का लक्ष्य गुणवत्तापूर्ण तकनीकी शिक्षा को प्रोत्साहन देते हुए इसके माध्यम से उद्योग जगत को नवीन उत्कर्ष पर पहुँचाना एवं अंततः मातृभूमि भारत को एक आधुनिक विकसित राष्ट्र के रूप में स्थापित करना है| यहां यह उल्लेख करना अनुचित नहीं होगा कि इंजीनियर आधुनिक समाज की रीढ़ हैं - बेहतर इंजीनियर अर्थात बेहतर उद्योग और उद्योग जितने बेहतर होंगे राष्ट्र उतना ही विकास करेगा।

राष्ट्रीय शिक्षा नीति 2020 की परिकल्पना है कि सभी के लिए क्षेत्रीय भाषा में शिक्षा उपलब्ध हो, जो सुनिश्चित करती है कि प्रत्येक विद्यार्थी समग्र रूप से सक्षम एवं दक्ष हो ताकि राष्ट्रीय विकास में सकल योगदान दे सके।

अभातशिप का विगत कुछ वर्षों से यह अथक प्रयास रहा है कि, इंजीनियरिंग के सभी विद्यार्थियों को उच्च गुणवत्ता वाली अंतरराष्ट्रीय स्तर की पुस्तकें क्षेत्रीय भाषाओं में तैयार कर, उचित मूल्य पर उपलब्ध कराई जाएँ। ये पुस्तकें न केवल सरल भाषा में व्यावहारिक जीवन के उदाहरणों तथा समृद्ध विषय सामग्री को ध्यान में रखकर तैयार की गई हैं, अपितु इनमें दिन प्रति दिन बदलते वैश्विक परिदृश्य तथा उद्योग जगत की आवश्यकताओं का भी ध्यान रखा गया है। क्षेत्रीय भाषाओँ में तैयार की गई ये पुस्तकें, अभातशिप के इंजीनियरिंग एवं प्रौद्योगिकी के मॉडल पाठ्यक्रम - 2018 के अनुरूप हैं।

संपूर्ण भारत के अनुभवी एवं विषय के निष्णात प्रख्यात प्राध्यापकों द्वारा इन पुस्तकों को अकादमिक समुदाय के लाभ के लिए लिखा गया है। अभातशिप को पूर्ण विश्वास है कि, विषय सामग्री की दृष्टि से समृद्ध, ये पुस्तकें तकनीकी शिक्षा के विद्यार्थियों को अधिक सुगमता और गुणवत्ता के साथ विषयों में दक्षता प्राप्त करने में सहायक होंगी|

अभातशिप इन पुस्तकों और इंजीनियरिंग विषयों को अधिक सुस्पष्ट एवं प्रभावी बनाने के लिए सभी मूल लेखकों, समन्वयकों तथा अनुवादकों के अथक प्रयास और परिश्रम की प्रशंसा करता है।

(Anil D. Sahasrabudhe)

आभार

इंजीनियरिंग एवं प्रौद्योगिकी के विद्यार्थियों के लिए तकनीकी पुस्तकों के प्रकाशन हेतु कुशल नियोजन, संयोजन एवं क्रियान्वयन हेतु अखिल भारतीय तकनीकी शिक्षा परिषद् के प्रति लेखक हृदय से कृतज्ञ हैं।

पुस्तक को विद्यार्थियों के अनुकूल रोचक एवं कलात्मक रूप देने में पुस्तक के समीक्षक डॉ. कोटक परेश के बहुमूल्य योगदान के प्रति भी लेखक हृदय से आभारी है।

लेखक के लिए अत्यंत गौरव का विषय है कि, यह पुस्तक एआईसीटीई के मॉडल पाठ्यक्रम एवं राष्ट्रीय शिक्षा नीति (NEP) - 2020 के दिशानिर्देशों के अनुरूप तैयार की गई है। साथ ही क्षेत्रीय भाषाओं में शिक्षा को बढ़ावा देने के लिए इस पुस्तक का अनुसूचित भारतीय क्षेत्रीय भाषाओं में भी अनुवाद किया जा रहा है।

हम इस पुस्तक के हिंदी भाषा में अनुवाद के लिए डॉ. मेघा कांबले एवं समीक्षा के लिए डॉ. याचना भावसार के प्रति आभार व्यक्त करते हैं।

हम श्री बुद्धा चंद्रशेखर, मुख्य समन्वय अधिकारी (CCO), NEAT, एआईसीटीई के प्रति हार्दिक सम्मान व्यक्त करते हैं जिनके द्वारा विकसित आर्टिफिशियल इंटेलिजेंस (AI) आधारित ट्रांसलेशन टूल का उपयोग अनुवाद के लिए किया गया।

अंत में, लेखक, खन्ना बुक पब्लिशिंग कंपनी प्राइवेट लिमिटेड, नई दिल्ली, के सभी सदस्यों जिन्होंने प्रकाशन के दौरान तत्परता से सहयोग प्रदान किया एवं इसे एक स्मरणीय अनुभव बनाया, के प्रति भी हार्दिक धन्यवाद ज्ञापित करते हैं।

- प्रशांत जोशी

प्रस्तावना

सूचना प्रौद्योगिकी के विकास को यदि 20 वी सदी की एक महान उपलब्धि माना जाए तो कोई अतिशयोक्ति नहीं होगी। मानव जीवन पर प्रौद्योगिकी के प्रभाव को आसानी से देखा जा सकता है। सूचना प्रौद्योगिकी में, कंप्यूटर सिस्टम का उपयोग इलेक्ट्रॉनिक डेटा या जानकारी बनाने, संग्रहित करने, एकत्र करने या साँझा करने के लिए किया जाता है। इन प्रक्रियाओं में आवश्यक हार्डवेयर, सॉफ्टवेयर का बुनियादी ज्ञान इस तकनीक के उपयोगकर्ताओं के लिए आवश्यक है ताकि वे इस तकनीक का उचित उपयोग कर सकें। इसी उद्देश्य को ध्यान में रखते हुए प्रथम वर्ष के डिप्लोमा पाठ्यक्रम के लिए एआईसीटीई के मॉडल पाठ्यक्रम में 'आईटी प्रणाली का परिचय' यह विषय रखा गया है।

पहली यूनिट कंप्यूटर सिस्टम में उपयोग किए जाने वाले विभिन्न हार्डवेयर घटकों जैसे सीपीयू, मेमोरी प्रकार, डिस्प्ले और परिधीय उपकरणों का वर्णन करती है। इंटरनेट प्रौद्योगिकी दूरस्थ कंप्यूटरों के बीच सूचना या सेवाओं के आदान-प्रदान में उपयोगी है। इंटरनेट तकनीक का अवलोकन पहली यूनिट में शामिल किया गया है। इसके अलावा, वेब ब्राउज़र जो कि इंटरनेट की लोकप्रिय WWW सेवा का उपयोग करने के लिए आवश्यक एक एप्लिकेशन सॉफ़्टवेयर है, इसका विस्तार से वर्णन किया गया है। इस यूनिट में पाठक डिजिटल इंडिया मिशन के अंतर्गत वर्गीकृत डिजिटल इंडिया पोर्टलों की विस्तृत सूची से भी अवगत होंगे।

दूसरी यूनिट कंप्यूटर सिस्टम के सबसे महत्वपूर्ण सिस्टम सॉफ्टवेयर यानी ऑपरेटिंग सिस्टम को कवर करती है। इस यूनिट में शिक्षार्थी ऑपरेटिंग सिस्टम को स्थापित करने की चरण-दर-चरण प्रक्रिया को समझेंगें। विद्यार्थियों को माइक्रोसॉफ्ट विंडोज 10 ऑपरेटिंग सिस्टम और लिनक्स ओएस वैरिएंट UBUNTU 20.04 स्थापित करने की जानकारी मिलेगी| इस यूनिट में, लिनक्स ओएस की संरचना, साथ ही साथ लिनक्स शेल की विशेषताओं, प्रकारों और विभिन्न महत्वपूर्ण कमांड्स को उदाहरणों के साथ समझाया गया है। यूनिट के अंत में, vi संपादक, यूनिक्स सिस्टम का सबसे लोकप्रिय टेक्स्ट एडिटर है। इसके तरीके और कमांड्स प्रस्तुत किए गए हैं।

तीसरे यूनिट में, WWW के निर्माण और विकास में इस्तेमाल कंप्यूटर भाषाओं यानी, एचटीएमएल और सीएसएस को शामिल किया गया है। इस यूनिट में, एचटीएमएल के विभिन्न टैग और विशेषताओं की व्याख्या की गई है। यह यूनिट यह भी बताती है कि वेबपेजों की सामग्री को आकर्षक और स्टाइलिश तरीके से प्रस्तुत करने के लिए CSS का उपयोग कैसे करना चाहिए।

चौथी यूनिट अपाचे ओपन ऑफिस के अध्ययन से संबंधित है, जो कार्यालय सुइट कार्यों को अर्थात शब्द संसाधन, गणना और प्रस्तुति कार्य को करने में सक्षम उपकरण है । इसमें अपाचे ओपन ऑफिस के तीन महत्वपूर्ण घटकों यानी राइटर, कैल्क और इंप्रेस के माध्यम से सूचना के प्रसंस्करण और प्रस्तुति को सिखाया गया है।

इस डिजिटल युग में सूचनाओं को डिजिटल रूप में रखा जाता है। इन सूचनाओं को सुरक्षित रखने के लिए विभिन्न स्तरों पर सुरक्षा की आवश्यकता होती है। हमें अपने दैनिक डिजिटल जीवन में किन सावधानियों और नियमों को अपनाना चाहिए ताकि हम सूचना सुरक्षा प्रदान कर सकें, इसकी चर्चा अंतिम यूनिट में की गई है। इस अंतिम यूनिट में परपेचुअल लर्निंग के लिए दो एक्टिविटीज को भी सम्मिलित किया है

वस्तुनिष्ठ तथा विषयात्मक अभ्यास के अतिरिक्त, अभ्यास सेक्शन को ऑनलाइन क्विज़ेज एवं क्रॉसवर्ड्स से समृद्ध किया गया है। सैद्धांतिक ज्ञान को गहराई से समझने और उसे स्थायी बनाने के लिए प्रायोगिक कार्य हमेशा आवश्यक होता है। एआईसीटीई मॉडल पाठ्यक्रम में वर्णित प्रयोगों को प्रत्येक यूनिट के अंत में शामिल किया गया है।

लेखक का मानना है कि हालांकि सामग्री के लेखन में पूरी सावधानी बरती गई है, लेकिन इसमें कुछ त्रुटियाँ संभव हैं और सामग्री में और सुधार किया जा सकता है। लेखक के सीमित ज्ञान और समय के कारण, यह रचना केवल एक प्रयास है, जिसे आपके सुझावों से और बेहतर बनाया जा सकता है। यदि आपके पास कोई सुझाव है या पुस्तक में कोई त्रुटि है जो **https: //www.epragya.in/aicte-book-it-systems/errata_itsystems** पर प्रदर्शित इरेटा सूची में शामिल नहीं है तो आप इसे *joshi.prashant@@gov.in* ईमेल पते या प्रकाशक को लिखे ताकि अगले संस्करण को परिष्कृत किया जा सके।

परिणाम आधारित शिक्षा

परिणाम आधारित शिक्षा (आउटकम बेस्ड एजुकेशन) के क्रियान्वयन के लिए प्रथम आवश्यकता है, परिणाम आधारित पाठ्यक्रम विकसित करना एवं शिक्षा प्रणाली में परिणाम आधारित मूल्यांकन का समावेश करना। परिणाम आधारित आकलन के माध्यम से मूल्यांकनकर्ता यह मूल्यांकन करने में सक्षम हो सकेंगे कि क्या विद्यार्थियों ने उल्लेखित मानक, विशिष्ट और मापने योग्य लक्ष्यों (परिणामों) को प्राप्त कर लिया है। परिणाम-आधारित शिक्षा के उचित समावेश से सभी विद्यार्थियों में, प्रोग्राम बीच में छोड़े बिना, न्यूनतम मानक अर्जित करने के लिए एक निश्चित प्रतिबद्धता होगी। परिणाम आधारित शिक्षा युक्त प्रोग्राम के अंत में, डिप्लोमा इंजीनियरिंग के विद्यार्थी निम्नलिखित लक्ष्यों (परिणामों) तक पहुँचने में सक्षम होंगे।

PO1 : **मूलभूत एवं अध्ययन संकाय विशिष्ट ज्ञानः** गणित, विज्ञान, इंजीनियरिंग के आधारभूत ज्ञान और इंजीनियरिंग विशेषज्ञता कों इंजीनियरिंग समस्याओं के समाधान के लिए उपयोग करना ।

PO2 : **समस्या विश्लेषणः** संहिताबद्ध मानक विधियों का उपयोग करके सुपरिभाषित इंजीनियरिंग समस्याओं को पहचानना एवं उनका विश्लेषण करना ।

PO3 : **समाधानों की रूपरेखा / विस्तारः** सुपरिभाषित तकनीकी समस्याओं के लिए समाधानों की रूपरेखा (डिजाईन) तैयार करना और निर्दिष्ट आवश्यकताओं को पूरा करने के लिए प्रणाली के घटकों या प्रक्रियाओं के डिजाइन में सहायता करना।

PO4 : **इंजीनियरिंग उपकरण, प्रयोग और परीक्षणः** मानक परीक्षण और माप करने के लिए आधुनिक इंजीनियरिंग उपकरण और उपयुक्त तकनीक का उपयोग करना ।

PO5 : **समाज एवं पर्यावरणीय स्थायित्व के लिए इंजीनियरिंग कार्यप्रणालीः** समाज, स्थिरता, पर्यावरण और नैतिक कार्यप्रणालियों के संदर्भ में उपयुक्त प्रौद्योगिकी का उपयोग करना ।

PO6 : **परियोजना प्रबंधनः** इंजीनियरिंग और प्रबंधन के सिद्धांतों का उपयोग व्यक्तिगत एवं समूह के सदस्य अथवा प्रमुख के रूप में परियोजना प्रबंधन करना एवं सुपरिभाषित इंजीनियरिंग गतिविधियों के विषय में प्रभावी ढंग से संप्रेषित करना ।

PO7 : **जीवन-पर्यन्त सीखनाः** व्यक्तिगत आवश्यकताओं का विश्लेषण करने की क्षमता और तकनीकी परिवर्तनों के व्यापक संदर्भ में जीवन-पर्यन्त सीखना ।

कोर्स आउटकम

विद्यार्थी निम्न में सक्षम होंगे

CO-1: कंप्यूटर सिस्टम का उपयोग करें, सरकारी पोर्टल ब्राउज़ करें और सर्च इंजन का कुशलता से उपयोग करना।

CO-2: अन्य बाहरी हार्डवेयर उपकरणों को पर्सनल कंप्यूटर से कनेक्ट करें और ड्राइवर सॉफ़्टवेयर स्थापित करना।

CO-3: पर्सनल कंप्यूटर में लिनक्स और एमएस विंडोज जैसे विभिन्न ऑपरेटिंग सिस्टम स्थापित करना।

CO-4: यूनिक्स सिस्टम में शेल कमांड निष्पादित करना।

CO-5: HTML4 और CSS के साथ स्टाइलिश वेबपेज बनाना।

CO-6: बेसिक ऑफिस सूट प्रोग्राम जैसे वर्ड प्रोसेसिंग, स्प्रेडशीट और प्रेजेंटेशन पर काम करना।

CO-7: पर्सनल कंप्यूटर सिस्टम और वेब पर उनकी जानकारी की सुरक्षा करना।

कोर्स आउटकम्स (COs) के साथ प्रोग्राम आउटकम्स (POs) का परस्पर संबंध

कोर्स आउटकम्स	प्रोग्राम आउटकम्स के साथ अपेक्षित सहसंबंध (*1-कमजोर सहसंबंध, 2-मध्यम सहसंबंध, 3-मजबूत सहसंबंध*)						
	PO-1	**PO-2**	**PO-3**	**PO-4**	**PO-5**	**PO-6**	**PO-7**
CO-1	2	1	1	2	2	1	3
CO-2	3	2	3	2	1	1	3
CO-3	2	1	2	1	1	1	3
CO-4	2	2	1	2	1	1	2
CO-5	3	2	2	2	2	1	3
CO-6	3	3	3	3	1	2	3
CO-7	3	3	2	2	3	1	2

संक्षेपण सूची

संक्षिप्त रूप	विस्तृत रूप	संक्षिप्त रूप	विस्तृत रूप
3G/4G	थर्ड जनरेशन / फोर्थ जनरेशन	MIS	मैनेजमेंट इनफार्मेशन सिस्टम
AI	आर्टिफिशियल इंटेलिजेन्स	ML	मशीन लर्निंग
ALU	अरिथमेटिक एंड लॉजिक यूनिट	MODEM	मॉड्यूलेटर-डिमॉड्यूलेटर
ATM	ऑटोमेटेड टेलर मशीन	MOOCS	मैसिव ओपन ऑनलाइन कोर्सेस
CD	कॉम्पैक्ट डिस्क	MPLS	मल्टीप्रोटोकल लेबल स्विचिंग
CRT	कैथोड रे ट्यूब	NFC	नियर फील्ड कम्युनिकेशन
DHCP	डायनेमिक होस्ट कॉन्फ़िगरेशन प्रोटोकॉल	NVM	नॉन वोलेटाइल मेमोरी
DLP	डिजिटल लाइट प्रोसेसिंग	OLED	ऑर्गेनिक लाइट-एमिटिंग डायोड
DNS	डोमेन नेम सिस्टम	OS	ऑपरेटिंग सिस्टम
DRAM	डायनामिक रैंडम एक्सेस मेमोरी	PIN	पर्सनल आइडेंटिफिकेशन नंबर
DVD	डिजिटल वर्सटाइल डिस्क	POTS	प्लेन ओल्ड टेलिफोन सिस्टम
ESD	इलेक्ट्रोस्टेटिक डिस्चार्ज	QR Code	क्विक रिस्पांस कोड
FOSS	फ्री तथा ओपन सोर्स सॉफ्टवेयर	RAM	रैंडम एक्सेस मेमोरी
FTP	फाइल ट्रांसफर प्रोटोकॉल	ROM	रीड ओनली मेमोरी
GIS	जीओस्पेशिअल इनफार्मेशन सिस्टम	SERP	सर्च इंजन रिजल्ट पेजेज
GOI	गवर्मेंट ऑफ़ इंडिया	SMS	शार्ट मैसेज सर्विस

संक्षिप्त रूप	विस्तृत रूप	संक्षिप्त रूप	विस्तृत रूप
GPRS	जनरल पैकेट रेडिओ सर्विस	SMTP	सिंपल मेल ट्रांसफर प्रोटोकॉल
GPS	ग्लोबल पोजिशनिंग सिस्टम	SRAM	स्टेटिक रैंडम एक्सेस मेमोरी
GUI	ग्राफिकल यूजर इंटरफ़ेस	SSL	सिक्योर सॉकेट लेयर
HTTP	हाइपरटेक्स्ट ट्रांसफर प्रोटोकॉल	TFT	थीन -फिल्म ट्रांजिस्टर
HTTPS	हाइपरटेक्स्ट ट्रांसफर प्रोटोकॉल सिक्योर	TCP/IP	ट्रांसमिशन कंट्रोल प्रोटोकॉल और इंटरनेट प्रोटोकॉल
ICT	इन्फॉर्मेशन कम्युनिकेशन टेक्नोलॉजी	UI	यूजर इंटरफेस
IOT	इंटरनेट ऑफ़ थिंग्स	UPI	यूनिफाइड पेमेंट्स इंटरफ़ेस
ISP	इंटरनेट सर्विस प्रोवाइडर	URI	यूनिफ़ॉर्म रिसोर्स इंडिकेटर
JS	जावास्क्रिप्ट	URL	यूनिफ़ॉर्म रिसोर्स लोकेटर
LAN	लोकल एरिया नेटवर्क	USB	यूनिवर्सल सीरियल बस
LCD	लिक्विड क्रिस्टल डिस्प्ले	VoIP	वॉयस ओवर इंटरनेट प्रोटोकॉल
LED	लाइट एमीटिंग डायोड	VPN	वर्चुअल प्राइवेट नेटवर्क
LTS	लॉन्ग टर्म सपोर्ट	WYSIWYG	व्हाट यू सी इज व्हाट यू गेट
MAC	मीडिया एक्सेस कंट्रोल	WWW	वर्ल्ड वाइड वेब
MFA	मल्टी फैक्टर ऑथेंटिकेशन	XML	एक्सटेंसिबल मार्कअप लैंग्वेज

चित्र सूची

चित्र क्र.	शीर्षक	पृष्ठ क्र.
चित्र 4.12	स्टार्ट सेंटर के माध्यम से एक नया दस्तावेज़ खोलें	150
चित्र 4.13	सेव एज(save as) डायलॉग बॉक्स	151
चित्र 4.14	दस्तावेज़ संशोधन डायलॉग बॉक्स	151
चित्र 4.15	प्रिंट डायलॉग बॉक्स	151
चित्र 4.16	फॉर्मेटिंग टूलबार, कैरेक्टर फॉर्मेटिंग के लिए चिह्न दिखा रहा है	152
चित्र 4.17	अनुच्छेद स्वरूपण(पैराग्राफ फॉर्मेटिंग) के लिए चिह्न दिखाने वाला फॉर्मेटिंग टूलबार	153
चित्र 4.18	"Find & Replace" डायलॉग (संवाद) बॉक्स	153
चित्र 4.19	स्पेलिंग चेकिंग	154
चित्र 4.20	ऑटो करेक्ट विकल्प	154
चित्र 4.21	ओपनऑफिस कैल्क (सीएएलसी) इंटरफेस	155
चित्र 4.22	फ़्रीज़िंग रो और कॉलम	156
चित्र 4.23	चार्ट विज़ार्ड के साथ चार्ट बनाना	157
चित्र 4.24	क्विकस्टार्टर के माध्यम से इम्प्रेस शुरू करना	159
चित्र 4.25	प्रेजेंटेशन विज़ार्ड (a) प्रकार चयन (b) डिजाइन और आउटपुट माध्यम चयन	159
चित्र 4.26	प्रेजेंटेशन विज़ार्ड से प्रस्तुति प्रकार और ट्रांज़िशन का चयन	160
चित्र 4.27	ओपनऑफिस इम्प्रेस इंटरफ़ेस	160
चित्र 4.28	कार्य फलक खंड खोलना	161
चित्र 4.29	प्रेजेंटेशन टूलबार	162
चित्र 4.30	प्रेजेंटेशन (a) स्लाइड लेआउट विकल्प (b) इन्सर्ट सामग्री प्रकार	163
चित्र 4.31	कस्टम एनिमेशन	164
चित्र 4.32	कस्टम एनिमेशन डायलॉग बॉक्स	164
चित्र 4.33	ओपनऑफ़िस इम्प्रेस प्रिंट डायलॉग	165
चित्र 4.34	शिक्षक की प्रोफ़ाइल के लिए एक टेम्प्लेट-प्रोफ़ॉर्म	172
चित्र 4.35	एक टेम्प्लेट-रसीद प्रोफार्मा	173
चित्र 4.36	एक टेम्प्लेट-प्रस्तुति स्लाइड	175
यूनिट 5 : सूचना सुरक्षा सर्वोत्तम प्रथाएँ		
चित्र 5.1	सूचना - एक उदाहरण	180
चित्र 5.2	इन्फोसेक एट्रीब्यूट(गोपनीयता, सत्यनिष्ठा, उपलब्धता ट्रायड्स)	181

तालिका सूची

शिक्षकों के लिए दिशा निर्देश

परिणाम आधारित शिक्षा (OBE) की रुपरेखा के क्रियान्वयन और ब्लूम की टैक्सोनॉमी के उपयोग पर अधिक ध्यान देने के लिए आवश्यक है कि विद्यार्थियों के ज्ञान एवं व्यावसायिक कौशल को बढ़ाया जाना चाहिए। इसके उचित क्रियान्वयन के लिए शिक्षकों को एक बड़ी जिम्मेदारी लेनी चाहिए। परिणाम आधारित शिक्षा प्रणाली में शिक्षकों के असीमित उत्तरदायित्वों में से कुछ निम्न प्रकार के हो सकते है :

- यथोचित प्रतिबंधो के अंतर्गत, सभी विद्यार्थियों के सर्वोत्तम लाभ के लिए उन्हें युक्तिपूर्ण तरीके से समय का प्रबंधन करना चाहिए।
- उन्हें विद्यार्थियों का आकलन किसी भेदभाव या अन्य संभावित अपात्रता पर विचार किए बिना केवल कुछ निश्चित मानदंडों के आधार पर ही करना चाहिए।
- उन्हें विद्यार्थियों के संस्थान छोड़ने के पूर्व उनकी सीखने की क्षमता को एक निश्चित स्तर तक बढ़ाने का प्रयास करना चाहिए।
- उन्हें यह सुनिश्चित करने का प्रयास करना चाहिए कि शिक्षा पूर्ण करने तक सभी विद्यार्थी गुणवत्ता पूर्ण ज्ञान एवं योग्यता ग्रहण कर चुके हों।
- उन्हें विद्यार्थियों को उनकी श्रेष्ट प्रदर्शन करने की क्षमताओं को विकसित करने के लिए हमेशा प्रोत्साहित करना चाहिए।
- उन्हें नए दृष्टिकोण को सुदृढ़ करने के लिए सामूहिक एवं दलगत रूप में कार्य करने के लिए सुविधा एवं प्रोत्साहन देना चाहिए।
- उन्हें आकलन के प्रत्येक चरण में ब्लूम्स टैक्सोनॉमी का पालन करना चाहिए।

ब्लूम्स टैक्सोनॉमी

स्तर	शिक्षक को जाँचना चाहिए	विद्यार्थी को सक्षम होना चाहिए	आकलन का संभावित तरीका
सृजन Creating	विद्यार्थियों की सृजन क्षमता	डिजाइन या सृजन	लघु परियोजना
मूल्यांकन Evaluating	विद्यार्थियों की तर्क एवं मूल्यांकन की क्षमता	तर्क या प्रतिरक्षा	निर्दिष्ट कार्य
विश्लेषण Analyzing	विद्यार्थियों की विश्लेषण क्षमता	पृथक करना या भेद करना	परियोजना / प्रयोगशाला पद्धति
अनुप्रयोग Applying	विद्यार्थियों में जानकारी के उपयोग की क्षमता	प्रचालन या प्रदर्शन	तकनीकी प्रस्तुति/प्रदर्शन
समझ Understanding	विद्यार्थियों में विचारों की व्याख्या करने की क्षमता	व्याख्या/ या वर्गीकरण	प्रस्तुति/ संगोष्ठी
स्मरण Remembering	विद्यार्थियों की याद करने (या याद रखने) की क्षमता	परिभाषित या याद करना	प्रश्नोत्तरी

विद्यार्थियों के लिए दिशा निर्देश

विद्यार्थियों को परिणाम आधारित शिक्षा (OBE) को लागू करने के लिए समान जिम्मेदारी लेनी चाहिए। परिणाम आधारित शिक्षा प्रणाली में विद्यार्थियों के लिए असीमित जिम्मेदारियों में से कुछ इस प्रकार हैं:

- प्रत्येक पाठ्यक्रम में यूनिट शुरू होने से पहले विद्यार्थियों को प्रत्येक UO के बारे में अच्छी तरह से अवगत होना चाहिए।
- पाठ्यक्रम शुरू होने से पहले विद्यार्थियों को प्रत्येक CO के बारे में अच्छी तरह से अवगत होना चाहिए।
- पाठ्यक्रम शुरू होने से पहले विद्यार्थियों को प्रत्येक PO के बारे में अच्छी तरह से अवगत होना चाहिए।
- विद्यार्थियों को उचित चिंतन और क्रिया के साथ आलोचनात्मक और तर्कसंगत रूप से सोचना चाहिए।
- विद्यार्थियों के सीखने को व्यावहारिक और दैनिक जीवन के परिणामों के साथ सम्बद्ध और एकीकृत किया जाना चाहिए।
- विद्यार्थियों को परिणाम आधारित शिक्षा के प्रत्येक स्तर पर अपनी योग्यता से अच्छी तरह अवगत होना चाहिए।
- यूनिट्स की सामग्री यथा संभव संक्षेप में रखी है। विस्तृत अध्ययन के लिए यूनिट के अंत में दिए गए QR कोड संसाधन तथा सुझाए गए संदर्भों का उपयोग करें।
- URL: https://www.epragya.in/aicte-look-it-systems से यूनिट के लिए उत्तर प्राप्त किए जा सकते हैं।

विषय सूची

1 इंटरनेट कौशल एवं कंप्यूटर बेसिक्स

यूनिट विशिष्ट

यह यूनिट इंटरनेट और कंप्यूटर की मूल बातें, ब्राउज़रों का परिचय और इसके घटक भागों को निर्दिष्ट करती है। एक विशिष्ट ब्राउज़र के इंटरफेस और इसकी विशेषताओं पर भी विस्तार से चर्चा की गई है। कुछ उदाहरणों के साथ, कुशल खोज प्रश्नों को लिखने के लिए ऑपरेटरों की एक तालिका के साथ, खोज इंजनों पर भी चर्चा की गई है। यह विद्यार्थी को विभिन्न स्तंभों, डिजिटल इंडिया के दृष्टिकोण और पोर्टल्स के बारे में जागरूक करता है। यह कंप्यूटर की आर्किटेक्चर और CPU (सीपीयू), कंट्रोल यूनिट, मेमोरी, विभिन्न कंप्यूटर परिधीय जैसे कीबोर्ड, माउस, प्रिंटर इत्यादि जैसे घटकों को भी निर्दिष्ट करता है। तर्कसंगत रूप से यह यूनिट, कंप्यूटर, इंटरनेट और विभिन्न डिजिटल इंडिया पहलों के बारे में मौलिक ज्ञान देती है।

भूमिका

कंप्यूटर और इंटरनेट का उपयोग हमारे दैनिक जीवन में बहुत महत्वपूर्ण हो गया है और यह दिन-ब-दिन बढ़ता ही जा रहा है। दैनिक उपयोग में (पानी, बिजली, ब्रॉडबैंड, मोबाइल रिचार्ज आदि) बिलों का भुगतान करने या यात्रा (कार, बस, रेल या हवाई जहाज) के लिए बुकिंग या सरकारी सेवाओं आदि के लिए आवेदन करने में बुनियादी कंप्यूटिंग का प्रसार देखा जा सकता है, अब, ऑनलाइन माध्यम , लगभग सभी कार्यों के लिए उपलब्ध है। सेवाओं की इस तरह की ऑनलाइन उपलब्धता से न केवल श्रम, धन और समय की बचत होती है, बल्कि सेवाओं को समयबद्ध, पारदर्शी तरीके से सार्वभौमिक रूप से सुलभ बनाने में भी मदद मिलती है। ऑनलाइन सेवाओं के लिए हमें कंप्यूटर हार्डवेयर, सॉफ्टवेयर और इंटरनेट का बुनियादी ज्ञान होना चाहिए। इस इकाई में हम कंप्यूटर सिस्टम के बुनियादी हार्डवेयर घटकों, वेब ब्राउज़र, जो इंटरनेट तक पहुँचने के लिए एक सॉफ्टवेयर एप्लिकेशन है, इंटरनेट से सटीक जानकारी प्राप्त करने की तरकीबें और राष्ट्रीय, राज्यीय महत्व के कुछ महत्वपूर्ण वेब पोर्टलों के बारे में जानेंगे।

पूर्व-अपेक्षित ज्ञान

- कंप्यूटर प्रौद्योगिकी के उपयोग की बुनियादी समझ।
- कंप्यूटर की मूल बातें सीखने के लिए उत्सुकता।

यूनिट आउटकम्स

विद्यार्थी निम्न में सक्षम होंगे:

U1-O1: कंप्यूटर के विभिन्न परिधीय उपकरणों (प्रिंटर, स्कैनर आदि) को पहचानें और कनेक्ट करें।

U1-O2: विभिन्न प्रकार के ब्राउज़र और उनकी प्रमुख विशेषताओं (बुकमार्किंग, निजी ब्राउज़िंग, टैब्ड ब्राउज़िंग और सिंक्रोनाइज़ेशन आदि) का उपयोग करें।

U1-O3: वेब से सटीक जानकारी पुनर्प्राप्ति के लिए कुशल सर्च क्वेरी लिखें।

U1-O4: विभिन्न डिजिटल इंडिया पोर्टल, राज्य पोर्टल और कॉलेज पोर्टल ब्राउज़ करें और विभिन्न उपलब्ध सेवाओं का विश्लेषण करें।

तालिका 1.1: कोर्स आउटकम्स (COs) के साथ यूनिट आउटकम्स (UOs) का परस्पर संबंध

यूनिट -1 आउटकम्स	कोर्स आउटकम्स के साथ अपेक्षित संबंध *(1-कमजोर सहसंबंध, 2-मध्यम सहसंबंध , 3-मजबूत सहसंबंध)*						
	CO-1	CO-2	CO-3	CO-4	CO-5	CO-6	CO-7
U1-O1	3	3	1	1	1	1	1
U1-O2	2	1	1	1	1	1	1
U1-O3	2	1	1	1	1	1	1
U1-O4	1	1	1	1	1	1	1

1.1 बुनियादी इंटरनेट कौशल

दुनिया भर में डिजिटल सूचना और सेवाओं तक पहुँचने के लिए इंटरनेट एक लोकप्रिय उपकरण है। यह सूचना और सेवाओं के आदान-प्रदान के लिए कंप्यूटर, मोबाइल, अन्य गैजेट और नेटवर्क उपकरणों जैसे डिजिटल उपकरणों का उपयोग करता है, इंटरनेट के विभिन्न अनुप्रयोगों तक पहुँचने के लिए आवश्यक कौशल को आमतौर पर "इंटरनेट कौशल" कहा जाता है। ये कौशल आजकल बहुत महत्वपूर्ण हैं और हम, इंटरनेट से संबंधित कुछ बुनियादी शब्द, वेब ब्राउज़र के साथ इंटरनेट का उपयोग कैसे करें और वेब से प्रासंगिक, विश्वसनीय और सटीक जानकारी (जैसे सूचना महासागर से मोती) खोजने के लिए सर्च इंजन का उपयोग करना सीखेंगे।

1.1.1 इंटरनेट क्या है?

इंटरनेट दुनिया भर में विषम प्रकार के विभिन्न परस्पर जुड़े नेटवर्कों के संग्रह के अलावा और कुछ नहीं है। इसमें विभिन्न प्रकार के उपकरण, वैश्विक नेटवर्क से जुड़े हार्डवेयर और सॉफ्टवेयर के लिए विनिर्देश और विभिन्न देशों, विश्वविद्यालयों, कंपनियों और वैश्विक एजेंसियों के बीच सामान्य समझ के साथ विभिन्न प्रोटोकॉल शामिल हैं। इसे "नेटवर्क का नेटवर्क" भी कहा जाता है। इसका उद्देश्य वैश्विक नेटवर्क पर संसाधनों को साँझा करना है, संसाधन एक साधारण वेबपेज हो सकता है जिसमें जानकारी हो, एक नेटवर्क प्रिंटर या ईमेल, ई-कॉमर्स, रीयल टाइम स्ट्रीमिंग, टेलनेट इत्यादि जैसी डिजिटल रूप से पहुँच योग्य सेवा हो सकता है। यह, पारंपरिक POTS (प्लेन ओल्ड टेलिफोन सिस्टम), टीवी केबल, फाइबर ऑप्टिक केबल और यहां तक कि वायरलेस माध्यम जैसे वाई-फाई, 3G/4G या संचार की आवश्य काम करने वाला एक वैश्विक नेटवर्क है। जैसे पारंपरिक पीओटीएस (सादा पुराना टेलीफोन सिस्टम), टीवी केबल, फाइबर ऑप्टिक केबल और यहां तक कि वायरलेस माध्यम जैसे वाई-फाई, 3 जी / 4 जी या संचार की आवश्यकता और प्रकार के आधार पर उपग्रह संचार हो सकता है।

1.1.2 इंटरनेट के सामान्य अनुप्रयोग

इंटरनेट का उपयोग विभिन्न प्रकार के अनुप्रयोगों(एप्लिकेशन) में किया जा रहा है, उनमें से कुछ निम्नानुसार हैं:

1. **कम्युनिकेशन:** सूचनाओं के आदान-प्रदान के लिए एक दिन में दुनिया भर में लाखों ई-मेल भेजे और प्राप्त किए जाते हैं। ऑनलाइन संदेशवाहक रीयल टाइम संचार के लिए भी लोकप्रिय हैं। VoIP (वॉयस ओवर इंटरनेट प्रोटोकॉल) की मदद से ऑडियो और वीडियो बातचीत भी होती है।
2. **ई-कॉमर्स:** इंटरनेट वैश्विक स्तर पर विभिन्न उत्पादों और सेवाओं की बिक्री/खरीद के लिए एक ऑनलाइन बाजार प्रदान करता है। अब, हम अपने पड़ोस के साथ साथ दूर के देश में भी सामान खरीद सकते हैं। ये ऑनलाइन स्टोर चौबीसों घंटे काम कर सकते हैं और उपभोक्ताओं को घर से खरीदारी करने में सक्षम बनाते हैं।
3. **स्टोरेज एवं फाइल ट्रांसफर:** उपयोगकर्ता विभिन्न प्रकार की फ़ाइलों को भेज और संग्रहित कर सकता है। क्लाउड कंप्यूटिंग ऐसी फ़ाइलों तक पहुँचने के लिए, इसे विभिन्न उपयोगकर्ताओं के बीच उनकी संबद्ध भूमिकाओं के साथ साँझा करना संभव बनाता है।

4. **लाइव स्ट्रीमिंग और पॉडकास्टः** उपयोगकर्ता अपने लाइव वीडियो और ऑडियो को वास्तविक समय में लोगों के बड़े समूह को भेज सकते हैं।

5. **न्यूज़, एंटरटेनमेंटः** वास्तविक दुनिया में जो कुछ भी हो रहा है, उसी रूप में वेब पर जानकारी को अपडेट किया जा सकता है। अब, ब्रेकिंग न्यूज, मनोरंजन, चुनाव परिणाम या अपनी पसंदीदा टीम या खिलाड़ी की खेल गतिविधि के बारे में जानकारी देना संभव है।

6. **कोलाबोरेटिव टास्क्सः** लोग ऑनलाइन मिल सकते हैं, विषयों पर, चीजों पर चर्चा कर सकते हैं और सहयोगी अनुप्रयोगों का उपयोग करके एक साथ काम कर सकते हैं।

7. **रिसर्च एवं लर्निंग एक्टिविटीजः** सूचना और ऑनलाइन संसाधनों की उपलब्धता से शोधकर्ता और शिक्षार्थियों को निरंतर तरीके से खुद को संयंत्रित करना संभव है।

8. **इंटरएक्टिव गेमिंगः** हम किसी अन्य इंसान के साथ या वास्तविक समय की बातचीत की सुविधा वाले कंप्यूटर प्रोग्राम के साथ ऑनलाइन खेल और बातचीत कर सकते हैं। हम दुनिया भर में खेल में भाग ले सकते हैं।

9. **सामाजिक नेटवर्किंगः** विभिन्न ऑनलाइन प्लेटफॉर्म समान रुचि के लोगों को जोड़ने की सुविधा प्रदान करते हैं। लाखों लोग रोजाना अपने सहयोगियों, परिवार के सदस्यों से जुड़ते हैं और ऐसे प्लेटफॉर्म पर नए व्यक्ति ढूंढते हैं।

10. **नौकरी की तलाशः** नौकरी देने वाले अपने स्वयं के पोर्टल, तीसरे पक्ष के पोर्टल या सोशल मीडिया के माध्यम से इंटरनेट पर विभिन्न रिक्तियों को पोस्ट कर सकते हैं। नौकरी चाहने वाले पोर्टल, समाचार पत्रों पर विभिन्न नौकरियों की खोज करते हैं और संबंधित मानव संसाधन प्रबंधकों को अपने बायोडाटा से आवेदन करते हैं।

11. **नेविगेशन और ट्रैकिंगः** डिजिटल मानचित्रों पर सर्वोत्तम मार्ग खोजना, ट्रेनों, कारों, पार्सल की लाइव स्थिति को ट्रैक करना, आदि, इंटरनेट की कुछ व्यापक रूप से उपयोग की जाने वाली स्थान-आधारित सेवाएं हैं।

उपरोक्त के अलावा, रीयल टाइम अपडेट, कैशलेस लेनदेन, ऑनलाइन बुकिंग, लाइव ट्रेडिंग और विज्ञापन आदि भी इंटरनेट के कुछ लोकप्रिय उपयोग हैं।

1.1.3 इंटरनेट की बुनियादी शब्दावली

इंटरनेट की बुनियादी बातों के लिए आमतौर पर इस्तेमाल किए जाने वाले कुछ शब्द हैं:

डबल्यू डबल्यू डबल्यू (WWW): वर्ल्ड वाइड वेब या सिर्फ 'वेब' इंटरनेट का सबसे लोकप्रिय उपयोग मामला है। यह एक सूचना प्रणाली है जहां विभिन्न प्रकार की फाइलों या संसाधनों को होस्ट किया जाता है और यूआरएल पते के माध्यम से विशिष्ट रूप से एक्सेस किया जाता है। ये संसाधन हाइपरलिंक से जुड़े हुए हैं। HTTP या FTP जैसे कुछ मानक प्रोटोकॉल का उपयोग करके वेब ब्राउज़र के रूप में ज्ञात एप्लिकेशन सॉफ्टवेयर के साथ संसाधनों को अपलोड या डाउनलोड किया जा सकता है।

डोमेन नेम (Domain Name): यह कंप्यूटर सिस्टम या संसाधन की पहचान करने के लिए इंटरनेट पर एक मानव के समझने योग्य अद्वितीय(यूनिक) नाम है।

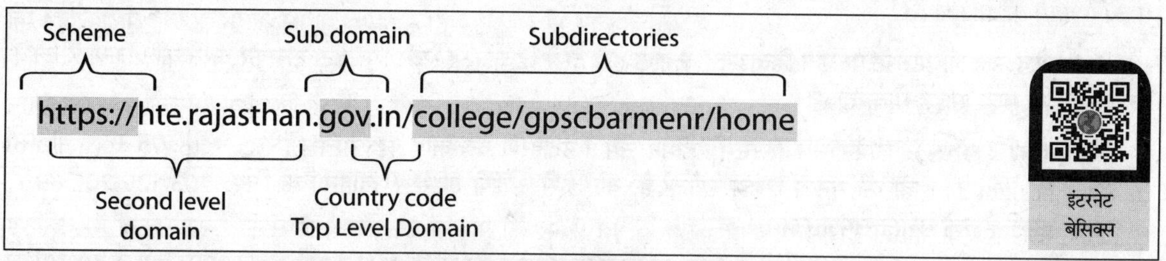

चित्र 1.1: यूआरएल की संरचना

यूआरएल(URL): यूनिफ़ॉर्म रिसोर्स लोकेटर को वेब एड्रेस के रूप में जाना जाता है। यह एक यूनीक आईडेंटिफायर (विशिष्ट पहचानकर्ता) है जिसमें यह निर्दिष्ट किया जाता है कि वेब संसाधन को कैसे और कहां से एक्सेस किया जाए। यूनिफ़ॉर्म रिसोर्स लोकेटर की संरचना चित्र 1.1 में दिखाई गई है।

एचटीटीपी(HTTP): हाइपरटेक्स्ट ट्रांसफर प्रोटोकॉल नियमों (प्रोटोकॉल) का एक सेट है जो वेब पर डेटा ट्रांसफर के तरीके को परिभाषित करता है। इसका उपयोग वेबसाइटों तक पहुँच के लिए किया जाता है।

एचटीटीपीएस (HTTPS): यह SSL (सिक्योर सॉकेट लेयर) एन्क्रिप्शन का उपयोग करके एचटीटीपी का सुरक्षित संस्करण है।

एफ़टीपी (FTP): फाइल ट्रांसफर प्रोटोकॉल नियमों का एक सेट है जो इंटरनेट पर डेटा ट्रांसफर के तरीके को परिभाषित करता है। इसका उपयोग बड़ी फाइल को एक होस्ट से दूसरे होस्ट में ट्रांसफर करने के लिए किया जाता है।

हाइपरलिंक: यह एक शब्द, वाक्यांश या छवि है जो एक डेटा को संदर्भित करता है जिसे उपयोगकर्ता क्लिक या टैप करके अनुसरण कर सकता है। संदर्भ किसी अन्य दस्तावेज़ या उसी दस्तावेज़ के विशिष्ट तत्व से संबंधित हो सकता है।

ब्राउज़र: यह वर्ल्ड वाइड वेब पर वेबपेजों को प्रदर्शित करने और नेविगेट करने के लिए यूजर इंटरफेस के साथ एक एप्लिकेशन प्रोग्राम है।

वेबपेज: यह एक हाइपरटेक्स्ट दस्तावेज़ है जिसे वेब ब्राउज़र पर देखने के लिए डिज़ाइन किया गया है।

वेबसाइट: यह वेब पेजों और संबंधित संसाधनों का संग्रह है जिसे एक सामान्य डोमेन नेम से पहचाना जाता है और एक वेब सर्वर पर होस्ट (प्रकाशित) किया जाता है।

सर्च इंजन: यह एक वेब आधारित जटिल सॉफ्टवेयर है जो अपने उपयोगकर्ताओं को इन्फॉर्मेशन सर्च सेवा प्रदान करता है। सर्च इंजन अपने विशाल डेटाबेस को खोजने के लिए विभिन्न एल्गोरिदम का उपयोग करता है और कम से कम समय लेते हुए उपयुक्त खोज परिणाम प्रस्तुत करता है।

आईएसपी (ISP): एक इंटरनेट सेवा प्रदाता एक ऐसी कंपनी है जो अन्य कंपनियों या व्यक्तियों को इंटरनेट एक्सेस प्रदान करती है।

ईमेल: इलेक्ट्रॉनिक मेल एक इलेक्ट्रॉनिक डिवाइस से दूसरे डिवाइस या नेटवर्क के माध्यम से कई प्राप्तकर्ताओं को डिजिटल संदेशों का आदान-प्रदान करने की विधि है।

पॉडकास्ट: यह इंटरनेट पर उपलब्ध एक वेब संसाधन है जिसमें ऑडियो जानकारी होती है।

फ़ाइल टाइप: इंटरनेट पर उपलब्ध प्रत्येक जानकारी का एक निश्चित प्रारूप और प्रकार होता है जिसे उनके फ़ाइल प्रकार से समझा जाता है। यह जानकारी दस्तावेज़, ऑडियो, वीडियो आदि के रूप में हो सकती है।

डाउनलोड: यह सर्वर से क्लाइंट मशीन की दिशा में , इंटरनेट पर डेटा को एक डिवाइस(सर्वर) से दूसरे डिवाइस (क्लाइंट) में कॉपी करने की प्रक्रिया है।

अपलोड: यह भी इंटरनेट पर एक डिवाइस (क्लाइंट) से दूसरे डिवाइस (सर्वर) में डेटा ट्रांसफर करने की प्रक्रिया है, लेकिन यह क्लाइंट से सर्वर साइड में करती है।

डीएनएस (DNS): डोमेन नेम सिस्टम, डोमेन नेम (उदाहरण के लिए, HYPERLINK 'http://www.ncs.gov.in'www.ncs.gov.in) जो की मनुष्य समझ सकता है, को ऐसे आईपी एड्रेस (उदाहरण के लिए, 203.129.202.69) में अनुवादित करती है, जो मशीन समझ सके।

टीसीपी/आईपी (TCP/IP): ट्रांसमिशन कंट्रोल प्रोटोकॉल और इंटरनेट प्रोटोकॉल नियमों का सेट हैं। जो कंप्यूटर सिस्टम को इंटरनेट और इसी तरह के कंप्यूटर नेटवर्क से जोड़ने को नियंत्रित करता है।

मोडेमः यह हार्डवेयर डिवाइस मॉड्यूलेटर-डिमोडुलेटर का संक्षिप्त नाम है। यह कंप्यूटर सिस्टम के डिजिटल डेटा को एनालॉग सिग्नल में बदलने के लिए जिम्मेदार है जो टेलीफोन लाइनों (मॉड्यूलेटर) और इसके विपरीत यात्रा कर सकता है।

नेटवर्क इक्विपमेंटः ये एक कंप्यूटर नेटवर्क में इंटरकनेक्शन और संचार के लिए आवश्यक नेटवर्किंग हार्डवेयर हैं जैसे, ब्रिज, रिपीटर, हब, स्विच, राउटर, मॉडेम आदि।

क्लाउड कंप्यूटिंगः यह उपयोगकर्ता की मांग के अनुसार इंटरनेट पर कंप्यूटर संसाधन प्रदान करता है। संसाधन, कंप्यूटर इंफ्रास्ट्रक्चर, कंप्यूटिंग पावर या डेटा स्टोरेज इत्यादि हो सकते है।

1.2 ब्राउज़र को समझना

इंटरनेट द्वारा प्रदान की जाने वाली सेवाएं और जानकारी क्लाइंट-सर्वर मॉडल का पालन करती है। इस मॉडल में जब कोई क्लाइंट मशीन कुछ सेवा चाहता है, तो यह एक अनुरोध संदेश बनाता है और इसे क्लाइंट-साइड प्रोग्राम के माध्यम से सर्वर मशीन की ओर नेटवर्क पर भेजता है। दूसरी ओर, जब अनुरोध सर्वर मशीन के पास आता है तो यह प्रतिक्रिया संदेश के रूप में अनुरोधित सेवा के लिए अनुदान देता है या अस्वीकार करता है। एक ब्राउज़र एक क्लाइंट-साइड एप्लिकेशन प्रोग्राम है जो वेब पेजों के रूप में उपलब्ध वर्ल्ड वाइड वेब से जानकारी खोजने और पुनर्प्राप्त करने और क्लाइंट की मशीन पर प्रदर्शित करने के लिए है। इसे "वेब ब्राउज़र" या "उपयोगकर्ता एजेंट" भी कहा जाता है। संदेश भेजने और प्राप्त करने की प्रक्रिया को चित्र 1.2 में दिखाया गया है। आने वाले भाग में, हम ब्राउज़र के कुछ ट्रेंडिंग वेरिएंट, प्रस्तावित सुविधाओं के संदर्भ में उनकी तुलना और वेब ब्राउज़र की बुनियादी वास्तुकला(आर्किटेक्चर) के मदद से ब्राउज़र को बेहतर ढंग से समझेंगे।

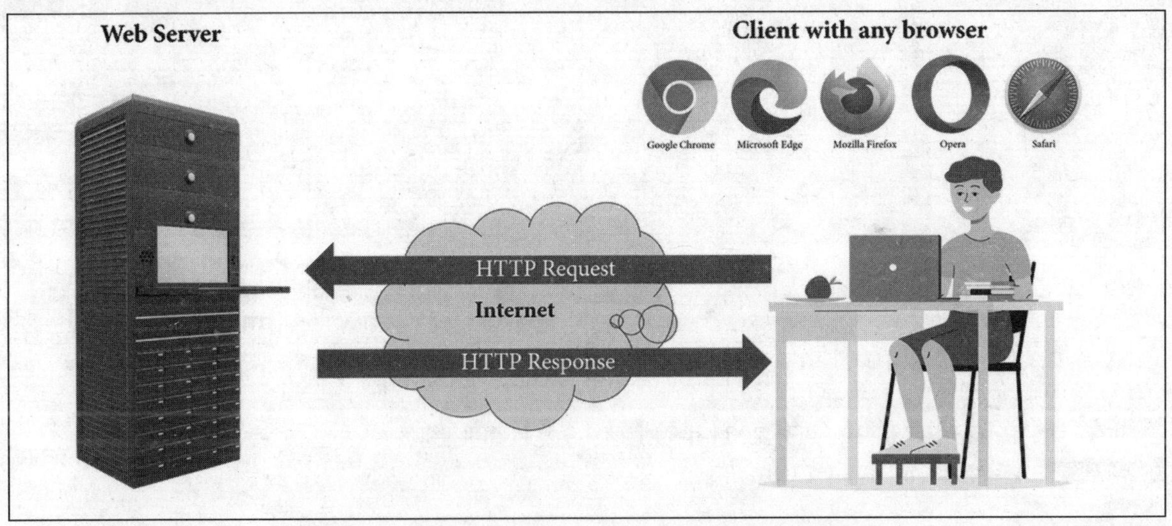

चित्र 1.2: एचटीटीपी अनुरोध (रिक्वेस्ट) और प्रतिक्रिया (रिप्लाई)

गूगल क्रोमः यह गूगल(Google) द्वारा विकसित सबसे व्यापक रूप से इस्तेमाल किया जाने वाला वेब ब्राउज़र है। यह क्रॉस प्लेटफॉर्म वेब ब्राउजर है जिसे पहली बार माइक्रोसॉफ्ट के विंडोज ऑपरेटिंग सिस्टम के लिए 2008 में जारी किया गया था। यह ब्राउज़र अब गूगल के फ्री और ओपन-सोर्स सॉफ्टवेयर (FOSS) प्रोजेक्ट "क्रोमियम" पर आधारित एक मालिकाना फ्रीवेयर है। इसकी गति और सुरक्षा क्षमताओं के कारण इसका व्यापक रूप से उपयोग किया जाता है। यह लगातार अपडेट हो रहा है और हमें फ़िशिंग और मैलवेयर स्कैम से सुरक्षित रखता है। वेब स्टोर क्रोम को अपने विभिन्न विषयों, एक्सटेंशन और वेब ऐप्स के माध्यम से अनुकूलन योग्य रखता है। इसमें अन्य भाषाओं में एक वेबसाइट का अनुवाद करने की क्षमता है।

माइक्रोसॉफ्ट एजः यह माइक्रोसॉफ्ट द्वारा विकसित किया गया है और सबसे पहले 2015 में इसके मालिकाना ऑपरेटिंग सिस्टम विंडोज 10 के लिए जारी किया गया था। यह माइक्रोसॉफ्ट परिवार के इंटरनेट एक्सप्लोरर वेब ब्राउज़र का उत्तराधिकारी है। यह वॉयस

कंट्रोल, सर्च फंक्शनलिटी और एड्रेस बार के अंदर खोजों से संबंधित गतिशील सामग्री प्रदान करने के लिए माइक्रोसॉफ्ट के ऑनलाइन प्लेटफॉर्म के साथ भी एकीकृत है।

मोज़िला फ़ायरफ़ॉक्सः यह मोज़िला फाउंडेशन और इसकी सहायक कंपनी मोज़िला कॉर्पोरेशन द्वारा विकसित एक स्वतंत्र और खुला स्रोत ब्राउज़र है। इसे शुरू में सितंबर 2002 में जारी किया गया था। अन्य ब्राउज़रों की तुलना में फ़ायरफ़ॉक्स अपने उपयोगकर्ताओं को उनके ब्राउज़र अनुभव और कार्यक्षमता को अनुकूलित करने के लिए एक्सटेंशन और ऐड-ऑन की एक विस्तृत लाइब्रेरी प्रदान करता है।

ओपेराः यह ओपेरा सॉफ्टवेयर द्वारा विकसित एक बहु-मंच ब्राउज़र है। यह शुरू में अप्रैल 1995 को जारी किया गया था, यह मोबाइल उपकरणों के लिए भी उपलब्ध है और इन मोबाइल संस्करणों को ओपेरा मिनी और ओपेरा मोबाइल के रूप में जाना जाता है। अपने स्वयं के आर्टिफिशियल इंटेलिजेंस (AI) आधारित प्लेटफॉर्म ओपेरा ब्राउज़र के साथ स्टार्ट पेज पर व्यक्तिगत समाचार फ़ीड का समर्थन करता है। यह ओपेरा प्रवाह सुविधा वाले विभिन्न उपकरणों के उपयोगकर्ताओं के बीच फ़ाइल, लिंक और नोट्स साँझा करने के लिए भी समर्थन करता है।

सफारीः यह ब्राउज़र एप्पल इनकॉरपोरेशन (Apple Inc.) द्वारा विकसित किया गया था और यह एक पूर्ण ओपन-सोर्स ब्राउज़र नहीं है। इसे शुरू में जनवरी 2003 में मैक (MAC OS) ऑपरेटिंग सिस्टम के एक भाग के रूप में जारी किया गया था। इसे काफी उच्च गोपनीयता सुविधाओं के साथ तेज ब्राउज़र माना जाता है। सफारी ने क्रॉस साइट ट्रैकिंग की सुविधा भी लागू की। यह मूल रूप से वेब पेज अनुवाद और पिक्चर इन पिक्चर कार्यक्षमता का समर्थन करता है।

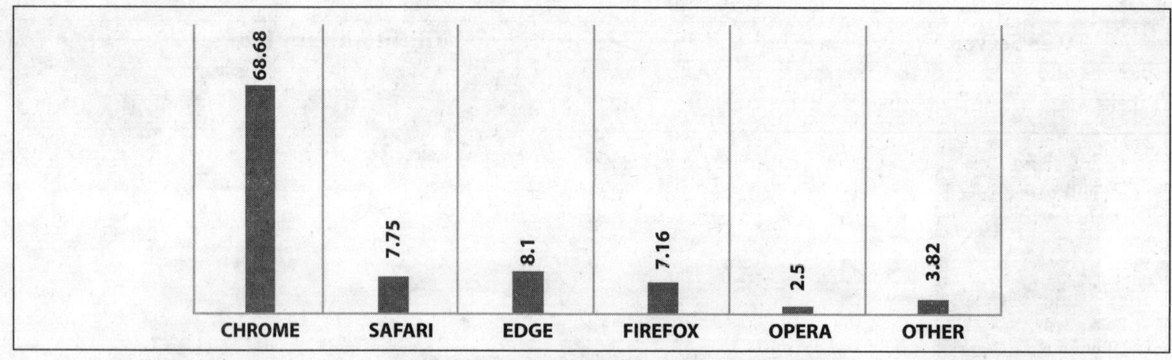

चित्र 1.3: मार्केट शेयर प्रतिशत (जून 2021)

ट्रेंडिंग वेब ब्राउज़र का बाजार हिस्सा (जून, 2021 तक) चित्र 1.3 में दिखाया गया है।
(डेटा सौजन्यः www.gs.statcounter.com)

रोचक तथ्य

मोज़ेक वेब ब्राउज़र जो 1993 की शुरुआत में जारी किया गया था, वह पहला वेब ब्राउज़र था। अलग विंडो दिखाने के बावजूद यह ग्राफिक्स सामग्री को टेक्स्ट के अनुरूप प्रदर्शित करने में सक्षम था।

1.2.1 क्रोम ब्राउज़र विंडो के तत्व

प्रत्येक कंप्यूटर में एक डिफ़ॉल्ट वेब ब्राउज़र सॉफ्टवेयर होता है, जो आपके सिस्टम पर स्थापित होता है, यह आपके पास मौजूद मशीन और ऑपरेटिंग सिस्टम पर निर्भर हो सकता है। हम उनके बीच स्विच भी कर सकते हैं या अन्य वेब ब्राउज़र भी जोड़ सकते हैं। जून 2021 तक गूगल क्रोम ब्राउज़र की बाजार हिस्सेदारी सबसे अधिक है, हम इस संस्करण पर एक ब्राउज़र विंडो के विभिन्न हिस्सों को प्रदर्शित करने के लिए चर्चा करेंगे (चित्र 1.4 देखें), हालांकि अन्य वेरिएंट में भी ब्राउज़र की बुनियादी

विशेषताएँ समान रहती हैं, शब्दावली में कुछ बदलाव के साथ।

- इंटरनेट से कनेक्ट होने के लिए हमें पहले ***वेब ब्राउजर*** को शुरू या ***लॉन्च करना होगा।*** बस अपने डेस्कटॉप होम स्क्रीन पर या अपनी स्क्रीन के बॉटम पर, बार (टास्क बार) पर उपलब्ध आइकन (चित्र) पर क्लिक करें।

  उदाहरण के लिए यदि हमारे सिस्टम में क्रोम ब्राउज़र स्थापित है तो हमें दिखाए गए आइकन पर क्लिक करना होगा। आपके स्थापित ब्राउज़र के अनुसार आइकन भिन्न हो सकता है।
- किसी वेबसाइट तक पहुँचने के लिए, हमें उसका यूआरएल या वेब पता , ब्राउज़र विंडो के ***एड्रेस बार*** में डालना होगा जैसा कि चरण 1 में दिखाया गया है, www.childlineindia.org हमारे उदाहरण के लिए एड्रेस बार में टाइप किया गया है।
- जब कोई वेबपेज लोड होता है तो यह, वेबपेज पेज का ***शीर्षक*** दिखा सकता है जैसा कि चरण 2 में दिखाया गया है।
- बेहतर वेब अनुभव और सर्फिंग के लिए एक ब्राउज़र विंडो पर कई नियंत्रण होते हैं। वेब पेजों के बीच आगे-पीछे जाने के लिए, फॉरवर्ड जाने के लिए बटन (राइट एरो कंट्रोल) और बैकवर्ड बटन (लेफ्ट एरो कंट्रोल) दिए गए हैं। इन्हें चरण 3 और चरण 4 में दिखाया गया है। इन्हें संयुक्त रूप से ***नेविगेशन बटन*** के रूप में जाना जाता है।
- एक वेबपेज में जानकारी पेश करने के लिए कई भाग और अनुभाग शामिल हो सकते हैं। यदि कोई हिस्सा अच्छी तरह से लोड नहीं है तो, ***रिफ्रेश बटन*** वेबपेज को फिर से लोड करने और हमारे द्वारा देखी जा रही जानकारी को अपडेट करने के लिए प्रदान किया जाता है।

रोचक तथ्य

क्रोम वेब ब्राउज़र के एड्रेस बार क्षेत्र का उपयोग यूआरएल, खोज शब्द, बुकमार्किंग, ब्राउजिंग इतिहास और साइट की जानकारी (पैडल लॉक, सुरक्षा स्थिति इत्यादि) दर्ज करने के लिए किया जाता है, इस प्रकार **ओम्नीबॉक्स** के रूप में जाना जाता है।

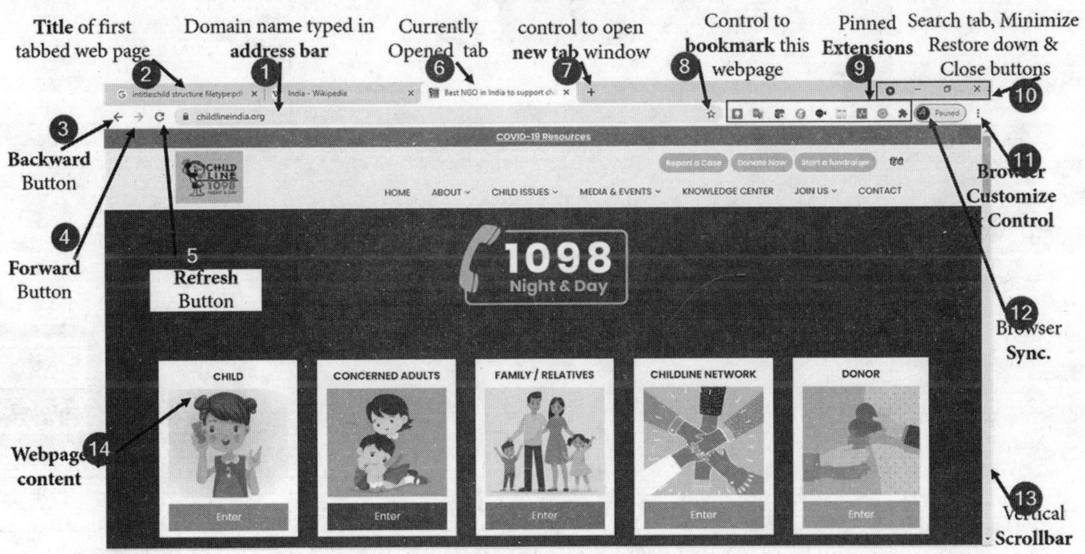

चित्र 1.4: क्रोम वेब ब्राउज़र के तत्व(एलिमेंट)

- वेबसाइट खोज या सर्फिंग के दौरान हम अधिक संबंधित जानकारी प्राप्त करने के लिए विभिन्न हाइपरलिंक्स पर क्लिक कर सकते हैं। हाइपरलिंक एक ही विंडो में या ब्राउज़र के नए टैब में खोले जा सकते हैं। वर्तमान में खुली हुई खिड़की(विंडो) अलग-अलग रंग और शैली द्वारा दिखाई जाती है। चरण(स्टेप) 6 वर्तमान में खोले गए टैब विंडो को दिखाता है।

- यदि हम नया वेबपेज खोजना या ब्राउज़ करना चाहते हैं तो , विंडो के अंतिम टैब के बगल में दिए गए "+ नियंत्रण" का उपयोग कर हम एक ***नई टैब*** खोल सकते हैं। (इसे चरण 7 में दिखाया गया है)

- ब्राउजर के साथ बार-बार आने वाले वेबपेजों को स्टोर करने और प्रबंधित करने की सुविधा, बुकमार्क, प्रदान करता है। इसलिए एक नए वेबपेज विज़िट के दौरान यदि हम वर्तमान वेब को स्टोर करना चाहते हैं तो हम भविष्य के संदर्भ के लिए पता विकल्प चुन सकते हैं, चरण 8 में दिखाए गए, सिस्टम के अनुसार, एड्रेस बार के दाईं ओर स्थित बुकमार्क स्टार कंट्रोल का उपयोग करके इसे कर सकते हैं। इसलिए एक नए वेबपेज विज़िट के दौरान, यदि हम वर्तमान वेब एड्रेस को भविष्य के संदर्भ के लिए स्टोर करना चाहते हैं तो, चरण 8 में दिखाए गए, सिस्टम के अनुसार, एड्रेस बार के दाईं ओर स्थित स्टार कंट्रोल का उपयोग करके, इसे ***बुकमार्क*** कर सकते हैं।

- ब्राउज़र की बुनियादी कार्यक्षमता के अतिरिक्त हम इसे कस्टमाइज़ कर सकते हैं और एक्सटेंशन और ऐड-ऑन इंस्टॉल करके अतिरिक्त कार्यक्षमता जोड़ सकते हैं। ब्राउज़र यूजर इंटरफेस ऐसे सभी एक्सटेंशन पर दिखाई दे सकते हैं यदि वे पिन (उपस्थित होने के लिए चिह्नित) किए गए हैं। कई आइकन एक आयत में दिखाए जाते हैं, इसे चित्र 1.4 में, चरण 9 में दिखाया गया है।

- प्रत्येक क्रोम ब्राउज़र विंडो में दाहिने ऊपरी कोने पर, सर्च टैब, टैब को छोटा करें, पुनर्स्थापित करें और बंद करें यह चार नियंत्रण होते हैं, जैसे कि चित्र 1.5 में दिखाया गया है। इस नियंत्रण पर क्लिक करने पर, यह हमें वर्तमान में खोले गए टैब और हाल ही में बंद किए गए टैब की सूची देता है। सर्च टैब सुविधा इन टैबों में से किसी वेबपृष्ठ को खोजने या चुनने (खोलने) के लिए एक शक्तिशाली उपकरण है। इसका उपयोग सर्च बॉक्स में टेक्स्ट इनपुट करके दिए गए शीर्षक वाले टैब को खोजने के लिए किया जा सकता है। छोटा करने के लिए, पुनर्स्थापित करने के लिए और बंद करने के लिए दिए गए बटन, वही कार्य करते हैं जैसा कि उनके नाम का तात्पर्य है।

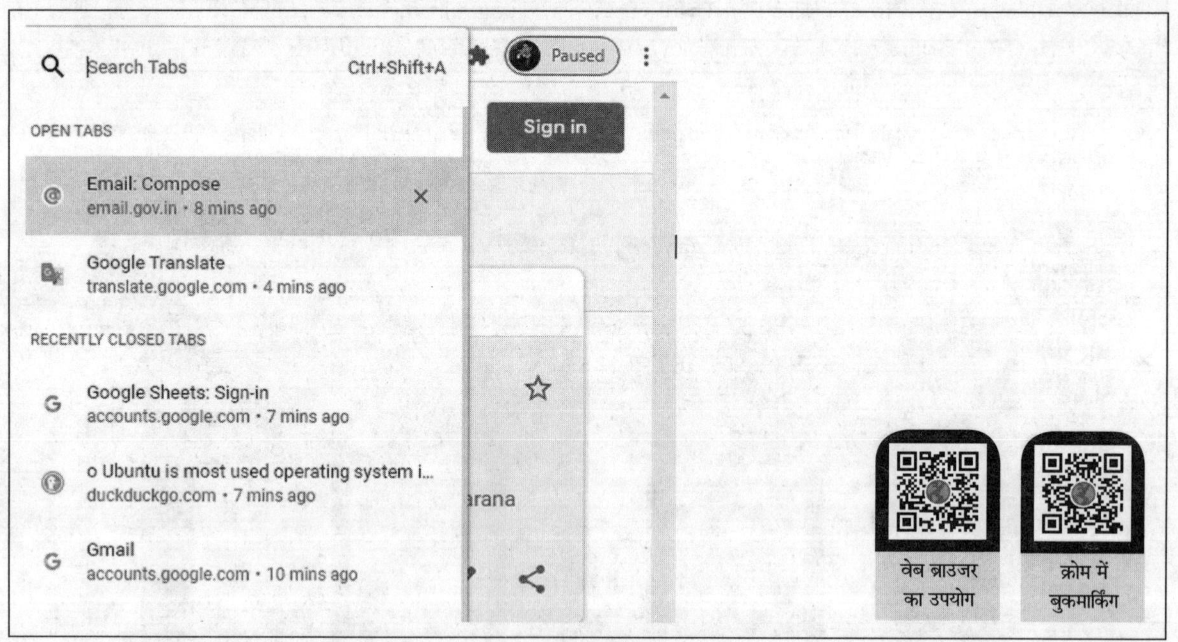

चित्र 1.5: क्रोम सर्च टैब

- क्रोम ब्राउज़र विभिन्न उपयोगकर्ता सेटिंग्स को अपनी सिंक्रोनाइज़ेशन सुविधा के माध्यम से विभिन्न मशीनों में सिंक्रनाइज़ करने की क्षमता प्रदान करता है। एक उपयोगकर्ता जिसने अपने बुकमार्क, पासवर्ड, या भुगतान विधियों या पते के विवरण संग्रहित किए हैं, वे ऐसी सभी जानकारी को अलग-अलग मशीन पर एक्सेस कर सकते हैं, जिसकी वह सिंक की अनुमति देता है। यूजर इंटरफेस चित्र 1.6(a) में दिखाया गया है।

- क्रोम ब्राउजर में ***ब्राउजर कस्टमाइज़ और कंट्रोल सेक्शन*** है, जिसे इलिप्सिस, " ⋮ " (तीन लंबवत संरेखित बिंदु) द्वारा एक्सेस किया जाता है, यह क्रोम ब्राउज़र के विभिन्न विकल्पों को दिखाता है जैसा कि चित्र 1.6(b) में दिखाया गया है।

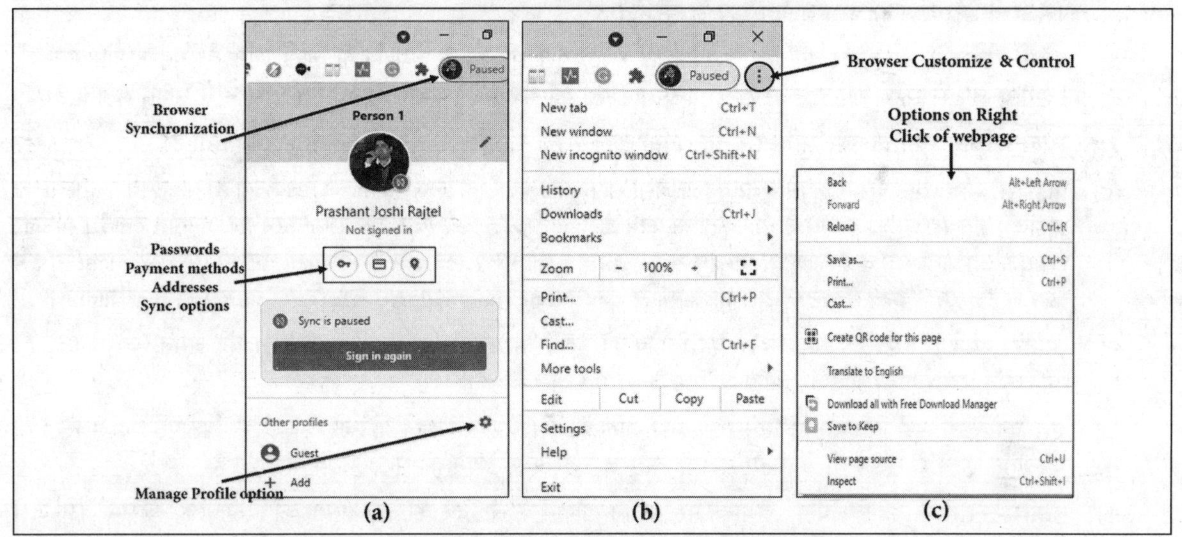

चित्र 1.6: क्रोम विंडो (a) सिंक्रनाइज़ेशन, (b) कस्टमाइज़ और नियंत्रण और (c) राइट क्लिक विकल्प

- दृश्यमान यूजर इंटरफेस के अलावा, हम वेब पेज पर राइट क्लिक करके कई कार्यात्मकताओं तक पहुँच सकते हैं। विभिन्न उपलब्ध कमांड को चरण 15 के साथ नीचे दिए गए चित्र 1.6(c) में दिखाया गया है। यह आपकी मशीन पर सॉफ्टवेयर वातावरण के सेटअप पर निर्भर करता है। जैसा कि मैंने कुछ एक्सटेंशन स्थापित किए हैं, मेरी नीचे की विंडो क्यूआर कोड बनाने, रखने के लिए सेव (save) करना (सेव टू कीप) आदि कुछ अतिरिक्त विशेषताएँ दिखाती है।

1.2.2 सामान्य ब्राउज़र सुविधाएँ

1. **बुकमार्किंग करना**: यह भविष्य की पुनर्प्राप्ति के उद्देश्य से यूआरआई (यूनिफ़ॉर्म रिसोर्स आइडेंटिफ़ायर) को संग्रहित करने की प्रक्रिया है। इस सुविधा के साथ उपयोगकर्ता अपने ब्राउज़र सॉफ्टवेयर में बार-बार आने वाली वेबसाइटों के वेब पते संग्रहित और प्रबंधित कर सकते हैं। इन वेब पतों को अगली बार एड्रेस बार में यूआरआई प्रदान किए बिना एक्सेस किया जा सकता है। इसे माइक्रोसॉफ्ट एज ब्राउज़र में पसंदीदा (फेवरेट) कहा जाता है।

2. **डाउनलोड मैनेजमेंट**: यह ब्राउज़र के लिए एक इनबिल्ट सॉफ्टवेयर टूल है जो उपयोगकर्ताओं को सभी डाउनलोड की गई फाइलों को प्रबंधित करने की अनुमति देता है। यह फाइलों को कालानुक्रमिक क्रम में प्रदर्शित करता है और हमें फाइलों को उनके नाम से खोजने की सुविधा देता है। हम उस फ़ोल्डर को भी ब्राउज़ कर सकते हैं जहां यह वास्तव में फ़ोल्डर में शो द्वारा संग्रहित किया जाता है या फ़ोल्डर विकल्प को खोलता है। हम इसे यूजर इंटरफेस द्वारा खोल सकते हैं। इलिप्सिस -> डाउनलोड(Downloads) या CTRL + J शॉर्ट कट की दबाकर(यह क्रोम, एम एस एज और मोज़िला फ़ायरफ़ॉक्स में काम करता है)

3. **पासवर्ड मैनेजमेंट**: ब्राउज़र उन वेबसाइटों के उपयोगकर्ता नाम और पासवर्ड संग्रहित करने की सुविधा प्रदान करते हैं जिन्हें प्रमाणीकरण की आवश्यकता होती है। इस गोपनीय जानकारी को कंप्यूटर के अन्य उपयोगकर्ताओं से बचाने के लिए, मास्टर पासवर्ड की कार्यक्षमता को शामिल किया गया है।

4. **टैब्ड ब्राउज़िंग**: यह उपयोगकर्ताओं को विभिन्न टैब विंडो पर एक साथ विभिन्न वेबसाइटों को ब्राउज़ करने की अनुमति देता है। ये सभी टैब सिंगल वेब ब्राउजर विंडो में रहते हैं।

5. **ब्राउज़र हिस्ट्रीः** ब्राउज़र अपने उपयोगकर्ता द्वारा देखे गए सभी वेब पृष्ठों को संबंधित डेटा जैसे पृष्ठ शीर्षक, विज़िट का समय इत्यादि के साथ संग्रहित कर सकता है ताकि उपयोगकर्ता आवश्यक होने पर उन वेबपृष्ठों पर फिर से जा सके। ऐसे सभी डेटा ब्राउज़र पर स्थानीय रूप से संग्रहित होते हैं।
6. **फॉर्म मैनेजमेंटः** ब्राउज़र की इस विशेषता को स्वतः पूर्ण सुविधा के रूप में भी जाना जाता है। यह उपयोगकर्ता को स्थानीय रूप से सहेजे गए ब्राउज़र डेटा से उपयोगकर्ता की वेब फॉर्म प्रविष्टियों को स्वतः भरने में सक्षम बनाता है।
7. **स्पेल चेकिंगः** यह ब्राउज़र सुविधा गलत वर्तनी वाले शब्दों को ठीक करने की क्षमता प्रदान करती है।
8. **प्राइवेसी मोडः** ब्राउजर्स ने अपने यूजर की प्राइवेसी सर्फिंग को बढ़ाने के लिए यह फीचर पेश किया है। यह उपयोगकर्ताओं को ब्राउज़िंग इतिहास, कुकीज़ और उपयोगकर्ता के फॉर्म डेटा को रिकॉर्ड किए बिना वेब सर्फ करने की अनुमति देता है। ब्राउज़र इसे एक अस्थायी सत्र के निर्माण के माध्यम से पूरा करता है जो मुख्य सत्र और उपयोगकर्ता डेटा से पूरी तरह अलग है। इसे क्रोम ब्राउज़र में ***"इनकॉग्निटो"*** और माइक्रोसॉफ्ट एज ब्राउज़र में ***"इनप्राइवेट ब्राउजिंग"*** के रूप में जाना जाता है।
9. **ऑटो अपडेट (स्वतः अद्यतन)ः** यह विशेषताएँ स्वयं अद्यतन करने के लिए ब्राउज़र की क्षमता को दर्शाती हैं। आजकल, लगभग हर ब्राउज़र ऑटो अपडेट करने में सक्षम है।
10. **एड ब्लॉकिंगः** इसे विज्ञापन फ़िल्टरिंग भी कहा जाता है। इस विशेषता वाले ब्राउज़र ऑनलाइन विज्ञापन को अवरुद्ध या परिवर्तित करने में सक्षम हैं। आमतौर पर यह कुछ ब्राउज़र एक्सटेंशन की मदद से किया जाता है।
11. **इंक्रीमेंटल सर्चः** यह विशेषता, वेबपेज पर मिलान खोजने के ब्राउज़र की उस क्षमता को दिखाती है, जिसमें जैसे-जैसे सर्च बॉक्स में सर्च टर्म को लिखेंगे वैसे ही इंक्रीमेंटल तरीके से वेब पेज पर सर्च होंगे।
12. **पेज ज़ूमिंगः** यह वेब सामग्री या वेबपेज पर प्रदर्शित छवियों को ज़ूम इन या ज़ूम आउट करने के लिए ब्राउज़र की पृष्ठ स्तर की क्षमता है।

1.2.3 वेब ब्राउज़र के घटक

एक ब्राउज़र का गठन, यूजर इंटरफेस, ब्राउज़र इंजन, रेंडरिंग इंजन और अन्य घटकों के साथ किया जाता है। सामान्य ब्राउज़र की वास्तुकला (आर्किटेक्चर) को नीचे चित्र 1.7 के रूप में दर्शाया गया है।

यूजर इंटरफ़ेसः जैसा कि नाम से ही स्पष्ट है कि वेब ब्राउज़र का यह घटक उपयोगकर्ता को वेब पेज पर उपलब्ध दृश्य नियंत्रणों के साथ सहभागिता करने में सक्षम बनाता है। इन नियंत्रणों में एड्रेस बार, पिछला(प्रीवियस) और अगला(नेक्स्ट) बटन, होम बटन और अन्य सभी नियंत्रण शामिल हैं जो यूजर (उपयोगकर्ताओं) को, चाहिए वह वेब पेज को फेच (fetch) करने के लिए (ब्राउज़र में लाने) और प्रस्तुत करने के लिए जिम्मेदार हैं, सिर्फ मुख्य विंडो को छोड़कर जहां वेब पेज प्रस्तुत किए जाते हैं।

ब्राउज़र इंजनः यह ब्राउज़र आर्किटेक्चर का प्रमुख घटक है। यह यूजर इंटरफेस और रेंडरिंग इंजन के बीच एक सेतु की तरह काम करता है। ब्राउज़र इंजन यूजर इंटरफेस द्वारा प्रदान किए गए इनपुट के अनुसार रेंडरिंग इंजन बनाने और उसमें हेरफेर करने के लिए जिम्मेदार है।

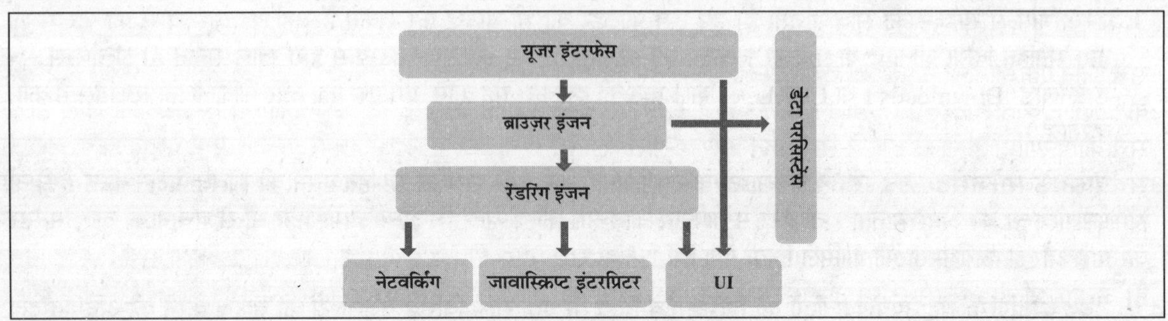

चित्र 1.7ः वेब ब्राउज़र आर्किटेक्चर

रेंडरिंग इंजनः इस घटक की मुख्य भूमिका अनुरोधित वेब पेज को प्रस्तुत करना है। रेंडरिंग के उद्देश्य से, यह इंजन एचटीएमएल दस्तावेज़ और छवियों को पार्स करता है जो सीएसएस (CSS) के साथ स्वरूपित होते हैं। अंतिम लेआउट को पार्स करने के बाद क्लाइंट मशीन के यूजर इंटरफेस पर जेनरेट और प्रस्तुत किया जाता है। रेंडरिंग इंजन में मूल रूप से छवियों और एचटीएमएल और एक्स एम एल दस्तावेज़ों को प्रदर्शित करने की क्षमता होती है, लेकिन ब्राउज़र एक्सटेंशन के साथ यह, पीडीएफ जैसे अन्य प्रकार भी प्रदर्शित कर सकता है। इंटरनेट समुदाय में कई मानक रेंडरिंग इंजन उपलब्ध हैं और प्रत्येक ब्राउज़र में इसके अद्वितीय यूनिक रेंडरिंग इंजन शामिल हैं। कुछ लोकप्रिय वेब ब्राउज़र और उनके संबद्ध रेंडरिंग इंजन नीचे सूचीबद्ध हैंः

- **ब्लिंकः** गूगल क्रोम और ओपेरा V.15+ माइक्रोसॉफ्ट एज
- **गेकोः** मोज़िला फ़ायरफ़ॉक्स
- **वेबकिटः** आईओएस और सफारी लिए क्रोम

नेटवर्किंगः यह घटक एचटीटीपी और एफटीपी प्रोटोकॉल की मदद से कनेक्शन को प्रशासित करता है। यह नेटवर्क संचार के दौरान गोपनीयता के मुद्दों की भी चिंता करता है।

जावास्क्रिप्ट इंटरप्रिटरः जेएस कोड को पास करना और निष्पादित करना इस इंटर प्रिंटर घटक द्वारा नियंत्रित किया जाता है।

यू आई (UI) बैकएंडः यह घटक विंडोज़ और कॉम्बो बॉक्स जैसे विजेट बनाने के लिए ज़िम्मेदार है। इस प्रयोजन के लिए अंडरलाइन ओएस की यूजर इंटरफेस पद्धति का उपयोग किया जाता है।

डेटा स्टोरेज तथा पर्सिस्टेंसः यह एक परसिस्टेंट लेयर (सतत परत) है, जो कुकीज़ की तरह का डेटा क्लाइंट की स्थानीय हार्ड डिस्क पर सेव करता है।

1.3. सर्च इंजनों का कुशल उपयोग

इंटरनेट में बड़ी मात्रा में डेटा होता है जिसकी सामग्री और संदर्भ समय के साथ बदलते हैं। यदि इंटरनेट को सूचनाओं का समुद्र कहा जाए, आवश्यक जानकारी को मोती माना जाए, तो ऐसे मूल्यवान मोतियों को खोजने के लिए हमें कुछ मोती के शिकारियों की भी आवश्यकता होगी। यह इन्फॉर्मेशन सर्च कार्य सर्च इंजन द्वारा किया जाता है। सटीक डेटा खोजना हमेशा चुनौतीपूर्ण होता है लेकिन निस्संदेह सर्च इंजन ने हमारे इंटरनेट सर्फिंग को सुविधाजनक और डिजिटल जीवन को सुखद बना दिया है। कम से कम समय में वांछित जानकारी खोजना सूचना पुनर्प्राप्ति प्रतिमान का एक और महत्वपूर्ण पहलू है। यद्यपि आधुनिक खोज इंजन पहले से कहीं अधिक शक्तिशाली हैं, लेकिन हमें पता होना चाहिए कि हमारे खोज उद्देश्यों के लिए उनकी क्षमताओं का कुशलतापूर्वक उपयोग कैसे किया जाए। हमें पता होना चाहिए कि सर्च इंजन कैसे काम करता है, जानकारी प्राप्त करने के लिए उपयोगकर्ताओं द्वारा की गई खोजों के प्रकार और वर्ल्ड वाइड वेब पर कुशलतापूर्वक खोज करने के लिए सर्च इंजन के यूजर इंटरफेस पर उपलब्ध कुछ विशेषताएँ पता होना चाहिए।

1.3.1 सर्च इंजन क्या है?

सर्च इंजन एक सामान्य नाम है जो एक सॉफ्टवेयर सिस्टम को दिया गया है जिसका उद्देश्य वेब पेजों को आपूर्ति किए गए सर्च शब्दों के खिलाफ व्यवस्थित रूप से खोजना है, जिन्हें आमतौर पर 'कीवर्ड', 'सर्च क्वेरी' या 'सर्च फ्रेज' के रूप में जाना जाता है। इस सर्च का परिणाम तकनीकी रूप से सर्च इंजन परिणाम पृष्ठ (SERP) के रूप में संदर्भित लिस्टिंग के रूप में प्रस्तुत किया जाता है। सर्च इंजन केवल फाइंडिंग टूल नहीं है बल्कि एक वेब सर्विस है जो वेब साइट्स को इंडेक्स करने, व्यवस्थित करने, रेटिंग करने और समीक्षा करने का कार्य भी करती है। कंप्यूटर नेटवर्किंग की दुनिया में कई सर्च इंजन उपलब्ध हैं। हर सर्च इंजन अपने तरीके से काम करता है और इसीलिए हमें अलग-अलग सर्च इंजन में एक ही सर्च क्वेरी (खोज प्रश्न) के लिए अलग-अलग सर्च रिजल्ट मिलते हैं। अन्य इंटरलिंक्ड वेबसाइटों में उपलब्ध महत्वपूर्ण जानकारी की पहचान करने के लिए, कुछ सर्च इंजन वेबपेजों के कैटलॉग को बनाए रखने के लिए उपयोगकर्ताओं(यूज़र) पर भरोसा करते हैं, जहां कुछ अपने स्वचालित उन्नत सॉफ्टवेयर का उपयोग करते हैं।

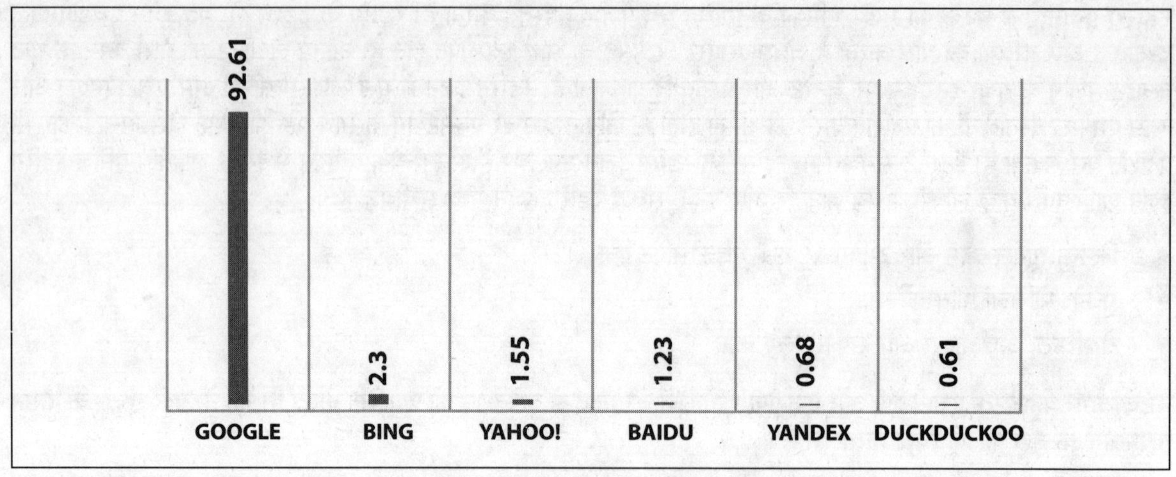

चित्र 1.8: सर्च इंजन बाजार हिस्सेदारी

कुछ लोकप्रिय सर्च इंजनों को उनके वर्तमान बाजार हिस्सेदारी (जून, 2021) के साथ चित्र 1.8 में दर्शाया गया है। (data courtesy:www.statcounter.com)

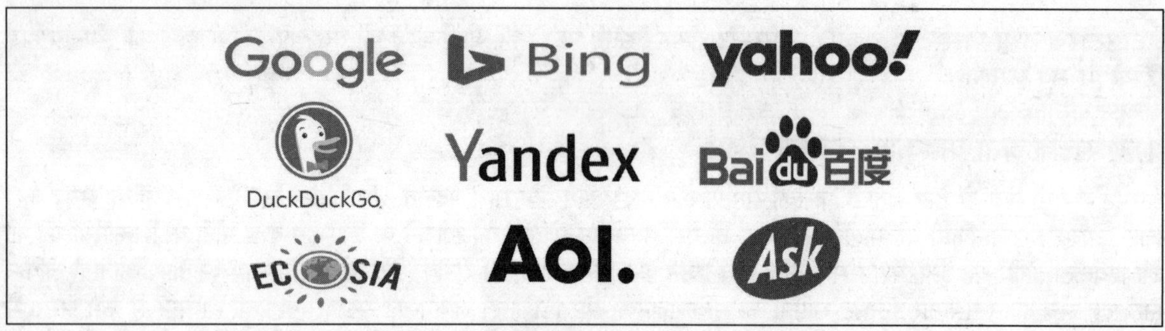

चित्र 1.9: विभिन्न सर्च इंजन

1.3.2 कुछ लोकप्रिय सर्च इंजन वेरिएंट

विभिन्न सर्च इंजनों का अपना विशिष्ट यूजर इंटरफेस, विशेषताएँ और अंतर्निहित तकनीक होती है। कुछ लोकप्रिय सर्च इंजनों को चित्र 1.9 में दर्शाया गया है, हम कुछ ट्रेंडिंग इंजनों पर चर्चा करेंगे।

गूगल (Google): यह दुनिया भर में, सबसे भरोसेमंद सर्च इंजन है। इसे 1996 में लैरी पेज और सर्गेई ब्रिन ने अपनी अकादमिक शोध परियोजना के लिए विकसित किया था। इसे पहले बैकरब के नाम से जाना जाता था। यह C, C++ और Python प्रोग्रामिंग भाषाओं में लिखा गया है। इसका उपयोग विभिन्न वेब ब्राउज़रों जैसे क्रोम, सफारी और मोज़िला फायरफ़ॉक्स आदि के लिए डिफ़ॉल्ट सर्च इंजन के रूप में किया जा रहा है। गूगल आर्टिफिशियल इंटेलिजेन्स, मशीन लर्निंग जैसी उभरती तकनीकों का उपयोग उपयोगकर्ता के व्यवहार, पसंद और अन्य प्रासंगिक जानकारी को पहचानने और अपने उपयोगकर्ताओं को बेहतर परिणाम देने के लिए कर रहा है।

माइक्रोसॉफ्ट बिंग (Microsoft Bing): इसका स्वामित्व और रखरखाव माइक्रोसॉफ्ट के पास है। यह माइक्रोसॉफ्ट के पिछले सर्च इंजन जैसे एमएसएन सर्च और विंडोज लाइव सर्च का उत्तराधिकारी है। इसे जून, 2009 में लॉन्च किया गया था और इसे ASP.NET में लिखा गया था। यह वेब, छवि, वीडियो और मानचित्र जैसी विभिन्न प्रकार की सर्च सेवाएं प्रदान करता है। गूगल के विपरीत इसका होम पेज वर्तमान समाचार, मौसम और अन्य सूचनाओं के लिंक प्रदान करता है जैसे "इतिहास में इस दिन" यह लिंक ।

याहू (Yahoo): यह इंटरनेट उपयोगकर्ताओं के लिए उपलब्ध सबसे पुराना सर्च इंजन है। इसकी स्थापना जेरी यांग और डेविड फिलो ने जनवरी 1994 को "जेरी एंड डेविड्स गाइड टू द वर्ल्ड वाइड वेब" के रूप में की थी। यह सर्च इंजन याहू के स्वामित्व में है और मूल रूप से सामान्य प्रयोजन स्क्रिप्टिंग भाषा- PHP में लिखा गया है।

बैदू (Baidu): यह दुनिया भर में सर्च इंजनों की बाजार हिस्सेदारी में शीर्ष प्रदर्शन करने वालों में से एक है। इसका स्वामित्व चीनी कंपनी Baidu, Inc. के पास है जो दुनिया की सबसे बड़ी कृत्रिम बुद्धिमत्ता और इंटरनेट कंपनी में से एक है। इसे जनवरी, 2000 में रॉबिन ली और एरिक जू द्वारा शामिल किया गया था। यह सर्च इंजन जून 2021 तक, चाइनीज सर्च इंजन बाजार की 72% से अधिक हिस्सेदारी रखता है। यह मैप्स, इमेज सर्च, वीडियो सर्च, पेटेंट सर्च, लीगल सर्च, गेम्स आदि जैसी विभिन्न सेवाएं प्रदान करता है।

यांडेक्स (Yandex): यह एक सर्च इंजन है जो प्रचलित रूप से रूस में उपयोग किया जाता है और सितंबर, 1997 में लॉन्च किया गया था, इसका स्वामित्व यांडेक्स एनवी के पास है, जो एक रूसी-डच अधिवासित बहुराष्ट्रीय कंपनी है। इमेज सर्चिंग, वीडियो सर्चिंग और वेब सर्चिंग के अलावा यह ऑनलाइन टेक्स्ट और वेबसाइट ट्रांसलेटर, मैप्स, ईमेल, ऐप एनालिटिक्स और मार्केटिंग प्लेटफॉर्म जैसी अन्य सेवाएं भी प्रदान करता है।

डकडकगो (Duckduckgo): सर्च इंजन की हमारी सूची में यह अंतिम है लेकिन अन्य इंजनों से कमतर नहीं, डकडकगो (डीडीजी) लाखों उपयोगकर्ताओं (मेरा भी) के लिए पसंदीदा सर्च इंजन है, विशेष रूप से उनके लिए जो अपनी गोपनीयता की परवाह करते हैं और अपने search history को गुमनाम रखना चाहते हैं। यह गेब्रियल वेनबर्ग द्वारा बनाया गया है और डक डक गो इंक के स्वामित्व में है। इसे सितंबर 2008 में लॉन्च किया गया था और इसका कोड पर्ल, जावास्क्रिप्ट और पायथन में लिखा गया है, कई सर्च इंजन, बेहतर वैयक्तिकृत सर्च परिणामों के लिए बहाना देकर, अपने उपयोगकर्ताओं के search history को रिकॉर्ड करते हैं और उनकी सर्फिंग, सर्च की आदतों को प्रोफाइल करते हैं। इसके विपरीत डकडकगो अपने उपयोगकर्ताओं की गोपनीयता का सम्मान करता है और किसी दिए गए सर्च क्वेरी के लिए अपने सभी उपयोगकर्ताओं को समान सर्च परिणाम प्रदर्शित करता है। यह उपयोगकर्ता के डेटा की ऑनलाइन ट्रैकिंग के खिलाफ है और यह मानता है कि,"आपका व्यक्तिगत डेटा किसी का व्यवसाय नहीं है"।

1.3.3 वेब सर्च के प्रकार

वेब सूचना पुनर्प्राप्ति के मामले में, सर्च क्वेरी के पीछे की मंशा या आवश्यकता हमेशा सूचनात्मक प्रकृति की नहीं होती है। वेब खोज प्रश्नों को खोज के पीछे की तीव्रता के अनुसार तीन प्रकारों में वर्गीकृत किया जाता है।

1. **नेविगेशनल**: उपयोगकर्ता कुछ सर्च कीवर्ड, प्रत्यक्ष जानकारी प्राप्त न करने के लिए भी इनपुट कर सकते हैं, भले ही वे किसी वेबसाइट पर नेविगेट करने का इरादा रखते हों। तो उद्देश्य ऐसी वेबसाइट को नेविगेट करना है जो उपयोगकर्ता के दिमाग में है या वह सोचता है कि ऐसी वेबसाइट होनी चाहिए या वे अतीत में ऐसी वेबसाइट पर जा चुके हैं। उदाहरण के लिए उपयोगकर्ता आधिकारिक वेबसाइट पर नेविगेट करने के लिए बस "जिम कॉर्बेट नेशनल पार्क" टाइप कर सकता है (खोज इंजन के लिए भी यह वेबसाइट ज्ञात नहीं है)। इसका खोज परिणाम, अलग-अलग खोज परिणाम दिखाएगा जिसमें राष्ट्रीय उद्यान की सुंदर तस्वीरें, "शीर्ष कहानियों" के वेबलिंक और राष्ट्रीय उद्यान के वीडियो और कई अन्य संबंधित परिणाम दिखाए जाएंगे। यहाँ वेबसाइट डोमेन नेम की जांच करके उपयोगकर्ता उपरोक्त वेबसाइटों में से, https://uttarakhandtourism.gov.in/ या https://www.corbettonline.uk.gov.in/ किसी पर भी नेविगेट कर सकता है।
2. **इन्फॉर्मेशनल (सूचनात्मक)**: ऐसे वेब प्रश्नों में उपयोगकर्ता का इरादा है दिए गए सर्च शब्द के बारे में संबंधित जानकारी प्राप्त करें जो कुछ परस्पर जुड़े स्थिर वेबपृष्ठों पर हो सकती है। उद्देश्य इनपुट टेक्स्ट के बारे में तथ्य प्राप्त करने के लिए उन पृष्ठों को पढ़ना है। उदाहरण के लिए यदि उपयोगकर्ता ने अपने इतिहास, भूगोल या जलवायु को खोजने के इरादे से खोज शब्द "जिम कॉर्बेट नेशनल पार्क" में प्रवेश किया है तो उपयोगकर्ता विकिपीडिया पेज या अन्य वेबसाइट जैसे किसी भी उपयुक्त परिणाम को उसके सामने खोल सकता है।
3. **ट्रान्जेक्शनल (लेन-देन संबंधी)**: ऐसी वेब क्वेरी का उद्देश्य ऐसी वेबसाइट तक पहुँचना है जहां आगे की बातचीत या वेब मध्यस्थता गतिविधि की जाती है। उदाहरण के लिए यदि उपयोगकर्ता "जिम कॉर्बेट नेशनल पार्क बुकिंग" शब्द दर्ज

करता है, तो उपलब्ध सर्च परिणामों में से उपयोगकर्ता वेबसाइट पर नेविगेट करने के लिए उपयुक्त वेब परिणाम का चयन करेगा जहां वह राष्ट्रीय उद्यान की अपनी इच्छित यात्रा के लिए बुकिंग ऑपरेशन करेगा। उपयोगकर्ता https://www.corbettonline.uk.gov.in/ पर जा सकते हैं और बुकिंग के माध्यम से यात्रा को अंतिम रूप दे सकते हैं।

इस तरह के वेब प्रश्नों को व्यापक रूप से खरीददारी, वेब से सामग्री डाउनलोड करने आदि के लिए भी उपयुक्त किया जाता है।

1.3.4 सर्च इंजन कैसे काम करते हैं?

सर्च इंजन का उद्देश्य अपने उपयोगकर्ताओं को न्यूनतम समय में सर्वाधिक प्रासंगिक सर्च परिणाम प्रदान करना है। जब हम कोई सर्च क्वेरी प्रदान करते हैं, तो हमें कुछ ही सेकंड में लाखों परिणाम मिल सकते हैं। हैरानी की बात यह है कि वास्तविक काम क्वेरी की आपूर्ति से बहुत पहले किया गया था। सर्च इंजन कैसे काम करता है, इसके बारे में एक विशिष्ट प्रक्रिया को चित्र में दर्शाया गया है। संपूर्ण वेब पर तुरंत खोज करने के बावजूद, सर्च इंजन का क्वेरी प्रोसेसिंग मॉड्यूल सर्च क्वेरी में आपूर्ति किए गए कीवर्ड के अनुसार अपने स्वयं के डेटाबेस की खोज करता है। डेटाबेस में सर्च कीवर्ड के लिए WWW के अरबों वेबपेजों में से चयनित वेब पेजों के मेटाडेटा और इंडेक्स होते हैं। चयनित वेबपेजों में से अधिकांश प्रासंगिक वेबपेज रैंकिंग मॉड्यूल की सहायता से सर्च परिणामों में प्रदर्शित होते हैं। एक सर्च इंजन आम तौर पर तीन कार्य करता है:

1. **क्रॉलिंग**: प्रत्येक सर्च इंजन में कुछ स्वचालित सॉफ्टवेयर (प्रोग्राम) होते हैं जिन्हें हमेशा बॉट, रोबोट, वेब वांडरर्स, स्पाइडर, क्रॉलर या इंडेक्सर के रूप में जाना जाता है। स्पाइडर का उद्देश्य सार्वजनिक रूप से उपलब्ध जानकारी के लिए वर्ल्ड वाइड वेब को पार करना और स्कैन करना है।
2. **इंडेक्सिंग**: यह क्रॉलिंग फ़ंक्शन में पाए गए परिणामों को व्यवस्थित और संग्रहित करने की प्रक्रिया है ताकि इसे सर्च इंजन एल्गोरिदम द्वारा आगे संसाधित किया जा सके। सर्च इंजन सभी वेबपेज पर उपलब्ध सूचनाओं को संग्रहित नहीं करता है, बल्कि यह शीर्षक और पृष्ठ का विवरण, निर्माण / अद्यतन करने की तिथि, सामग्री का प्रकार, संबंधित सर्च शब्द, इस वेबपेज से आने वाले लिंक और इसके एल्गोरिदम द्वारा आवश्यक अन्य मापदंडों जैसे विवरणों को संग्रहित करता है।
3. **रैंकिंग**: यह परिणामों को उनकी प्रासंगिकता के क्रम में दिखाने की प्रक्रिया है। ज़्यादातर प्रासंगिक पेज पहले दिखाए जाते हैं जबकि कम से कम एक बाद में दिखाया जाएगा। यह सर्च इंजन के रैंकिंग एल्गोरिथम का उपयोग करके किया जाता है। इस वेबपेज का जिक्र करने वाले लिंक, वेबसाइट की उम्र, संबंधित कीवर्ड, मोबाइल फ्रेंडली वेबपेज, वेबपेज लोडिंग की गति, वेबपेज पर बिताया गया समय आदि।

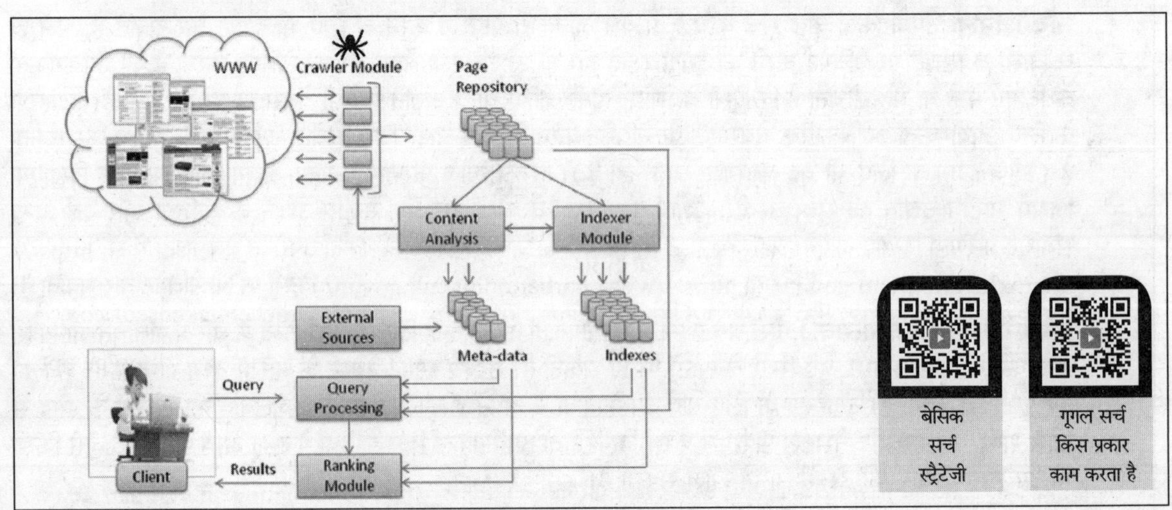

चित्र 1.10: सर्च इंजन के साथ सर्च करें

तालिका 1.2: गूगल सर्च सिंबल, ऑपरेटर्स और कमांड्स

ऑपरेटर	विवरण	उदाहरण
	इन्फॉर्मेशन सर्च क्वेरी	
define	दिए गए शब्द की परिभाषा देता है	define tolerance
time	किसी विशेष स्थान पर वर्तमान समय देता है	time Australia
to	माप को एक इकाई से दूसरी इकाई में परिवर्तित करता है	12 inches to feet
In	माप को एक इकाई से दूसरी इकाई में परिवर्तित करता है	650 EURO in INR
translate	क्वेरी किए गए शब्दों का दूसरी निर्दिष्ट भाषा में अनुवाद करता है	translate hello world german
map	नक्शा, बाद में स्थान के परिणाम देता है	map Andhra Pradesh
stocks	दिए गए कंपनी के नाम की स्टॉक जानकारी लौटाता है	stock wipro
weather	दिए गए स्थान या ज़िप कोड के लिए मौसम का पूर्वानुमान देता है	weather bodhgaya or 824231
	बेसिक सर्च सिंबल	
-	इस शब्द को शामिल करने वाले खोज परिणामों को छोड़ देता है।	best tablets-drawing
|	जो पाइप के दोनों ओर शब्दों से मेल खाने वाले सर्च परिणाम देता है। सर्च शब्दों के बीच "OR" लिखने जैसा ही है	computer|tablet
@	किसी विशेष सोशल मीडिया साइट से मेल खाने वाले सर्च परिणाम देता है	aicte@facebook
#	विशिष्ट हैशटैग सहित खोज परिणाम देता है	#largestvaccinedrive
‘‘ ’’	जिसमें सटीक दिए गए क्रम में उद्धरणों के भीतर सभी शब्द शामिल होते हैं, ऐसे सर्च परिणाम देता है	"Gods won country"
*	जहां *(तारक) के स्थान पर किसी भी शब्द का मिलान किया जा सकता है, ऐसे सर्च परिणाम देता है	Best *in Haryana
..	जब दो संख्याओं के बीच रखा जाता है , जो संख्या सीमा के भीतर मेल खाता है, ऐसे सर्च परिणाम देता है	computer 30k..40k inr
( )	सर्च शब्दों को समूहबद्ध करने और क्वेरी के सर्च तर्क को नियंत्रित करने के लिए उपयोग किया जाता है	(lata|mukesh) songs lyrics
	सबसे लोकप्रिय सर्च ऑपरेटर	
cache: कैश	एक विशिष्ट पृष्ठ का गूगल का कैश्ड संस्करण दिखाएं	cache:makeuseof.com
filetype: फाइल टाइप	केवल एक विशेष फ़ाइल एक्सटेंशन से मेल खाने वाले सर्च परिणाम देता है	"IT Systems" filetype:ppt
related: रिलेटेड	जो क्वेरी वेबसाइट के समान हैं ऐसे अन्य वेबसाइटों को लौटाता है	related:nytimes.com
site: साइट	किसी विशेष वेबसाइट से केवल सर्च परिणाम लौटाता है	Parenting site:hhttps://www.unicef.org/ india

ऑपरेटर	विवरण	उदाहरण
	अन्य खोज ऑपरेटर	
inanchor: इनएंकर	सर्च क्वेरी से मेल खाने वाले एंकर टेक्स्ट का उपयोग करने से जुड़े पृष्ठ लौटाती है	inanchor:mental wellbeing
allinanchor: ऑल इन एंकर	inanchor के समान है, लेकिन ऑल इन एंकर के प्रत्येक शब्द से मेल खाता है केवल वही सर्च परिणाम देता है	inanchor:mental wellbeing hindi
intext: इन टेक्स्ट	केवल वही सर्च परिणाम देता है जो पृष्ठ के मुख्य भाग बॉडी से मेल खाते हैं	intext:tobacco day
intitle: इन टाइटल	केवल वही सर्च परिणाम देता है जो पृष्ठ के शीर्षक से मेल खाते हैं	intitle:india tourism
inurl: इन यूआरएल	केवल वही सर्च परिणाम देता है जो पृष्ठ के URI/URL से मेल खाते हैं	inurl:india culture

1.3.5 वेब पर कैसे सर्च करें(खोजें)

विभिन्न लोकप्रिय रूपों पर हमारे पिछले भाग में पहले ही चर्चा की जा चुकी है। सर्च करने के लिए हमें अपने वेब ब्राउजर में कोई भी वांछित सर्च इंजन खोलना होगा। अब सर्च बॉक्स में एक या एक से अधिक कीवर्ड इनपुट करें (टाइप करें) और फिर सर्च बटन पर क्लिक करें या सर्च शुरू करने के लिए अपने कीबोर्ड पर "एंटर की" दबाएँ। हम अपने सर्च फ्रेज के लिए सबसे अधिक प्रासंगिक खोज परिणाम प्राप्त करेंगे। यदि आप खोज परिणामों में प्रस्तुत किए गए किसी भी वेबपेज से संतुष्ट हैं, तो आप उस वेबपेज के माध्यम से अपने वांछित विस्तार (नेविगेशन, सूचना या लेनदेन) के लिए जा सकते हैं। अवांछित परिणाम के मामले में, आपको अपने खोज शब्द को जोड़े गए खोजशब्दों के साथ फिर से परिभाषित करना चाहिए या आपको हमारी सर्च को बढ़ाने के लिए और विकल्पों पर गौर करना चाहिए। सर्च इंजन द्वारा प्रदान किए गए विभिन्न ऑपरेटरों का उपयोग करके या गूगल सर्च में प्रदान किए गए सर्च इंजन के उपयोगकर्ता इंटरफ़ेस के उन्नत सर्च जैसे विकल्पों की क्षमताओं का उपयोग करके, खोज (सर्च) को अधिक सटीक और उन्नत किया जा सकता है।

गूगल सर्च सिंबल, ऑपरेटर्स और कमांड्सः

हमारे खोज परिणामों को कम करके वास्तविक आवश्यक परिणाम के लिए अब हम कुछ प्रमुख ऑपरेटर्स, कमांड्स और हावी (डोमिनेटिंग) सर्च इंजन गूगल टिप्स के बारे में चर्चा करते हैं। नीचे दी गई तालिका 1.2, प्रमुख ऑपरेटर्स और उदाहरण के साथ खोज में उनका उपयोग दिखाती है।

गूगल उन्नत खोज (गूगल एडवांस्ड सर्च) :

उपरोक्त ऑपरेटरों के अलावा, गूगल उपयोगकर्ता इंटरफ़ेस के भीतर हमारे खोज परिणामों को परिशोधित करने के लिए विभिन्न फ़िल्टर भी प्रदान करता है। आइए एडवांस्ड सर्च के लिए चरण दर चरण (स्टेप बाय स्टेप) (चित्र 1.11 में देखें) प्रक्रिया की जांच करें:

1. उपयोगकर्ता को एक वेब ब्राउज़र खोलना होगा और गूगल खोज इंजन पर नेविगेट करना होगा।
2. सर्च बॉक्स में अपना खोज शब्द टाइप करें जैसे "पारिस्थितिकी तंत्र बहाली" ("इकोसिस्टम रेस्टोरेशन"), एंटर दबाने या सर्च बटन पर क्लिक करने पर, उपयोगकर्ताओं को संबंधित खोज परिणाम प्रस्तुत किए जाएंगे।
3. उपयोगकर्ता समाचार, छवियों, पुस्तकों, वीडियो, मानचित्र, उड़ान, वित्त आदि जैसी विभिन्न श्रेणियों के आधार पर जांचे गए परिणाम देख सकते हैं। हमारे स्पष्टीकरण के लिए, मैंने *छवियों पर क्लिक* करके, *छवि* परिणाम का चयन किया है।

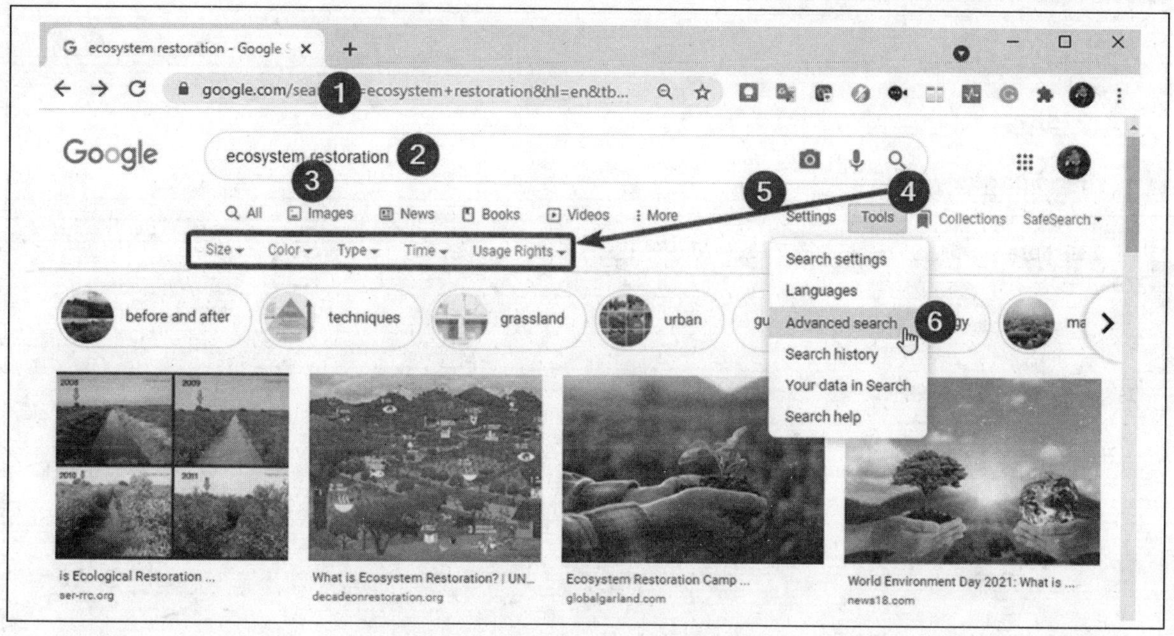

चित्र 1.11: सर्च के लिए एडवांस्ड फ़िल्टर्स

4. ऐसी प्रत्येक श्रेणी के लिए कुछ अतिरिक्त फ़िल्टर जुड़े हुए हैं, जो टूल बटन पर क्लिक करने के बाद दिखाई देते हैं। जैसा कि चरण 4 में तीर द्वारा(चित्र 1.11 में) दर्शाया गया है।
5. इसी तरह समाचार, किताबें, वीडियो और अधिक श्रेणियां, सटीक और अधिक सटीक परिणाम प्राप्त करने के लिए खोज पैरामीटर को परिशोधित करने के लिए उनके संबद्ध फ़िल्टर प्रदान करती हैं। आप श्रेणी और फिर टूल्स विकल्प का चयन करके उन्हें एक-एक करके देख सकते हैं।

एडवांस्ड सर्च सुविधा को यूजर इंटरफेस से एक्सेस किया जा सकता है जैसा कि चित्र 1.12 में दर्शाया गया है। या हम इसे सीधे यूआरएल, google.com/advanced_search द्वारा एक्सेस कर सकते हैं

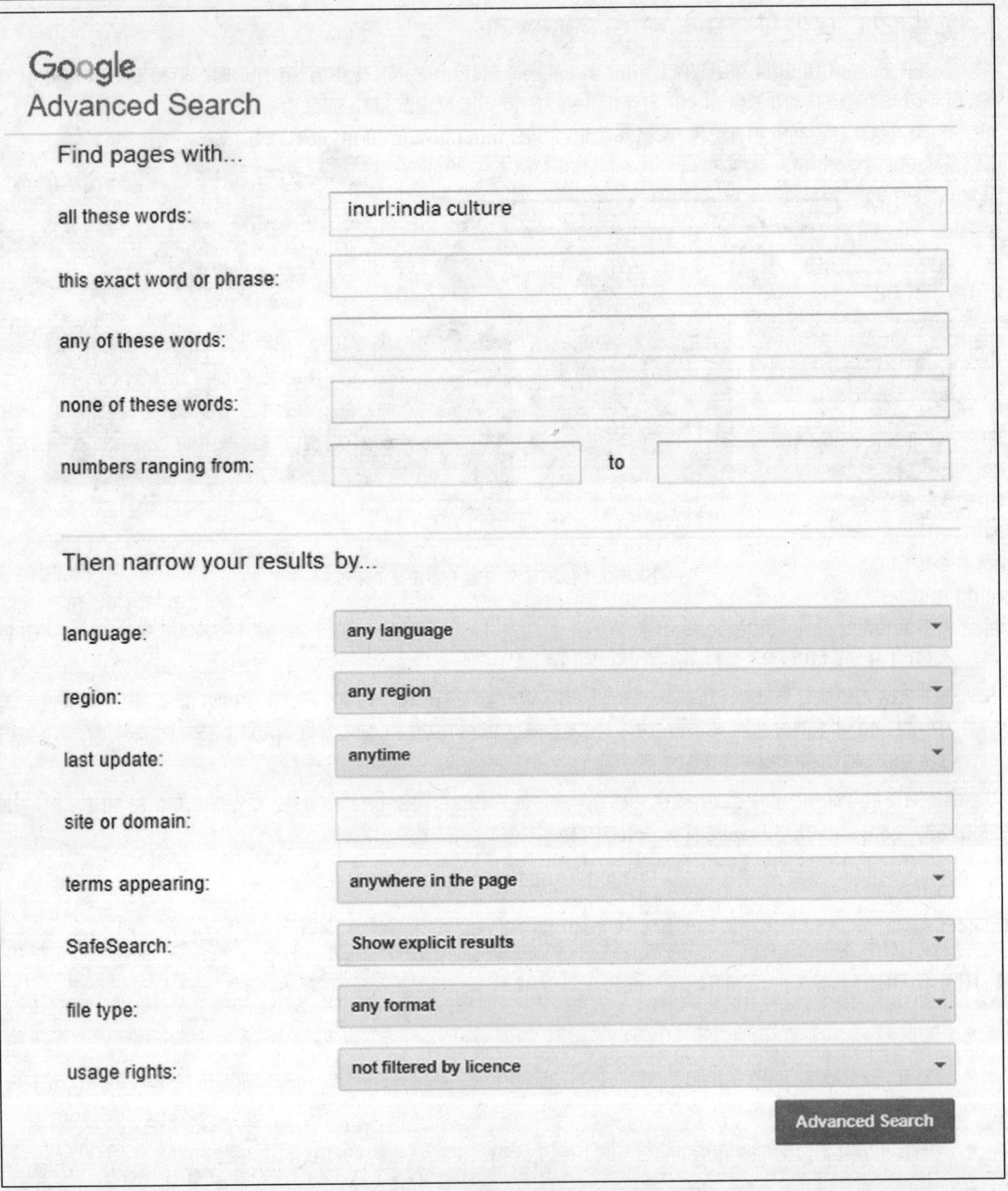

Google
Advanced Search

Find pages with...

all these words:	inurl:india culture
this exact word or phrase:	
any of these words:	
none of these words:	
numbers ranging from:	to

Then narrow your results by...

language:	any language
region:	any region
last update:	anytime
site or domain:	
terms appearing:	anywhere in the page
SafeSearch:	Show explicit results
file type:	any format
usage rights:	not filtered by licence

Advanced Search

चित्र 1.12: गूगल एडवांस्ड सर्च के लिए यूजर इंटरफ़ेस

लगभग सभी गूगल ऑपरेटरों की कार्यक्षमता इस गूगल के ग्राफिकल उपयोगकर्ता इंटरफ़ेस के माध्यम से प्रदान की जाती है, जैसा कि चित्र 1.12 में दर्शाया गया है। प्रत्येक फ़ील्ड कुछ ऑपरेटर के बराबर है जिसकी हमने तालिका 1.2 में चर्चा की है।

1.4. डिजिटल इंडिया पोर्टल्स के बारे में जागरूकता

भारत सरकार ने अपने नागरिकों को सशक्त बनाने के लिए कई पोर्टल और आईटी आधारित बुनियादी ढांचे विकसित किए हैं। वे पोर्टल जिनमें केंद्र सरकार द्वारा सेवाओं और सूचनाओं को प्रस्तुत और अद्यतन किया जाता है और जिनका उद्देश्य राष्ट्रव्यापी है, राष्ट्रीय पोर्टल कहलाते हैं जैसे india.gov.in या mygov.in। डिजिटल इंडिया कार्यक्रम का समर्थन और कार्यान्वयन करने वाले पोर्टल्स को डिजिटल इंडिया पोर्टल्स के रूप में जाना जाता है। भारत का प्रत्येक नागरिक ऐसे पोर्टलों का लाभ उठा सकता है और भाग ले सकता है।

1.4.1 डिजिटल इंडिया क्या है?

सूचना और प्रौद्योगिकी क्रांति के युग में, इंटरनेट की मदद से सूचना और सेवाओं को व्यापक रूप से वितरित किया जाता है। देश ई-गवर्नेंस के माध्यम से सुशासन प्राप्त करते हैं। जैसा कि https://digitalindia.gov.in राष्ट्रीय पोर्टल पर परिभाषित किया गया है "डिजिटल इंडिया कार्यक्रम भारत सरकार का एक प्रमुख कार्यक्रम है जो भारत को डिजिटल रूप से सशक्त समाज और ज्ञान अर्थव्यवस्था में बदलने की दृष्टि से है"। इसे जुलाई, 2015 में 1.13 लाख करोड़ रुपये के भारी बजट आवंटन के साथ लॉन्च किया गया था। इस दूरदर्शी कार्यक्रम के पीछे मुख्य उद्देश्य भारत के नागरिकों को डिजिटल रूप से सशक्त बनाना है। कार्यक्रम में कागजी कार्रवाई को कम करने और प्रणाली में जवाबदेही बढ़ाने के लिए इलेक्ट्रॉनिक माध्यमों से सरकारी सेवाएं प्रदान करने की परिकल्पना की गई है। इसमें ग्रामीण क्षेत्रों को हाई-स्पीड इंटरनेट राजमार्गों से जोड़ने की योजना शामिल है। इसे भारत सरकार द्वारा लागू किया गया है और MeitY (इलेक्ट्रॉनिक्स और सूचना प्रौद्योगिकी मंत्रालय) द्वारा समन्वित किया जा रहा है। माननीय प्रधान मंत्री निगरानी समिति के प्रमुख हैं। डिजिटल इंडिया कार्यक्रम भारत को स्वदेशी प्रतिभा और सूचना प्रौद्योगिकी के उपयोग के साथ बदलने के लिए केंद्रित है जैसा कि चित्र 1.13 में दिखाया गया है।

THE FOCUS IS TO BRING TRASFORMATION TO REALZE

IT Indian Talent + IT Information Technology → IT India Tomorrow

चित्र 1.13: डिजिटल इंडिया फोकस

डिजिटल इंडिया कार्यक्रम तीन प्रमुख दृष्टि क्षेत्रों पर केंद्रित है जैसा कि नीचे परिभाषित किया गया है

1. प्रत्येक नागरिक के लिए एक उपयोगिता के रूप में डिजिटल बुनियादी ढांचा

- नागरिकों को सेवाओं के वितरण के लिए एक मुख्य उपयोगिता के रूप में उच्च गति इंटरनेट की उपलब्धता
- प्रत्येक नागरिक के लिए डिजिटल पहचान जो अद्वितीय(यूनिक), आजीवन, ऑनलाइन और प्रत्येक नागरिक के लिए प्रामाणिक(ऑथेंटिक) है
- मोबाइल फोन और बैंक खाता डिजिटल और वित्तीय क्षेत्र में नागरिकों की भागीदारी को सक्षम बनाता है
- नागरिकों के लिए एक सामान्य सेवा केंद्र तक आसान पहुँच
- एक सार्वजनिक क्लाउड पर साँझा करने योग्य निजी स्थान
- सुरक्षित-सिक्योर साइबर-स्पेस

2. शासन और मांग पर सेवाएं (सर्विस ऑन डिमांड)

- सेवाएं विभागों या क्षेत्राधिकारों में निर्बाध रूप से एकीकृत सेवाएं
- ऑनलाइन और मोबाइल प्लेटफॉर्म से वास्तविक समय (रियल टाइम) में सेवाओं की उपलब्धता
- सभी नागरिक अधिकार, पोर्टेबल और क्लाउड पर उपलब्ध कराना
- व्यवसाय करने में आसानी में सुधार के लिए डिजिटल रूप से परिवर्तित सेवाएं
- इलेक्ट्रॉनिक और कैशलेस वित्तीय लेनदेन करना
- निर्णय समर्थन प्रणालियों और विकास के लिए भू-स्थानिक जानकारी (जीआईएस) का लाभ उठाना

3. नागरिकों का डिजिटल सशक्तिकरण

- सार्वभौमिक डिजिटल साक्षरता
- सार्वभौमिक रूप से सुलभ डिजिटल संसाधन
- भारतीय भाषाओं में डिजिटल संसाधनों / सेवाओं की उपलब्धता
- सहभागी शासन के लिए सहयोगात्मक डिजिटल प्लेटफॉर्म
- नागरिकों को भौतिक रूप से सरकारी दस्तावेज़/प्रमाण पत्र जमा करने की आवश्यकता नहीं है।

1.4.2 डिजिटल इंडिया अभियान के स्तंभः

डिजिटल इंडिया कार्यक्रम में कई मंत्रालय और विभाग शामिल हैं, इसलिए यह एक छत्र गतिविधि है जिसके लिए इसके हितधारकों के बीच सहयोगात्मक कार्य की आवश्यकता होती है। विभिन्न मंत्रालय, विभाग बड़े लक्ष्य और दृष्टि क्षेत्रों को ध्यान में रखते हुए अपने लक्षित कार्य के लिए काम करते हैं। डिजिटल इंडिया पहल का उद्देश्य विकास क्षेत्रों के नौ स्तंभों को सुदृढ़ करना है जैसा कि चित्र 1.14 में दर्शाया गया है।

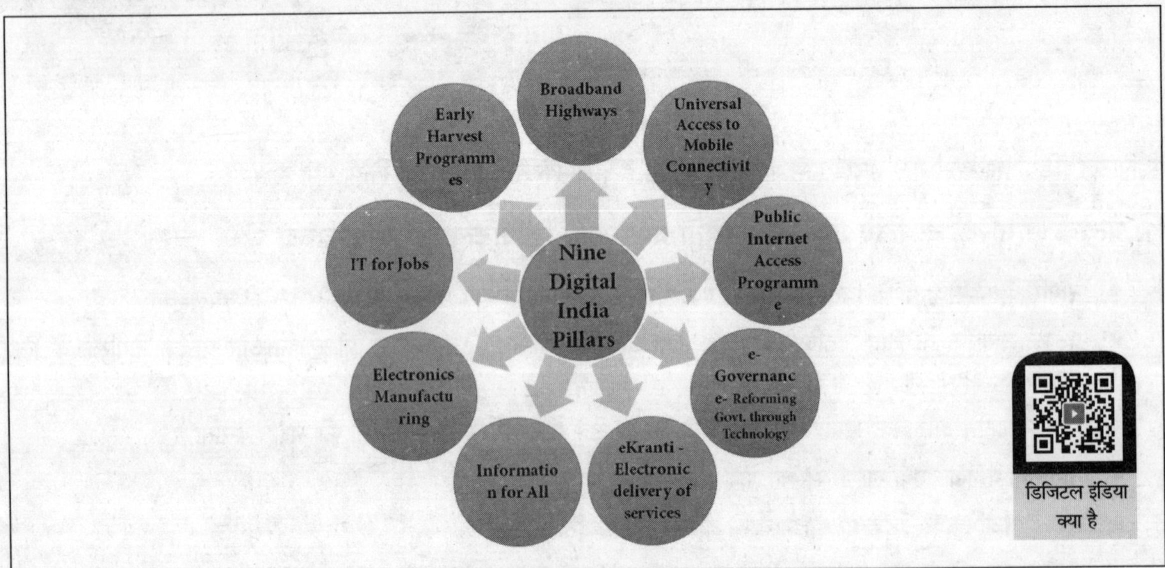

चित्र 1.14: डिजिटल इंडिया स्तंभ

डिजिटल इंडिया के विजन क्षेत्रों के आधार पर, इन पोर्टलों को तीन श्रेणियों में वर्गीकृत किया गया है। सबसे अधिक उपयोग किए जाने वाले पोर्टल उनके संक्षिप्त विवरण के साथ नीचे दी गई, 1.3 से 1.5 तालिकाओं में शामिल हैं। शिक्षार्थियों को इन पोर्टलों की प्रमुख विशेषताओं को देखने और उनका विश्लेषण करने का सुझाव दिया जाता है।

तालिका 1.3: डिजिटल इंडिया पोर्टल (इन्फ्रास्ट्रक्चर)

डिजिटल इंडिया पहल (Digital India Initiative)		वेबसाइट(Website)	विवरण(Description)
AADHAAR	आधार (AADHAAR)	https://uidai.gov.in	दुनिया में सबसे बड़ा बॉयोमीट्रिक्स आधारित पहचान प्रणाली नागरिकों के प्रभावी सेवाओं के वितरण के लिए
Center of Excellence IoT A Joint initiative of DeitY, ERNET and NASSCOM	सीओई-आईटी COE-IT	http://www.coe-iot.in	आईओटी (IoT) के लिए उत्कृष्टता केंद्र, उद्योग सक्षम प्रतिभा के निर्माण के लिए, स्टार्टअप और आईओटी के लिए एक उद्यमी इकोसिस्टम (पारिस्थितिकी तंत्र) निर्माण के लिए
certin Handling Computer Security Incidents	सीईआरटी-इन CERT-IN	http://www.cert-in.org.in	कम्प्यूटर आपात स्थिति रिस्पॉन्स टीम-इंडिया
CSC e-Governance Services India Limited	सीएससी CSC	https://csc.gov.in	कॉमन सर्विस सेंटर्स पोर्टल
साइबर स्वच्छता केन्द्र CYBER SWACHHTA KENDRA Botnet Cleaning and Malware Analysis Centre	साइबर स्वच्छता केंद्र Cyber SWACHHTA KENDRA	http://www.cyberswachhtakendra.gov.in	इंडिया की बॉटनेट संक्रमणों का पता लगाकर एक सुरक्षित साइबर स्पेस बनाने की पहल।
DigiLocker	डिजिलॉकर DIGILOCKER	https://digilocker.gov.in	यह महत्वपूर्ण आजीवन दस्तावेजों को जारी करने, साँझा करने और सत्यापन के लिए एक सुरक्षित क्लाउड आधारित प्लेटफॉर्म है
NATIONAL DIGITAL LITERACY MISSION Har Ghar e-Sakshar NDLM	दिशा DISHA	http://www.ndlm.in	आईटी प्रशिक्षणप्रदान करने के लिए डिजिटल साक्षरता अभियान या राष्ट्रीय डिजिटल साक्षरता मिशन

डिजिटल इंडिया पहल (Digital India Initiative)		वेबसाइट(Website)	विवरण(Description)
Digitize India Platform	डिजिटाइज इंडिया प्लेटफॉर्म Digitize India Platform	Https://digitizeindia.gov.in	स्कैन किए गए दस्तावेज़ छवियों के डिजिटलीकरण सेवाएं प्रदान के लिए कार्यक्रम
DBT Bharat	डीबीटी DBT	https://dbtbharat.gov.in	प्रत्यक्ष लाभ हस्तांतरण का उद्देश्य सरकारी वितरण प्रणाली में सुधार करना है
eSign	ई चिन्ह ESIGN	http://cca.gov.in	एक ऑनलाइन इलेक्ट्रॉनिक हस्ताक्षर सेवा
ESSO	एस्सो-इनकोइस ESSO-INCOIS	http://www.incois.gov.in/portal/index.jsp	सर्वोत्तम संभव महासागर जानकारी और सलाहकार सेवाएं प्रदान करने के लिए
GeM Government e Marketplace	सरकार ई-मार्केटप्लेस GOVT.E-MARKETPLACE	https://gem.gov.in	यह सामान्य उपयोग की वस्तुओं और सेवाओं की ऑनलाइन खरीद के लिए, विभिन्न सरकारी विभागों/संगठनों/सार्वजनिक क्षेत्र के उपक्रमों द्वारा संचालित, एकल विंडो समाधान है।
IRCTC	आईआरसीटीसी कनेक्ट IRCTC CONNECT	https://www.irctc.co.in	ट्रेन टिकट बुक करने, आरक्षण की जांच करने या उन्हें रद्द करने और आगामी यात्रा अलर्ट प्राप्त करने के लिए नैक्सट जेनेरेशन ई-टिकटिंग प्रणाली है।
Jeevan Pramaan	जीवन प्रमान JEEVAN PRAMAAN	https://jeevanpramaan.gov.in	जीवन प्रमाण पत्र जारी करने की प्रक्रिया को कारगर बनाने के लिए पेंशनभोगियों के लिए एक बायोमेट्रिक सक्षम डिजिटल सेवा
meghRaj CLOUD INITIATIVE NATIONAL CLOUD BY NIC e-Granthalaya	मेघराज MEGHRAJ	https://clous.gov.in/index.php	देश में ई-सेवाओं की डिलीवरी में तेजी लाने के लिए क्लाउड कम्प्यूटिंग पहल
मोबाइल सेवा Mobile Seva The National Mobile Governance Initiative	मोबाइल सेवा ऐप स्टोर MOBILE SEVA APP STORE	https://apps/mgov.gov.in	उपयुक्त मोबाइल एप्लिकेशन (अनुप्रयोगों) के विकास की और तैनाती की प्रक्रिया को सुविधाजनक बनाने के लिए सेवा

डिजिटल इंडिया पहल (Digital India Initiative)		वेबसाइट(Website)	विवरण(Description)
nsm NATIONAL SUPERCOMPUTING MISSION	एनएसएम NSM	https://nsmindia.in	देशभर में फैले राष्ट्रीय शैक्षिक और अनुसंधान एवं विकास संस्थानों को सशक्त बनाने के लिए, राष्ट्रीय सुपर कंप्यूटिंग मिशन
data.gov.in Open Government Data (OGD) Platform India www.data.gov.in	ओपन डेटा OPEN DATA	https://data.gov.in	सार्वजनिक उपयोग के लिए डाटासेट, दस्तावेज, सेवाओं, उपकरण और एप्लिकेशन प्रकाशित करने के लिए सेवा
ras Rapid Assessment System helps in improving governance	रास RAS	http://ras.gov.in	भारत सरकार और राज्य सरकारों द्वारा दी गई ई-सेवाओं के निरंतर प्रतिक्रिया के लिए रैपिड आकलन प्रणाली
SWIFT Single Window Interface for Facilitating Trade	स्विफ्ट SWIFT	https://www.icegate.gov.in/SWIFT	सिंगल विंडो इंटरफेस- भारत में सीमाओं के पार व्यापार की सुविधा के लिए एक परियोजना

तालिका 1.4: डिजिटल इंडिया पोर्टल (सेवा आधारित)

डिजिटल इंडिया पहल		वेबसाइट	विवरण
Accessible India Campaign	सुगम्य भारत अभियान और मॉब ऐप SUGAMYA BHARAT ABHIYAAN & Mob app	http://accessibleindia.gov.in/content/	देश भर में दुर्गम स्थानों पर व्यापक रूप से जानकारी प्राप्त करने के लिए एक क्राउड सोर्सिंग प्लेटफॉर्म
BHIM BHARAT INTERFACE FOR MONEY	भीम BHIM	http://www.bhimupi.org.in /or App from google play store	एक ऐप जो, यूनिफाइड पेमेंट्स इंटरफेस (यूपीआई) का उपयोग कर भुगतान लेनदेन को सरल, आसान और त्वरित बनाता है
AIIMS New Delhi	डिजिटल एम्स DIGITAL AIIMS	http://ehospital.nic.in/ehospital/	विशिष्ट स्वास्थ्य पहचान संख्या ने एम्स का दौरा करने वाले रोगी को एक डिजिटल पहचान दी
DP Digital Panchayat	ई-पंचायत E-PANCHAYAT	http://epachayat.in/	ग्राम पंचायत के कार्यों के स्वचालन का प्रयास करते हुए, व्यापक सॉफ्टवेयर समाधान प्रदान करने का प्रयास

डिजिटल इंडिया पहल		वेबसाइट	विवरण
	ई-ग्रीटिंग्स EGREETINGS	https://egreetigns.gov.in/	इस का उद्देश्य, बधाई साँझा करने के एक समकालीन और पर्यावरण के अनुकूल तरीके को बढ़ावा देना है
	ई-अस्पताल E-HOSPITAL	http://ehospital.nic.in/ehospital/	अस्पतालों की प्रक्रियाओं और आंतरिक कार्य प्रवाह के लिए अस्पताल प्रबंधन सूचना प्रणाली (एचएमआईएस)
	एनम ENAM	http://www.enam.gov.in/NAM/home/index.html	एक एकीकृत राष्ट्रीय बाजार बनाने के एक अखिल भारतीय इलेक्ट्रॉनिक ट्रेडिंग पोर्टल
	ई-पाठशाला E-PATHSHALA	http://epathshala.nic.in/	वेबसाइट और मोबाइल ऐप्लिकेशन के माध्यम से पाठ्य पुस्तकों, ऑडियो, वीडियो, पत्रिकाओं और अन्य मुद्रित और गैर मुद्रित सहित एक किस्म की सामग्री ई-संसाधन प्रदान करने के लिए
	ई-संपर्क ESAMPARK	https://sampark.gov.in	एक मेलर, आउटबाउंड डायलिंग और एसएमएस अभियान चलाकर भारत भर के नागरिकों के साथ सरकार को सीधे जोड़ने के लिए तंत्र
	जीएसटीएन GSTN	http://www.gstn.org/index.php	माल और सेवा कर नेटवर्क एक करदाता के लिए एक समान इंटरफ़ेस है और केंद्र और राज्यों के बीच एक आम और साँझा आईटी अवसंरचना है
	खोया पाया KHOYA PAYA	http://khoyapaya.gov.in/mpp/home	लापता हुए बच्चों की जानकारी के आदान- प्रदान के लिए वेब-आधारित नागरिक पोर्टल
	किसान सुविधा KISAN SUVIDHA	http://www.kisaansuvidha.com	किसानों को प्रासंगिक जानकारी तुरंत प्राप्त करने की मदद के लिए मोबाइल ऐप विकसित किया गया
	ई रक्तकोश	http://ww.eraktkosh.in/	वेब-आधारित पोर्टल, जो राज्य के सभी ब्लड बैंकों को एक ही नेटवर्क में जोड़ता है
	एनसीएस NCS	http://www.ncs.gov.in	राष्ट्रीय करियर सेवा पोर्टल सुविधाएं नौकरी चाहने वालों, नौकरी प्रदाताओं, कौशल प्रदाताओं, करियर परामर्शदाताओं आदि के पंजीकरण के लिए सुविधाएं प्रदान करने के लिए है

डिजिटल इंडिया पहल		वेबसाइट	विवरण
	एनवीएसपी NVSP	http://www.nvsp.in	सुविधाएं जैसे चुनावी सूची तक पहुँच, मतदाता पहचान पत्र के लिए आवेदन, मतदाता कार्ड में सुधार के लिए ऑनलाइन आवेदन, मतदान बूथ, बूथ स्तर अधिकारी, निर्वाचक पंजीकरण अधिकारी आदि का विवरण प्रदान करने के लिए है
	पासपोर्ट सेवा परियोजना PASSPORT SEVA	http://www.passportindia.gov.in	पासपोर्ट और संबंधित सेवाओं के वितरण के लिए सरल, कुशल और पारदर्शी प्रक्रियाओं को सक्षम बनाता है
	शाला दर्पण SHAALA DARPAN	https://darpan.kvs.gov.in/shaaladarpan	देश के सभी केंद्रीय विद्यालयों के लिए एक ई-गवर्नेंस मंच
	मृदा स्वास्थ्य कार्ड SOIL HEALTH CARD	http://www.soilhealth.dac.gov.in/	देश में एकीकृत पोषक तत्व प्रबंधन को बढ़ावा देने का लक्ष्य
	स्वयं SWAYAM	https://swayam.gov.in	इस प्रयास का उद्देश्य सभी के लिए सर्वोत्तम शिक्षण संसाधनों को ले जाना है। और शिक्षा के लिए पहुँच, समानता और गुणवत्ता हासिल करना है।
	उमंग UMANG	https://umang.gov.in App from google play store	नए जमाने के शासन के लिए एकीकृत मोबाइल एप्लिकेशन है- सभी सरकारी सेवाओं तक पहुँच के एकल बिंदु की सुविधा के लिए एक मोबाइल ऐप है।
	यूटीएस ऐप UTS APP	Https://www.utsonmobile.indianrail.gov.in/RDS	अनारक्षित पेपरलेस यात्रा टिकट की बुकिंग में सक्षम बनाता है, सीजन टिकट और प्लेटफॉर्म टिकट जारी / नवीनीकृत करता है

तालिका 1.5: डिजिटल इंडिया पोर्टल (सशक्तिकरण)

डिजिटल इंडिया पहल		वेबसाइट	विवरण
	एईपीएस AEPS	https://www.ncpi.org.in	यह एक बैंक ग्राहक को अपनी पहचान के रूप में आधार का उपयोग करने के लिए सशक्त बनाने वाली एक भुगतान सेवा है,
	बीपीओ योजना BPO SCHEME	Https://ibps.stpi.in	यह देश भर में बीपीओ/आईटीईएस संचालन के संबंध में 48300 सीटों की स्थापना को प्रोत्साहित करने का प्रयास करती है।

डिजिटल इंडिया पहल		वेबसाइट	विवरण
my GOV मेरी सरकार	MYGOV	https://mygov.in	बड़े पैमाने पर आम नागरिक को शामिल करते हुए अपनी तरह की पहली अनूठी भागीदारीपूर्ण शासकीय पहल
NMEICT National Mission on Education Through ICT	एनएमईआईसीटी NMEICT	http://www.nmeict.ac.in	उच्च शिक्षा संस्थानों में सभी शिक्षार्थियों के लाभ के लिए शिक्षण और सीखने की प्रक्रिया में आईसीटी की क्षमता का लाभ उठाने के लिए योजना
PRADHAN MANTRI GRAMIN DIGITAL SAKSHARTA ABHIYAN	पीएमजीडीशा PMGDISHA	https://www.pmgdisha.in	प्रत्येक पात्र परिवार से एक सदस्य को कवर करके ग्रामीण क्षेत्रों में 6 करोड़ व्यक्तियों को डिजिटल रूप से साक्षर बनाने के लिए योजना।
PMKVY प्रधानमंत्री कौशल विकास योजना PRADHAN MANTRI KAUSHAL VIKAS YOJANA	पीएमकेवीवाई PMKVY	http://www.pmkvyofficial.org	बड़ी संख्या में भारतीय युवाओं को उद्योग-प्रासंगिक कौशल प्रशिक्षण लेने में सक्षम बनाने के लिए जो उन्हें सुरक्षित करने में मदद और एक बेहतर आजीविका में मदद करेगा
Smart City	स्मार्ट सिटी SMART CITIES	http://smartcities.gov.in/content/	स्मार्ट शहरों की परियोजनाओं और संबंधित प्रक्रियाओं के बारे में अप टू डेट (अद्यतन) जानकारी उपलब्ध कराना

रोचक तथ्य

- आधार समर्थित बैंकिंग लेनदेन लगातार बढ़ रहे हैं। मई 2021 में लगभग 24,197 करोड़ रुपये का लेनदेन हो गया है। न्यू इंडिया डिजिटल हो रहा है।
- जुलाई 2021 तक, डिजिलॉकर के 66.87 मिलियन पंजीकृत उपयोगकर्ता हैं और 4.32 बिलियन प्रमाणित दस्तावेज जारी किए गए हैं।

1.5. स्टेट पोर्टल

लोक कल्याणकारी राज्य व्यवस्था में प्रत्येक राज्य अपने नागरिकों को बेहतर सुविधाएं प्रदान करने का प्रयास करता है। राज्य सरकार के तहत विभिन्न सरकारी विभागों, कार्यालयों द्वारा अपने नागरिकों के लिए सरकारी गतिविधियों, योजनाओं को जमीनी स्तर पर लागू किया जाता है। राज्य वेब पोर्टल के माध्यम से, राज्य सरकार सूचना के प्रसार, विभिन्न सरकारी योजनाओं के लिए आवेदन और उनकी वर्तमान स्थिति प्रदर्शित करने, विभागों की शिकायतों का फीडबैक और निपटान आदि जैसे कार्य करती है। इसलिए, अपने नागरिकों को केंद्र में रखके (ज्यादातर राज्यव्यापी नागरिकों को), उन्हें डिजिटल सेवाएं प्रदान करने के लिए, प्रयासरत, इन्हें राज्य पोर्टल कहा जाता है। इस प्रकार, ***रस्टेट पोर्टल (राज्य पोर्टल)*** विशेष राज्य और उसके विभिन्न विभागों और उनकी संबद्ध सेवाओं के बारे में सटीक और व्यापक तरीके से जानकारी का एक नोडल स्रोत है।

स्टेट पोर्टल की विशेषताएँ :

1. स्टेट पोर्टल (राज्य पोर्टल) विशेष राज्य के स्वास्थ्य, कृषि, शिक्षा, रोजगार, कर, पेंशन आदि जैसे संबंधित विभागों की योजनाओं और सेवाओं तक एकल बिंदु सूचना पहुँच प्रदान करने के लिए उपयोगी हैं।

2. यह पारदर्शी तरीके से जानकारी प्रदान करता है और भ्रष्टाचार को कम करने में मदद करता है।
3. यह ई-गवर्नेंस का हिस्सा हैं और कागजी कार्रवाई और सूचना को भौतिक रूप से प्रसारित करने में लगने वाले समय को कम करता है।
4. यह पोर्टल सरकारी विभाग को अधिक जवाबदेह बनाते हैं क्योंकि वे जानते हैं कि उनकी लगातार निगरानी की जाती है।

1.5.2 स्टेट पोर्टल कैसे नेविगेट करें

1. अपने इच्छुक राज्य का स्टेट पोर्टल खोलने के लिए हमें ब्राउज़र के एड्रेस बार में उसका यूआरएल टाइप करना होगा और एंटर दबाना होगा।
2. यदि यूआरएल याद नहीं है, तो हमें नीचे दिए गए किसी भी तरीके से एक प्रमाणित यूआरएल खोजना चाहिए
   a. हम इसे कुछ सटीक खोजशब्दों के साथ सर्च इंजन (जैसे गूगल) पर खोज सकते हैं।
   b. सरकारी विभाग के मान्य सोशल मीडिया हैंडल से हाइपरलिंक का उपयोग करें।
   c. राज्यभौतिक पोस्टर या आईईसी (सूचना, शिक्षा और संचार) सामग्री में सरकार के राज्य पोर्टल के लिए वैध यूआरएल हो सकता है।
   d. किसी भी प्रतिष्ठित वेबसाइट को खोलें जिसमें राज्य पोर्टल के हाइपरलिंक हों। हमारे उदाहरण के लिए हम नीचे दिए गए किसी भी राष्ट्रीय पोर्टल के URL, https://knowindia.gov.in/states-uts/ या https://www.india.gov.in/india-glance/states-india दोनों वेबपेजों पर जा सकते हैं, जो भारत के राज्य वेब पोर्टलों के लिंक प्रदान कर सकते हैं। आप राज्य के किसी भी नाम (हाइपरलिंक) पर क्लिक कर सकते हैं या राज्य पोर्टल पर नेविगेट करने के लिए राज्य के नाम के सामने 🔗 लिंक आइकन पर क्लिक कर सकते हैं । पहले यूआरएल के लिए यूजर इंटरफेस को चित्र 1.15 में दर्शाया गया है।

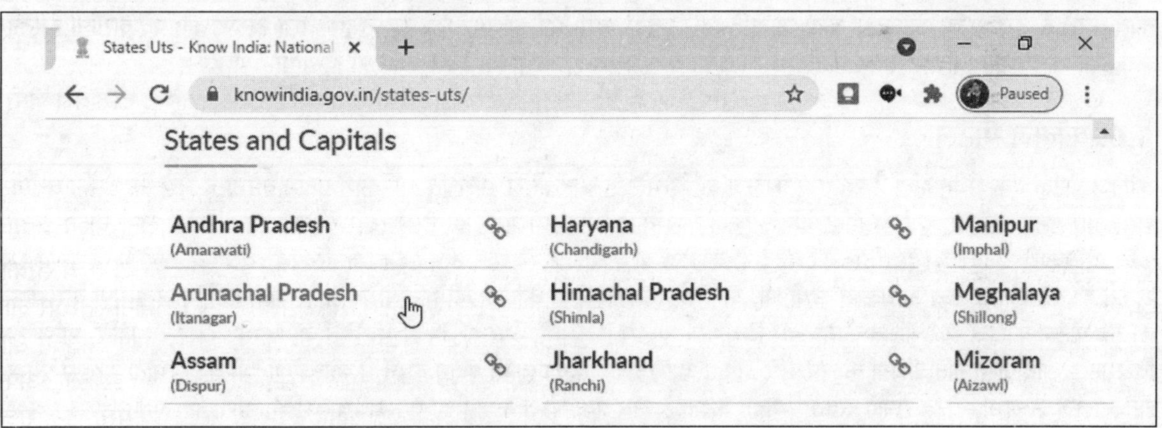

चित्र 1.15: राज्य पोर्टलों के हाइपरलिंक के साथ एक राष्ट्रीय पोर्टल

3. किसी भी राज्य पर क्लिक करने पर हमें उस विशेष राज्य का राज्य पोर्टल प्रस्तुत किया जाएगा, हमारे उदाहरण के लिए हमें अरुणाचल प्रदेश सरकार का पोर्टल इंटरफ़ेस मिला जैसा कि चित्र 1.16 में दिखाया गया है।

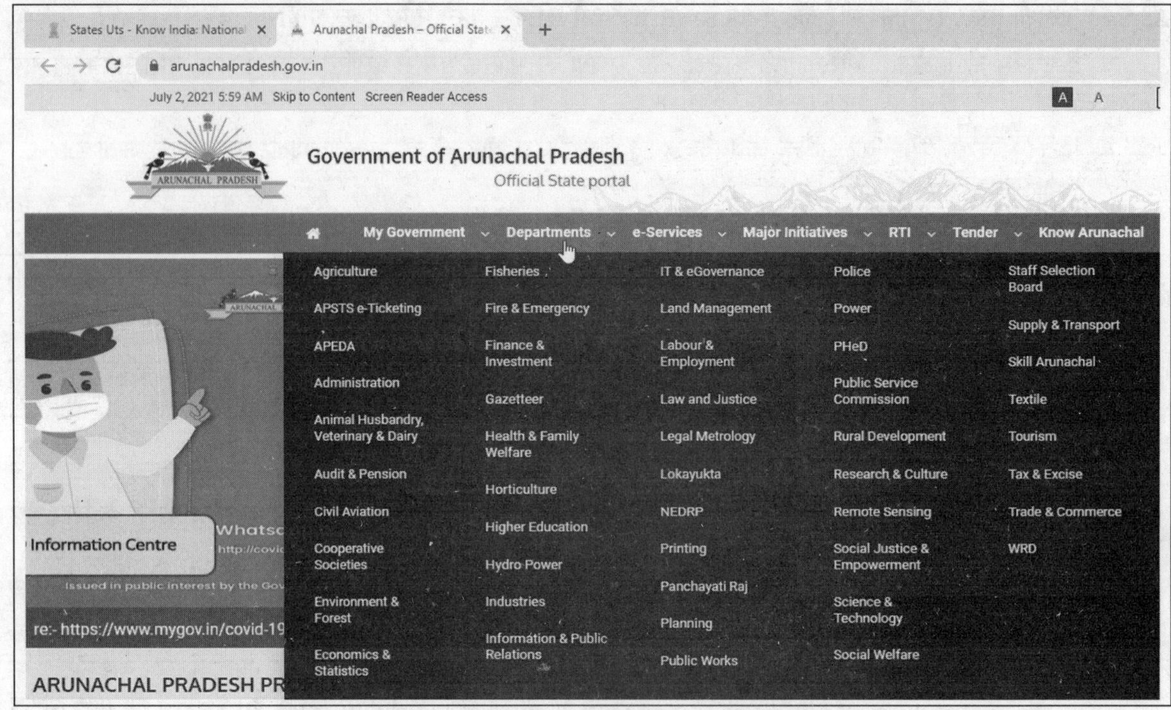

चित्र 1.16: विभिन्न विभागों के लिंक के साथ स्टेट पोर्टल

राज्य पोर्टल में आमतौर पर अपने विभिन्न सरकारी विभागों के लिए हाइपरलिंक होते हैं। चूंकि ऐसे सभी पोर्टल राज्य भर में भी कार्य करते हैं, इन्हें राज्य पोर्टल भी कहा जाता है। इस प्रकार, हम आगे नेविगेट कर सकते हैं। जैसा अरुणाचल प्रदेश राज्य सरकार के किसी भी विभाग विशिष्ट राज्य पोर्टल पर नेविगेट कर सकते है, जैसा कि चित्र 1.16 में दिखाया गया है।

1.6. कॉलेज पोर्टल

कॉलेज पोर्टल एक वेब पोर्टल है जो एक कॉलेज के विभिन्न हितधारकों से संबंधित जानकारी प्रदान करता है जैसे कि इसके वर्तमान छात्र और उनके परिवार, पूर्व छात्र नेटवर्क, कॉलेज के संकाय और कर्मचारी, नए उम्मीदवार जो कॉलेज में प्रवेश लेना चाहते हैं और उच्च अधिकारी आदि। इस इंटरफेस की मदद से कॉलेज या शैक्षणिक संस्थान अपने छात्र के रिकॉर्ड व्यवस्थित तरीके से बनाए रख सकते हैं। कॉलेज के उच्च अधिकारी कभी भी, कहीं भी अवधारणा में कॉलेज की गतिविधियों और प्रक्रियाओं की निगरानी कर सकते हैं। यह पोर्टल कॉलेज से संबंधित कार्यों और विभागीय नोटिस, प्लेसमेंट और परीक्षा से संबंधित जानकारी, फीस देय तिथि, पाठ्यक्रम विवरण इत्यादि जैसी गतिविधियों के बारे में (अप टू डेट) अद्यतित जानकारी प्रदान करने में महत्वपूर्ण भूमिका निभाता है। इस प्रकार, यह कॉलेज के सभी रिकॉर्ड बनाए रखने में मदद करता है और एक संस्थान के लिए एक प्रबंधन सूचना प्रणाली (एमआईएस) बनाए रखने में मदद करता है। चूंकि सभी सूचनाओं को प्रस्तुत करने की और बनाए रखने की जिम्मेदारी कॉलेज स्तर पर होती है, इसलिए इसे कॉलेज वेब पोर्टल कहा जाता है।

अद्यतन (अपडेट) आवृत्ति और जटिलता के आधार पर, कॉलेज पोर्टल को स्थिर या गतिशील पोर्टलों में वर्गीकृत किया जा सकता है। यदि यह अपरिवर्तनीय जानकारी प्रदान करने के लिए एक सरल वेब पोर्टल है, तो यह एक स्थिर पोर्टल है। दूसरी ओर, यदि पोर्टल को लगातार अद्यतन (अपडेट) करने के लिए कार्यक्षमता के साथ विकसित किया गया है, तो इसे डायनेमिक पोर्टल कहा जाता है। यह उपयोगकर्ता लॉगिन की सुविधा प्रदान कर सकता है और उपयोगकर्ता अपनी व्यक्तिगत जानकारी भी अपडेट कर सकते हैं। इसके अलावा, उन्नत पोर्टल अपने उपयोगकर्ताओं को अपने संस्थान से अनुकूलित जानकारी प्राप्त करने में सक्षम बनाता है।

कॉलेज पोर्टल कैसे नेविगेट करें

1. कॉलेज पोर्टल खोलने के लिए, हमें ब्राउज़र के एड्रेस बार में उसका यूआरएल टाइप करना होगा और एंटर दबाना होगा।
2. यदि यूआरएल याद नहीं है तो हमें नीचे दिए गए किसी भी तरीके से एक प्रमाणित यूआरएल खोजना चाहिएः
   a. भौतिक पोस्टर से या आईईसी (सूचना, शिक्षा और संचार) सामग्री में, कॉलेज पोर्टल के लिए वैध यूआरएल हो सकता है।
   b. हम इसे कॉलेज के लिए कुछ सटीक कीवर्ड के साथ सर्च इंजन (जैसे, गूगल) पर खोज सकते हैं।
   c. कॉलेज या उसके आधिकारिक व्यक्ति के मान्य सोशल मीडिया हैंडल से हाइपरलिंक का उपयोग करें।
   d. हम इसे राष्ट्रीय पोर्टल या वांछित राज्य के राज्य पोर्टल में खोज सकते हैं जिसमें इस कॉलेजों की अनुक्रमणिका हो। उदाहरण के लिए हम नीचे दिए गए राष्ट्रीय पोर्टल https://aishe.gov.in/ या http://www.knowyourcollege-gov.in/ पर जा सकते हैं।
   e. भारत के कॉलेज पोर्टल जैसे shiksha.com, Collegedunia.com आदि के अनुक्रमण के साथ कोई अन्य प्रतिष्ठित वेबसाइट खोलें।

   हमारे उदाहरण के लिए यदि हम सरकारी पॉलिटेक्निक कॉलेज, बाड़मेर की आधिकारिक वेबसाइट पर जाना चाहते हैं, (यह देखते हुए कि हम इसका यूआरएल नहीं जानते हैं) तो हम नीचे दिए गए पथ का अनुसरण कर सकते हैं।

   i. सरकार के उच्च और तकनीकी शिक्षा विभाग का राज्य पोर्टल खोलें, राजस्थान के लिए www.hte.rajasthan.gov.in टाइप करें
   ii. "विभाग" नामक मेनू टैब में "तकनीकी शिक्षा विभाग" पर क्लिक करें। यह यूआरएल https://hte.rajasthan.gov.in/dept/dte/ पर रीडायरेक्ट करेगा
   iii. अब "कॉलेज" मेनू टैब पर क्लिक करें, यह https://hte.rajasthan.gov.in/ dept/dte/college.php पर रीडायरेक्ट हो जाएगा। पृष्ठ तहत राजस्थान राज्य के तकनीकी शिक्षा विभाग के पॉलिटेक्निक कॉलेजों की पूरी सूची दिखाएगा।
   iv. कॉलेज के हाइपरलिंक पर क्लिक करने पर हमें कॉलेज पोर्टल इंटरफ़ेस मिलता है जैसा कि चित्र 1.17 में दिखाया गया है।

चित्र 1.17ः एक कॉलेज पोर्टल

कंप्यूटर सिस्टम

आज, कंप्यूटर का उपयोग न केवल वाणिज्य और व्यवसाय में किया जाता है, बल्कि विभिन्न क्षेत्रों जैसे चिकित्सा, अनुसंधान, शैक्षणिक संस्थानों, उपग्रह प्रक्षेपण आदि में भी किया जाता है। कंप्यूटर विभिन्न आकारों में और विभिन्न क्षमताओ में उपलब्ध हैं। प्रसंस्करण के आमतौर पर विन्यास के रूप में जाना जाता है। कंप्यूटर बनाने के लिए हमें विभिन्न प्रकार के हार्डवेयर की आवश्यकता होती है। कंप्यूटर हार्डवेयर एक सामूहिक शब्द है जिसका उपयोग कंप्यूटर के विभिन्न मूर्त घटकों को समझाने के लिए किया जाता है। प्रत्येक हार्डवेयर घटक की अपनी कार्यक्षमता होती है और कंप्यूटर सिस्टम बनाने के लिए एक विशिष्ट तरीके से जुड़ी होती है। कंप्यूटर सिस्टम का एक विशिष्ट ब्लॉक आरेख चित्र में दिखाया गया है।

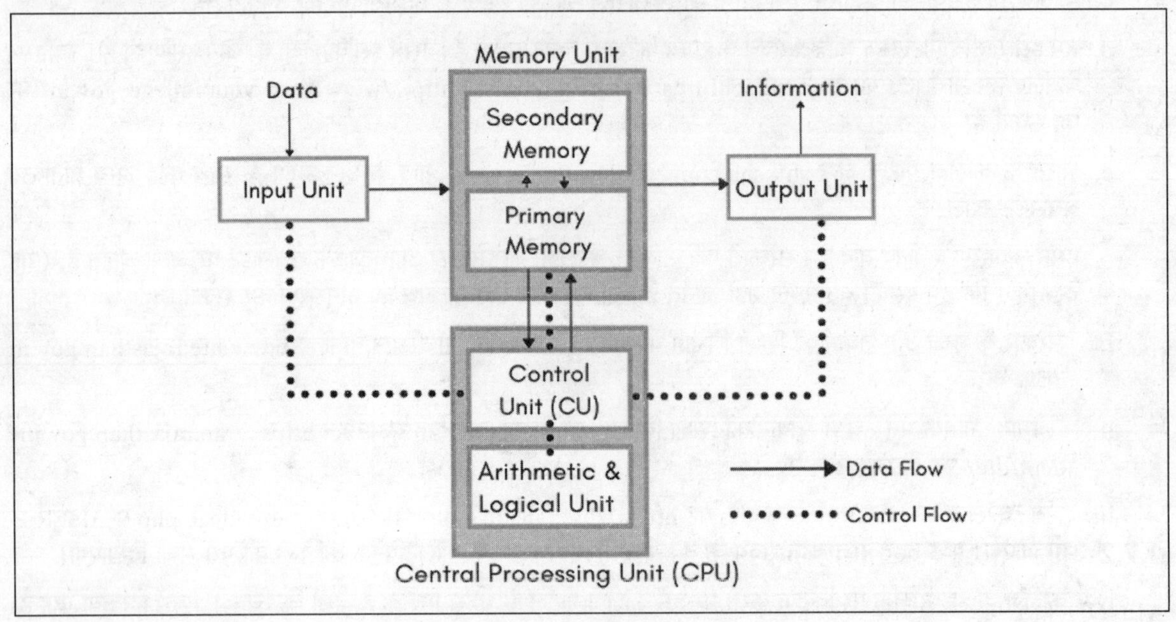

चित्र 1.18: कंप्यूटर सिस्टम ब्लॉक आरेख

अब हम उन बुनियादी घटकों पर चर्चा करते हैं जो एक कंप्यूटर सिस्टम बनाते हैं।

1.7 सेंट्रल प्रोसेसिंग यूनिट (CPU)

CPU(सीपीयू) में अरिथमेटिक एंड लॉजिकल यूनिट (एएलयू), कंट्रोल यूनिट (सीयू) और मेमोरी स्टोरेज यूनिट शामिल हैं। सामूहिक रूप से वे कंप्यूटर के मस्तिष्क का निर्माण करते हैं। सीपीयू वह जगह है जहां प्रोग्राम के निष्पादन पर डेटा का वास्तविक प्रसंस्करण होता है। सीपीयू अधिकांश डेटा को संसाधित करने, इनपुट डेटा को आउटपुट डेटा में बदलने के लिए जिम्मेदार है। सीपीयू मुख्य घटकों में से एक है जो आपके कंप्यूटर के प्रदर्शन में सुधार करता है, सीपीयू का उपयोग लगभग सभी प्रकार के डिजिटल प्रोसेसिंग उपकरण जैसे डेस्कटॉप, लैपटॉप, टैबलेट कंप्यूटर, स्मार्टफोन, यहां तक कि हमारे टेलीविजन सेट और कई अन्य उपकरणों में भी किया जा रहा है। बोलचाल की भाषा में इसे प्रोसेसर, माइक्रोप्रोसेसर या सेंट्रल प्रोसेसर भी कहा जाता है। डेस्कटॉप सीपीयू बनाने वाली दो मुख्य कंपनियां एएमडी और इंटेल हैं।

1.7.1 माइक्रोप्रोसेसर

यह एएलयू, रजिस्टर सर्किट और कंट्रोल सर्किट के साथ एक सिलिकॉन चिप है। माइक्रोप्रोसेसर (Microprocessor) बड़ी संख्या में, डेटा प्राप्त करना, परिणामों को संसाधित करना और संग्रहित करना और एक एकीकृत सर्किट पर आवश्यक परिणाम आउटपुट

करना, जैसे कार्य करने में सक्षम है। इसके पास एएलयू संचालन करने और इससे जुड़े घटकों जैसे मेमोरी, इनपुट आउटपुट डिवाइस आदि को नियंत्रित करने की जिम्मेदारी है। इस प्रकार, यह एक प्रोग्रामेबल डिवाइस है जो बाइनरी डेटा को इनपुट के रूप में लेता है, मेमोरी में लोड किए गए निर्देशों के अनुसार प्रोसेसिंग करता है और बाइनरी फॉर्म में परिणाम उत्पन्न करता है। पिन के साथ एक पारंपरिक माइक्रोप्रोसेसर चिप, चित्र 1.19 में दिखाया गया है।

चित्र 1.19: माइक्रोप्रोसेसर चिप

1.7.2 अरिथमेटिक एंड लॉजिकल यूनिट (ALU)

ALU(एएलयू), एक कंप्यूटर सिस्टम के सीपीयू का एक प्रमुख घटक है। यह कंप्यूटर सिस्टम के लिए सभी अंकगणित और तार्किक संचालन करता है जैसे, जोड़, घटाव, तुलना, पूरक, शिफ्ट इत्यादि। यह एक संयोजन डिजिटल सर्किट है और इंजीनियरों द्वारा किसी भी ऑपरेशन की गणना करने के लिए एएलयू डिजाइन किया जा सकता है। जैसे-जैसे संचालन अधिक जटिल होता जाता है, एएलयू (ALU) भी अधिक महंगा होता जाता है और यह सीपीयू में अधिक स्थान लेता है।

आम तौर पर, एएलयू तीन भागों से बना होता है:

a) योजक(adder) जहां वास्तविक गणना कार्य स्थान है।

b) रजिस्टर जो जानकारी को अस्थायी रूप से संग्रहित करता है।

c) संचायक(accumulator) जिसमें गणनाओं के आंतरायिक परिणाम रखे जाते हैं।

1.7.3 कंट्रोल यूनिट (CU)

यह सीपीयू (CPU) का महत्वपूर्ण भाग होता है जो इसमें होने वाले सभी कार्यों की निगरानी करता है। इसका मुख्य उद्देश्य कंप्यूटर सिस्टम के सभी भागों में नियंत्रण संकेत भेजना और प्राप्त करना है। नियंत्रण संकेत सीपीयू में निर्देशों के सुचारू निष्पादन, बसों से मेमोरी और आईओ (IO) उपकरणों पर संचार में सहायक होते हैं। नियंत्रण संकेतों के माध्यम से, सीयू (CU) यह सुविधा प्रदान करता है कि कंप्यूटर में सभी कार्य सही समय और सही क्रम में किए जाते हैं। यह सिस्टम की अन्य इकाइयों को भी उनके संबंधित कार्य करने के लिए निर्देशित करता है। इस प्रकार, सीयू कंप्यूटर के संचालन को नियंत्रित और एकीकृत करता है। यह मुख्य मेमोरी में संग्रहित प्रोग्राम से निर्देश प्राप्त करता है, इसे डिकोड करता है और कंप्यूटर सिस्टम की अन्य इकाइयों को नियंत्रण संकेत भेजता है।

1.7.4 मेमोरी यूनिट

कंप्यूटर को दिए गए निर्देश और डेटा को मेमोरी या स्टोरेज यूनिट में स्टोर किया जाता है। यह डेटा प्रोग्राम निर्देशों के साथ सीयू और एएलयू द्वारा उपयोग किया जाता है। इसका उपयोग आंतरायिक परिणामों और सूचनाओं (अंतिम परिणाम) को संग्रहित करने के लिए भी किया जाता है। मेमोरी के प्रकारों पर अगले विषय में विस्तार से चर्चा की गई है। मेमोरी की सबसे छोटी इकाई को 'बिट' कहा जाता है। बिट का मान 1 या 0 हो सकता है जिसे बाइनरी मान के रूप में जाना जाता है। आठ बिट्स के समूह एक बाइट बनाते हैं और इसी तरह उच्च क्रम की इकाइयाँ बनती हैं। तालिका 1.6 डिजिटल डेटा के लिए माप इकाइयों को उनके प्रतीक चिन्ह और संबंधित क्षमता के साथ दिखाती है।

तालिका 1.6: डिजिटल डेटा के लिए मापन इकाइयाँ

यूनिट (Unit)		सिंबल (Sym Bol)	क्षमता (कैपेसिटी - capacity)	यूनिट (Unit)		सिंबल (Sym Bol)	क्षमता (कैपेसिटी - capacity)
Bit	बिट	B	1 या 0 (ऑन या ऑफ)	Terabyte	टेराबाइट	TB	1024 गीगाबाइट
Byte	बाइट	B	8 बिट्स	Petabyte	पेटाबाइट	PB	1024 टेराबाइट
Kilobyte	किलोबाइट	KB	1024 बाइट्स	Exabyte	एक्साबाइट	EB	1024 पेटाबाइट
Megabyte	मेगाबाइट	MB	1024 किलोबाइट	Zettabyte	जेटाबाइट	ZB	1024 एक्साबाइट
Gigabyte	गीगाबाइट	GB	1024 गीगाबाइट	Yottabyte	योटाबाइट	YB	1024 जेटाबाइट

कंप्यूटर मेमोरी कंप्यूटर सिस्टम के सबसे महत्वपूर्ण घटकों में से एक है। कंप्यूटर मेमोरी एक महत्वपूर्ण संसाधन है जिसे ऑपरेटिंग सिस्टम द्वारा प्रबंधित किया जाता है। जब डेटा को मेमोरी में भेजा जाता है तो इसे एड्रेस नामक किसी विशेष स्थान पर रखा जाता है और कंप्यूटर द्वारा इस पते से जब आवश्यक हो, डेटा पुनर्प्राप्त किया जा सकता है।

1.8 कंप्यूटर मेमोरी के प्रकार

कंप्यूटर सिस्टम कार्यात्मक आवश्यकता के आधार पर विभिन्न प्रकार की मेमोरी का उपयोग करता है। सीपीयू द्वारा मेमोरी की सीधी पहुँच के आधार पर, मेमोरी को प्राथमिक और द्वितीयक प्रकार के रूप में वर्गीकृत किया जाता है। इसके अलावा, मुख्य मेमोरी को, जब कंप्यूटर को बिजली बंद कर दी जाती है, तब सिस्टम मेमोरी द्वारा डेटा प्रतिधारण के आधार पर दो प्रकारों में विभाजित किया जाता है। प्रत्यक्ष सीपीयू अभिगम्यता, डेटा प्रतिधारण, पठन-लेखन प्रौद्योगिकी और भंडारण मीडिया प्रकार के अनुसार कंप्यूटर मेमोरी का विस्तृत वर्गीकरण चित्र 1.20 में प्रस्तुत किया गया है।

1.8.1 प्राइमरी मेमोरी

प्राइमरी मेमोरी को मेन मेमोरी या इंटरनल स्टोरेज के रूप में जाना जाता है क्योंकि यह सीपीयू द्वारा सीधे एक्सेस की जा सकती है। इसका उपयोग प्रोग्राम निर्देशों, डेटा और आंतरायिक परिणामों को संग्रहित करने के लिए किया जाता है। यह सेमीकंडक्टर उपकरणों से बना है। इसकी तेज पहुँच दर और सर्किट जटिलता के कारण, यह सेकेंडरी मेमोरी की तुलना में महंगा है। यदि सिस्टम में कोई प्राथमिक मेमोरी स्थापित नहीं है तो कंप्यूटर काम नहीं कर सकता है। रैम, रोम, कैश मेमोरी प्राथमिक मेमोरी के उदाहरण हैं।

रैंडम एक्सेस मेमोरी (RAM):

इसकी विशेषता के कारण इसे रैंडम एक्सेस मेमोरी कहा जाता है कि किसी भी संग्रहित जानकारी तक पहुँच का समय डेटा के भौतिक स्थान से स्वतंत्र होता है। रैम(RAM) को एक अस्थायी या अस्थिर मेमोरी के रूप में भी जाना जाता है क्योंकि इसमें जो भी डेटा संग्रहित होता है वह केवल कंप्यूटर के चालू होने तक ही रहता है। जिस मिनट करंट बंद हो जाता है, सभी संग्रहित डेटा मिटा दिया जाएगा या खो जाएगा। रैम कंप्यूटर सिस्टम का सबसे आवश्यक तत्व है क्योंकि इसके बिना सिस्टम अपने कार्य नहीं कर सकता है। रैम को आगे दो प्रकारों में वर्गीकृत किया गया है (ए) स्टेटिक रैम (बी) डायनेमिक रैम

स्टेटिक रैंडम एक्सेस मेमोरी *(SRAM):* स्टेटिक शब्द इंगित करता है कि जब तक पावर लागू रहता है तब तक मेमोरी अपनी सामग्री को बरकरार रखती है। हालांकि, अस्थिर प्रकृति के कारण बिजली बंद होने पर डेटा खो जाता है। एस आर ए एम, डी आर ए एम (SRAM, DRAM) की तुलना में तेज और बहुत अधिक महंगा है।

डायनामिक रैंडम एक्सेस मेमोरी *(DRAM):* डिरैम छोटे कैपेसिटर से निर्मित होता है जो बिजली का रिसाव करता है। डिजाइनर डी आर ए एम का उपयोग करते हैं क्योंकि यह बहुत अधिक सघन है (प्रति चिप कई बिट्स स्टोर कर सकता है), कम बिजली का उपयोग करता है और एस आर ए एम की तुलना में कम गर्मी उत्पन्न करता है। इन कारणों से, दोनों तकनीकों का उपयोग अक्सर संयोजन में किया जाता हैः मुख्य मेमोरी के लिए डिरैम और कैश के लिए एस रैम।

रीड ओनली मेमोरी (ROM):

रॉम (ROM) में संग्रहित प्रोग्राम स्थायी होते हैं और करंट के बंद होने पर खो या मिटाए नहीं जाते हैं। तो, यह गैर-वाष्पशील प्रकार की (नॉनवोलेटाइल)मेमोरी है। रॉम में संग्रहित प्रोग्राम आम तौर पर महत्वपूर्ण प्रकृति के होते हैं और कंप्यूटर के निर्माता द्वारा दिए जाते हैं और इसमें ऑपरेटिंग सिस्टम प्रोग्राम, बूटिंग प्रोग्राम आदि शामिल होते हैं, रॉम विभिन्न प्रकारों में उपलब्ध है, जिसमें प्रॉम(PROM), इप्रॉम(EPROM) और इइप्रॉम (EEPROM) शामिल हैं।

प्रोग्रामेबल रीड ओनली मेमोरी (PROM): PROM केवल-पढ़ने के लिए मेमोरी है जिसे उपयोगकर्ता द्वारा केवल एक बार संशोधित किया जा सकता है। उपयोगकर्ता एक खाली प्रॉम खरीदता है और एक प्रॉम प्रोग्रामर का उपयोग करके वांछित सामग्री दर्ज करता है।

इरेज़ेबल और प्रोग्रामेबल रीड ओनली मेमोरी (EPROM): यह रिप्रोग्रामेबल होने के अतिरिक्त लाभ के साथ प्रोग्राम करने योग्य है इप्रॉम को मिटाने के लिए एक विशेष उपकरण की आवश्यकता होती है जो पराबैंगनी प्रकाश का उत्सर्जन करता है। इप्रॉम को रीप्रोग्राम करने के लिए, पहले पूरी चिप को मिटाना होगा।

इलैक्ट्रिकली इरेसेबल और प्रोग्रामेबल रीड (ओनली) मेमोरी (EEPROM): इइप्रॉम (EEPROM) को प्रोग्राम किया जा सकता है और विद्युत से मिटाया जा सकता है।इसे इरेज़िंग और प्रोग्रामिंग दोनों में लगभग 4 से 10 ms (मिली सेकंड) का समय लगता है। इइप्रॉम में,किसी भी स्थान को चुनिंदा रूप से मिटाया और प्रोग्राम किया जा सकता है, इइप्रॉम को पूरे चिप को मिटाने के बजाय एक बार में एक बाइट मिटाया जा सकता है।

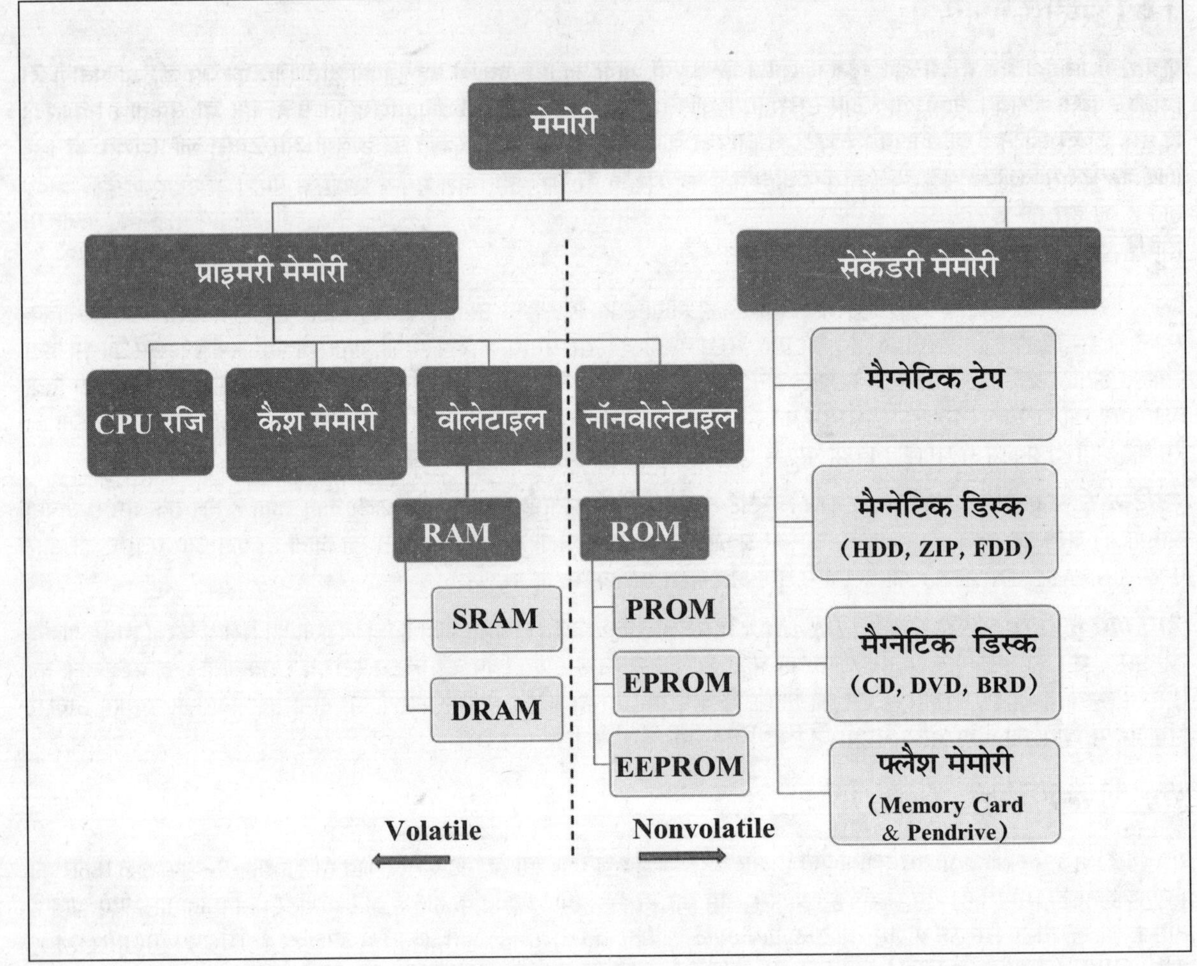

चित्र 1.20: मेमोरी का वर्गीकरण

फ्लैश मेमोरी: यह अनिवार्य रूप से अतिरिक्त लाभ के साथ इइप्रॉम है जिससे डेटा को एक-बाइट-एक-टाइम में, यह सीमा को हटाते हुए ब्लॉक में लिखा या मिटाया जा सकता है। यह फ्लैश मेमोरी को इइप्रॉम से तेज बनाता है।

1.8.2 सेकेंडरी मेमोरी

आमतौर पर, मुख्य/प्राथमिक स्टोरेज यूनिट में उपलब्ध स्टोरेज की मात्रा बड़े प्रोग्राम को लोड करते समय या प्रोग्रामों की एक साथ प्रोसेसिंग जैसे जटिल व्यावसायिक समस्याओं के लिए अपर्याप्त हो जाती है। ऐसी स्थितियों में, डेटा संग्रहित करने के लिए बाहरी या सहायक मेमोरी का उपयोग करना आवश्यक है। यहाँ सेकेंडरी मेमोरी पिक्चर में आती है और इसका उपयोग मुख्य रूप से डेटा को स्थायी रूप से स्टोर करने के लिए किया जाता है। सीपीयू और मेमोरी के बीच सीधी पहुँच की कमी के कारण इसे 'एक्सटर्नल मेमोरी' भी कहा जाता है। यह गैर-वाष्पशील (नॉनवोलेटाइल) मेमोरी है इसलिए कंप्यूटर सिस्टम के बंद होने या विद्युत शक्ति के डिस्कनेक्ट होने के बाद भी डेटा बरकरार रहता है।

1.9 डिस्प्ले

सूचना को विजुअल रूप में प्रस्तुत करने के लिए डिस्प्ले एक आउटपुट डिवाइस है। यह एक बाहरी मॉनिटर हो सकता है, या डिजिटल डिवाइस जैसे कंप्यूटर, मोबाइल, एटीएम मशीन, विज्ञापन बोर्ड आदि के साथ built-in स्क्रीन में बनाया जा सकता है। कंप्यूटर डिस्प्ले केवल स्क्रीन है जो आपको कंप्यूटर से आपका वीडियो आउटपुट देगा। स्क्रीन पर छवियों और टेक्स्ट को प्रदर्शित करने के लिए कंप्यूटर मॉनिटर कंप्यूटर केस के अंदर स्थित वीडियो कार्ड के साथ काम करता है। अधिकांश मॉनिटर में कुछ नियंत्रण बटन होते हैं जो हमें मॉनिटर की प्रदर्शन सेटिंग्स को बदलने की अनुमति देते हैं। डिस्प्ले स्क्रीन तकनीक में बदलाव के साथ, बाजार में विभिन्न प्रकार के मॉनिटर उपलब्ध हैं।

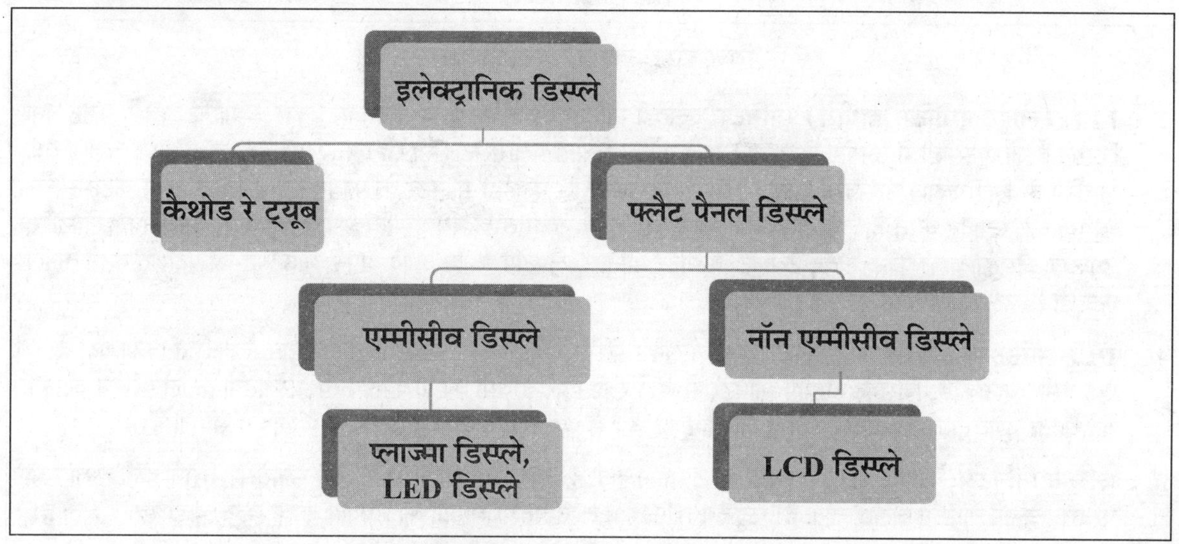

चित्र 1.21: डिस्प्ले के प्रकार

डिस्प्ले के प्रकार चित्र 1.21 में दर्शाए गए हैं। अब हम विभिन्न डिस्प्ले की प्रमुख विशेषताओं और अंतरों पर चर्चा करते हैं।

1. **CRT (कैथोड रे ट्यूब) मॉनिटर**: ये, कैथोड रे ट्यूब का उपयोग करके बनाए गए पुराने कंप्यूटर मॉनिटर हैं। एक आम सीआरटी मॉनिटर चित्र 1.22 में दिखाया गया है। मॉनिटर जिस सीआरटी तकनीक को नियोजित करते हैं, उसका उपयोग आमतौर पर टेलीविजन स्क्रीन के निर्माण में किया जाता था। एक कैथोड रे ट्यूब, एक वैक्यूम ट्यूब है जिसमें एक छोर पर इलेक्ट्रॉन बंदूक(गन) और दूसरे छोर पर फ्लोरोसेंट स्क्रीन होती है। सीआरटी के उपयोग ने उन्हें भारी बना दिया और डेस्क की बहुत अधिक जगह घेर ली(डेस्कस्पेस ले लिया।)

2. **LCD (लिक्विड क्रिस्टल डिस्प्ले) मॉनिटर**: अधिकांश आधुनिक मॉनिटर एलसीडी तकनीक का उपयोग करके बनाए जाते हैं और इन्हें आमतौर पर फ्लैट स्क्रीन डिस्प्ले के रूप में जाना जाता है। ये पतले मॉनिटर हल्के वजन वाले, बिजली बचाने वाले होते हैं और पुराने सीआरटी डिस्प्ले की तुलना में बहुत कम जगह लेते हैं। एक एलसीडी (LCD) ग्लास के दो टुकड़ों से बना होता है जिसके बीच में लिक्विड क्रिस्टल की एक पतली परत होती है। जब ग्लास पर वोल्टेज लगाया जाता है, तो लिक्विड क्रिस्टल का उन्मुखीकरण(ओरियंटेशन) बदल जाएगा। क्रिस्टल के अभिविन्यास (पोलराइजेशन या ध्रुवीकरण कहा जाता है) में यह परिवर्तन, या तो एक अंधेरा(डार्क) या एक प्रकाशमान(लाइट) क्षेत्र बना देगा, जिससे डिस्प्ले पर एक चरित्र या छवि(इमेज) बन जाएगी।

एक ***टीएफटी मॉनिटर*** एलसीडी डिस्प्ले में पतली फिल्म ट्रांजिस्टर तकनीक का उपयोग करता है। यह एलसीडी मॉनिटर का एक प्रकार है और वर्तमान मॉनिटर में प्रमुख रूप से उपयोग किया जा रहा है।

चित्र 1.22: विभिन्न डिस्प्ले डिवाइस

3. **LED (लाइट एमीटिंग डायोड) मॉनिटर**: एलईडी मॉनिटर आज बाजार में नवीनतम प्रकार के मॉनिटर हैं। ये फ्लैट पैनल डिस्प्ले हैं जो एलसीडी में उपयोग किए जाने वाले कोल्ड कैथोड फ्लोरोसेंट (सी सी एफ एल) बैक-लाइटिंग के बजाय बैक-लाइटिंग के लिए प्रकाश उत्सर्जक डायोड का उपयोग करते हैं। एलईडी मॉनिटर के फायदे यह हैं कि वे उच्च कंट्रास्ट वाली छवियों का उत्पादन करते हैं, और इन्हें नष्ट करने पर, कम नकारात्मक पर्यावरणीय प्रभाव पड़ता है। आधुनिक इलेक्ट्रॉनिक उपकरण जैसे मोबाइल फोन, टीवी, टैबलेट, कंप्यूटर मॉनिटर, लैपटॉप स्क्रीन आदि अपने आउटपुट को प्रदर्शित करने के लिए एलईडी डिस्प्ले का उपयोग करते हैं।

4. **DLP मॉनिटर्स**: डीएलपी का मतलब डिजिटल लाइट प्रोसेसिंग है, जिसे टेक्सास इंस्ट्रूमेंट्स द्वारा विकसित किया गया है। यह एक ऐसी तकनीक है, जिसका उपयोग मॉनिटर से बड़ी स्क्रीन पर छवियों को प्रोजेक्ट करके प्रस्तुतियों के लिए किया जाता है। यह बेहतर गुणवत्ता वाली तस्वीरें देता है जो सामान्य रूप से एक रोशनी वाले कमरे में भी दिखाई दे सकती हैं।

5. **प्लाज्मा मॉनिटर्स**: प्लाज्मा मॉनिटर में एक फ्लैट स्क्रीन होती है, और इसमें रंग के साथ छोटी फ्लोरोसेंट रोशनी होती है जो स्क्रीन पर चित्र बनाने के लिए जलाई जाती है। प्लाज्मा मॉनिटर में बहुत पतली सामग्री का उपयोग करके बहुत चौड़ी स्क्रीन होती है।

6. **OLED मॉनिटर्स**: ओएलईडी का मतलब ऑर्गेनिक लाइट-एमिटिंग डायोड है। इस प्रकार के मॉनिटर पतले और हल्के होते हैं, और यह अविश्वसनीय कंट्रास्ट और रंग प्रदान करता है। यह बैकलाइट के बिना काम करता है क्योंकि यह दृश्य प्रकाश को प्रसारित करता है। ओएलईडी का उपयोग करके लचीले और पारदर्शी डिस्प्ले भी संभव हैं।

7. **टच स्क्रीन मॉनिटर्स**: यह मॉनिटर इनपुट और आउटपुट दोनों तरह के काम करते हैं। यह उपयोगकर्ताओं को माउस या कीबोर्ड का उपयोग करने के बजाय उंगली या स्टाइलस का उपयोग करके कंप्यूटर के साथ बातचीत करने में सक्षम बनाता है। जब उपयोगकर्ता अपनी उंगली से स्क्रीन को छूते हैं, तो यह एक घटना होती है और इसे प्रसंस्करण के लिए नियंत्रक को अग्रेषित करती है। यह स्क्रीन पर प्रस्तुत मेनू या आइकन को स्पर्श करके उपयोगकर्ताओं से इनपुट लेता है।

1.10 कीबोर्ड

कीबोर्ड प्राथमिक इनपुट डिवाइस है जिसका उपयोग कंप्यूटर के साथ एक इलेक्ट्रॉनिक टाइपराइटर के समान किया जाता है। इसका उपयोग कंप्यूटर सिस्टम में डेटा और उपयोगकर्ता के निर्देशों को इनपुट करने के लिए किया जाता है। एक कुंजी बोर्ड(कीबोर्ड) अक्षरों, संख्याओं, प्रतीकों को बनाने और कार्य करने के लिए उपयोग किए जाने वाले बटनों से बना होता है। एक केबल या वायरलेस कनेक्शन का उपयोग करके ,कीबोर्ड कंप्यूटर सिस्टम से जुड़ा होता है। कुछ कीबोर्ड में अतिरिक्त कार्य भी होते हैं जैसे की वॉल्यूम कंट्रोल बटन, पावर डाउन बटन या डिवाइस को स्लीप करने के लिए, यहां तक कि एक अंतर्निर्मित ट्रैक बॉल माउस जिससे कीबोर्ड और माउस दोनों का उपयोग करने का एक आसान तरीका प्रदान किया जाता है। उपयोगकर्ताओं द्वारा विभिन्न प्रकार के कीबोर्ड का उपयोग संबंधित उद्देश्यों के लिए किया जाता है जैसे सामान्य प्रयोजन के उपयोग के लिए क्वर्टी कीबोर्ड, गेम प्रेमियों के लिए गेमिंग कीबोर्ड, सॉफ्टवेयर इनपुट के लिए वर्चुअल कीबोर्ड, शारीरिक विचार के लिए एर्गोनोमिक कीबोर्ड और सुविधाजनक वेब सर्फिंग और संगीत के लिए मल्टीमीडिया कीबोर्ड प्ले आदि। एक कीबोर्ड में विभिन्न कुंजियाँ ("कीज") होती हैं कुछ तार्किक रूप से एक

साथ समूहीकृत होती हैं और उन्हें एक नाम दिया जाता है। एक QWERTY लेआउट कीबोर्ड और इसकी विभिन्न कुंजियों को चित्र 1.23 में दर्शाया गया है।

चित्र 1.23: की-बोर्ड पर कुंजियाँ

1. **फ़ंक्शन "कीज" (keys)**: कीबोर्ड की सबसे ऊपरी पंक्ति में फ़ंक्शन कुंजियाँ होती हैं। F1 से F12 तक ये बारह कुंजियाँ हैं। इनमें से प्रत्येक कुंजी का उपयोग विशेष उद्देश्य के लिए किया जाता है और उन्हें कुछ सिस्टम कमांड प्रदान करता है। विभिन्न सॉफ्टवेयर के लिए इन्हें विशिष्ट कार्य करने के लिए अनुकूलित किया जा सकता है। उदाहरण के लिए कमांड का कुछ शॉर्ट कट सौंपा जा सकता है।
2. **कैरेक्टर "कीज"**: ये, वे कुंजियाँ हैं जो एक पारंपरिक प्रकार के टाइप राइटर में भी मौजूद होती हैं जैसे की AZ, az, 0-9, Tabs, Caps,। यह अक्षरों, विराम चिह्नों और अन्य वर्णों को टाइप करने के लिए उपयोग की जाने वाली कुंजियाँ हैं।
3. **संशोधक "कीज"**: ये कुंजियाँ अपने आप कुछ नहीं करती हैं लेकिन इन कुंजियों की सहायता से अन्य कुंजियों के कार्य को संशोधित किया जाता है। इस ग्रुप के अंतर्गत Ctrl, Alt, Shift, AltGr आते हैं।
4. **नेविगेशन "कीज"**: इन्हें कर्सर नियंत्रण कुंजियाँ भी कहा जाता है। कर्सर को किसी भी दिशा में नेविगेट करने के लिए उपयोग किया जाता है जैसे बाएं ←, दाएं →, ऊपर ↑ और नीचे ↓, लाइन या स्क्रीन की शुरुआत (होम), लाइन या स्क्रीन का अंत (एंड)(End)।
5. **न्यूमेरिक कीपैड**: कीपैड की संख्यात्मक कुंजियाँ यानि 0-9, नमलॉक, -, +, /, * और डेल(Del key) कुंजियाँ इस समूह का निर्माण करती हैं।
6. **सिस्टम कमांड "कीज"**: कुछ कुंजियों में मुद्रण वर्ण के अलावा अन्य महत्वपूर्ण कार्य होते हैं, यह इस बात पर निर्भर करता है कि उनका उपयोग किस प्रकार के अनुप्रयोग में किया जा रहा है। इन्हें कंप्यूटर सिस्टम द्वारा सिस्टम के लिए फॉर्मेटिंग या महत्वपूर्ण कमांड के रूप में व्याख्यायित किया जा सकता है।
   a) **PrtSc**: प्रिंट स्क्रीन की का उपयोग पूरी स्क्रीन को कैप्चर करने और क्लिपबोर्ड पर भेजने के लिए किया जाता है।
   b) **ब्रेक / पॉज़**: आजकल पूर्वनिर्धारित उद्देश्य के लिए इसका उपयोग नहीं किया जा रहा है। हम अभी भी इसका उपयोग किसी प्रोग्राम को समाप्त करने जैसे अन्य कार्य सौंपने के लिए कर सकते हैं।
   c) **ESC**: एस्केप कुंजी का उपयोग डायलॉग बॉक्स को छोड़ने या बंद करने के संकेत के रूप में किया जाता है।
   d) **एंटर**: एक टेक्स्ट एडिटर विंडो में इसका उपयोग एक पैराग्राफ को समाप्त करने और अगली नई लाइन के लिए अनुरोध करने के लिए किया जाता है। कमांड लाइन के लिए, एंटर कुंजी कमांड को प्रोसेस करने के लिए एक संकेत है।
   e) **Shift**: Shift कुंजी का प्रयोग कीबोर्ड पर दिखाई देने से अधिक प्रतीकों को टाइप करने के लिए किया जाता है। जैसे जब हम 'a' key + ⬆Shift key दबाते हैं तो यह 'A' उत्पन्न करेगा।

f) **विंडो**: विंडो ऑपरेटिंग सिस्टम पर स्टार्ट एप्लिकेशन मेनू खोलने के लिए विंडो की ⊞ का उपयोग किया जाता है।

g) **स्पेस बार**: टाइपिंग के दौरान शब्दों के बीच स्पेस प्रदान करने के लिए इसका उपयोग किया जाता है। भौतिक रूप में यह कीबोर्ड में एक विस्तृत कुंजी है।

h) **बैक स्पेस**: बैक स्पेस कुंजी कर्सर की स्थिति के बाईं ओर के टेक्स्ट को मिटा देती है। यह टाइपो को ठीक करने के लिए आम तौर पर उपयोगी होता है।

रोचक तथ्य

सबसे व्यापक रूप से उपयोग किए जाने वाले QWERTY कीबोर्ड पर, 'टाइपराइटर' (TYPEWRITER) शब्द सबसे लंबा शब्द है जिसे एक ही पंक्ति के अक्षरों यानी शीर्ष पंक्ति को दबाकर टाइप किया जा सकता है।

1.11 माउस

माउस एक हैंड हेल्ड इनपुट डिवाइस है जो GUI (ग्राफिकल यूजर इंटरफेस) में पॉइंटर को नियंत्रित करता है। यह सबसे व्यापक रूप से उपयोग किया जाने वाला पॉइंटिंग डिवाइस है और टेक्स्ट, आइकन, फाइल और फोल्डर को चुन सकता है और स्थानांतरित करता है। डेस्कटॉप कंप्यूटर में माउस को कंप्यूटर के सामने माउस पैड या डेस्क जैसी सपाट सतह पर रखा जाता है। जब हमारी हथेली में माउस होता है और हम हथेली को किसी भी दिशा में घुमाते हैं, तो माउस हथेली की गति को समतुल्य डिजिटल सिग्नल में बदल देता है। कंप्यूटर स्क्रीन पर पॉइंटर को स्थानांतरित करने के लिए डिजिटल सिग्नल का उपयोग किया जाता है। माउस के कुछ बुनियादी संचालन नीचे दिए गए हैं:

1. **पॉइंट(बिंदु)**: अपने माउस पॉइंटर माउस को स्क्रीन पर किसी विशिष्ट स्थान पर ले जाने के लिए।
2. **क्लिक**: यह एक आइटम की ओर इशारा कर रहा है और फिर माउस के मुख्यसिंगल बटन यानी बाएं माउस बटन को एक बार प्रेस और रिलीज करता है।। आम तौर पर, यह किसी आइटम या मेनू कमांड का चयन करने या कंप्यूटर स्क्रीन पर किसी स्थान की पहचान करने के लिए किया जाता है।
3. **राइट-क्लिक**: यह माउस के राइट बटन का प्रेस है। आम तौर पर, कॉपी, पेस्ट, ओपन, प्रिंट इत्यादि जैसे आइटम के साथ हम और क्या कर सकते हैं, यह चुनने के लिए ड्रॉपडाउन मेनू सूची खोलने के लिए इसका उपयोग किया जाता है।
4. **डबल क्लिक**: यह एक स्थान पर बाएं माउस बटन को दो बार तेजी से दबाकर छोड़ता है।
5. **ड्रैग एंड ड्रॉप**: यह स्क्रीन पर एक आइकन को इंगित करने की प्रक्रिया है, बाईं माउस बटन को दबाकर (इसे जारी किए बिना), माउस पॉइंटर को अलग स्थान पर ले जाकर बाएं बटन को छोड़ देता है। किसी वस्तु को स्थानांतरित करने के लिए उसे खींचना(dragging) कहा जाता है जबकि उसे कहीं रखने से गिराना(dropping) होता है।
6. **स्क्रॉलिंग**: सिंगल एक्सिस डिजिटल व्हील वाला माउस आजकल बहुत आम है। इसे डिप्रेस किया जा सकता है और स्क्रॉलिंग के लिए तीसरे बटन के रूप में इस्तेमाल किया जा सकता है। स्क्रॉलिंग किसी वेबपेज या दस्तावेज़ को दिए गए स्क्रॉल बटन के साथ नेविगेट करने की एक प्रक्रिया है।

कुछ माउस में अन्य विशेष कार्य करने के लिए कुछ अतिरिक्त बटन होते हैं जैसे वेबपेज आगे या पीछे, वॉल्यूम ऊपर या नीचे करना। माउस वायरलेस और भौतिक वायर्ड कनेक्शन दोनों में उपलब्ध हैं। चित्र 1.24 पारंपरिक यांत्रिक माउस और आजकल के सबसे लोकप्रिय वायरलेस माउस को दर्शाता है।

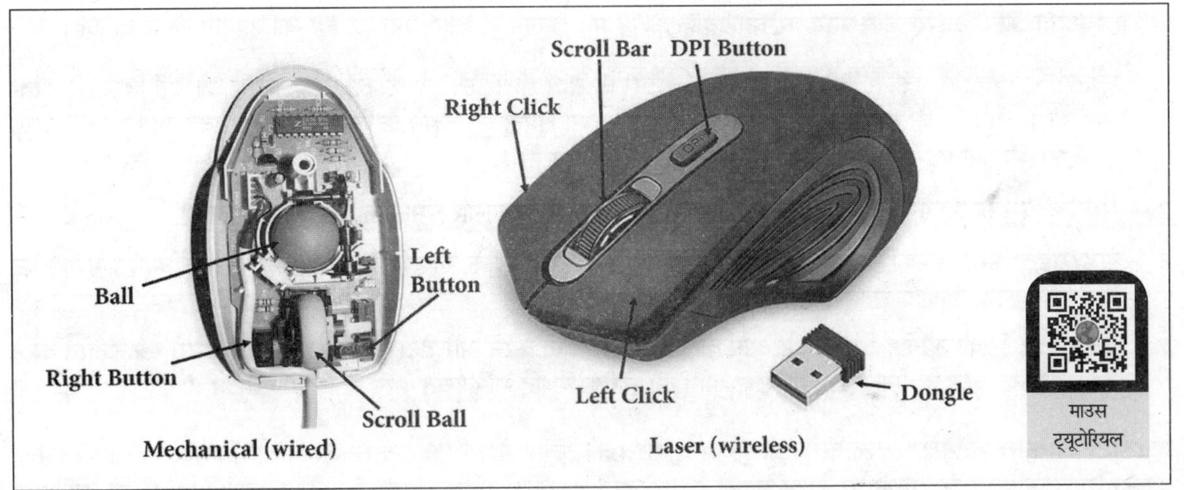

चित्र 1.24: कंप्यूटर mice के कॉमन पार्ट्स (a) मैकेनिकल (b) वायरलेस

1. **मैकेनिकल माउसः** जैसा कि नाम से ही स्पष्ट है कि इनमें माउस की गति का पता लगाने के लिए कठोर रबर बॉल के साथ कुछ यांत्रिक संरचना होती है। असेंबली के अंदर सेंसर रबर बॉल की गति को समान इलेक्ट्रॉनिक सिग्नल में परिभाषित (परिवर्तन) करता है। यांत्रिक चालितकारण कार्यक्षमता के इसके व्हील्स और सेंसर जैसे हिस्से समय के साथ खराब हो जाएंगे।

2. **ऑप्टिकल और लेजर माउसः** अंतर्निहित सतह पर सापेक्ष गति का पता लगाने के लिए एक एलईडी सेंसर और फोटोडायोड के इमेजिंग सरणियों का उपयोग करता है। ऐसे माउस कांच, प्लास्टिक आदि जैसे सतहों पर ठीक से काम नहीं कर पाते हैं जो प्रकाश को ठीक से प्रतिबिंबित नहीं करते हैं। लेजर माउस भी ऑप्टिकल माउस है जिसमें एलईडी या फोटो डायोड के बावजूद माउस की गति को सेंस करने के लिए लेजर लाइट होती है।

रोचक तथ्य

पहला कंप्यूटर माउस जिसका निर्माण वर्ष, 1964 में किया गया था, वह लकड़ी से बनाया गया था और डग एंगेलबार्ट द्वारा विकसित किया गया था।

1.12 हार्ड डिस्क ड्राइव (HDD)

मानक(स्टैंडर्ड) हार्ड ड्राइव (एचडीडी) एक प्रकार की गैर-वाष्पशील (नॉनवोलेटाइल) मेमोरी (एनवीएम) है। एचडीडी ऑपरेटिंग सिस्टम फाइलों, एप्लिकेशन समस्याओं, मीडिया और अन्य दस्तावेजों को स्टोर करता है। एक हार्ड ड्राइव डिस्क पर स्थायी रूप से, यहां तक कि बिजली की विफलता की स्थिति में भी स्थायी रूप से डेटा लिखने के लिए डिस्क और मैग्नेट का उपयोग करता है।

एचडीडी (HDD) का उपयोग प्लेटर्स या रोटेटिंग डिस्क का उपयोग करके डिजिटल जानकारी को संग्रहित और पुनर्प्राप्त करने के लिए किया जा सकता है। डेटा को रैंडम-एक्सेस तरीके से पढ़ा जा सकता है; इसका मतलब है कि हम क्रमिक रूप से डेटा को किसी भी क्रम में संग्रहित और पुनर्प्राप्त कर सकते हैं। किसी भी प्रोग्राम या फाइल को जिसे आप अपने कंप्यूटर पर रखना चाहते हैं, की स्थापना के लिए एक हार्ड डिवाइस की भी आवश्यकता होती है। आपके कंप्यूटर में फ़ाइलें डाउनलोड करते समय वे आपकी हार्ड डिस्क में स्थायी रूप से सहेजी जाती हैं। हार्ड डिस्क कम खर्चीली होती हैं।

हार्ड डिस्क माइक्रो कंप्यूटर के लिए एक चुंबकीय भंडारण माध्यम है। कंप्यूटर की हार्ड ड्राइव में रीड/राइट हेड्स के साथ विभिन्न डिस्क होते हैं, डिस्क को स्पिन करने के लिए एक ड्राइव मोटर का उपयोग किया जाता है, और डिस्क को धूल से बचाने के लिए छोटी मात्रा में सर्किटरी को धातु के एक केस से सील कर दिया जाता है।

हार्ड डिस्क में केसिंग के अंदर चार प्रमुख घटक होते हैं:

1. **प्लेटर्स**: एचडीडी में सर्कुलर डिस्क होते हैं जिन्हें कंटेनर के साथ सील किए गए प्लेटर्स कहा जाता है जो हार्ड डिस्क के अंदर डेटा को 1s और 0s के रूप में स्टोर करते हैं। ड्राइव की समग्र क्षमता को बढ़ाने के लिए, कई प्लेटर्स का उपयोग किया जाता है। प्लेटर की गति पढ़ने/लिखने(रीड राइट) की दरों से संबंधित है।
2. **स्पिंडल**: इसका उपयोग प्लेटर्स को स्थिति में रखने और आवश्यकतानुसार घुमाने के लिए किया जाता है।
3. **रीड/राइट आर्म**: इसका उपयोग रीड/राइट हेड्स को नियंत्रित करने के लिए किया जाता है। रीड/राइट आर्म (भुजा) का वास्तविक कार्य चुंबकीय सतह को विद्युत धारा में बदलना है।
4. **एक्चुएटर**: इसका उपयोग रीड / राइट आर्म की गति को नियंत्रित करने और डेटा को प्लेटर्स से और उससे स्थानांतरित करने के लिए किया जाता है। एक्चुएटर रीड/राइट आर्म की सटीक स्थिति सुनिश्चित करने के लिए जिम्मेदार होता है।

एचडीडी आकार: हार्डड्राइव ज्यादातर किसी भी अन्य ड्राइव की तुलना में अधिक डेटा संग्रहित करने में सक्षम है, लेकिन इसका आकार ड्राइव के प्रकार के आधार पर बदल सकता है।पुराने हार्ड ड्राइव का भंडारण आकार(स्टोरेज) कई 100MB से कई जीबी तक का था। नई हार्डड्राइव का भंडारण आकार(स्टोरेज) कई सौ जीबी से कई टीबी तक है।

एचडीडीके फायदे: यह तेजी से शुरू होता है और बहुत कम शोर करता हैं। एचडीडी पर्यावरण के अनुकूल हैं और काम करने पर न्यूनतम गर्मी का उत्पादन करते हैं। ये हल्के भारित होने के कारण लैपटॉप के लिए आदर्श हैं। अन्य ड्राइव की तुलना में एचडीडी बिजली की खपत कम करते हैं।

सॉलिडस्टेट ड्राइव(एसएसडी): आधुनिक कंप्यूटर में हार्ड ड्राइव आधुनिक कंप्यूटर अब एचडीडी के बजाय सॉलिड-स्टेट ड्राइव को प्राथमिक स्टोरेज डिवाइस के रूप में उपयोग कर रहे हैं। डेटा पढ़ने और लिखने के लिए, एसएसडी की तुलना में एचडीडी बहुत धीमे होते हैं। एसएसडी, एचडीडी की जगह ले रहे हैं। अब कॉन्फ़िगरेशन इस तरह से बनाया जा रहा है कि एसएसडी का उपयोग ऑपरेटिंग सिस्टम और उस पर अन्य सॉफ्टवेयर स्थापित करने के लिए मास्टर ड्राइव के रूप में किया जाता है, और एचडीडी को दस्तावेज़, डाउनलोड और ऑडियो या वीडियो फ़ाइलों को संग्रहित करने के लिए द्वितीयक भंडारण(सेकेंडरी स्टोरेज) के रूप में उपयोग किया जा रहा है। एसएसडी की तुलना में एचडीडी कम महंगे होते हैं। हालांकि, अधिक से अधिक लैपटॉप एचडीडी पर एसएसडी का उपयोग करना शुरू कर रहे हैं, जिससे लैपटॉप की विश्वसनीयता और स्थिरता में सुधार करने में मदद मिल रही है। एचडीडी और एसएसडी के विभिन्न घटकों को चित्र 1.25 में दर्शाया गया है।

HDDऔर SSD के बीच तुलना:

1. SSD और HDD दोनों हार्ड डिस्क ड्राइव हैं।
2. HDD की तुलना में, SSD में यादृच्छिक और अनुक्रमिक डेटा पुनर्प्राप्ति के लिए, रीड / राइट (डिस्क पढ़ना/लिखना) का बेहतर परफॉर्मेंस (उच्च प्रदर्शन) है।
3. डेस्कटॉप और लैपटॉप में HDD की तुलनामें एसएसडी अब अधिक लोकप्रिय है।
4. SSD ग्रिडमें टैकिंग चिप्स का उपयोग करके डेटा पढ़ने/लिखने के नवीनतम तरीके का उपयोग करता है जबकि HDD डेटा पढ़ने/लिखने के लिए चुंबकीय गुणों का उपयोग करता है। इस प्रकार HDD में SSD की तुलना में लगातार यांत्रिक खराबी होती है।
5. SSD थोड़ा या ना के बराबर शोर उत्पन्न करता है और HDD कभी-कभी कंप्यूटर में सबसे तेज शोर उत्पन्न करने वाले घटकों में से एक हो सकता है। HDD और SSD के विभिन्न घटकों को चित्र 1.25 में दर्शाया गया है।

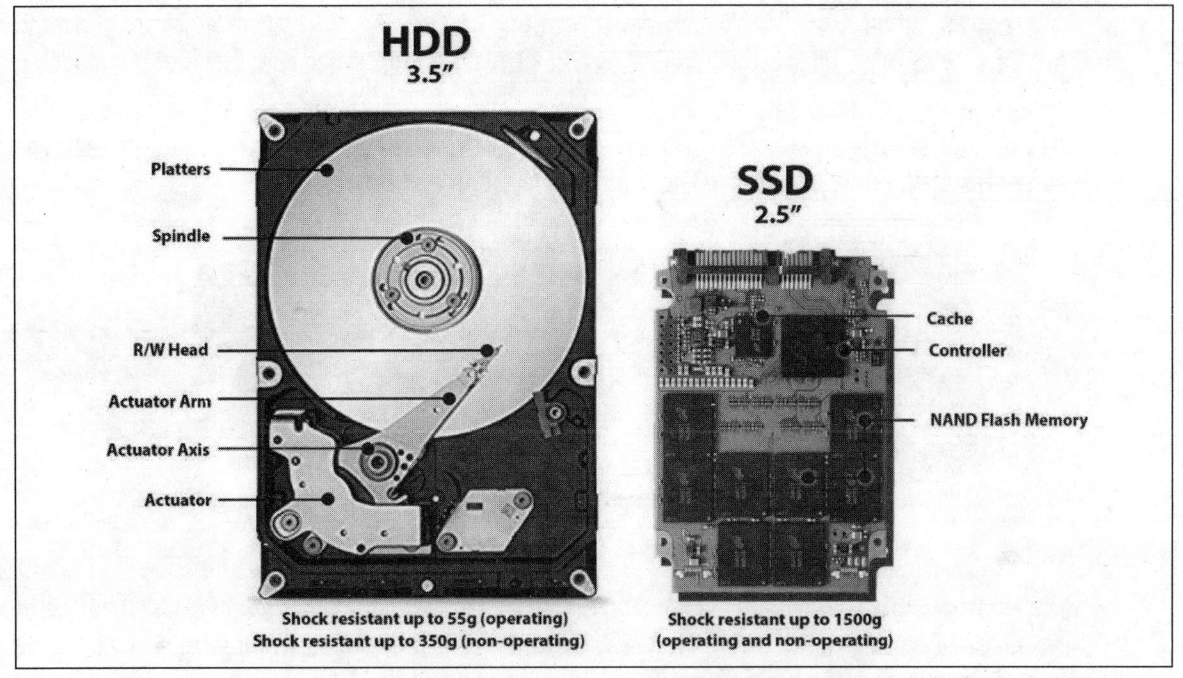

चित्र 1.25 HDDs एवं SSDs के पार्ट्स

1.13 अन्य परिधीय उपकरण

एक परिधीय उपकरण जिसे सहायक उपकरण भी कहा जाता है, कोई भी जुड़ा हुआ उपकरण है जो कंप्यूटर को अतिरिक्त सुविधाएँ प्रदान करता है। आमतौर पर, पेरिफेरल शब्द का उपयोग कंप्यूटर केस के बाहरी, स्कैनर जैसे डिवाइस के लिए किया जाता है,लेकिन कंप्यूटर केस के अंदर स्थित डिवाइस भी परिधीय उपकरण होते है।

पेरिफेरल डिवाइस को आमतौर पर तीन प्रकार के इनपुट डिवाइस, आउटपुट डिवाइस, स्टोरेज डिवाइस, में विभाजित किया जाता हैः आइए विभिन्न पेरिफेरल्स उपकरणों को समझें (समझते है)

1.13.1 इनपुट उपकरण

इनपुट, जिसका उपयोग, माउस, कीबोर्ड, स्कैनर, बारकोड रीडर, वेब कैमरा, माइक्रोफोन, डिजिटल कैमरा, लाइट पेन, जॉयस्टिक, स्टाइलस ग्राफिक टैबलेट, टच स्क्रीन जैसे इनपुट डिवाइस का उपयोग करके कंप्यूटर के साथ बातचीत करने या डेटा भेजने के लिए किया जाता है। कुछ लोकप्रिय इनपुट उपकरणों पर चर्चा की गई है और चित्र 1.26 और1.27 में चित्रित किया गया है।

1. **स्कैनरः** स्कैनर एक इनपुट डिवाइस है जिसका उपयोग सीधे स्रोत दस्तावेज़ से कंप्यूटर सिस्टम में डेटा प्रविष्टि के लिए किया जाता है। यह दस्तावेज़ छवि को डिजिटल रूप में परिवर्तित करता है और भविष्य की संभावना के लिए कंप्यूटर में सहेजता है।

2. **बारकोड रीडरः** बारकोड रीडर या बारकोड स्कैनर एक ऑप्टिकल डिवाइस (स्कैनर) है जिसका उपयोग बारकोड को लाइनों के रूप में पढ़ने, बारकोड में निहित जानकारी को डीकोड करने और कंप्यूटर को सूचना भेजने के लिए किया जाता है। इसका उपयोग आमतौर पर स्वचालित, तेज और विश्वसनीय डेटा प्रविष्टि संचालन के लिए किया जा रहा है। ज्यादातर इसका इस्तेमाल, सामान की कीमत को ट्रैक करने के लिए शॉपिंग मार्केट में, पार्सल या डाक पर नज़र रखने के लिए या लाइब्रेरी में किया जाता है जहां प्रत्येक उत्पाद या किताबों में विशिष्ट रूप से अपने विवरण की पहचान करने के लिए एक यूनिक बार कोड होता है।

3. **वेबकैमः** इसका उपयोग छवि और वीडियो को कैप्चर करने और इसे डिजिटल रूप में बदलने के लिए किया जाता है। इसमें कोई इनबिल्ट मेमोरी नहीं है, उन्हें कैप्चर किए गए डेटा को बचाने के लिए कंप्यूटर स्टोरेज की आवश्यकता होती है।
4. **माइक्रोफोनः** यह एक वॉयस इनपुट डिवाइस है जो उपयोगकर्ताओं को कंप्यूटर सिस्टम में ऑडियो इनपुट करने की अनुमति देता है। इसका उपयोग कंप्यूटर सिस्टम में, ऑनलाइन चैटिंग,कंप्यूटर गेमिंग,वॉयस रिकॉर्डिंग,वॉयस रिकग्निशन जैसे और कई अन्य, विभिन्न अनुप्रयोगों के लिए ऑडियो इनपुट लेने के लिए किया जाता है।

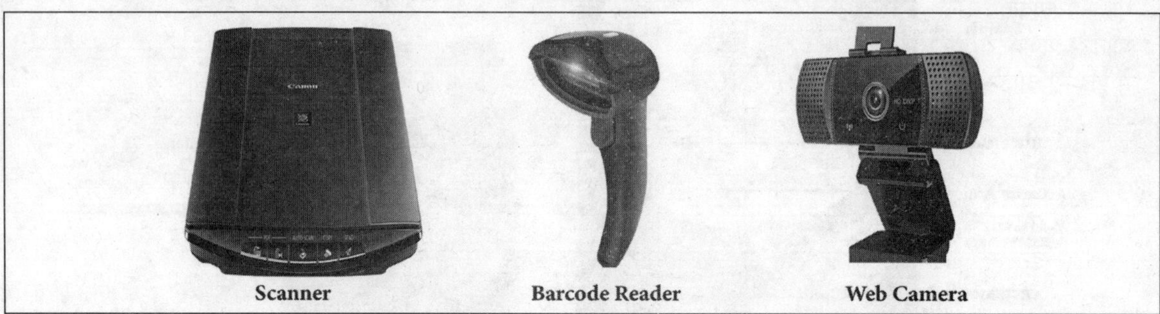

चित्र 1.26: इनपुट डिवाइस : स्कैनर, बारकोड रीडर, वेबकैम(कैमरा)

5. **डिजिटल कैमराः** इसका उपयोग डिजिटल रूप से तस्वीर लेने के लिए किया जाता है। यह उपयोगकर्ता को कैप्चर की गई मीडिया फ़ाइलों (ऑडियो, वीडियो) को मेमोरी कार्ड में संग्रहित करने और उन्हें कंप्यूटर पर स्थानांतरित करने की अनुमति देता है। डिजिटल कैमरे बहुत लोकप्रिय हो गए हैं।
6. **लाइट पेनः** यह पेन की तरह दिखता है। यह छोटी ट्यूब में फोटोसेल और ऑप्टिकल सिस्टम से बना प्रकाश संवेदनशील उपकरण है। यह मुख्य रूप से स्क्रीन पर चयन करने, चित्र बनाने और कंप्यूटर स्क्रीन का उपयोग करके दस्तावेज़ फ़ाइल में स्वतंत्र रूप से लिखने के लिए उपयोग किया जाता है।
7. **जॉयस्टिकः** इसका उपयोग कंप्यूटर पर गेम खेलने के लिए किया जाता है। यह खेल की वस्तु और वाहनों को नियंत्रित करता है।

चित्र 1.27: इनपुट डिवाइस : माइक्रोफ़ोन, डिजिटल कैमरा, जॉयस्टिक

8. **ग्राफिक टैबलेटः** इसे डिजिटाइज़र के रूप में भी जाना जाता है। इसका उपयोग हाथ से खींची गई कलाकृति जैसे png,. jpeg, को डिजिटल रूप में परिवर्तित करने के लिए किया जाता है।जब हम पेन या पेंसिल का उपयोग करते हुए कागज पर चित्र बनाते हैं तो उपयोगकर्ता एक सतह पर ग्राफिक्स बनाने के लिए स्टाइलस का उपयोग करते हैं।
9. **स्टाइलसः** इस डिवाइस का उपयोग करके हम डिजिटाइज़र की सतह और टचस्क्रीन पर चित्र बना सकते हैं या लिख सकते हैं।

10. **टच स्क्रीनः** स्मार्टफोन, टैबलेट, लैपटॉप, नोटबुक जैसे पोर्टेबल उपकरणों के लिए व्यापक रूप से उपयोग किया जाता है। यह उपयोगकर्ताओं को केवल अपनी उंगलियों या स्टाइलस का उपयोग करके किसी भी वस्तु को स्थानांतरित करने से कुछ भी इनपुट करने की अनुमति देता है।

1.13.2 आउटपुट उपकरण

यह उपयोगकर्ताओं को आउटपुट के रूप में, कंप्यूटर पर सेव किए गए प्रोसेस्ड डेटा प्रदान करता है। कुछ आउटपुट डिवाइस, मॉनिटर,प्रोजेक्टर, प्रिंटर,स्पीकर, ब्रेलरीडर, प्लॉटर्स,टेलीविजन, वीडियोकार्ड, साउंड कार्ड रेडियो हैं। हमने इस के पहले के सेक्शन में प्राइमरी आउटपुट डिवाइस यानी मॉनिटर पर चर्चा की है। अब हम कुछ अन्य आउटपुट डिवाइस को समझते हैं।

1. **प्रोजेक्टरः** यह एक आउटपुट डिवाइस है जो एक छवि को, एक बड़ी सफेद स्क्रीन या दीवार जैसे सतह पर प्रोजेक्ट करता है।

2. **मुद्रक यंत्र (प्रिंटर)**: यह एक आउटपुट बाहरी हार्डवेयर डिवाइस है जो कंप्यूटर या किसी अन्य डिवाइस पर इलेक्ट्रॉनिक डेटा या जानकारी लेता है और हार्ड कॉपी में परिवर्तित करता है। दूसरे शब्दों में हम परिभाषित कर सकते हैं, प्रिंटर एक आउटपुट डिवाइस है जो पेपर दस्तावेज़ को प्रिंट करता है जिसमें टेक्स्ट दस्तावेज़, चित्र या दोनों का संयोजन शामिल होता है। प्रिंटर आउटपुट को हार्ड कॉपी कहा जाता है, जो एक इलेक्ट्रॉनिक दस्तावेज़ का भौतिक रूप है। एक प्रिंटर की गुणवत्ता विभिन्न कारकों पर निर्भर करती है जैसे कि छपाई का रंग, रिज़ॉल्यूशन, छपाई की गति आदि।

   आजकल दो प्रकार के प्रिंटर का उपयोग किया जाता है, इंकजेट और लेजर प्रिंटर। प्रिंटर के प्रकार चित्र 1.28 में चित्रित किए हैं। डॉट-मैट्रिक्सऔर डेज़ी व्हीलप्रिंटर, इंपैक्ट प्रिंटर हैं जो एक समय में एकल अक्षर (कैरेक्टर) प्रिंट करते हैं जबकि ड्रम, चेन और बैंड प्रिंटर पूरी लाइन प्रिंट करते हैं।ऊपर चर्चा किए गए प्रिंटर प्रभाव प्रिंटर थे जो मुद्रण के लिए यांत्रिक गतिमान घटकों का उपयोग करते हैं। नॉन इंपैक्ट प्रिंटर के मामले में, कोई यांत्रिक गतिमान घटक उपयोग नहीं किया जाता है। इंकजेट, लेजर और थर्मल प्रिंटर इस श्रेणी में आते हैं।

   इंकजेट प्रिंटर आमतौर पर उपभोक्ताओं या आपूर्तिकर्ताओं द्वारा उपयोग किए जाते हैं, जबकि लेजर प्रिंटर का उपयोग व्यवसाय दुनिया में किया जाता है। व्यवसाय दुनिया, जहां उन्हें उच्च रिज़ॉल्यूशन या हाईस्पीड प्रिंटिंग की आवश्यकता होती है। डॉट मैट्रिक्स प्रिंटर, जो तेजी से दुर्लभ हो गए हैं लेकिन अभी भी मूल टेक्स्ट प्रिंटिंग के लिए उपयोग किए जाते हैं। डॉट-मैट्रिक्स प्रिंटर की गति और रिज़ॉल्यूशन लेजर प्रिंटर की तुलना में कम है।

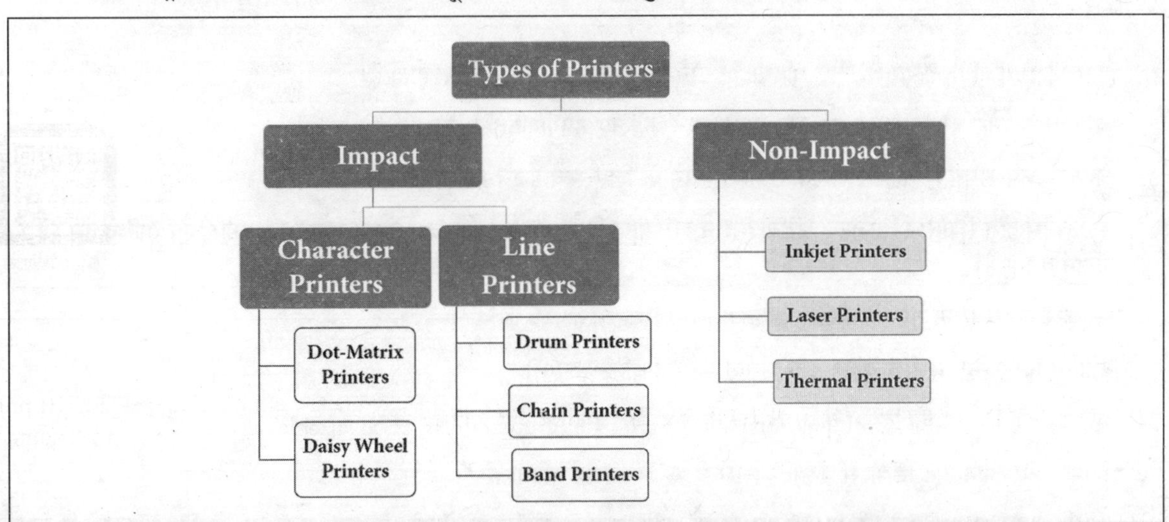

चित्र 1.28: प्रिंटर का वर्गीकरण

3. **स्पीकरः** एक कंप्यूटर स्पीकर ऑडियो आउटपुट के लिए प्राथमिक आउटपुट डिवाइस है। यह एक हार्डवेयर डिवाइस है जो कंप्यूटरके साउंड कार्ड सिग्नल को ऑडियो फॉर्म में बदल देते हैं। यह पीसी में अलग बाहरी हार्डवेयर के रूप में आ रहा था, लेकिन अब लैपटॉप और आधुनिक पीसी में यह एक बोर्ड पर पूर्वसाधारण(प्रिअसेंबल्ड) इकाई के रूप में आ रहा है।

4. **ब्रेल रीडरः** यह एक परिधीय उपकरण है जो मुख्य रूप से नेत्रहीन व्यक्ति के लिए कंप्यूटर स्क्रीन पर प्रदर्शित पाठ को पढ़ने के लिए उपयोग किया जाता है। ब्रेल रीडर को ब्रेल डिस्प्ले भी कहा जाता है, यह कीबोर्ड के एक भाग के रूप में एक अलग उपकरण है।

5. **आलेखक (प्लॉटर)ः** यह प्रिंटर के समान है, लेकिन वेक्टर ग्राफिक्स चित्र का उत्पादन करने के लिए इस्तेमाल किया जाता है। इसमें प्रिंटिंग के लिए टोनर के बजाय विभिन्न राइटिंग टूल्स (जैसे पेंसिल, पेन,मार्कर आदि) का इस्तेमाल किया जाता है। एक पारंपरिक प्रिंटर डॉट्स की श्रृंखला खींचता है जबकि एक प्लॉटर डिवाइस कागज पर कई, निरंतर(कंटीन्यूअस) लाइनें खींचता है।

6. **ग्राफिक्स कार्डः** यह एक विस्तारकार्ड है जो मदरबोर्ड पर रहने वाले स्लॉट में अटैच रहता है। इसका उपयोग छवियों और वीडियो को संसाधित(प्रोसेस) करने के लिए किया जाता है और उच्च रिज़ॉल्यूशन ग्राफिक्स को डिस्प्ले स्क्रीन पर तेज़ी से दर्शित करने में सक्षम बनाता है।

7. **साउंड कार्डः** यह ध्वनि संकेतों के आउटपुट को नियंत्रित करता है, जो स्पीकर और हेडफ़ोन को काम करने में सक्षम बनाता है।

1.13.3 स्टोरेज

स्टोरेज, जो हार्ड ड्राइव, फ्लैश ड्राइव, फ्लॉपी डिस्क ड्राइव, स्मार्टफोन या टैबलेट कंप्यूटर स्टोरेज इंटरफेस, सीडी / डीवीडी जैसे कंप्यूटर द्वारा संसाधित(प्रोसेस्ड) डेटा को स्टोर करता है। यह कंप्यूटर द्वारा संसाधित डेटा को संग्रहित करताहै। हार्ड डिस्क ड्राइव, पेन ड्राइव या मेमोरी कार्ड जैसे फ्लैश ड्राइव, फ्लॉपी डिस्क,सीडी/डीवीडी जैसे ऑप्टिकल स्टोरेज। ऐसे सभी स्टोरेज, स्टोरेज डिवाइस कैटेगरी में आते हैं।

यूनिट सारांश

1. इंटरनेट सेवाओं के प्रसार के लिए बुनियादी इंटरनेट कौशल की आवश्यकता होती है।
2. ब्राउज़र इंटरनेट पर सूचना भेजने और प्राप्त करने के लिए उपयोगकर्ता एजेंट हैं।
3. कम से कम समय में वांछित जानकारी प्राप्त करने के लिए सर्च इंजन शक्तिशाली उपकरण हैं।
4. ई-गवर्नेंस द्वारा सुशासन डिजिटल इंडिया मिशन द्वारा प्राप्त किया जाता है। इसका उद्देश्य न्यूनतम सरकार और अधिकतम शासन प्रदान करना है।
5. कंप्यूटर हार्डवेयर कंप्यूटर के विभिन्न भौतिक (मूर्त) घटक हैं।
6. सीपीयू में एएलयू, कंट्रोल यूनिट और मेमोरी स्टोरेज यूनिट होते हैं।
7. एएलयू को कंप्यूटर का दिमाग कहा जा सकता है इसके बिना कंप्यूटर कमोबेश बेकार ही होता।
8. इनपुट और आउटपुट डिवाइस कंप्यूटर सिस्टम के आवश्यक घटक हैं।
9. प्राथमिक मेमोरी को अस्थायी या अस्थिर मेमोरी कहा जाता है क्योंकि इसमें जो भी डेटा या निर्देश संग्रहित होते हैं, जब तक बिजली चालू रहती है, तब तक रहते है।

10. सेकेंडरी मेमोरी का उपयोग मुख्य रूप से डेटा को स्थायी रूप से स्टोर करने के लिए किया जाता है और इसे नॉनवोलेटाइल मेमोरी के रूप में भी जाना जाता है।

11. एक कंप्यूटर मॉनिटर बस वह स्क्रीन है जो आपको कंप्यूटर से डिजिटल आउटपुट पेश करेगी, सीआरटी, टीएफटी, एलसीडी, एलईडी, प्लाज्मा आदि विभिन्न प्रकार के मॉनिटर हैं।

12. कीबोर्ड का उपयोग अक्षरों, संख्याओं, प्रतीकों को टाइप करने और कंप्यूटर को निर्देश भेजने के लिए किया जाता है।

13. प्रिंटर एक आउटपुट डिवाइस है जो दस्तावेज़ को प्रिंट करता है जिसमें टेक्स्ट, इमेज या दोनों का संयोजन शामिल होता है, प्रिंटर के आउटपुट को हार्ड कॉपी कहते हैं।

14. एचडीडी एक गैर-वाष्पशील (नॉनवोलेटाइल) मेमोरी है जिसका उपयोग ऑपरेटिंग सिस्टम फ़ाइलों, एप्लिकेशन समस्याओं, मीडिया और अन्य दस्तावेज़ों को संग्रहित करने के लिए किया जाता है।

15. परिधीय उपकरण इनपुट/आउटपुट, आंतरिक या बाहरी हो सकते हैं।

अभ्यास

A. विषयात्मक प्रश्न

Q1. एक वेब ब्राउज़र क्या है? वेब ब्राउज़र की सामान्य विशेषताओं पर चर्चा करें।

Q2. सर्च इंजन कैसे काम करता है? इसकी खोज प्रक्रिया को समझाएं।

Q3. डिजिलॉकर क्या है? इसकी विशेषताओं को समझाएं।

Q4. प्रिंटर के प्रकार समझाओ।

Q5. नीचे सूचीबद्ध को प्राप्त करने के लिए गूगल सर्च क्वेरी लिखें:

a. भारत सरकार की आधिकारिक वेबसाइटें।

b. "इंडिया न्यू एजुकेशन पॉलिसी" नाम से उपलब्ध वेब परिणाम, पीडीएफ फाइल के साथ वेब परिणाम प्राप्त करें।

c. 25000 रुपये से लेकर 35000 रुपये तक की रेंज में लैपटॉप के बारे में जानकारी देने वाले वेब परिणाम।ये नतीजे किसी भी ई-कॉमर्स कंपनी की वेबसाइट से आने चाहिए और इसमें मनचाहे ब्रांड के लैपटॉप शामिल होने चाहिए।

B. वस्तुनिष्ठ प्रश्न

Q1. कौन सा वेब ब्राउज़र का उदाहरण नहीं है?

A. यांडेक्स B. माइक्रोसॉफ्टएज C. सफ़ारी D. ओपेरा

Q2. एक प्रकाश संवेदनशील उपकरण जो ड्राइंग, प्रिंटिंग टेक्स्ट या अन्य छवियों को डिजिटल सॉफ्टकॉपी रूप में परिवर्तित करता है

A. प्लॉटर B. स्कैनर C. कीबोर्ड D. ओएमआर

Q3. पॉइंटिंग डिवाइस का उदाहरण कौन सा है?

A. पॉइंटर B. जॉयस्टिक C. एचडीएमआई D. कर्सर

Q4. निम्नलिखित में से कौन सा कंप्यूटर इनपुट डिवाइस वीडियो कॉन्फ्रेंस को सक्षम करता है?

A. मॉनिटर B. डिजिटल कैमरा C. आवाज की पहचान D. वेब कैमरा

Q5. एक सेंट्रल प्रोसेसिंग यूनिट (सीपीयू) में

A. एक विश्लेषणात्मक इंजन और एक कार्ड रीडर होता है।
B. अंकगणित / तार्किक इकाई यूनिट (ए एल यू) और एक कार्ड रीडर होता है।
C. एक नियंत्रण (कंट्रोल) और एक अंकगणितीय तार्किक इकाई (ए एल यू) होता है।
D. एक कार्ड रीडर और प्रिंटिंग यूनिट होता है।

Q6. इंफ्रास्ट्रक्चर श्रेणी के तहत कौन सा डिजिटल इंडिया पोर्टल्स का हिस्सा नहीं है?

A. आईआरसीटीसी कनेक्ट B. स्वयं C.MYGOV D. भीम

Q7. भारत का पोर्टल जो ऑनलाइन पाठ्यक्रम (एमओओसी MOOC) लेने की सुविधा प्रदान करता है

A. ई-पाठशाला B. पीएमजीडीशा C. स्वयं D. शाला दर्पण

Q8. कंप्यूटर की मुख्य मेमोरी है

A. बाहरी B. आंतरिक C. सहायक D. इनमें से कोई नहीं

Q9. एक किलोबाइट ___ के बराबर है?

A. 1020 बाइट्स B. 1026 बाइट्स C. 1024 बाइट्स D. 1022 बाइट

Q10. एचडीडी का क्या अर्थ है

A. हार्ड डिस्क डिवाइस B. हार्ड डिस्क ड्रोन C. हार्ड डिस्क डेटा D. हार्ड डिस्क ड्राइव

उत्तर

विषयात्मक प्रश्नों के लिए संकेत

A1. एक वेब ब्राउज़र विभिन्न उद्देश्यों के लिए इंटरनेट ब्राउज़ करने के लिए एक ग्राहकपक्ष कार्यक्रम है। इसकी विशेषताओं को परिभाषित करें जैसे बुकमार्किंग, टैब्ड ब्राउज़िंग, पासवर्ड एंड डाउनलोड मैनेजमेंट, प्राइवेट ब्राउज़िंग, एडब्लॉकिंग, इंक्रीमेंटल सर्च आदि।

A2. एक सर्च क्वेरी इनपुटेड कीवर्डके आधार पर परिणाम लाएगा लेकिन यह प्रक्रिया सर्च इंजन के क्रॉलिंग, इंडेक्सिंग और रैंकिंग तंत्र पर भी निर्भर करती है।

A3. डिजिलॉकर डिजिटल इंडिया के तहत भारत सरकार की पहल है। दस्तावेजों और प्रमाण पत्रों को जारी करने और सत्यापन के लिए इसका सुरक्षित क्लाउड-आधारित मंच है।

A4. प्रिंटर एक आउटपुट डिवाइस है जो भौतिक कागज पर एक इलेक्ट्रॉनिक दस्तावेज़ प्रिंट करता है। दस्तावेजों में पाठ, चित्र या दोनों का संयोजन शामिल हो सकता है। प्रिंटर को प्रिंटिंग तकनीक के आधार पर (इंपैक्ट) और (नॉन इंपैक्ट) प्रकारों में वर्गीकृत किया जाता है।

A5. सर्च क्वेरी (प्रश्न) हो सकते हैं:

a. साइटः.gov.in या site:.nic.in या साइटः(.gov.in | .nic.in)

b. "भारत नई शिक्षा नीति" फाइल टाइपःपीडीएफ

c. लैपटॉप 25000..35000 +HP +DELL साइटःflipkart.com

सर्च बैटर

वस्तुनिष्ठ प्रश्नों के उत्तर

प्रश्न क्र.	1	2	3	4	5	6	7	8	9	10
सही जवाब	A	B	B	D	C	A	C	B	C	D

अधिक जानें

एप्लीकेशन

वर्तमान डिजिटल युग में, कई क्षेत्रों में इंटरनेट और कंप्यूटर का बहुतायत से उपयोग किया जाता है जैसा कि हमने खंड 1.1.2 में चर्चा की है। इसके अलावा, कुछ अन्य अनुप्रयोग हैं जैसे, अस्पतालों में रोगी डेटाबेस को बनाए रखना, शिक्षा में ऑनलाइन परीक्षा, व्यवसाय में लेखा और प्रबंधन सूची, निवेश का विश्लेषण, बिक्री, व्यवसाय में खर्च, इंटीरियर डिजाइनिंग, एक्स-रे प्रसंस्करण, सैन्य, देश की रक्षा तंत्र , परमाणु संयंत्र, अनुसंधान और विकास, स्थलाकृतिक चित्र, भौगोलिक डेटा की प्लॉटिंग आदि।

प्रायोगिक कार्य

प्रयोग 1.1 : ब्राउजिंग एवं सर्चिंग

प्रायोगिक कथन

ब्राउजर की विशेषताएँ, ब्राउजिंग, विभिन्न सर्च इंजनों का उपयोग करना, सर्च क्वेरी लिखना।

प्रायोगिक महत्व

इंटरनेट की दुनिया में, सूचना के निर्माता की तुलना में सूचना के उपभोक्ता अधिक हैं। सिद्धांत भी आईएसपी के डेटा आवंटन पैटर्न द्वारा प्रतिपादित किया गया है। अपलोडिंग की तुलना में डेटा डाउनलोडिंग के लिए उच्च बैंडविड्थ की पेशकश की जाती है। वेब ब्राउज़र, वर्ल्ड वाइड वेब पर उपलब्ध जानकारी को खोजने के लिए उपयोगकर्ता एजेंट हैं। हाइपरलिंक के माध्यम से एक पृष्ठ से दूसरे पृष्ठ पर नेविगेट करते समय सूचना पुनर्प्राप्ति की प्रक्रिया को ब्राउज़िंग कहा जाता है। इंटरनेट पर ब्राउज़ करना और खोजना अब दिन-प्रतिदिन की कंप्यूटिंग का एक अभिन्न अंग है।

दिए गए खोज शब्दों के आधार पर प्रासंगिक परिणाम प्राप्त करने के लिए खोज इंजन का भी लाभ उठाया जा सकता है। सूचना के सागर से सबसे अधिक उचित जानकारी प्राप्त करने के लिए इंटरनेट को प्रभावी ढंग से ब्राउज़ करने के लिए आवश्यक कौशल हासिल करना बहुत अधिक प्रासंगिक है।

प्रासंगिक सिद्धांत

ब्राउज़र हमें अपने यूजर इंटरफेस और सुविधाओं का उपयोग करके सुविधाजनक ब्राउज़िंग करने में मदद करता है (अध्याय 1 खंड 1.2)। सर्च इंजन, वेब खोजों के प्रकार और उनकी कार्यप्रणाली को पहले विस्तृत किया गया है (अध्याय 1, खंड 1.3 देखें)। सर्च इंजन जांचे गए मूल्यवान परिणामों को खोजने के लिए एक ग्राफिकल यूजर इंटरफेस भी प्रदान करते हैं (अध्याय 1, चित्र 1.11 और चित्र 1.12 देखें)।

अध्याय 1 (तालिका 1.2) में खोज प्रतीकों, ऑपरेटरों और आदेशों की एक विस्तृत सूची का भी उल्लेख किया गया है। हमें तालिका में निर्दिष्ट प्रश्नों को एक-एक करके निष्पादित करना होगा और परिणामों का निरीक्षण करना होगा। शिक्षार्थियों को नए क्वेरी भी लिखने का सुझाव दिया जाता है, हमने सिर्फ दो प्रश्न और उनके स्पष्टीकरण लिए हैं।

प्रैक्टिकल आउटकम्स (PrO)

विद्यार्थी निम्न करने में सक्षम होंगे

PrO1: वेब ब्राउज़र की विभिन्न विशेषताओं का उपयोग।

PrO2: सुविधाजनक तरीके से वर्ल्ड वाइड वेब ब्राउज़ करें।

PrO3: सर्च इंजन के वेब इंटरफेस से परिचित होना और विभिन्न सर्च इंजनों का उपयोग करना।

PrO4: प्रभावी खोज क्वेरी लिखकर सबसे प्रासंगिक खोज इंजन परिणाम पृष्ठ प्राप्त करें।

प्रैक्टिकल सेटअप (वर्क सिचुएशन)

1. विद्यार्थियों को किसी विशेष सर्च इंजन पर विभिन्न वेब ब्राउजर पर अपनी रुचि की कोई निश्चित सर्च क्वेरी (जैसे मेरी क्वेरी ''नेप 2020'' होगी) ढूंढनी होगी और खोज परिणामों का विश्लेषण करना होगा।
2. विद्यार्थियों को सुविधाजनक ब्राउज़िंग और खोज के लिए वेब ब्राउज़र की सुविधाओं का उपयोग करना होगा।
3. विद्यार्थियों को एक निश्चित ब्राउज़र के साथ विभिन्न सर्च इंजनों पर खोज क्वेरी (चरण 1 के अनुसार) को खोजना होगा और खोज परिणामों का विश्लेषण करना होगा।
4. सर्च इंजन इंटरफ़ेस या क्वेरी लिखकर अपने खोज परिणामों को परिशोधित करें।

आवश्यक संसाधन

1. कंप्यूटर सिस्टम यानी कोई भी पीसी/लैपटॉप/टैबलेट/स्मार्टफोन।
2. इंटरनेट कनेक्शन।
3. स्थापित वेब ब्राउज़र सॉफ्टवेयर अर्थात मोज़िला फ़ायरफ़ॉक्स, गूगल क्रोम, माइक्रोसॉफ्ट एज, आदि।
4. विभिन्न खोज इंजन वेबसाइटों तक पहुँच (जैसे google.com, yahoo.com, duckduckgo.com, bing.com, yandex.com, आदि) या स्थापित आपके पसंदीदा खोज इंजन के ब्राउज़र एक्सटेंशन तक पहुँच।

सावधानियाँ

1. सुरक्षा उल्लंघनों और ब्राउज़र की कमजोरियों से बचाने के लिए एक अद्यतन वेब ब्राउज़र का उपयोग करें।
2. एड्रेस बार में HTTPS और सक्षम पैडलॉक आइकन के साथ मान्य सर्च इंजन वेबसाइट ब्राउज़ करें।
3. प्रमाणीकृत ऐप स्टोर और सत्यापित विक्रेताओं से एक्सटेंशन डाउनलोड करें।
4. सूचना सुरक्षा सर्वोत्तम प्रथाओं का पालन करें (यूनिट 5, खंड 5.4.1 और 5.4.2 देखें)।

सुझाई गई प्रक्रिया

ब्राउज़र में बुकमार्किंग, डाउनलोड प्रबंधन, पासवर्ड प्रबंधन, टैब्ड ब्राउज़िंग, इंक्रीमेंटल सर्च आदि जैसी कुछ सामान्य विशेषताएँ हैं। इन्हें यूनिट 1 में समझाया गया है। एक महत्वपूर्ण विशेषता विज्ञापन अवरोधन पर यहां चर्चा की गई है।

(a) क्रोम ब्राउजर पर एडब्लॉकिंग

1. क्रोम ब्राउजर खोलें और ब्राउजर के ऊपरी-दाएं कोने में क्लिक, सेटिंग्स और अधिक(more) (इलिप्सिस आइकन '' ⋮ '' (तीन क्षैतिज बिंदु)) पर क्लिक करें या Alt + F दबाएं। एक ड्रॉपडाउन मेनू मौजूद होगा।
2. सेटिंग्स पर क्लिक करें।
3. खुलने वाली अगली विंडो में, बाएं फलक पर ''गोपनीयता और सुरक्षा'' विकल्प पर क्लिक करें।
4. दाएँ फलक पर ''गोपनीयता और सुरक्षा" विकल्पों के तहत** साइट सेटिंग्स का चयन करें"।
5. साइट सेटिंग्स की लंबी सूची के साथ एक नई विंडो प्रस्तुत की जाएगी। सामग्री के तहत ''पॉप-अप और रीडायरेक्ट''

का चयन करें, फिर ''साइटों को पॉप-अप भेजने या रीडायरेक्ट का उपयोग करने की अनुमति न दें'' कैप्शन वाले रेडियो बटन को सक्षम करें।

6. शिक्षार्थियों को यह देखने की सलाह दी जाती है कि अन्य ब्राउज़रों में पॉपअप को कैसे ब्लॉक किया जाए। व्यावहारिक रूप से भी करें।

(b) किसी विशेष सर्च इंजन पर विभिन्न वेब ब्राउज़रों पर खोज करनाः

1. मोज़िला फ़ायरफ़ॉक्स वेब ब्राउज़र खोलें और गूगल खोज इंजन वेबसाइट यानी www.google.com पर जाएं।
2. अपने किसी भी पसंदीदा खोज शब्द (जैसे "नेप 2020") को सर्च बार में डालें (या एड्रेस बार में भी अगर यह ब्राउज़र के लिए आपके डिफ़ॉल्ट सर्च इंजन के रूप में सेट है) और फिर "एंटर की" दबाएं या यदि आप मोबाइल / टैबलेट का उपयोग कर रहे हैं तो लेंस बटन पर टैप करें।
3. कई परिणाम पृष्ठ (SERPs) प्रस्तुत किए जाएंगे। केवल छवि प्रकार के परिणाम दिखाने के लिए परिणाम को अनुकूलित करें। सर्च बार के नीचे ''इमेज'' बटन पर क्लिक करें (अध्याय 1, चित्र 1.11 देखें)।
4. खोज शब्द से संबंधित विभिन्न चित्र प्रस्तुत किए जाएंगे। पहली छवि पर क्लिक करें। यह बढ़े हुए चित्र के साथ एक नया फलक दिखाएगा।
5. छविपर राइट क्लिक —> प्रतिलिपि लिंक का पता सेव करें(copy link address)। इस पते को एक टेक्स्ट डॉक्यूमेंट (नोटपैड) में सेव करें ताकि इसे हमारे अवलोकन तालिका 1.8 के लिए पुनः उपयोग किया जा सके।
6. सभी तीन छवि परिणामों के लिए चरण 4 और 5 निष्पादित करें और अवलोकन तालिका 1.8 को अद्यतन करें।
7. ब्राउज़र और सर्च इंजन चयन के लिए तालिका 1.8 का पालन करें और तदनुसार अवलोकन अपडेट करें।

(c) सर्च क्वेरी लिखना

1. गूगल क्रोम वेब ब्राउज़र खोलें और गूगल खोज इंजन वेबसाइट, यानी www.google.com खोलें।
2. विभिन्न सर्च ऑपरेटरों के साथ पहले दिए गए सर्च शब्द (जैसे- ''नेप 2020'') को फिर से टाइप करें (यूनिट 1, तालिका 1.2 देखें). एक के बाद एक और संयोजन में सर्च ऑपरेटर का उपयोग करके अवलोकन तालिका में परिणामों को अपडेट करें। एक उदाहरण, तालिका 1.8 में भी सूचीबद्ध है।

प्रेक्षण

तालिका 1.7: सर्च टर्म 'NEP 2020' के लिए ब्राउज़िंग परिणाम

क्रमांक	ब्राउज़र	सर्च इंजन	परिणाम		
			परिणामों का # और लिया गया समय	पहले 3 छवि परिणामों का यूआरएल	किसी भी फ़िल्टर को लागू करने के बाद (अर्थात आकार, रंग, प्रकार), समय आदि) पहले 3 छवि परिणाम के यूआरएल
1	मोज़िला फ़ायरफ़ॉक्स	google.com	4,10,00,000 (0.57 सेकंड)	1	1
				2	2
				3	3
2	माइक्रोसॉफ्ट एज	google.com			
3	गूगल क्रोम	google.com			
4	गूगल क्रोम	yahoo.com			
5	गूगल क्रोम	duckduckgo.com			
6	गूगल क्रोम	bing.com			
7	गूगल क्रोम	yandex.com			

तालिका 1.8: सर्च क्वेरी

क्रमांक	google.com पर सर्च क्वेरी	परिणाम		
		# परिणामों के # और लिया गया समय	पहले 3 परिणामों के यूआरएल	SERP के पहले पृष्ठ का स्क्रीन शॉट
1	*nep 2020 फ़ाइल प्रकारः पीपीटी*		1	
			2	
			3	
2	*एनईपी 2020 फ़ाइल प्रकारः पीडीएफ साइटः* (gov.in | nic.in)			

परिणाम और उनकी व्याख्या

1. मोज़िला फ़ायरफ़ॉक्स, माइक्रोसॉफ्ट एज और गूगल क्रोम द्वारा अनुरोधित ''नेप 2020'' सर्च क्वेरी चर समय में समान संख्या में परिणाम प्राप्त करती है।
2. विभिन्न सर्च इंजनों के लिए गूगल क्रोम ब्राउज़र द्वारा अनुरोधित ''नेप 2020'' खोज क्वेरी एक अलग रैंकिंग के साथ अलग-अलग खोज परिणाम प्राप्त करती है।
3. सर्च क्वेरी ''nep 2020'' खोज शब्द के बारे में विश्वसनीय और उपयोगी सामग्री प्राप्त करती है। यह तालिका 1.8 की पहली क्वेरी में केवल PowerPoint प्रस्तुतियाँ प्राप्त करता है।
4. दूसरा प्रश्न ही सीमित हासिल करेगा जैसे पीडीएफ के परिणाम, सरकारी वेबसाइटों IE से, gov.in या nic.in

निष्कर्ष

1. समान सर्चम क्वेरी से विभिन्न वेब ब्राउज़र द्वारा अनुरोध भी एक ही खोज इंजन पर कुछ अलग परिणाम को हासिल करेगा। जो ब्राउज़र सेटिंग्स, कुकीज़ आदि के कारण होने की संभावना है। विभिन्न खोज इंजनों के खोज परिणाम काफी भिन्न होते हैं।
2. ब्राउज़िंग और खोज कार्यों को करने के लिए अलग-अलग ब्राउज़र में उनके इंटरफेस होते हैं।
3. वेब परिणाम गतिशील होते हैं जो इंटरनेट की गति, दिन का समय, अनुरोध मशीन और सर्वर के बीच उस पर खोज यातायात आदि जैसे विभिन्न कारकों पर निर्भर करता है।

प्रैक्टिकल से संबंधित प्रश्न

1. क्या आपको खोज शब्द टाइपिंग के दौरान कोई सुझाव मिला है?
2. तालिका 1.7 के पहले तीन परिणामों (क्रमांक 1 से 3) में आपने क्या अंतर देखा?
3. '':url'' और '':intext'' का प्रयोग किसके लिए किया जाता है?
4. गूगल की खोज क्वेरी में खोज शब्दों को समूहीकृत करने के लिए किस ऑपरेटर का उपयोग किया जाता है?

अध्ययन हेतु सुझाए गए संसाधन

[1] D. Anfinson and D. Quammen, *IT Essentials PC Hardware and Software Companion Guide*. Madrid: CISC Press.Pearson Education., 2009.

[2] M. Meyers, *Mike Meyers' CompTIA A+ guide : essentials : exam 220-701.* New York: Mcgraw-Hill, 2010.

[3] "Computer Rear Panel Connectors pinouts diagrams @ pinouts.ru," *pinouts.ru*. https://pinouts.ru/comp.php (accessed Sep. 19, 2021).

मूल्यांकन योजना हेतु सुझाव

दिए गए कार्यनिष्पादन संकेतक को, प्रक्रिया और परिणाम से संबंधित अंकों के मूल्यांकन के लिए एक दिशानिर्देश के रूप में कार्य करना चाहिए।

	कार्यनिष्पादन संकेतक	कुल अंको का प्रतिशत वेटेज	प्रदान किए गए अंक
प्रक्रिया संबंधितः अंक* (%)			
1	छात्र द्वारा की गई परिस्थिति तैयारी का आकलन	10	
2	प्रैक्टिकल घटकों की व्याख्या यानी, खंड 1.2 से 1.7	20	
3	प्रक्रिया को समझने एवं क्रमानुसार उसे समझा पाना	10	
4	मौखिक परीक्षा	10	
परिणाम संबंधितः अंक* (.%)			
5	अवलोकन तालिकाओं की तैयारी	25	
6	स्क्रीन शॉट्स और अवलोकन तालिकाओं और निष्कर्षों की, व्याख्या	25	
	कुल	100%	

*परिणाम और प्रक्रिया मूल्यांकन के लिए अंक और प्रतिशत भार का निर्णय शिक्षक द्वारा लिया जायेगा।

छात्र का नामः.. प्रदान किए गए अंक			दिनांक के साथ शिक्षक के हस्ताक्षर
प्रक्रिया संबंधित	परिणाम संबंधित	कुल	

प्रयोग 1.2 डिजिटल इंडिया पोर्टल्स

प्रायोगिक कथन

विभिन्न ई-गवर्नेंस/डिजिटल इंडिया पोर्टल्स पर जाएं, उनकी विशेषताओं, सेवाओं की पेशकश को समझें।

प्रायोगिक महत्व

डिजिटल तकनीक के माध्यम से अपने नागरिकों को विभिन्न जन कल्याणकारी सेवाएं प्रदान करने में डिजिटल इंडिया कार्यक्रम दुनिया का एक अनूठा उदाहरण बन गया है। प्रैक्टिकल न केवल छात्रों को इंटरनेट ब्राउज़ करना सिखाएगा बल्कि छात्रों के माध्यम से उपरोक्त सेवाओं को जनता तक पहुँचाएगा।

प्रासंगिक सिद्धांत

डिजिटल इंडिया कार्यक्रम अपने प्रमुख दृष्टि क्षेत्र और स्तंभों के साथ इस पुस्तक के सिद्धांत भाग में समझाया गया है (अध्याय 1, खंड 1.4 देखें)। अध्याय 1 में महत्वपूर्ण पोर्टलों की एक विस्तृत वर्गीकृत सूची का भी उल्लेख किया गया है (अध्याय 1, तालिका 1.3 देखें)।

प्रैक्टिकल आउटकम्स (PrO)

शिक्षार्थी निम्न करने में सक्षम होंगे

PrO1: विभिन्न डिजिटल इंडिया पोर्टलों को ब्राउज़।

PrO2: पोर्टलों की प्रमुख सेवाओं और विशेषताओं का विश्लेषण।

प्रैक्टिकल सेटअप (वर्क सिचुएशन)

व्यावहारिक में, हम www.uidai.gov.in, swayam.gov.in, और mygov.in डिजिटल इंडिया पोर्टल्स को क्रमशः अवसंरचना, सेवा आधारित और सशक्तिकरण श्रेणी से एक-एक ब्राउज़ करेंगे।

आवश्यक संसाधन

1. कंप्यूटर सिस्टम यानी कोई भी पीसी/लैपटॉप/टैबलेट/स्मार्टफोन।
2. इंटरनेट कनेक्शन।
3. स्थापित वेब ब्राउज़र सॉफ्टवेयर अर्थात मोज़िला फ़ायरफ़ॉक्स, गूगल क्रोम, माइक्रोसॉफ्ट एज, आदि।

सावधानियाँ

1. सुरक्षा उल्लंघनों और ब्राउज़र कमजोरियों से बचाने के लिए एक अद्यतन वेब ब्राउज़र का उपयोग करें।
2. एड्रेस बार में केवल HTTPS और पैडलॉक-सक्षम आइकन वाली मान्य वेबसाइट ब्राउज़ करें।
3. सूचना सुरक्षा सर्वोत्तम प्रथाओं का पालन करें (यूनिट 5, खंड 5.4.1 और 5.4.2 देखें)

ाई गई प्रक्रिया

1. अपनी पसंद का कोई भी वेब ब्राउज़र खोलें।
2. ब्राउज़र के एड्रेस बार में www.https://uidai.gov.in यूआरएलटाइप करें ।
3. उपरोक्त वेब पोर्टल का होम पेज नीचे दर्शाए अनुसार दिखाया जाएगाः

चित्र 1.29: UIDAI.GOV.IN पोर्टल का होम पेज

4. होम पेज में, माई आधार, यूआईडीएआई, इकोसिस्टम, मीडिया और संसाधन, और संपर्क और समर्थन आदि मेनू के साथ मेनू बार है । इन मेनू में माउस पॉइंटर रखने से मौजूदा कर्सर तीर से, पॉइंटिंग हैंड शेप पॉइंटर में बदल जाएगा
5. माउस पॉइंटर पर होवर करके पहला मेनू खोलें। ड्रापडाउन मेन्यू विभिन्न विकल्पों को दिखाएगा जैसा कि चित्र 1.30 में दिखाया गया है। ये विभिन्न सेवाएं हैं जिनका इस डिजिटल इंडिया पोर्टल के साथ लाभ उठाया जा सकता है।

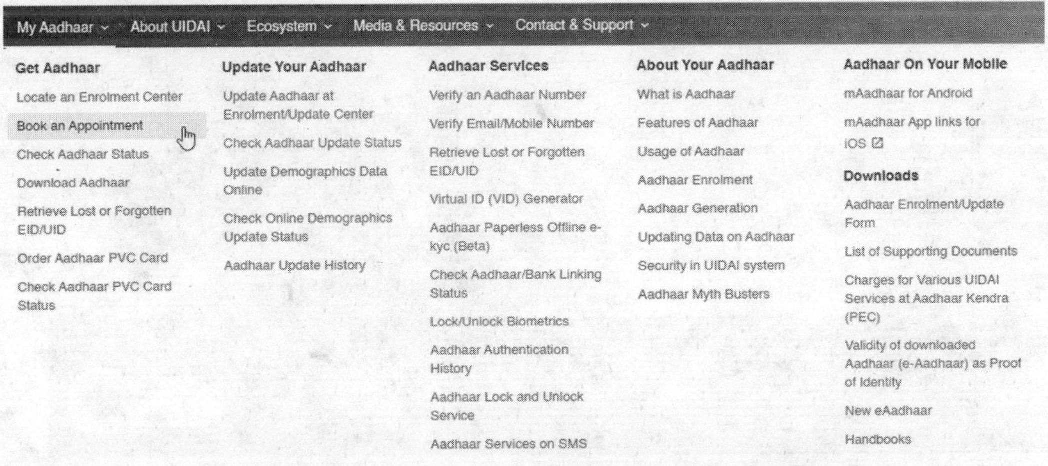

चित्र 1.30: "My Aadhaar" मेनू विभिन्न सेवाएँ दिखा रहा है

6. विभिन्न मेनू पर नेविगेट करके अन्य संबंधित जानकारी दिखाई जाएगी।
7. इसी प्रकार, उपरोक्त प्रक्रिया का पालन करके swayam.gov.in और mygov.in पोर्टलों को ब्राउज़ और विश्लेषण किया जा सकता है। इन पोर्टलों के मुख पृष्ठ चित्र 1.31 और चित्र 1.32 में दर्शाए गए हैं।
8. स्वयं पोर्टल पर 'एक्सप्लोर कोर्स' पर एक क्लिक, भारतीय नागरिकों के लिए आगामी और चल रहे एमओओसी की एक सूची प्रदान करता है।
9. MyGov पोर्टल नागरिकों को सरकारी निर्णयों में भाग लेने की सुविधा प्रदान करता है।

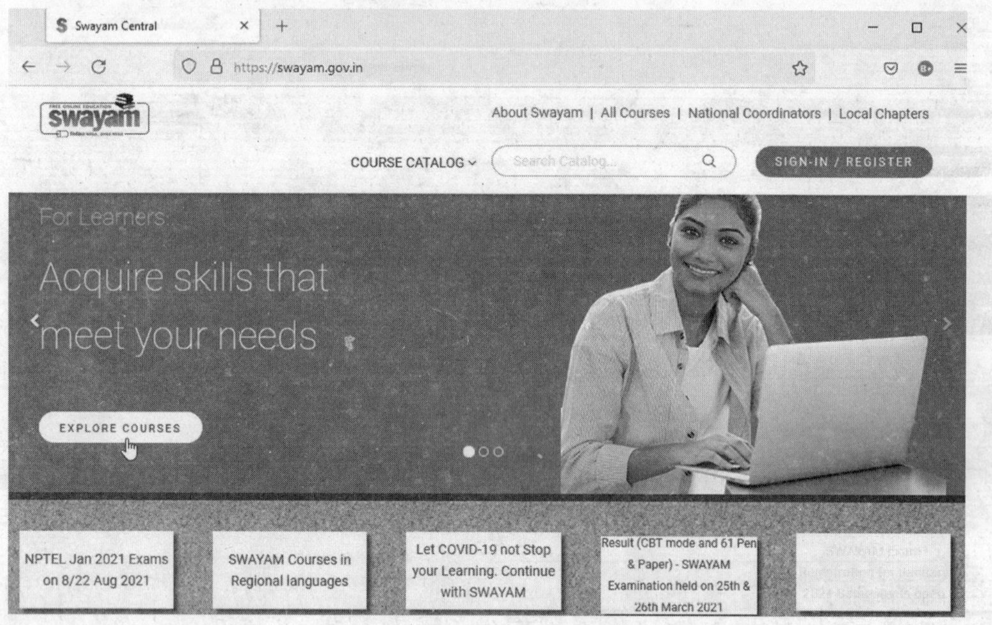

चित्र 1.31: स्वयं पोर्टल का होम पेज

चित्र 1.32: MyGov पोर्टल का होम पेज

प्रेक्षण

तालिका 1.9: इ-गवर्नेंस /डिजिटल इंडिया पोर्टल्स की 'की सर्विसेस' तथा विशेषताएँ

क्रमांक	डिजिटल इंडिया पोर्टल	पेशकश की जाने वाली प्रमुख सेवाएं	विशेषताएँ
1	www.uidai.gov.in	बुक नियुक्ति, स्थिति की जाँच करें, आदि	बहुभाषी, स्क्रीन रीडर, अनुकूलन योग्य फ़ॉन्ट आकार, चैट-बॉट, सोशल मीडिया फ़ीड।
2	www.swayam.gov.in		
3	www.mygov.in		

* पोर्टलों द्वारा दी जाने वाली सुविधाओं और सेवाओं को समायोजित करने के लिए अंतिम दो कॉलमों को बड़ा करें।

परिणाम और उनकी व्याख्या

1. यूआईडीएआई (UIDAI) का पोर्टल पेशकश की गई सेवाओं और पोर्टल निर्माण में प्रौद्योगिकी के उपयोग के मामले में मजबूत है। यह निर्माण से लेकर रखरखाव तक आधार से संबंधित सेवाएं प्रदान करता है।
2. स्वयं एमओओसी SWAYAM MOOCS प्लेटफॉर्म में एक संपूर्ण ऑनलाइन शिक्षा पोर्टल की क्षमता है। यह नामांकन करने, सामग्री वितरित करने और छात्र की परीक्षा और क्रेडिट विवरण प्रबंधित करने के लिए एक ऑनलाइन सुविधा प्रदान करता है।
3. MyGov पोर्टल सरकार के निर्णय लेने में नागरिकों की भूमिका की परिकल्पना करता है। सहभागी सरकार की अवधारणा विभिन्न समूहों, चर्चाओं, मतदान, ब्लॉग और वार्ता के माध्यम से प्राप्त की जाती है।

प्रैक्टिकल से संबंधित प्रश्न

नोटः संदर्भ के लिए नीचे कुछ नमूना प्रश्न दिए गए हैं।

1. क्या आपके आधार की इलेक्ट्रॉनिक कॉपी डाउनलोड करना संभव है?
2. MyGov पोर्टल पर उन तीन गतिविधियों के नाम बताइए जिनमें आप भाग ले सकते हैं।
3. स्वयं में आप किस कोर्स में शामिल हो सकते हैं? क्या इसे आपके वर्तमान बोर्ड/विश्वविद्यालय से जोड़ा जा सकता है?

अध्ययन हेतु सुझाए गए संसाधन

[1] "Digitalindia | Digital India Programme | Ministry of Electronics & Information Technology(MeitY) Government of India," www.digitalindia.gov.in. http://www.digitalindia.gov.in (accessed Aug. 19, 2021). as per IEEE, english layout format

मूल्यांकन योजना हेतु सुझाव

दिए गए कार्यनिष्पादन संकेतक को, प्रक्रिया और परिणाम से संबंधित अंकों के मूल्यांकन के लिए एक दिशानिर्देश के रूप में व
करना चाहिए।

कार्यनिष्पादन संकेतक		कुल अंको का प्रतिशत वेटेज	प्रदान कि गए अंक
प्रक्रिया संबंधितः अंक* (%)			
1.	छात्र द्वारा की गई परिस्थिति तैयारी का आकलन	10	
2.	प्रैक्टिकल घटकों की व्याख्या यानी, खंड 1.2 से 1.7	20	
3.	प्रक्रिया को समझने एवं क्रमानुसार उसे समझा पाना	10	
4.	मौखिक परीक्षा	10	
परिणाम संबंधितः अंक* (.%)			
5.	अवलोकन तालिकाओं की तैयारी	25	
6.	अवलोकन तालिकाओं और परिणामों की व्याख्या	25	
	कुल	100%	

*परिणाम और प्रक्रिया मूल्यांकन के लिए अंक और प्रतिशत भार का निर्णय शिक्षक द्वारा लिया जायेगा।

छात्र का नामः.. प्रदान किए गए अंक			दिनांक के साथ शिक्षक के हस्ताक्ष
प्रक्रिया संबंधित	परिणाम संबंधित	कुल	

प्रयोग 1.3 : कंप्यूटर हार्डवेयर घटक

प्रायोगिक कथन

कंप्यूटर हार्डवेयर घटकों पर आधारित विकिपीडिया के पृष्ठ पढ़ें, प्रयोगशाला में उन घटकों को देखें, उनकी पहचान करें, विभिन्न पोर्ट/इंटरफेस और संबंधित केबलों को पहचानें, आदि।

प्रायोगिक महत्व

कंप्यूटर की उपयोगिता इसकी सर्वव्यापकता से सिद्ध होती है। ऐसे सर्वव्यापी उपकरणों के रखरखाव की जरूरतों को नजरअंदाज नहीं किया जा सकता है। विभिन्न हार्डवेयर घटकों की पहचान करना, उन्हें जोड़ना और सामान्य त्रुटियों को ठीक करना अब एक आवश्यक सामान्य कौशल बन गया है।

प्रासंगिक सिद्धांत

एक कंप्यूटर प्रणाली, इसके विभिन्न भागों, इनपुट-आउटपुट उपकरणों को पहले अध्याय के खंड 1.8 से 1.1 3 में विस्तार से समझाया गया है। विभिन्न **पोर्ट** के लिए संक्षेप में नीचे वर्णित है।

कंप्यूटर पोर्ट: मदरबोर्ड पर या एक अलग एडेप्टर पर एक कनेक्टर है जो किसी डिवाइस को कंप्यूटर से कनेक्ट करने की अनुमति देता है; इनमें कीबोर्ड, माउस, सीरियल, पैरेलल, नेटवर्क, साउंड या वीडियो पोर्ट शामिल हो सकते हैं। पोर्ट से जुड़ने वाले उपकरणों के साथ, **पोर्ट** के भिन्न प्रकार होते हैं।

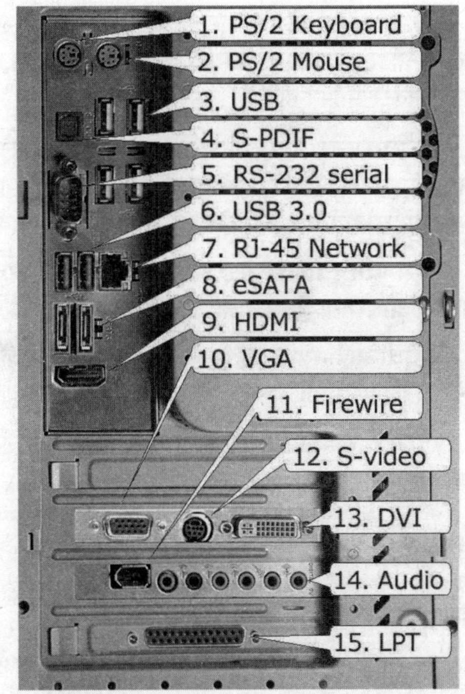

चित्र 1.33: कंप्यूटर रियर पैनल कनेक्टर
छवि स्रोत देखें: https://pinouts.ru/comp.php

मेल (पुरुष) पोर्ट: यह **ऐसे** पिन होते हैं जो कनेक्टर से से बाहर निकलते हैं और एक फीमेल कनेक्टर के साथ एक केबल की आवश्यकता होती है।

फीमेल (महिला) पोर्ट: यह **ऐसे** कनेक्टर है, इनमें **मेल** केबल के पिन को स्वीकार करने के लिए छेद है।

PS/2: ऐसे दो गोल पोर्ट, अधिकांश डेस्कटॉप कंप्यूटरों में, छह पिन कनेक्टर के लिए एक माउस के लिए और एक कीबोर्ड के लिए होते हैं।

यूएसबी: यह एक 4-तार कनेक्टर प्रकार का पोर्ट है। इसके अलग-अलग मॉडल हैं (यूएसबी 1.0, यूएसबी 2.0 और यूएसबी 3.0)। आधुनिक कंप्यूटरों में सभी प्रकार के बाहरी यूएसबी उपकरणों को जोड़ सकते है जैसे बाहरी हार्ड डिस्क, प्रिंटर, स्कैनर, माउस, कीबोर्ड, आदि। डेटा 12 मेगाबिट प्रति सेकंड की दर से यात्रा करता है। यूएसबी संगत डिवाइस यूएसबी पोर्ट से पावर प्राप्त कर सकते हैं।

सीरियल पोर्ट: ये कनेक्टर डी टाइप के पिन कनेक्टर का उपयोग करते हैं। आमतौर पर लंबी दूरी के संचार के लिए उपयोग किया जाता है। कॉम (COM) पोर्ट के रूप में भी जाना जाता है। डेटा 115 किलोबिट प्रति सेकंड की गति से यात्रा करता है।

ईथरनेट पोर्ट: एक नेटवर्क और हाई स्पीड इंटरनेट से जुड़ता है। नेटवर्क केबल को कंप्यूटर से कनेक्ट करें। यह पोर्ट ईथरनेट कार्ड पर रहता है। नेटवर्क बैंडविड्थ के आधार पर डेटा 10 मेगाबिट से 1000 मेगाबिट प्रति सेकंड की दर से यात्रा करता है।

एचडीएमआई: हाई डेफिनिशन मल्टीमीडिया इंटरफेस किसी भी ऑडियो/वीडियो स्रोत, जैसे डीवीडी प्लेयर, या ए/वी रिसीवर, और एक ऑडियो और/या वीडियो मॉनिटर, जैसे डिजिटल टेलीविजन (डीटीवी) के बीच एक इंटरफेस प्रदान करता है। एचडीएमआई एक केबल पर मानक, उन्नत, या उच्च परिभाषा वीडियो, प्लस मल्टी चैनल डिजिटल ऑडियो का समर्थन करता है।

वीजीए: नए वीजीए, एसवीजीए, एक्सजीए, एसएक्सजीए, या यूएक्सजीए मॉनिटर के लिए तीन पंक्ति, 15-पिन फीमेल डी-शेल कनेक्टर, मॉनिटर को कंप्यूटर के वीडियो कार्ड से जोड़ता है। सीरियल पोर्ट कनेक्टर के समान इसमें छेद होते हैं, लेकिन सीरियल पोर्ट कनेक्टर में पिन होते हैं।

फायरवायर: एक पर्सनल कंप्यूटर/उपभोक्ता इलेक्ट्रॉनिक सीरियल बस इंटरफेस मानक है जो उच्च गति संचार और समकालिक रीयल-टाइम डेटा सेवाएं प्रदान करता है। अक्सर उपभोक्ता इलेक्ट्रॉनिक्स उपकरणों, डिजिटल वीडियो कैमरा, वीसीआर, कुछ अन्य मल्टीमीडिया हार्डवेयर और कंप्यूटर में लागू किया जाता है।

एस-वीडियो: एटीआई और अन्य ग्राफिक्स कार्ड पर व्यापक रूप से उपयोग किया जाने वाला यह एक कनेक्टर है। यह एस-वीडियो और समग्र सिग्नल ले जाता है।

डीवीआई: डिजिटल विजुअल इंटरफेस (डीवीआई) एक वीडियो इंटरफेस मानक है जिसे डिजिटल डिस्प्ले डिवाइस जैसे फ्लैट पैनल एलसीडी कंप्यूटर डिस्प्ले और डिजिटल प्रोजेक्टर की दृश्य गुणवत्ता को अधिकतम करने के लिए डिज़ाइन किया गया है।

ईसीपी समानांतर एलपीटी पोर्ट: कुछ पुराने पीसी में एक्सटेंडेड कैपेबिलिटीज पोर्ट मिलता है। ईसीपी, ईपीपी डिजाइन का एक विस्तार है।

प्रैक्टिकल आउटकम्स (PrO)

विद्यार्थी निम्न करने में सक्षम होंगे

PrO1: विभिन्न भाषाओं में विकसित विकिपीडिया वेब पेजों को ब्राउज़ करना।

PrO2: विकिपीडिया के पृष्ठों को अन्य भाषाओं में परिवर्तित करना।

PrO3: कंप्यूटर सिस्टम के विभिन्न हार्डवेयर घटकों की पहचान करना।

PrO4: कंप्यूटर सिस्टम के पोर्ट/इंटरफेस और केबल की पहचान करें।

प्रैक्टिकल सेटअप (वर्क सिचुएशन)

इस प्रयोग में, हम कंप्यूटर हार्डवेयर घटकों से संबंधित कई वेब पेजों को खोजने के लिए www.wikipedia.org एक ऑनलाइन, बहुभाषी मुक्त विश्वकोश ब्राउज़ करेंगे। इसके बाद, एक कंप्यूटर सिस्टम को डिसबैलेंस किया जाएगा और प्रत्येक घटक की पहचान की जाएगी और उसकी कार्यक्षमता के अनुसार एक निर्धारित तालिका में वर्गीकृत किया जाएगा।

आवश्यक संसाधन

1. कंप्यूटर सिस्टम यानी पीसी/लैपटॉप।
2. इंटरनेट कनेक्शन।
3. स्थापित वेब ब्राउज़र सॉफ्टवेयर अर्थात मोज़िला फ़ायरफ़ॉक्स, गूगल क्रोम, माइक्रोसॉफ्ट एज, आदि।

सावधानियाँ

1. सूचना सुरक्षा सर्वोत्तम प्रथाओं का पालन करें (अध्याय 5, खंड 5.4.1 और 5.4.2 देखें)
2. कंप्यूटर सिस्टम के घटकों को छूने के दौरान ,इलेक्ट्रोस्टैटिक डिस्चार्ज (ईएसडी) से बचने के लिए, एक विरोधी स्थैतिक चटाई या एंटी-स्टेटिक कलाई का पट्टा और मैट संयोजन, का उपयोग किया जाना चाहिए।

सुझाई गई प्रक्रिया

(a) कंप्यूटर हार्डवेयर पर आधारित विकिपीडिया पृष्ठ ब्राउज़ करें

1. अपनी पसंद का कोई भी वेब ब्राउज़र खोलें।
2. ब्राउज़र के एड्रेस बार में www.https:// wikipedia.org यूआरएल टाइप करें।
3. विकिपीडिया विश्वकोश का मुख पृष्ठ एक खोज बार के साथ दिखाई देगा।
4. संबंधित विकि पृष्ठों को खोजने के लिए खोज शब्द टाइप करें। हमारे मामले में मैंने 'कंप्यूटर हार्डवेयर घटक' टाइप किया है और टाइपिंग के दौरान एक सुझाव सूची भी दिखाई दी। हाथ के आकार के सूचक के साथ सुझाव सूची को पहले सुझाव पर इशारा करते हुए चित्र 1.34 में दर्शाया गया है।

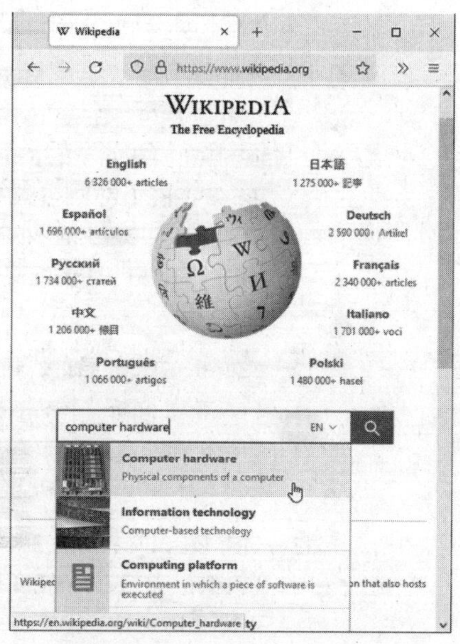

चित्र 1.34: wikipedia.org होमपेज

5. या तो लेंस बटन (खोज) पर क्लिक करें या एंटर दबाएं या किसी प्रासंगिक सुझाए गए विकी पेज का चयन करें। जैसा कि दिखाया गया है, माउस पॉइंटर पहले सुझाव पर मँडरा रहा है।
6. किसी दिए गए शब्द से संबंधित एक वेब पेज प्रस्तुत किया जाएगा। जैसा कि हमें चित्र 1.35 में दर्शाया गया वेब पेज मिला है।

चित्र 1.35 'कंप्यूटर हार्डवेयर' पर आधारित विकिपीडिया पृष्ठ

7. विकिपीडिया पृष्ठ में एक प्रसिद्ध लेआउट है जिसमें शीर्ष पर मूल परिभाषा या प्रारंभिक जानकारी है और उसके बाद वेबपृष्ठ के लिए शामिल सामग्री की एक प्रबंधित सूची है। 'सामग्री' अनुभाग में पृष्ठ के अन्य अनुभागों का संदर्भ देने वाले स्थानीय लिंक होते हैं।

8. पृष्ठ में विकिपीडिया के अन्य संबंधित वेबपृष्ठों के लिए विभिन्न हाइपरलिंक और पृष्ठ के संदर्भों के लिंक हैं।
9. अधिक संबंधित जानकारी प्राप्त करने के लिए एक-एक करके अन्य लिंक पर नेविगेट करें। उदाहरण के लि हम पहले पैराग्राफ पर हाइपरलिंक द्वारा सीपीयू, मॉनिटर, माउस आदि पर अन्य विकिपीडिया पृष्ठों को ब्राउज़ व सकते हैं।
10. एक नई खोज के लिए, लेंस आइकन के साथ ऊपरी दाएं कोने वाले खोज बॉक्स का उपयोग करें।
11. जैसा कि चित्र 1.36 में दिखाया गया है, हम बाएं फलक में भाषा अनुभाग तक स्क्रॉल करके अन्य भाषाओं में पहले से विकसित विकिपीडिया पृष्ठों को देख सकते हैं। यह केवल एक उपभोक्ता होने के बारे में नहीं है, हम विकिपीडिया पर एक पेज लिखकर योगदान दे सकते हैं। आप इसके लिए 'योगदान' अनुभाग में दिए गए निर्देशों का पालन कर सकते हैं।
12. अपनी पसंदीदा क्षेत्रीय भाषा में एक समृद्ध विकी पृष्ठ (किसी भी भाषा में विकसित) देखने के लिए आप अपनी इच्छित भाषा में वेबपेज को पूरी तरह से अनुवाद करने के लिए कुछ ब्राउज़र एक्सटेंशन का उपयोग कर सकते हैं।
13. जैसा कि आप चित्र 1.37 में देख सकते हैं, वही वेबपेज (पिछले यूआरएल वाले) को हिंदी भाषा में अनुवादित करता है।
14. वेबपेज के शीर्ष पर टूलबार (गूगल अनुवाद एक्सटेंशन को स्थापित और सक्षम करने के बाद उपलब्ध) के साथ वेबपेज का अन्य भाषाओं में अनुवाद किया जा सकता है।

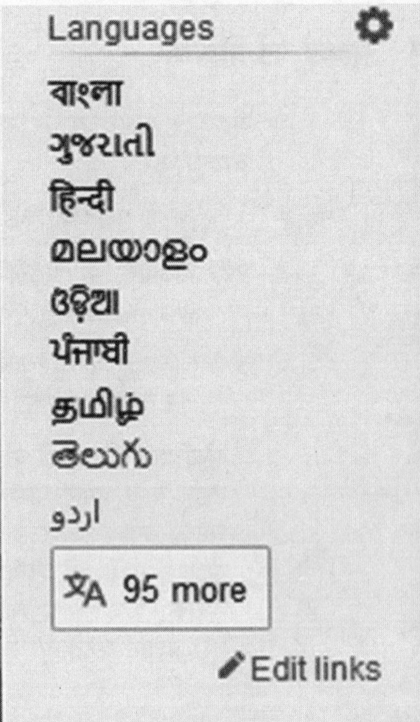

चित्र 1.36 : विकिपीडिया पृष्ठ अन्य भाषा में

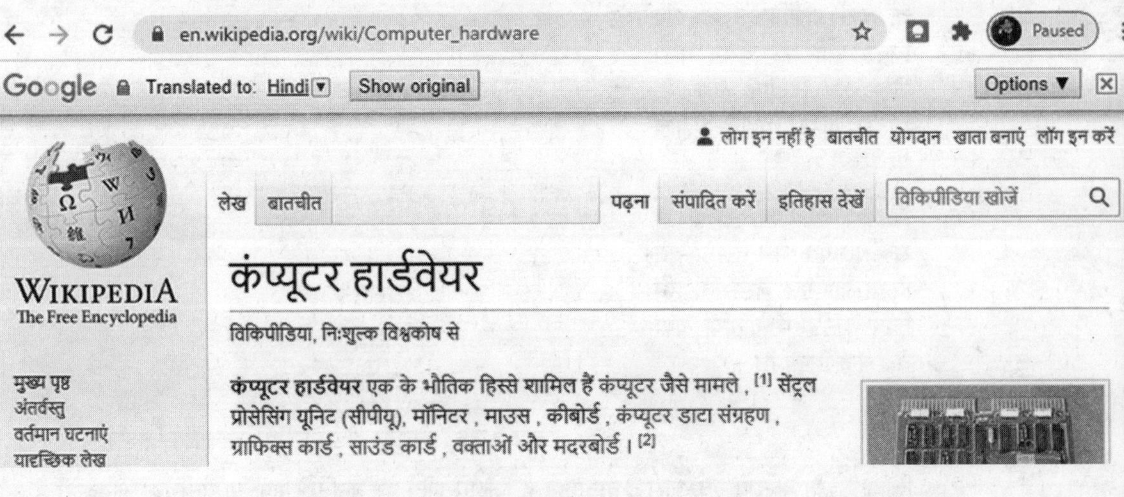

चित्र 1.37: हिंदी में अनुवादित विकिपीडिया पृष्ठ

(b) विभिन्न घटकों, पोर्ट और केबलों को पहचानें

1. अपने पीसी के पीछे से आने वाले उन सभी तारों को देखें। आपके सिस्टम के आधार पर एक पावर केबल, एक टेलीफोन या नेटवर्क केबल, शायद एक प्रिंटर केबल, एक कीबोर्ड केबल, एक माउस केबल, और शायद कुछ अन्य हैं। विभिन्न घटकों को तालिका 1.10 के रूप में सूचीबद्ध किया जाना चाहिए।
2. तालिका 1.10 में शामिल घटकों के बारे में विस्तार से बताएं जैसे कि उनका उद्देश्य, निर्माण कंपनियां, अनुमानित मूल्य आदि।
3. अपने पीसी के प्रत्येक केबल को एक बार में अनप्लग करें और इसे तब तक वापस प्लग करने का अभ्यास करें जब तक आपको यह महसूस न हो जाए कि यह कैसे फिट बैठता है।
4. आपके द्वारा हटाए गए सभी केबलों को ठीक से फिर से कनेक्ट करें।
5. यह देखने के लिए अन्य कंप्यूटरों की जांच करें कि क्या उनके पास आपके द्वारा पहले से प्रलेखित किए गए कनेक्टरों से भिन्न कनेक्टर हैं।

प्रेक्षण

तालिका 1.10: मान्यता प्राप्त हार्डवेयर घटक

क्रमांक	इनपुट	आउटपुट	प्रोसेसिंग	स्टोरेज

प्रैक्टिकल से संबंधित प्रश्न

नोटः नीचे संदर्भ के लिए कुछ नमूना प्रश्न दिए गए हैं।

1. विकिपीडिया पेज को क्षेत्रीय भाषाओं में देखने का तरीका क्या है?
2. क्या किसी केबल को गलत कनेक्टर में प्लग करना संभव है? यदि हां, तो कौन से?
3. कीबोर्ड से पीसी तक डेटा केबल

   कनेक्टर का प्रकारः ______; मेल या फीमेलः ______; पिन/छिद्रों की संख्याः ________
4. स्कैनर से कंप्यूटर तक दोनों सिरों पर डेटा केबल कनेक्टर प्रकार का वर्णन करें।
5. आगे चित्रित कनेक्टरों को पहचानें। प्रत्येक कनेक्टर का नाम क्या है और यह किससे जुड़ता है?

अध्ययन हेतु सुझाए गये संसाधन

[1] D. Anfinson and D. Quammen, IT Essentials PC Hardware and Software Companion Guide. Madrid: CISC Press.Pearson Education., 2009.

[2] M. Meyers, Mike Meyers' CompTIA A+ guide : essentials : exam 220-701. New York: Mcgraw-Hill, 2010.

[3] "Computer Rear Panel Connectors pinouts diagrams @ pinouts.ru," pinouts.ru. https://pinouts.ru/comp.php (accessed Sep. 19, 2021).

मूल्यांकन योजना हेतु सुझाव

दिए गए कार्यनिष्पादन संकेतक को, प्रक्रिया और परिणाम से संबंधित अंकों के मूल्यांकन के लिए एक दिशानिर्देश के रूप में कार्य करना चाहिए।

	कार्यनिष्पादन संकेतक	कुल अंको का प्रतिशत वेटेज	प्रदान किए गए अंक
प्रक्रिया संबंधितः अंक* (%)			
1.	छात्र द्वारा की गई परिस्थिति तैयारी का आँकलन	10	
2.	प्रैक्टिकल घटकों की व्याख्या यानी, खंड 1.2 से 1.7	20	
3.	प्रक्रिया को समझने एवं क्रमानुसार उसे समझा पाना	10	
4.	मौखिक परीक्षा	10	
परिणाम संबंधितः अंक* (.%)			
5.	अवलोकन तालिकाओं की तैयारी	25	
6.	अवलोकन तालिकाओं और परिणामों की व्याख्या	25	
	कुल	**100%**	

*परिणाम और प्रक्रिया मूल्यांकन के उत्पाद और प्रक्रिया मूल्यांकन के लिए अंक और प्रतिशत भार का निर्णय शिक्षक द्वारा लिया जायेगा।

छात्र का नामः.. प्रदान किए गए अंक			दिनांक के साथ शिक्षक के हस्ताक्षर
प्रक्रिया संबंधित	परिणाम संबंधित	कुल	

प्रयोग 1.4 : परिधीय उपकरण एवं डिवाइस ड्राइवर इंस्टॉलेशन

प्रायोगिक कथन

विभिन्न बाह्य उपकरणों (प्रिंटर, स्कैनर, आदि) को कंप्यूटर से कनेक्ट करें, परिधीय और उनके डिवाइस ड्राइवर सॉफ़्टवेयर की विभिन्न विशेषताओं का पता लगाएं।

प्रायोगिक महत्व

यह सर्वविदित तथ्य है कि एक संपूर्ण कंप्यूटर सिस्टम बनाने के लिए विभिन्न निर्माताओं के हार्डवेयर घटकों को इकट्ठा किया जाता है। हालांकि ऑपरेटिंग सिस्टम मानक हार्डवेयर की एक बड़ी सूची स्थापित करने के लिए सुसज्जित हैं। लेकिन कुछ हार्डवेयर डिवाइस ऑपरेटिंग सिस्टम इंस्टॉलेशन के दौरान स्वचालित रूप से इंस्टॉल नहीं होते हैं और कुछ इंस्टॉलेशन के बाद ठीक से काम नहीं करते हैं। इसके अलावा, हार्डवेयर निर्माताओं द्वारा ड्राइवर की क्षमता को समय-समय पर अद्यतन किया जाता है। इस प्रकार ड्राइवर स्थापना के लिए आवश्यक कौशल से वाकिफ होना आवश्यक है।

प्रासंगिक सिद्धांत

(a) कनेक्ट पेरिफेरल डिवाइस

कंप्यूटर सभी इनपुट और आउटपुट के बारे में हैं, दोनों सिस्टम बॉक्स के भीतर और सिस्टम बॉक्स और विभिन्न प्रकार के बाहरी उपकरणों के बीच। इनपुट/आउटपुट (I/O) शब्द इन दोनों प्रकार के इंटरैक्शन को कवर करता है। सामान्य इनपुट डिवाइस के उदाहरणों में कीबोर्ड और कोई भी पॉइंटिंग डिवाइस (माउस, ट्रैकबॉल, पेन, आदि) शामिल हैं। डेटा उन उपकरणों से भी इनपुट हो सकता है जो आउटपुट भी लेते हैं, जैसे स्टोरेज डिवाइस और नेटवर्क कार्ड। सबसे आम आउटपुट डिवाइस डिस्प्ले, साउंड कार्ड और प्रिंटर हैं।

(b) डिवाइस ड्राइवर इंस्टॉलेशन

डिवाइस मैनेजर हार्डवेयर के प्रबंधन के लिए प्राथमिक विंडोज टूल है। यह सभी स्थापित हार्डवेयर उपकरणों और उनके द्वारा उपयोग किए जाने वाले ड्राइवरों को सूचीबद्ध करता है। डिवाइस मैनेजर का उपयोग करके, आप किसी डिवाइस को अक्षम या सक्षम कर सकते हैं, उसके ड्राइवरों को अपडेट कर सकते हैं, डिवाइस को अनइंस्टॉल कर सकते हैं और ड्राइवर अपडेट को पूर्ववत कर सकते हैं। डिवाइस मैनेजर को नीचे दिए गए किसी भी तरीके से एक्सेस किया जा सकता है।

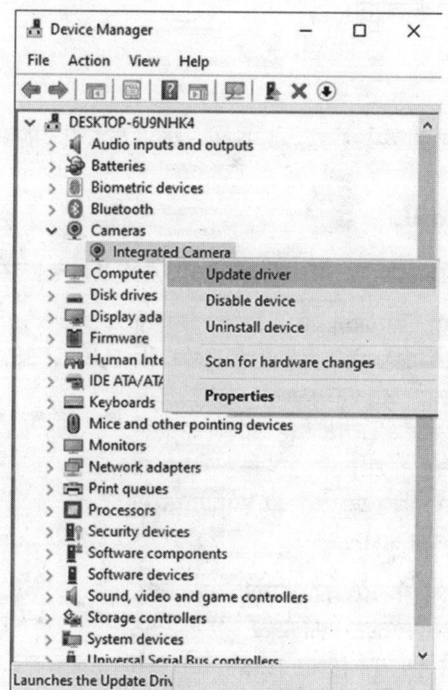

चित्र 1.38: डिवाइस मैनेजर प्रोग्राम

स्टार्ट मेन्यू: विंडोज 10 पर डिवाइस मैनेजर खोलने का सबसे आसान तरीका स्टार्ट मेन्यू पर क्लिक करना है और सर्च बॉक्स में 'डिवाइस मैनेजर' टाइप करना है।

रनः विंडोज की, को आर (विंडोज की + आर) अक्षर के साथ दबाएं जहां रन इंजन दिखाई देगा। 'devmgmt.msc' टाइप करें और ओके पर क्लिक करें। डिवाइस मैनेजर विंडो को चित्र 1.38 में दर्शाए अनुसार दिखाया जाएगा।

प्रायोगिक आउटकम्स (PrO)

विद्यार्थी निम्न करने में सक्षम होंगे

PrO1: विभिन्न बाह्य उपकरणों को कंप्यूटर सिस्टम से जोड़ने में।

PrO2: बाह्य उपकरणों की विभिन्न विशेषताओं का अन्वेषण करना।

PrO3: हार्डवेयर के डिवाइस ड्राइवर स्थापित करना।

प्रैक्टिकल सेटअप (वर्क सिचुएशन)

यह प्रयोग डिवाइस ड्राइवर स्थापना के लिए एक सार्वभौमिक विधि और स्थानीय स्कैनर/प्रिंटर स्थापना के लिए एक विशिष्ट विधि पर चर्चा करेगा।

आवश्यक संसाधन

1. कंप्यूटर सिस्टम यानी पीसी/लैपटॉप।
2. इंटरनेट कनेक्शन।

सावधानियाँ

डिवाइस प्रबंधक के माध्यम से कोई भी परिवर्तन करने के लिए आपको व्यवस्थापकीय विशेषाधिकार के साथ लॉग ऑन करना होगा।

सुझाई गई प्रक्रिया

अपने सिस्टम के डिवाइस ड्राइवरों को अपडेट करने के लिए इन चरणों का पालन करें।

1. सर्वोत्तम परिणामों के लिए, निर्माता की वेबसाइट से अपनी हार्ड ड्राइव पर नवीनतम ड्राइवर फ़ाइलें खोजें और डाउनलोड करें। 64-बिट ओएस के लिए 64-बिट ड्राइवरों और 32-बिट ओएस के लिए 32-बिट ड्राइवरों का उपयोग करना सुनिश्चित करें।
2. डिवाइस मैनेजर का उपयोग करते हुए, डिवाइस पर राइट-क्लिक करें और शॉर्टकट मेनू से गुण चुनें (चित्र 1.38) देखें। उस डिवाइस के लिए गुण विंडो प्रकट होती है। ड्राइवर टैब चुनें और ड्राइवर अपडेट करें पर क्लिक करें। अपडेट ड्राइवर सॉफ्टवेयर बॉक्स खुलता है।

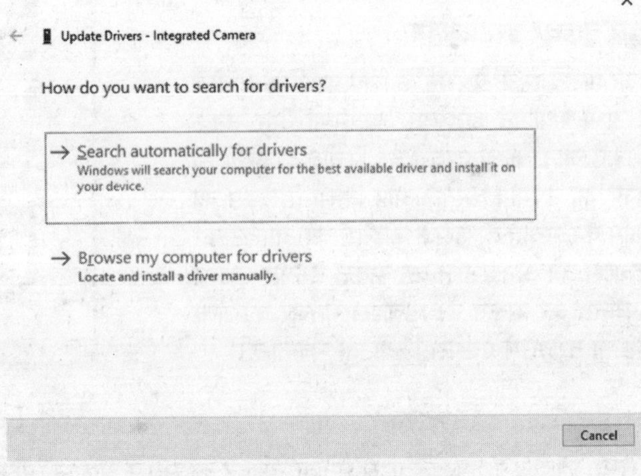

चित्र 1.39: अपडेट ड्राइवर विंडो

3. ड्राइवरों के लिए इंटरनेट पर खोज करने के लिए, अद्यतन ड्राइवर सॉफ्टवेयर के लिए स्वचालित रूप से खोजें क्लिक करें। यदि आपने अपने पीसी पर ड्राइवर पहले ही डाउनलोड कर लिए हैं, तो ड्राइवर सॉफ्टवेयर के लिए मेरा कंप्यूटर ब्राउज़ करें पर क्लिक करें और डाउनलोड की गई फ़ाइलों को इंगित करें। ध्यान दें कि विंडोज़, ड्राइवरों की पहचान करने के लिए एक .inf फ़ाइल की तलाश में है। इंस्टॉलेशन को पूरा करने के लिए स्क्रीन पर दिए गए निर्देशों का पालन करना जारी रखें।

डोज 10 पर स्थानीय स्कैनर/प्रिंटर स्थापित करें या जोड़ें

ादातर मामलों में, स्कैनर सेट करने के लिए आपको बस इतना करना है कि इसे अपने डिवाइस से कनेक्ट करना है। अपने स्कैनर यूएसबी केबल को अपने डिवाइस पर उपलब्ध यूएसबी पोर्ट में प्लग करें, और स्कैनर को चालू करें। यदि वह काम नहीं करता तो इसे मैन्युअल रूप से करने का एक तरीका यहां दिया गया है।

1. चुनें प्रारंभ —> सेटिंग—> डिवाइस —> प्रिंटर & स्कैनर।
2. प्रिंटर या स्कैनर जोड़ें, विकल्प चुनें। आस-पास के स्कैनर/प्रिंटर खोजने के लिए इस विकल्प के लिए प्रतीक्षा करें, फिर जिसे आप उपयोग करना चाहते हैं उसे चुनें और डिवाइस जोड़ें , चुनें।

्रण

तालिका 1.11: डिवाइस मैनेजर के साथ हार्डवेयर का प्रशासन करना

्रमांक	की गई कार्रवाई	डिवाइस मैनेजर में प्रतिबिंब	स्क्रीन शॉट
1.	स्थापित, अद्यतन, अक्षम या अनइंस्टॉल करें	ड्राइवरों के इंस्टॉल और अपडेट के मामले में वर्तमान संस्करण संख्या और नया संस्करण संख्या।	

्रैक्टिकल से संबंधित प्रश्न

आउटपुट उद्देश्यों के लिए उपयोग किए जाने वाले कुछ परिधीय उपकरणों के नाम बताएं।

डिवाइस ड्राइवर्स को इंस्टॉल या अपडेट करने के लिए किस विंडोज यूटिलिटी का इस्तेमाल किया जाता है।

अध्ययन हेतु सुझाए गए संसाधन

[1] D. Anfinson and D. Quammen, *IT Essentials PC Hardware and Software Companion Guide.* Madrid: CISC Press.Pearson Education., 2009.

[2] M. Meyers, *Mike Meyers' CompTIA A+ guide : essentials : exam 220-701.* New York: Mcgraw-Hill, 2010

मूल्यांकन योजना हेतु सुझाव

दिए गए कार्यनिष्पादन संकेतक को, प्रक्रिया और परिणाम से संबंधित अंकों के मूल्यांकन के लिए एक दिशानिर्देश के रूप में कार्य करना चाहिए।

कार्यनिष्पादन संकेतक		कुल अंको का प्रतिशत वेटेज	प्रदान किए गए अंक
प्रक्रिया संबंधितः अंक* (%)			
1.	प्रैक्टिकल घटकों की व्याख्या यानी, खंड 1.2 से 1.7	20	
2.	प्रक्रिया को समझने एवं क्रमानुसार उसे समझा पाना	15	
3.	मौखिक परीक्षा	15	
परिणाम संबंधितः अंक* (.%)			
4.	अवलोकन तालिकाओं की तैयारी	25	
5.	अवलोकन तालिकाओं और परिणामों की व्याख्या	25	
	कुल	**100%**	

*परिणाम और प्रक्रिया मूल्यांकन के लिए अंक और प्रतिशत भार का निर्णय शिक्षक द्वारा लिया जायेगा।

छात्र का नामः.. प्रदान किए गए अंक			दिनांक के साथ शिक्षक के हस्ताक्षर
प्रक्रिया संबंधित	परिणाम संबंधित	कुल	

संदर्भ एवं अध्ययन हेतु सुझाव

[1] R. S. Salaria, *Computer Fundamentals.* Khanna publishing house.

[2] P. K. Sinha, *Computer Fundamentals,* 6th ed. New Delhi: Bpb Publication,2019.

[3] "Digitalindia | Digital India Programme | Ministry of Electronics & information Technology(MeitY) Government of India." https://digitalindia.gov.in/ (accessed Jul. 15, 2021).

□□□

2 ऑपरेटिंग सिस्टम

यूनिट विशिष्ट

यह यूनिट विंडोज और लिनक्स ऑपरेटिंग सिस्टम को इंस्टॉल करने के लिए चरण-दर-चरण मार्गदर्शिका प्रदान करती है। यूनिक्स शेल प्रकार और कमांड को भी उपयुक्त उदाहरणों के साथ विस्तृत किया गया है। यूनिट लिनक्स सिस्टम के लोकप्रिय विजुअल एडिटर को भी अपने विभिन्न ऑपरेटिंग मोड और कमांड के साथ कवर करती है। इस प्रकार,यूनिट विद्यार्थियों को वांछित ऑपरेटिंग सिस्टम इंस्टॉल करके अपने कंप्यूटर सिस्टम तैयार करने में सक्षम बनाती है। यूनिट विद्यार्थियों को लिनक्स कमांड लाइन वातावरण में काम करने के लिए परिचित कराकर उनके कौशल सेट को भी बढ़ाता है।

भूमिका

एक कंप्यूटर सिस्टम में, कंप्यूटर हार्डवेयर, ऑपरेटिंग सिस्टम, एप्लिकेशन प्रोग्राम और अंतिम उपयोगकर्ता जैसे कई घटक शामिल होते हैं। ऑपरेटिंग सिस्टम एक सिस्टम प्रोग्राम है जो उपयोगकर्ताओं और कंप्यूटर हार्डवेयर के बीच एक इंटरफ़ेस प्रदान करता है। यह मुख्य कार्यक्रम (प्रोग्राम) है, जो अन्य कार्यक्रमों की मेजबानी (होस्ट) करता है। इसके द्वारा कंप्यूटर को उपयोग करना बहुत आसान हो जाता है, साथ ही उपयोगकर्ताओं को सुविधा प्रदान करता है और कंप्यूटर सिस्टम के संसाधनों का प्रबंधन करता है। इसके अलावा, ऑपरेटिंग सिस्टम कई अन्य प्रबंधकीय कार्य करता है जैसे, प्रक्रिया प्रबंधन (मैनेजमेंट), मेमोरी प्रबंधन, फ़ाइल (file) प्रबंधन, सुरक्षा और कमांड व्याख्या। इसलिए कंप्यूटर को कुशलतापूर्वक इस्तेमाल करने के लिए ऑपरेटिंग सिस्टम को समझना बहुत जरूरी है।

पूर्व-अपेक्षित ज्ञान

- कंप्यूटर सॉफ्टवेयर और हार्डवेयर का आधार।
- बुनियादी वर्ड प्रोसेसिंग क्षमताएँ।

यूनिट आउटकम्स

विद्यार्थी निम्न में सक्षम होंगेः

U2-O1: लिनक्स ऑपरेटिंग सिस्टम अर्थात उबंटू स्थापित (इंस्टाल) करना।
माइक्रोसॉफ्ट विंडोज (MS Windows) ऑपरेटिंग सिस्टम अर्थात विंडोज 10 (Windows 10) स्थापित करना।

U2-O2: ऑपरेटिंग सिस्टम की प्रमुख विशेषताओं को परिभाषित करना।

U2-O3: विभिन्न यूनिक्स शेल में अंतर करना।

U2-O4: शेल कमांड निष्पादित करना।

U2-O5: वीआई (VI) संपादक में काम करना और शेल स्क्रिप्ट (प्रोग्राम) चलाना।

तालिका 2.1: कोर्स आउटकम्स (COs) के साथ यूनिट आउटकम्स (UOs) का परस्पर संबंध

यूनिट -2 आउटकम्स	कोर्स आउटकम्स (COs) के साथ अपेक्षित संबंध *(1- कमजोर सहसंबंध; 2- मध्यम सहसंबंध; 3- मजबूत सहसंबंध)*						
	CO-1	CO-2	CO-3	CO-4	CO-5	CO-6	CO-7
U2-O1	2	1	3	3	1	2	2
U2-O2	2	2	3	3	1	2	2
U2-O3	2	1	3	2	1	1	1
U2 -O4	2	1	3	2	1	1	3
U2-O5	2	2	3	2	1	1	3

लोकप्रिय ऑपरेटिंग सिस्टम वेरिएंट

आम तौर पर लोगों के द्वारा जो ऑपरेटिंग सिस्टम उपयोग किये जाते है, उन्हें तीन श्रेणियों में वर्गीकृत किया गया है: सबसे लोकप्रिय माइक्रोसॉफ्ट विंडोज ऑपरेटिंग सिस्टम, ओपन-सोर्स ऑपरेटिंग सिस्टम (लिनक्स ओपन-सोर्स ऑपरेटिंग सिस्टम के बीच सबसे प्रसिद्ध है) और ऐप्पल (Apple) कंप्यूटर में मैकिनटोश (Macintosh) ऑपरेटिंग सिस्टम। सबसे अधिक उपयोग किए जाने वाले कुछ ऑपरेटिंग सिस्टम (चित्र 2.1) विंडोज, उबंटू(Ubuntu), मैक (Mac OS), फेडोरा (Fedora), सोलारिस (Solaris), फ्री बीएसडी (Free BSD), क्रोम ओएस (Chrome OS), सेंट (CentOS), डेबीयन (Debian) और एंड्रॉइड (Android) हैं।

चित्र 2.1: कुछ लोकप्रिय पर्सनल कंप्यूटर ऑपरेटिंग सिस्टम

आजकल कंप्यूटिंग, डेस्कटॉप पीसी के अलावा स्मार्टफोन और टैबलेट जैसे उपकरणों द्वारा की जाती है। उन उपकरणों को संचालित करने के लिए कई स्मार्टफोन ऑपरेटिंग सिस्टम (चित्र 2.2) का उपयोग किया जाता है। कुछ तथ्य:

आजकल कंप्यूटिंग, डेस्कटॉप पीसी के अलावा स्मार्टफोन और टैबलेट जैसे उपकरणों द्वारा की जाती है। उन उपकरणों को संचालित करने के लिए कई स्मार्टफोन ऑपरेटिंग सिस्टम (चित्र 2.2) का उपयोग किया जाता है। कुछ तथ्य:

- एंड्रॉइड ऑपरेटिंग सिस्टम सबसे लोकप्रिय स्मार्टफोन ऑपरेटिंग सिस्टम है। यह लिनक्स (Linux) कर्नेल के संशोधित संस्करण से बना है और गूगल द्वारा विकसित किया गया है। इसे नवंबर 2007 में विकसित किया गया था और यह सितंबर 2008 में लॉन्च किया गया पहला वाणिज्यिक एंड्रॉइड उत्पाद हैं।
- आईओएस(iOS) विशेष रूप से आईफोन, आईपैड ऐप्पल कंपनी के प्रोडक्ट के लिए और अन्य ऐप्पल मोबाइल उपकरणों के लिए ऑपरेटिंग सिस्टम है।
- विंडोज 10 मोबाइल ऑपरेटिंग सिस्टम का इस्तेमाल विंडोज़ स्मार्टफोन में भी किया जाता था लेकिन अक्टूबर 2017 के बाद इसे बंद कर दिया गया है।
- इसी तरह, उबंटू टच (Ubuntu Touch) एक गैर-लाभकारी स्वयंसेवी समूह है मतलब यूबीपोर्ट्स(UBports) समुदाय द्वारा बनाया गया एक मोबाइल ऑपरेटिंग सिस्टम है। यह एक हल्का ओएस(OS) है जिसे विशेष रूप से मोबाइल और टच स्क्रीन उपकरणों के लिए डिज़ाइन किया गया है। उबंटू टच में एक "डेस्कटॉप मोड" है जिसने इसे डेस्कटॉप कंप्यूटर के रूप में कार्य करने में सक्षम बनाया है।

चित्र 2.2: कुछ स्मार्ट फोन ऑपरेटिंग सिस्टम

बाजार शेयर के शीर्ष ट्रेंडिंग ऑपरेटिंग सिस्टम चित्र 2.3 में दिखाया गया है। यह एंड्रॉइड और विंडोज ऑपरेटिंग सिस्टम के स्पष्ट प्रभुत्व को दर्शाता है। तथ्य बताते हैं कि "आजकल कंप्यूटिंग, मोबाइल कंप्यूटिंग है"।

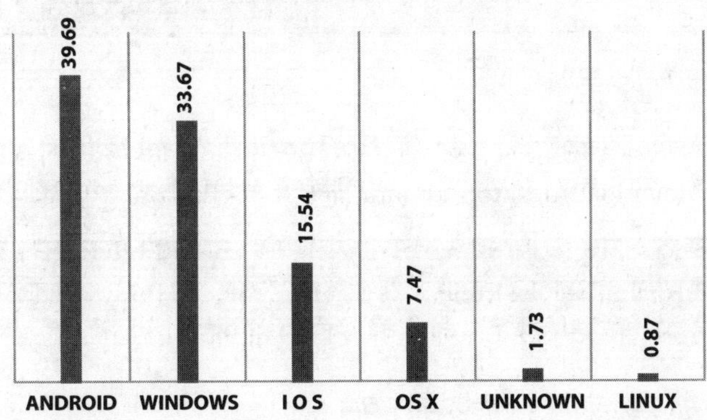

चित्र 2.3: ऑपरेटिंग सिस्टम का प्रतिशत मार्केट शेयर (जून 2021 तक)

जैसे जीवन लगातार बदल रहा है, वैसे ही डिजिटल जीवन भी लगातार बदल रहा है। समय के साथ रुझान भी बदलते हैं जैसे; फ्रांसीसी पुलिस ने अपने 80000 कंप्यूटरों के ऑपरेटिंग सिस्टम को मालिकाना विंडोज ओएस से ओपन-सोर्स उबंटू में बदल दिया और इस तरह से उन्होंने 2 मिलियन यूरो की बचत की।

अब आने वाले भाग में, हम लिनक्स और विंडोज ऑपरेटिंग सिस्टम को स्थापित करना समझेंगे। हम इसे सफाई से स्थापित करेंगे। क्लीन इंस्टॉल एक विधि है, जिसमें एक हार्ड डिस्क ड्राइव पर सभी मौजूदा डेटा और प्रोग्राम ओवरराइट (नष्ट) होते हैं और एक ताजा ऑपरेटिंग सिस्टम स्थापित होता है।

2.1 लिनक्स ओएस इंस्टालेशन

लिनक्स ऑपरेटिंग सिस्टम दुनिया भर में सबसे लोकप्रिय ओपन-सोर्स ऑपरेटिंग सिस्टम है। इसे ओपन-सोर्स इसलिए कहा जाता है क्योंकि इस ऑपरेटिंग सिस्टम का सोर्स कोड छिपा नहीं है बल्कि सभी के लिए उपलब्ध है। ओपन-सोर्स ऑपरेटिंग सिस्टम के कई फायदे हैं और इसमें बड़े समुदाय उपलब्ध है जो सहायता प्रदान करते हैं।

लिनक्स ऑपरेटिंग सिस्टम का आविष्कार फिनलैंड के निवासी लिनुस टॉर्वाल्ड्स ने 1991 में किया था। ओपन-सोर्स कोड के कारण, लिनक्स ऑपरेटिंग सिस्टम के कई वितरण हैं। यहाँ हम उबंटू लिनक्स पर चर्चा करेंगे। उबंटू डेस्कटॉप, सर्वर और पर्सनल कंप्यूटर के लिए एक प्रसिद्ध लिनक्स वितरण है।

उबंटू की स्थापना: एक क्लीन इंस्टॉल

किसी भी ऑपरेटिंग सिस्टम को स्थापित करने से पहले, उस सिस्टम की आवश्यकताओं की जाँच करने की सलाह दी जाती है जिसमें ऑपरेटिंग सिस्टम को स्थापित करना है। उबंटू 20.04 एलटीएस संस्करण के लिए सिस्टम आवश्यकताएँ तालिका 2.2 में वर्णित हैं।

तालिका 2.2: उबंटू 20.04 एलटीएस(LTS) के लिए अनुशंसित सिस्टम आवश्यकताएँ

घटक	विशिष्टता
प्रोसेसर	2 गीगाहर्ट्ज़ डुअल-कोर
रैम	4 जीबी(GB) (लेकिन 1 जीबी भी काम कर सकता है)
भंडारण(स्टोरेज)	25 जीबी
वीजीए(VGA)	1024 × 768 स्क्रीन रिज़ॉल्यूशन
इंटरनेट एक्सेस	अनिवार्य नहीं है, लेकिन यह अपडेट और अन्य कार्यक्रमों को स्थापित करने में मदद करता है

चरण 1: UBUNTU डाउनलोड करें

- सबसे पहले, हमें आधिकारिक वेबसाइट से उबंटू ऑपरेटिंग सिस्टम डाउनलोड करने की आवश्यकता है, जैसा कि http://www.ubuntu.com/download/desktop/ubuntu लिंक में उल्लेख किया गया है।
- उपरोक्त वेबपेज पर, उबंटू ओएस के विभिन्न संस्करण उपलब्ध हैं। नवीनतम एलटीएस (दीर्घकालिक समर्थन) संस्करण डाउनलोड करने की अनुशंसा की जाती है। हमारे केस में, हमने "उबंटू 20.04.2.0 एलटीएस" डाउनलोड किया। यह एक ही फाइल में उपलब्ध है, मतलब लगभग 2.5 जीबी की आईएसओ फाइल।

चरण 2: बूट करने योग्य मीडिया बनाएं (लाइव यूएसबी)

विभिन्न स्वतंत्र रूप से उपलब्ध टूल जैसे रूफस(Rufus), यूनेटबूटिन(Unetbootin) इत्यादि का उपयोग करके आईएसओ फाइल के साथ बूट करने योग्य यूएसबी बनाएँ। आप लाइव उबंटू यूएसबी मीडिया बनाने के लिए चरण-दर-चरण प्रक्रिया के लिए नीचे दिए गए वेबपेज पर जा सकते हैं।

बूटेबल USB
उबंटू

वैकल्पिक रूप से, हम डीवीडी पर डाउनलोड की गई आईएसओ फाइल लिख सकते हैं और बूट करने योग्य डीवीडी बना सकते हैं। हम आसानी से उपलब्ध मीडिया मतलब यूएसबी फ्लैश ड्राइव (पेन ड्राइव) के लिए, बूट करने योग्य यूएसबी बनाने के लिए चरण-दर-चरण (स्टेप बाय स्टेप) विधि पर चर्चा करेंगे।

नोटः आपको अपने सभी डेटा का बैकअप लेने का सुझाव दिया जाता है। क्योंकि हम समझेंगे कि बूट करने योग्य मीडिया से उबंटू को नए सिरे से कैसे स्थापित किया जाए।

चरण 3: बूट करने योग्य मीडिया (लाइव यूएसबी) से बूट करें

1. तैयार लाइव उबंटू यूएसबी डिस्क को हमारे सिस्टम में प्लग करें।
2. अब हमें बूटिंग अनुक्रम को एचडीडी के बजाय USB डिस्क पर सेट करने की आवश्यकता है। यह कंप्यूटर चालू होने के समय BIOS सेटिंग (जैसा कि चित्र 2.4 में दिखाया गया है) में बूट प्राथमिकता को बदलकर किया जाता है।

3. अपने BIOS और कंप्यूटर निर्माता के आधार पर फ़ंक्शन कुंजियाँ F1 या F2 या F10 या F12 (या कोई अन्य) दबाकर कंप्यूटर को फिर से स्टार्ट करें और BIOS सेटिंग तक पहुँचे। यह आपकी BIOS स्क्रीन दिखाएगा (यह आपके सिस्टम के अनुसार भिन्न दिख सकती है)। अपने USB ड्राइव को उच्च प्राथमिकता दें।

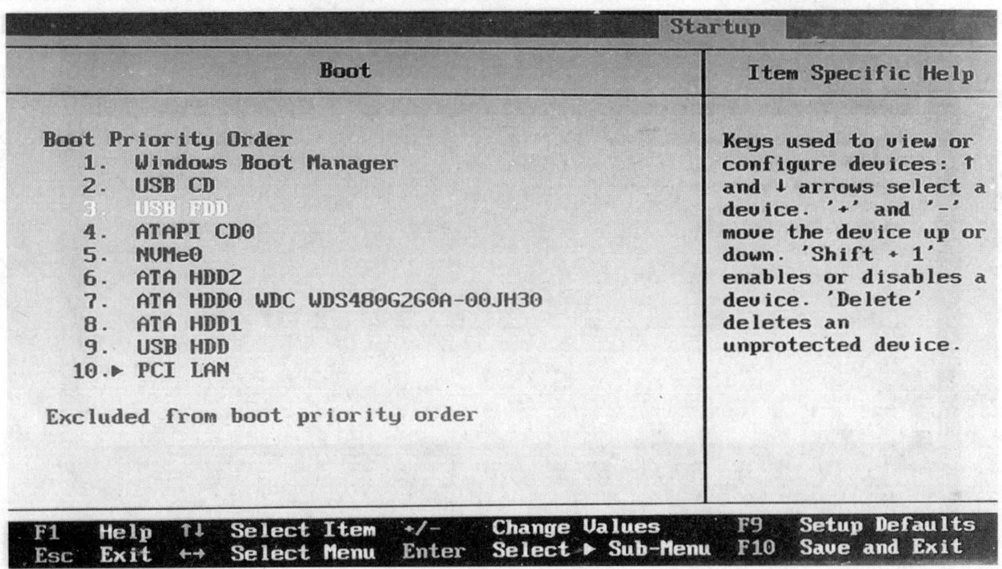

चित्र 2.4: बूट अनुक्रम विकल्प

4. BIOS सेटिंग्स को सहेजें (सेव करे) और बाहर निकलें।

चरण 4: उबंटू स्थापित करें

1. BIOS द्वारा बूट मीडिया का पता चलने के बाद बूटिंग प्रक्रिया शुरू हो जाएगी। इंस्टॉलर डिस्क (फाइल सिस्टम) की जांच करेगा। सिस्टम, उबंटू ऑपरेटिंग सिस्टम को स्थापित करने के लिए तैयार हो जाएगा
2. कुछ समय बाद, हमें उबंटू 20.04 स्वागत पृष्ठ मिलेगा, जैसा कि चित्र 2.5 (a) में दिखाया गया है। यहाँ हमें Install Ubuntu (इंस्टॉल उबंटू) ऑप्शन पर क्लिक करना है।
3. इसके बाद, भाषा का चयन करें और "जारी रखें "("कंटिन्यू") पर क्लिक करें।
4. इसके बाद, कीबोर्ड लेआउट का चयन करें और "कंटिन्यू (continue)" पर क्लिक करें, जैसा कि चित्र 2.5 (b) में दिखाया गया है।

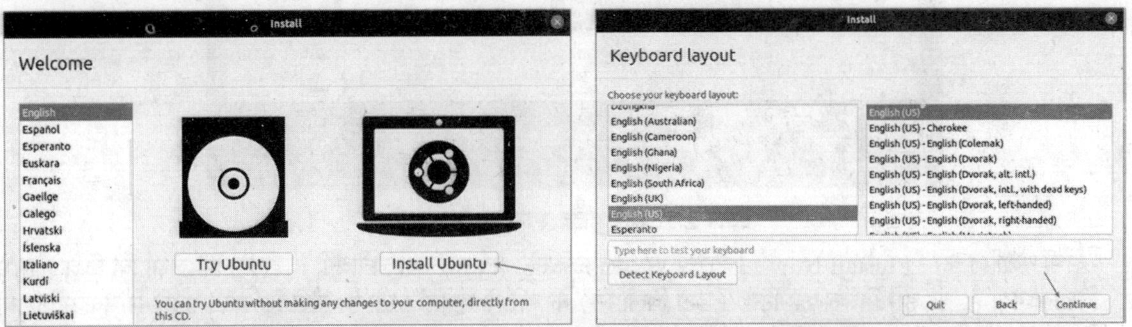

चित्र 2.5 उबंटू इंस्टालेशन (a) स्वागत स्क्रीन (b) कीबोर्ड लेआउट

5. अब, हमें उन ऐप्स के प्रकारों का चयन करना होगा जिन्हें हम शुरू करना चाहते हैं। हम उपलब्ध विकल्पों में, जैसे सामान्य(नॉर्मल) या न्यूनतम(मिनिमम) में से किसी का भी चुनाव कर सकते हैं। हम इंस्टॉलर को चेकमार्क विकल्प को चेक करके इंस्टॉल करते समय उबंटू को अपडेट करने का निर्देश दे सकते हैं। इन विकल्पों को चित्र 2.6 में दर्शाया गया है।

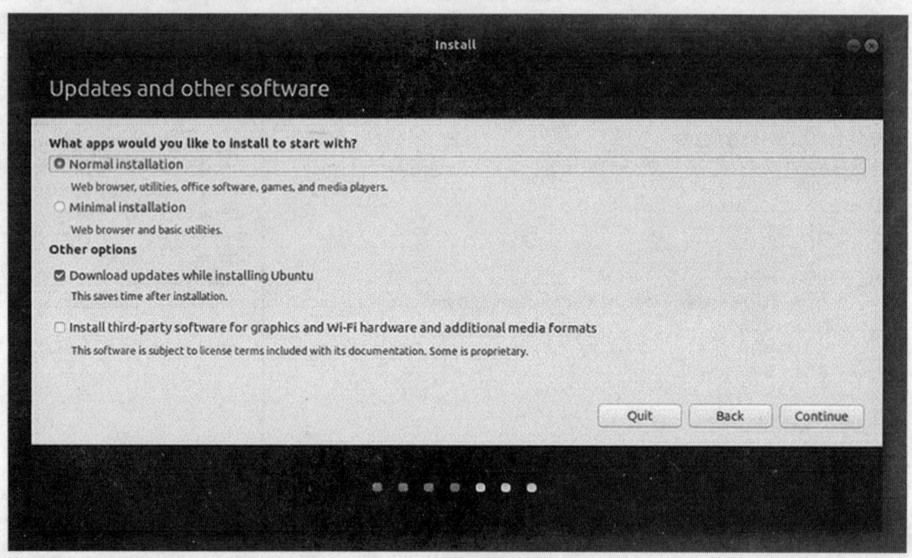

चित्र 2.6: उबंटू इंस्टालेशन की तैयारी

6. इस चरण में, हमें वास्तविक संस्थापन (इंस्टॉलेशन) का प्रकार चुनना है। चित्र 2.7 में विभिन्न विकल्प दिखाए गए हैं। हम एक नए(फ्रेश) इंस्टॉलेशन के लिए पहले विकल्प को चुनते हैं, "डिस्क मिटाएं और उबंटू इंस्टॉल करें"।

   (**नोट**: मुझे आशा है कि आपने अपने सभी डेटा का बैकअप ले लिया है। अगर इस तरह से आगे बढ़ते हैं तो कृपया इसे पहले से करें।)

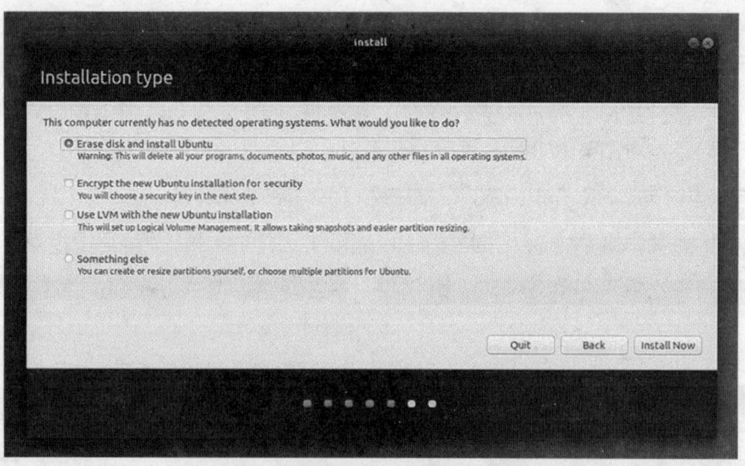

चित्र 2.7: हार्ड ड्राइव स्पेस का आवंटन

7. "अभी स्थापित करें" (Install Now) विकल्प पर क्लिक करके अब हमें एक चेतावनी विंडो मिलेगी जैसा कि चित्र 2.8 में दिखाया गया है, यह हमें डिस्क फॉर्मेटिंग (डेटा विलोपन) के बारे में सचेत करता है। जैसे कि हमने पहले से बैकअप लिया है, तो बस "कंटिन्यू" पर क्लिक करें।

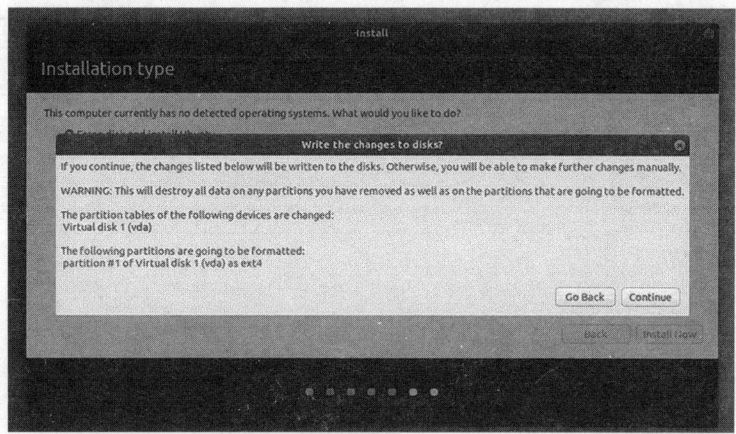

चित्र 2.8: इंस्टालेशन शुरू करना

8. जैसा कि चित्र 2.9 में दिखाया गया है, हमें समय क्षेत्र मतलब "कोलकाता" का चयन करना है, फिर "कंटिन्यू" पर क्लिक करें।

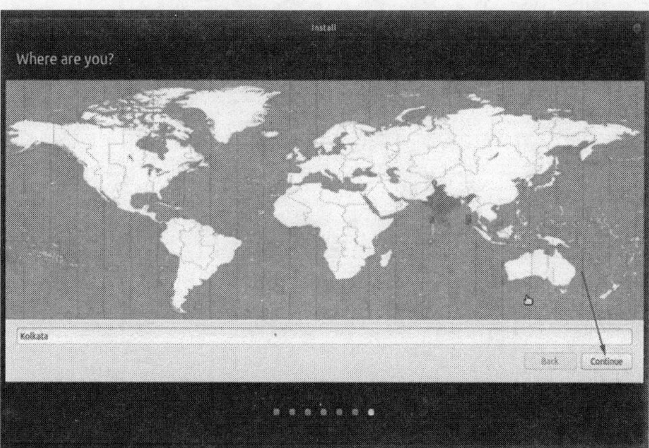

चित्र 2.9: समय क्षेत्र

9. अब हमें लॉगिन क्रेडेंशियल और कंप्यूटर का नाम बताने के लिए कहा जाएगा। 'आप कौन हैं' बताने के बाद "कंटिन्यू" बटन पर क्लिक करें। चित्र 2.10 देखें।

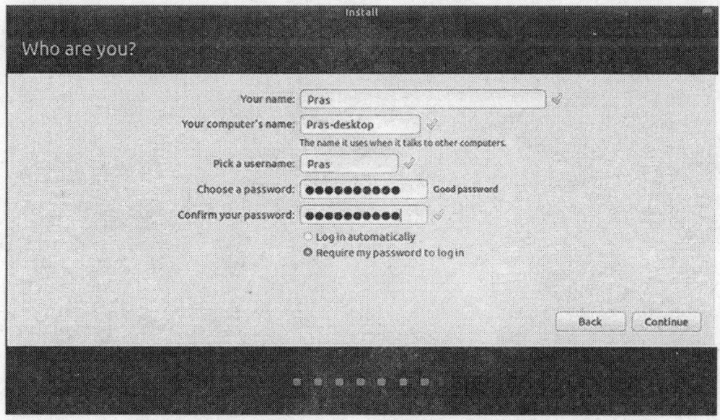

चित्र 2.10: लॉगिन क्रेडेंशियल दर्ज करें

10. अब हमें 5-10 मिनट तक इंतजार करना होगा। इस बीच, हमें उबंटू की विशेषताओं और ओएस का उपयोग करने के लिए बुनियादी युक्तियों के बारे में एक स्लाइड शो प्रस्तुत किया जाएगा।

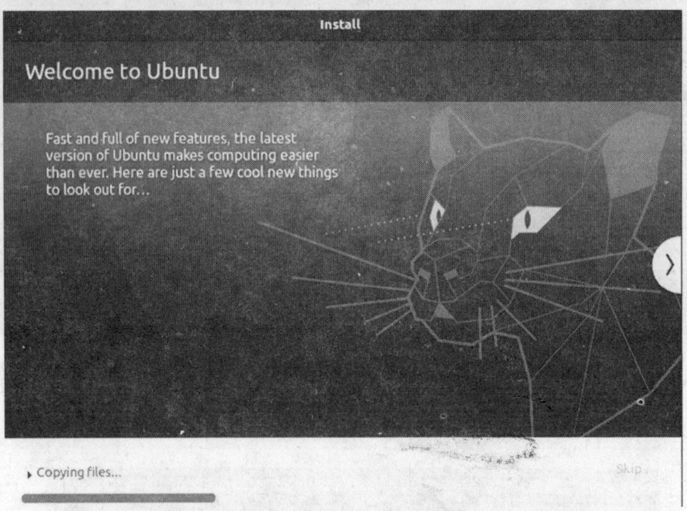

चित्र 2.11: संस्थापन(इंस्टॉलेशन) की प्रगति

11. संस्थापन प्रक्रिया के पूरा होने के बाद, हमें "इंस्टालेशन कंप्लीट डायलॉग" (डायलॉग) बॉक्स प्रस्तुत किया जाएगा जैसा कि चित्र 2.12 में दिखाया गया है, संस्थापन प्रक्रिया को पूरा करने के लिए 'अभी पुनरारंभ करें' (रीस्टार्ट) विकल्प पर क्लिक करें।

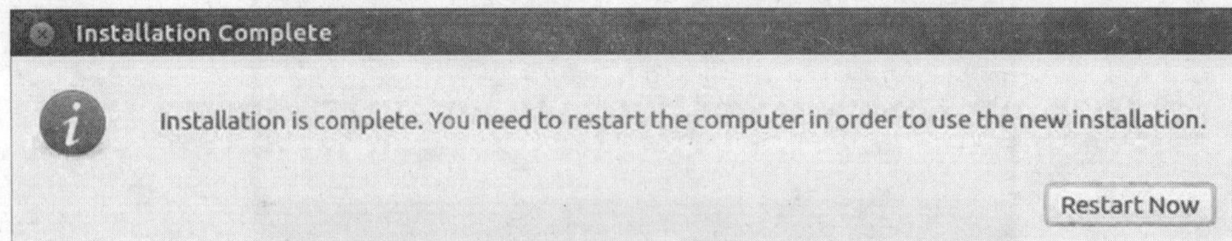

चित्र 2.12: इंस्टालेशन कंप्लीट डायलॉग

12. यूएसबी मीडिया को हटा दें, उबंटू हार्ड डिस्क से बूट होगा और हमें चित्र 2.13 में दर्शाए अनुसार उबंटू होम स्क्रीन दिखाई जाएगी।

इंस्टॉल उबंटू लिनिक्स

चित्र 2.13: उबंटू 20.04 डेस्कटॉप

रोचक तथ्य

- दुनिया का सबसे तेज़ सुपरकंप्यूटर ऑपरेटिंग सिस्टम Tianhe-2, उबंटू ओएस का उपयोग करता है।
- वेब सर्वर में उबंटू सबसे अधिक इस्तेमाल किया जाने वाला ऑपरेटिंग सिस्टम है।
- उबंटू का नया स्थिर संस्करण हर छह महीने में रिलीज होता है।
- गूगल की सेल्फ-ड्राइविंग कार, टेस्ला, नेटफ्लिक्स, उबर, ड्रोपीबॉक्स आदि उबंटू ओएस का उपयोग करते हैं।

2.2 विंडोज ओएस इंस्टॉलेशन

माइक्रोसॉफ्ट के विंडोज ऑपरेटिंग सिस्टम का लम्बा सफल इतिहास रहा है। समय के साथ विंडोज ओएस के विभिन्न प्रकार सामने आये हैं। इन्हें हमारे आस-पास के कंप्यूटर सिस्टम पर आसानी से देखा जा सकता है। विंडोज एक्सपी, विंडोज 7, विंडोज 8 कुछ हालिया लोकप्रिय सदस्य थे जबकि 2021 के अंत में एक नए सदस्य, यानी विंडोज 11 के आने की खबर है। यहाँ, हम विंडोज 10, जो कि विंडोज ओएस का नवीनतम संस्करण है, उसको स्थापित करने के लिए बुनियादी पूर्वापेक्षाएँ (तालिका 2.3) और प्रक्रियाओं को सीखते हैं।

तालिका 2.3: विंडोज 10 के लिए अनुशंसित (रेकमेंडेड) सिस्टम आवश्यकताएँ

घटक	विशिष्टता
प्रोसेसर	1 गीगाहर्ट्ज या अधिक समर्थित प्रोसेसर
रैम	32-बिट के लिए, 1 जीबी या 64-बिट के लिए 2 जीबी
स्टोरेज	32 जीबी या अधिक स्पेस
ग्राफिक्स कार्ड	डायरेक्टएक्स 9 (DirectX 9) या बाद के संस्करण के साथ संगत (कंपैटिबल) डब्लूडीडीएम 1.0 ड्राइवर के साथ
डिस्प्ले	800×600 या अधिक रिज़ॉल्यूशन
इंटरनेट एक्सेस	विंडोज 10 के कुछ संस्करणों को सेटअप के दौरान इंटरनेट कनेक्शन की आवश्यकता होती हैं।

विंडो 10 की स्थापना: एक क्लीन इंस्टाल

विंडोज 10 की स्थापना के लिए प्रारंभिक चरण उन चरणों के समान हैं जिन्हें हमने खंड 1.1 में सीखा है। मैं उन्हें यहाँ कम से कम शब्दों में प्रस्तुत करने जा रहा हूँ, लेकिन विंडोज 10 इंस्टॉलेशन के लिए विशिष्ट विस्तृत चरण, स्क्रीनशॉट के साथ शामिल हैं।

***चरण (स्टेप) 1**: विंडोज 10 डाउनलोड करें*

सबसे पहले, हमें विंडोज़ 10 स्थापित करने के लिए लाइसेंस की आवश्यकता है। हमें विंडोज 10 इंस्टालर प्रोग्राम के साथ बूट करने योग्य डीवीडी या यूएसबी फ्लैश ड्राइव तैयार करनी चाहिए। आप माइक्रोसॉफ्ट द्वारा उपलब्ध कराए गए 'मीडिया क्रिएशन टूल' की मदद से विंडोज 10 इंस्टालेशन मीडिया बना सकते हैं। डाउनलोड लिंक नीचे दिया गया है।

https://www.microsoft.com/en-in/software-download/windows10

***चरण 2**: मीडिया (डीवीडी/पेन ड्राइव) से बूट करें*

अब हमें सिस्टम को रीस्टार्ट करने की जरूरत है ताकि किसी बूट मीडिया की मदद से सिस्टम को बूट किया जा सके। बूट प्राथमिकता को बदलना आवश्यक है ताकि सिस्टम लाइव मीडिया से बूट हो सके। जैसा कि खंड 1.1 में बताये अनुसार और आवश्यकता अनुसार बूट

आर्डर करें। जब सिस्टम बूटेबल मीडिया (लाइव मीडिया) के साथ शुरू होता है तो यह एक मेसेज दिखायेगा जिसमें लिखा होगा सीडी या डीवीडी से बूट करने के लिए "प्रेस एनी की" (कोई भी कुंजी दबाएं' का)। इंस्टॉलेशन शुरू करने के लिए बस कोई भी कुंजी दबाएँ।

चरण 3: विंडोज 10 स्थापित करें

1. हमें पहली स्क्रीन मिलेगी (चित्र 2.14)। दिए गए ड्रॉप डाउन बॉक्स से भाषा, समय और मुद्रा प्रारूप और कीबोर्ड या इनपुट विधि को चुनें। नेक्स्ट (Next) पर क्लिक करें"।
2. अगली विंडो में (चित्र 2.15) "अभी स्थापित करें"("इंस्टॉल नाउ") पर क्लिक करें।

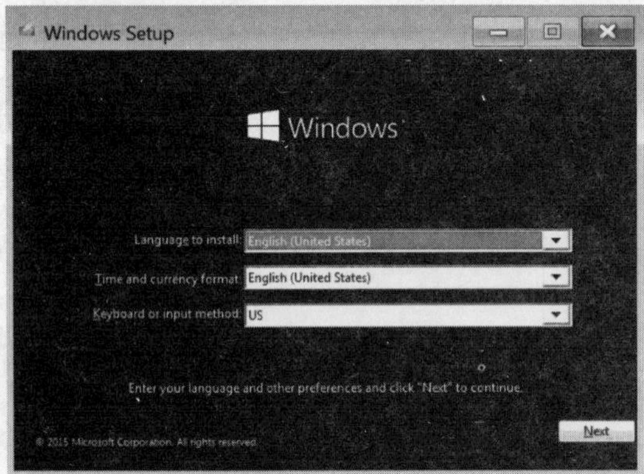

चित्र 2.14: विंडोज़ सेटअप

चित्र 2.15: 'इंस्टॉल और रिपेयर' स्क्रीन

3. अगली विंडो हमसे लाइसेंस प्राप्त उत्पाद कुंजी (प्रोडक्ट की) के लिए पूछेगी, जो विंडोज ओएस को खरीदते समय साथ में आई थी। विंडोज़ को सक्रिय करने के लिए दिए गए बॉक्स में उत्पाद कुंजी टाइप करें और नेक्स्ट पर क्लिक करें।

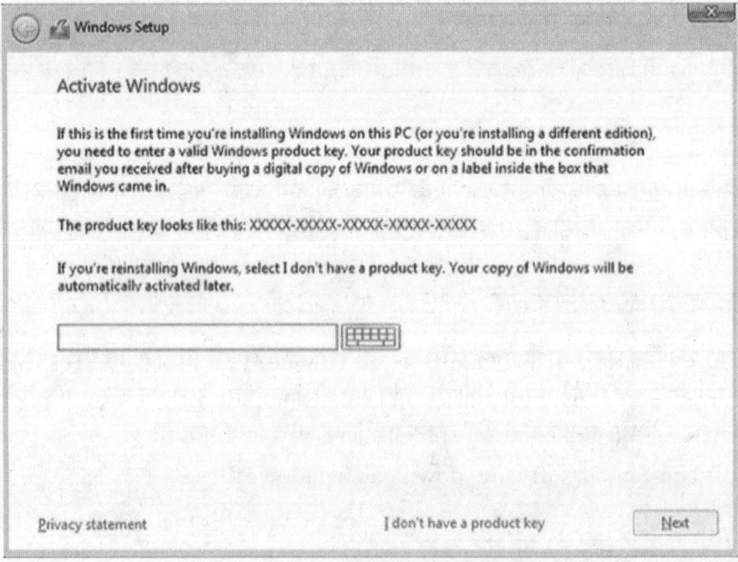

चित्र 2.16: एक्टिवेट विंडोज

4. अगली विंडो लाइसेंस शर्तों को दिखाएगी, चेक बॉक्स को चिह्नित करके शर्तों को पढ़ें और स्वीकार करें। नेक्स्ट पर क्लिक करें।

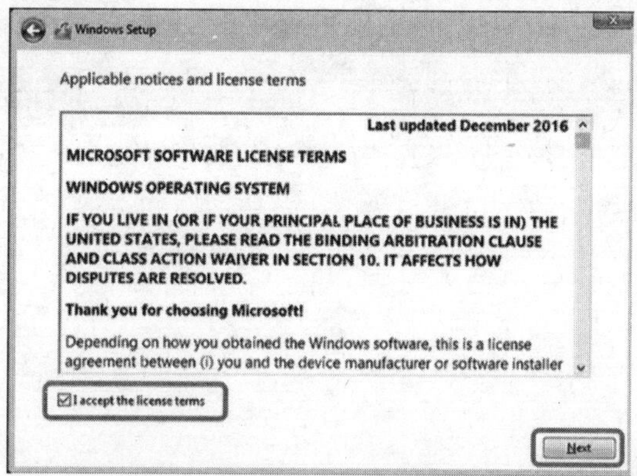

चित्र 2.17: लाइसेंस शर्तें और समझौता

5. अगली स्क्रीन हमें इंस्टॉलेशन के प्रकार को चुनने के लिए कहेगी, क्लिक करके "कस्टमः इंस्टॉल विंडोज ओन्ली (एडवांस)'' चुनें।

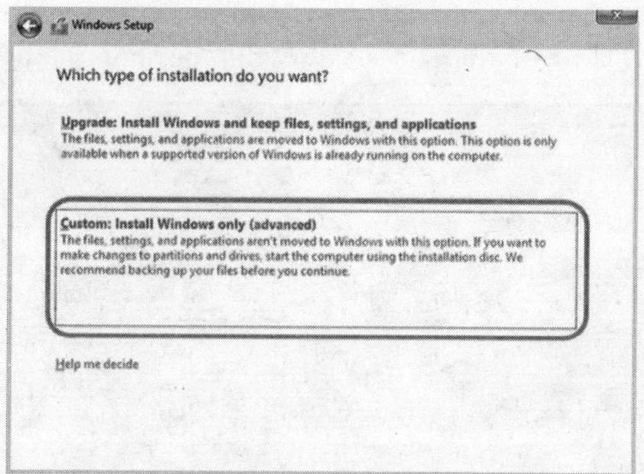

चित्र 2.18: इंस्टालेशन टाइप्स

6. अब, उस विभाजन (पार्टीशन) का चयन करें, जहाँ हम ओएस स्थापित करना चाहते हैं। इस विंडो के साथ पार्टीशन को बदला जा सकता है। कम से कम 20 जीबी की खाली (फ्री) मेमोरी की सिफारिश की जाती है। यहाँ, हम विभाजन हटा सकते हैं, बना सकते हैं या प्रारूपित (फॉर्मेट) कर सकते हैं। यदि हम विभाजन को प्रारूपित या हटाते नहीं हैं, तो डेटा रखा जाएगा।

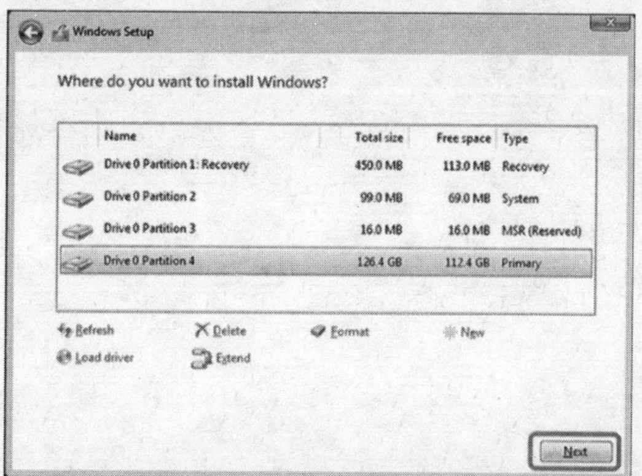

चित्र 2.19: विंडोज को स्थापित करने के लिए विभाजन का चयन करें

7. अब स्थापना स्वचालित रूप से आगे बढ़ती है। प्रक्रिया के दौरान पीसी कई बार रीबूट हो सकता है।

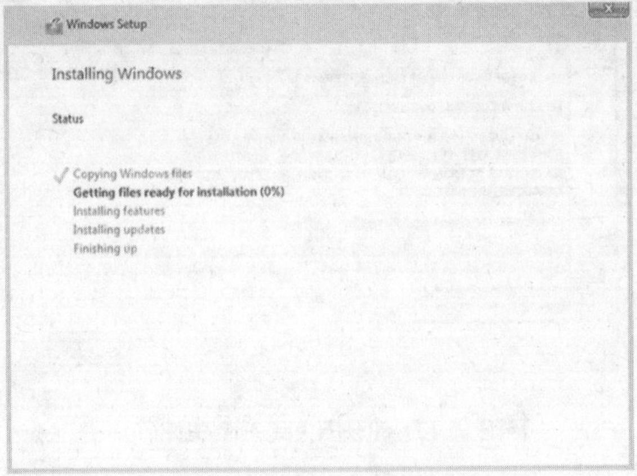

चित्र 2.20: इंस्टालेशन प्रोग्रेस

8. संस्थापन प्रक्रिया को पूरा करने के बाद, हमें क्षेत्र का चयन करना होगा और फिर "हाँ" (Yes) का चयन करना होगा।

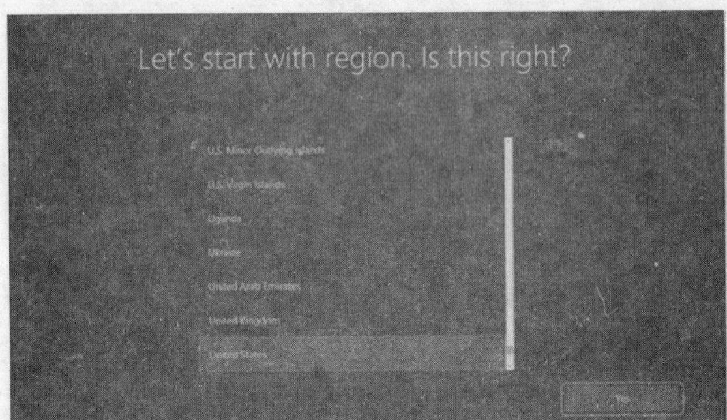

चित्र 2.21: क्षेत्र चयन

9. अब, हमें अपना कीबोर्ड लेआउट और फिर "हाँ" का चयन करना होगा।

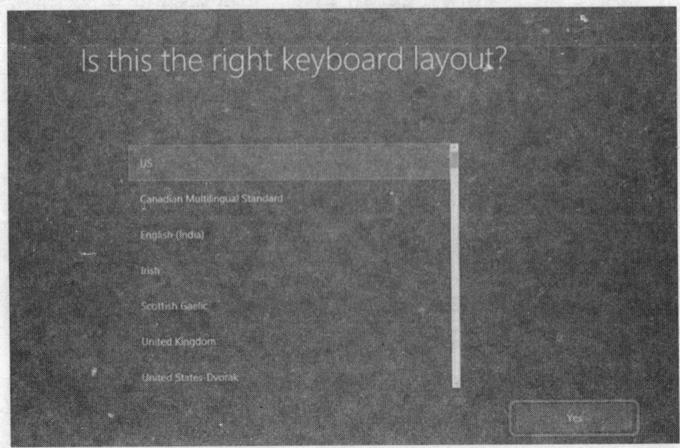

चित्र 2.22: कीबोर्ड लेआउट चयन

10. अब, "व्यक्तिगत उपयोग के लिए सेट अप करें" और फिर "हाँ" चुनें।

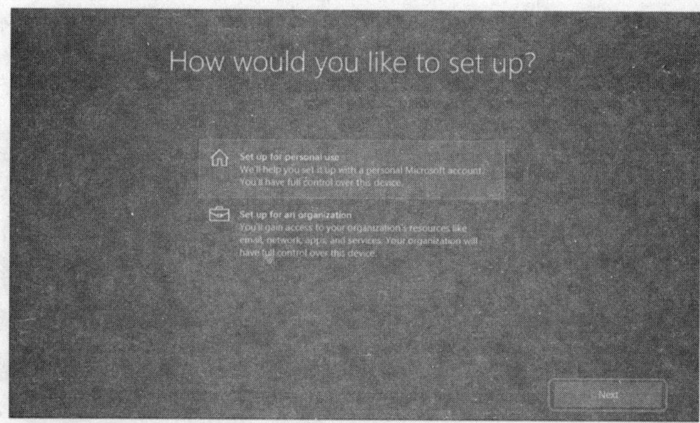

चित्र 2.23: सेटअप प्रकार चयन

11. अब,अपने खाते (माइक्रोसॉफ्ट अकाउंट) से साइन इन करें और नेक्स्ट पर क्लिक करें। यदि आपके पास खाता नहीं है, तो यहाँ आप एक नया खाता बना सकते हैं।

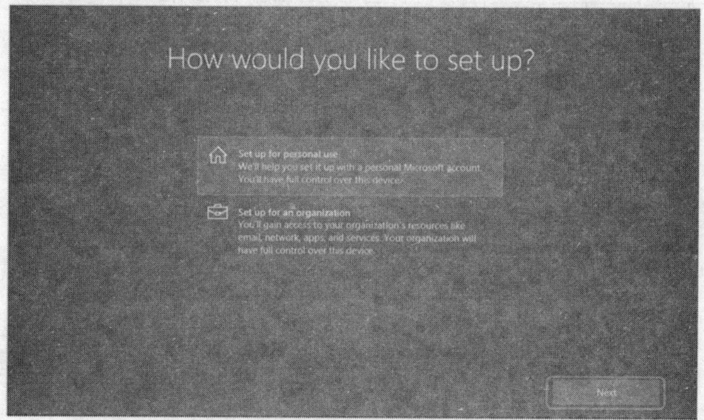

चित्र 2.24:साइन इन विंडो

12. अपना पासवर्ड दर्ज करें और नेक्स्ट पर क्लिक करें।

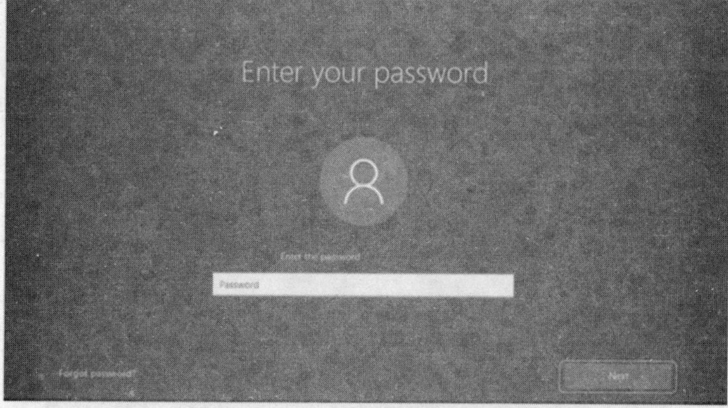

चित्र 2.25: यूजर ऑथेंटिकेशन

13. अब हमें एक PIN (पर्सनल आइडेंटिफिकेशन नंबर) सेट करना होगी जो डिवाइस, एप्लिकेशन और सेवाओं में लॉग इन करने में उपयोगी होगी। सबसे पहले, "पिन सेट करें" पर हिट करें और फिर पिन प्रदान (एंटर) करें और फिर "ओके" पर हिट करें।

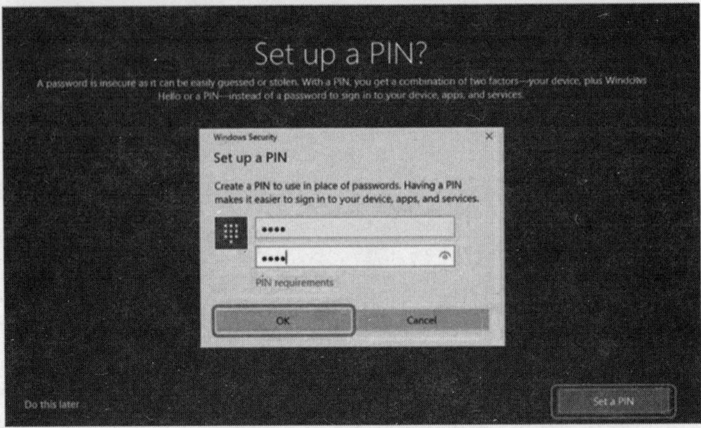

चित्र 2.26: PIN सेट करें

14. यदि हम अपनी फ़ाइलों को वनड्राइव (OneDrive) पर सहेजना चाहते हैं, तो हम इसे "हाँ" पर क्लिक करके निर्दिष्ट कर सकते हैं।

चित्र 2.27: OneDrive में फ़ाइलें सहेजना

15. हम "हाँ" पर क्लिक करके माइक्रोसॉफ्ट के निजी सहायक अर्थात Cortana का उपयोग कर सकते हैं।

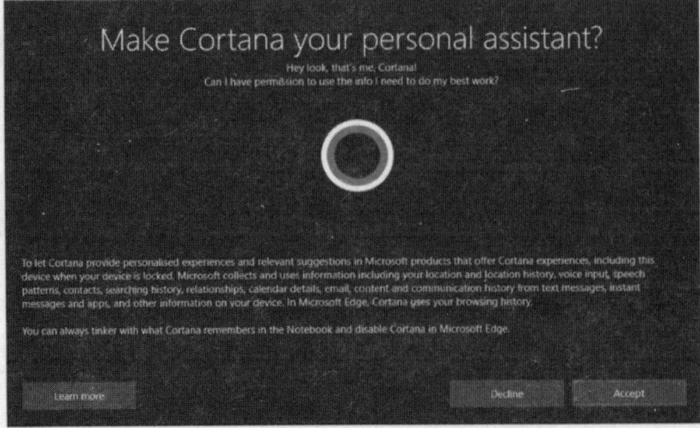

चित्र 2.28: कॉर्टाना कॉन्फ़िगरेशन

16. अब हमें दिए गए टॉगल बटन द्वारा अपनी गोपनीयता सेटिंग्स का चयन करना होगा। "स्वीकार करें"(एक्सेप्ट) पर क्लिक करें।

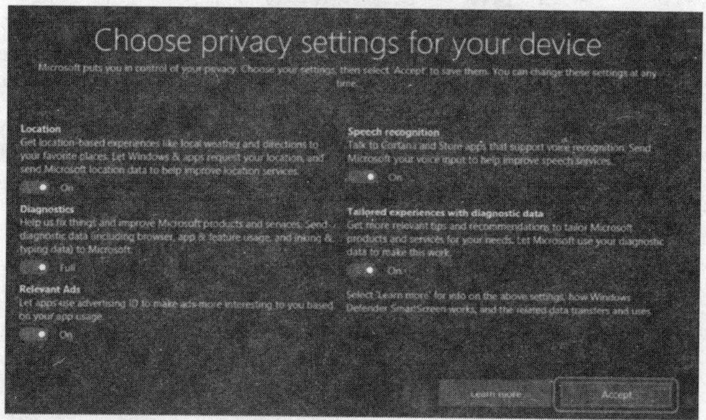

चित्र 2.29: ऑन /ऑफ़ प्राइवेसी सेटिंग्स

17. अब इसे कॉन्फ़िगर करने में कुछ मिनट लग सकते हैं और अंत में, हमें विंडोज ओएस की होम स्क्रीन या डेस्कटॉप स्क्रीन मिल जाएगी जैसा कि चित्र 2.30 में दिखाया गया है।

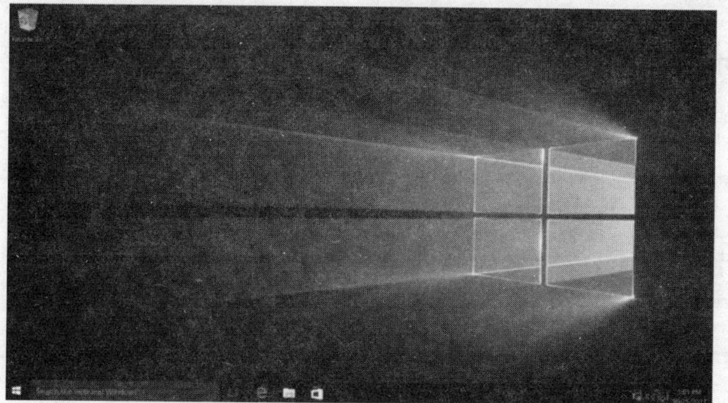

चित्र 2.30: विंडोज 10 डेस्कटॉप स्क्रीन

इंस्टॉल विण्डोज 10

रोचक तथ्य

- विंडोज 1.0 माइक्रोसॉफ्ट का पहला ग्राफिकल ओएस था जो एमएस-डॉस इंस्टॉलेशन (नॉन ग्राफिकल, कमांड लाइन ओएस) के ऊपर चलता है। यह 1985 में जारी किया गया था और इस स्थापना के लिए 192 केबी रैम और 256 केबी हार्ड डिस्क की आवश्यकता है।
- विंडोज़ ऑपरेटिंग सिस्टम में विंडोज़ एक्सपी सबसे सफल संस्करण था। यह 13 साल से चालू था।

2.3 यूनिक्स शैल

शेल(shell) एक विशेष प्रोग्राम है जो उपयोगकर्ता और ऑपरेटिंग सिस्टम के कर्नेल के बीच मध्यस्थ के रूप में कार्य करता है। कर्नेल यूनिक्स ऑपरेटिंग सिस्टम की रीढ़ है जो सिस्टम स्टार्टअप (बूट-अप समय) पर मेमोरी में लोड होता है, और शटडाउन होने तक समग्र सिस्टम का प्रबंधन(मैनेजमेंट) करता है। शेल एक यूटिलिटी प्रोग्राम है जो लॉग ऑन करने पर शुरू होता है। यूनिक्स शेल एक ऐसा प्लेटफॉर्म या वातावरण प्रदान करता है जिसके द्वारा कोई भी उपयोगकर्ता कमांड टाइप करके कंप्यूटर सिस्टम से इंटरैक्ट कर सकता है। शेल कमांड लाइन या स्क्रिप्ट फ़ाइल में उपयोगकर्ता (यूजर) द्वारा टाइप किए गए कमांड की व्याख्या करता है। यह यूनिक्स प्रणाली संरचना चित्र 2.31 में दिखाई गई है।

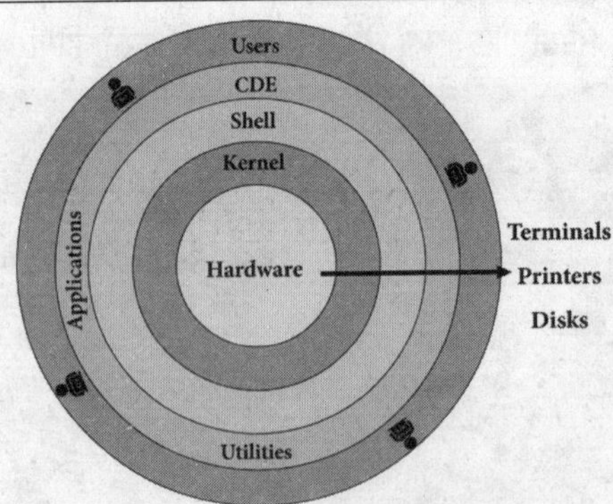

चित्र 2.31: यूनिक्स प्रणाली संरचना

यूनिक्स ऑपरेटिंग सिस्टम में, दो प्रकार के कमांड इनपुट होते हैं। पहला, कमांड लाइन शेल जैसे एसएच(sh), द बॉर्न शेल(Bourne shell), बैश(bash)-द बॉर्न अगेन शेल और सीएसएच- सी शेल, का उपयोग कर रहा है। दूसरा एक ग्राफिकल यूजर इंटरफेस (जीयूआई) जैसे केडीई (KDE) और जीनोम (GNOME) मैनेजर (लिनक्स सिस्टम पर चलता है) का उपयोग कर रहा है।

2.3.1 शेल की विशेषताएँ

सभी यूनिक्स/लिनक्स शेल की बुनियादी विशेषताएँ इस प्रकार हैं:

1. **प्रॉम्प्ट(Prompt)**: शेल एक अक्षर (कैरेक्टर) या वर्णों के समूह (जैसे $ या #) को प्रदर्शित करता है जब वह एक नया आदेश स्वीकार करने के लिए तैयार होता है।

2. **कमांड इंटरप्रिटेशन**: जब कोई उपयोगकर्ता एक कमांड में प्रवेश करता है, तो यह शेल है यह निर्धारित करता है कि कमांड को निष्पादित (एग्जीक्यूट, परफॉर्म) करने के लिए कौन सा प्रोग्राम चलाना है।

3. **मल्टीटास्किंग**: उपयोगकर्ताओं को एक समय में एक से अधिक कमांड चलाने की सुविधा प्रदान की जाती है। यह कार्य (जॉब) को नियंत्रित करता है और हमें मल्टीटास्किंग करने देता है।

4. **कमांड हिस्ट्री**: शेल बैक-टू-बैक आपूर्ति किए गए सभी कमांड का ट्रैक रखता है। यह उपयोगकर्ता को पिछले आदेशों या एक जैसे कमांड को दोहराने में सक्षम बनाता है।

5. **वाइल्डकार्ड और उपनाम (आलियाज)**: शेल कुछ मेटाकैरेक्टर (जैसे, एक तारांकन (*), प्रश्न चिह्न (?), आदि) का उपयोग करके ऐसे फ़ाइल नाम या पथनामों को संक्षिप्त करने के लिए कार्यक्षमता प्रदान करता है जो कि वर्णों के एक निश्चित सेट से मेल खाते हैं, जिन्हें वाइल्डकार्ड के रूप में जाना जाता है। इसके अलावा, शेल, उपयोगकर्ता को उपनामों का उपयोग करके लंबी कमांड टाइप करने से बचने में सक्षम बनाता है।

6. **पाइपिंग और इनपुट और आउटपुट पुनर्निर्देशन (रीडायरेक्शन)**: इस कार्यक्षमता का उपयोग करके, एक प्रोग्राम के आउटपुट को सीधे दूसरे प्रोग्राम या फ़ाइल में आपूर्ति की जा सकती है।

2.3.2 शेल के प्रकार

अधिकांश यूनिक्स प्रणालियों पर समर्थित, कुछ प्रमुख शेल, चित्र 2.32 में दर्शाए गए हैं। बॉर्न शेल और सी शेल, दो प्रमुख प्रकार के शेल हैं। डिफ़ॉल्ट रूप से, '$' चिह्न बॉर्न शेल में एक संकेत के रूप में उपयोग किया जाता है। सी-टाइप शेल में '%' कैरेक्टर डिफॉल्ट प्रॉम्प्ट सिंबल होता है। सबसे लोकप्रिय यूनिक्स शेल बैश (द बॉर्न अगेन शेल) है। एक कमांड टाइप करने के बाद, हमें

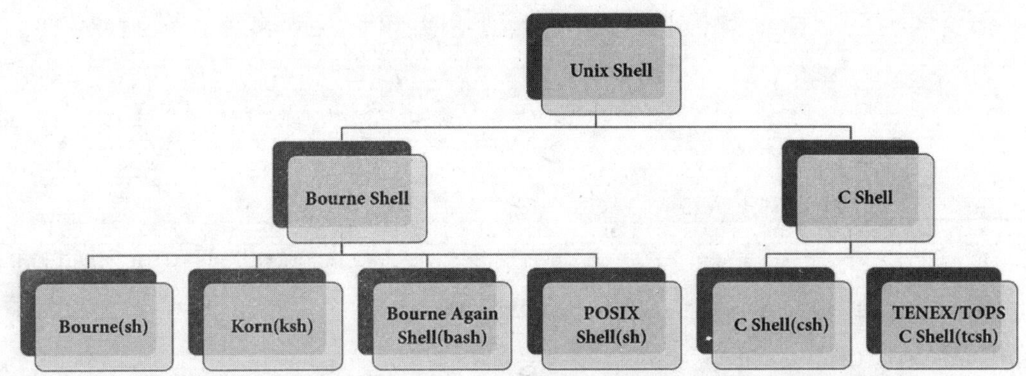

कमांड को निष्पादित (एग्जीक्यूट) करने के लिए ENTER की, प्रेस करने की आवश्यकता होती है।

चित्र 2.32ःशेल के प्रकार

2.4 शेल कमांड्स

शेल कमांड, एक या एक से ज्यादा शब्दों को निहित (कंसिस्ट) करके रखता है जो वाइट स्पेस (white spaces) द्वारा अलग किये जाते हैं। पहला शब्द, कमांड चलाने के लिए मुख्य शब्द है और बाद के शब्द कमांड के विकल्प (ऑप्शन) या अरगुमेंट हैं। एक सामान्य यूनिक्स कमांड की संरचना हैः

कमांड <options><arguments>

शेल में कुछ कमांड भी होते हैं जो शेल में निर्मित होते हैं, जिन्हें 'बिल्ट-इन' कमांड कहा जाता है। बिल्ट-इन कमांड को "आंतरिक कमांड" के रूप में भी जाना जाता है। बिल्ट-इन कमांड के कुछ उदाहरण हैं उपनाम (alias), बीजी(bg), बाइंड(bind), ब्रेक(break)।

2.4.1 निर्देशिका (डायरेक्टरी) और फ़ाइल हेरफेर (मैनिपुलेशन) कमांड

***pwd**: प्रिंट डायरेक्टरी*

pwd कमांड करंट डायरेक्टरी या वर्तमान कार्यशील निर्देशिका का नाम प्रिंट करता है। यह वर्तमान कार्यशील निर्देशिका का पूरा पथ प्रिंट करता है। यह एक शेल बिल्ट-इन कमांड है।

सिंटैक्सः $pwd

cdः निर्देशिका बदलें (चेंज डायरेक्टरी)

cd(सीडी) कमांड का उपयोग वर्तमान कार्यशील निर्देशिका को बदलने के लिए किया जाता है। इसका उपयोग उप निर्देशिका (सब डायरेक्टरी) के अंदर जाने के लिए किया जाता है।

सिंटैक्सः $cd DirName

इस कमांड के साथ विभिन्न प्रतीकों (सिंबल) का उपयोग किया जा सकता है। उनके अर्थ के साथ प्रतीक इस प्रकार हैं:

सिंगल डॉट (.) : वर्तमान निर्देशिका

डबल डॉट (..) : ऊपरी निर्देशिका या मूल निर्देशिका

टिल्ड (~) : होम निर्देशिका

***Ls* (एलएस)** : *डायरेक्टरी की सामग्री सूचीबद्ध करता है*

एलएस कमांड, निर्देशिका की फाइलों और उपनिर्देशिकाओं को सूचीबद्ध करता है। कमांड के साथ कई महत्वपूर्ण विकल्प उपलब्ध हैं।

-l : सभी फाइलों को लंबे प्रारूप में सूचीबद्ध करें। (अनुमतियां, उपयोगकर्ता, फ़ाइल का आकार, दिनांक और समय प्रदर्शित किया जाएगा)

-a : सभी छिपी हुई फाइलों को सूचीबद्ध करें (जो "." से शुरू होती हैं)

-F : फाइलों की, निर्देशिकाओं / निष्पादन योग्य * प्रतीकात्मक लिंक की अलग, अलग सूची प्रदर्शित होती है।

-R : सामने आने वाली उपनिर्देशिकाओं की पुनरावर्ती सूची बनाएं।

सिंटेक्स : $ls<option> या $ls<option><directory-path>

चित्र 2.33 विभिन्न कमांड निष्पादित करने के बाद कमांड लाइन टर्मिनल दिखाता है। यह आंकड़ा यह भी बताता है कि उपयोगकर्ता (यूजर) का नाम parixit है और होस्ट का नाम डेस्कटॉप-6U9HK4 है, कुछ अन्य चित्र हैं:

- *ls -l* कमांड, निर्देशिका के फाइलों की लंबी सूची प्रस्तुत करते हैं, जैसे /mnt/d/myusers
- *cd 'Nipun audio video'*, कमांड निष्पादित करने के बाद, $ प्रॉम्प्ट दिए गए डायरेक्टरी नाम को एनकैप्सुलेट करने के साथ दाईं ओर शिफ्ट हो जाता है। जैसे, /mnt/d/myusers/Nipun/ audio video$,
- *pwd* कमांड से वर्तमान कार्यशील निर्देशिका के बारे में पता चलता है जैसे /mnt/d/myusers/Nipun/ audio video$

parixit@DESKTOP-6U9NHK4: /mnt/d/myusers/Nipun audio video

```
parixit@DESKTOP-6U9NHK4:/mnt/d/myusers$ ls -l
total 0
-rwxrwxrwx 1 root root   0 Jul 11 11:12 'Barmer Blossoms.txt'
-rwxrwxrwx 1 root root   7 Jul 11 11:11 'Gods Own Country-Kerala.rtf'
-rwxrwxrwx 1 root root   7 Jul 11 11:11 'Indian culture.rtf'
-rwxrwxrwx 1 root root   0 Jul 11 11:12 'Junagarh Fort.txt'
drwxrwxrwx 1 root root 512 Jul 11 11:17 'Nipun audio video'
drwxrwxrwx 1 root root 512 Jul 11 11:10 'Parixit Documents'
drwxrwxrwx 1 root root 512 Jul 11 11:10  Raghav
parixit@DESKTOP-6U9NHK4:/mnt/d/myusers$ cd 'Nipun audio video'
parixit@DESKTOP-6U9NHK4:/mnt/d/myusers/Nipun audio video$ pwd
/mnt/d/myusers/Nipun audio video
parixit@DESKTOP-6U9NHK4:/mnt/d/myusers/Nipun audio video$ _
```

चित्र 2.33: एक टर्मिनल विंडो, 'cd', 'ls ' और 'pws''कमांड को दर्शाता हुआ

***mkdir**: नई डायरेक्टरी तैयार करना*

mkdir कमांड नई निर्देशिका बनाने के लिए प्रयोग किया जाता है।

सिंटेक्स: $ mkdir<डायरेक्टरी का नाम>

***rmdir**: एक निर्देशिका को हटाने (डिलीट करने) के लिए प्रयोग होता है, अगर वह खाली है*

rmdir कमांड डायरेक्टरी को हटाने या डिलीट करने के लिए प्रयोग किया जाता है। निर्देशिका को हटाने के लिए rmdir कमांड का उपयोग किया जाता है।

सिंटेक्सः $ rmdir<डायरेक्टरी का नाम>

rm: *फ़ाइलें हटाने (डिलीट करने) के लिए।*

rm कमांड, जिनकी जरूरत नहीं है ऐसी फ़ाइलें हटाने के लिए (डिलीट करने) प्रयोग किया जाता है।

सिंटेक्सः $ rm <डायरेक्टरी>

mv:*move (मूव)*

mv कमांड, फाइल या निर्देशिका का नाम बदलने के लिए या स्थान (फोल्डर या डायरेक्टरी) बदलने के लिए, इस्तेमाल किया जाता है।

सिंटैक्सः एमवी [विकल्प] <पुराना-फ़ाइलपथ> <नया-फ़ाइलपथ>

एमवी *[विकल्प] <पुराना-फ़ाइल नाम> <नया-फ़ाइल नाम>*

mv [options] <old-filepath><new-filepath>

mv [options] <old-filename><new-filename>

विकल्पः -i (नाम या स्थान बदलाव के) पुष्टि के लिए उपयोगकर्ता से पूछताछ करता है।

चित्र.2.34 कमांड के अनुक्रम के लिए आउटपुट दिखाता है। यह दिखाता हैः

- पहले दो mkdir कमांड कपिल और प्रशांत नामक दो निर्देशिका बनाते हैं।
- कमांड rmdir kapil, कपिल नामक डायरेक्ट्री को हटा देगा।
- rmjunagarhfort.txt कमांड का निष्पादन, 'junagarhfort.txt' फ़ाइल को हटा देगा।
- mv (एमवी) कमांड, 'Barmer Blossoms.txt' फ़ाइल का नाम बदलकर 'Barmer Delight.txt' कर देगा।
- अंत में ls-l, 'myusers' निर्देशिका(डायरेक्ट्री) के लिए विभिन्न निर्देशिकाओं और फ़ाइलों की वर्तमान स्थिति को दिखा रहा है।

```
parixit@DESKTOP-6U9NHK4: /mnt/d/myusers
parixit@DESKTOP-6U9NHK4:/mnt/d/myusers$ mkdir kapil
parixit@DESKTOP-6U9NHK4:/mnt/d/myusers$ mkdir prashant
parixit@DESKTOP-6U9NHK4:/mnt/d/myusers$ rmdir kapil
parixit@DESKTOP-6U9NHK4:/mnt/d/myusers$ rm 'junagarh fort.txt'
parixit@DESKTOP-6U9NHK4:/mnt/d/myusers$ mv 'Barmer Blossoms.txt' 'Barmer Delight.txt'
parixit@DESKTOP-6U9NHK4:/mnt/d/myusers$ ls -l
total 0
-rwxrwxrwx 1 root root   0 Jul 11 11:12 'Barmer Delight.txt'
-rwxrwxrwx 1 root root   7 Jul 11 11:11 'Gods Own Country-Kerala.rtf'
-rwxrwxrwx 1 root root   7 Jul 11 11:11 'Indian culture.rtf'
drwxrwxrwx 1 root root 512 Jul 11 11:17 'Nipun audio video'
drwxrwxrwx 1 root root 512 Jul 11 11:10 'Parixit Documents'
drwxrwxrwx 1 root root 512 Jul 11 11:10  Raghav
drwxrwxrwx 1 root root 512 Jul 11 19:02  prashant
parixit@DESKTOP-6U9NHK4:/mnt/d/myusers$
```

चित्र 2.34: एक टर्मिनल विंडो 'mkdir', 'rmdir', 'rm' और 'mv' कमांड एग्जीक्यूशन को दर्शाता हुआ

***touch** (टच): फ़ाइल तैयार करना*

टच कमांड एक नई खाली फ़ाइल बनाता है। इस कमांड का उपयोग करके एक साथ कई फाइलें बनाई जा सकती हैं। इसका उपयोग, फाइलों और निर्देशिकाओं के टाइमस्टैम्प को बदलने के लिए भी किया जाता है। विभिन्न समर्थित विकल्प हैं:

-a: फ़ाइल का एक्सेस समय बदलता है; -c: यह विकल्प जांचता है कि फ़ाइल बनाई है या नहीं; -m: संशोधन समय बदलने के लिए प्रयोग किया जाता है। यह फ़ाइल का अंतिम संशोधन समय बदलता है।

सिंटेक्स: $ touch <फ़ाइल नाम>

***cat** (कैट): संपूर्ण फाइल सामग्री को दिखाता है*

कैट (CONCATENATE) कमांड, फ़ाइलें बनाने के लिए, देखने के लिए, और जोड़ने के लिए, प्रयोग किया जाता है। कैट कमांड का इस्तेमाल निम्नलिखित तरीकों से किया जा सकता है:

सिंटैक्स: $ कैट <फाइलनाम> (फाइल देखने के लिए)

सिंटेक्स: $ कैट <फाइलनाम 1> <फाइलनाम 2> (एकाधिक फाइलों को देखने के लिए)

सिंटेक्स: $ कैट -n फाइलनाम (पूर्ववर्ती फ़ाइल की सामग्री लाइन नंबर के साथ देखने के लिए)

सिंटैक्स: $ cat >[नया फ़ाइल नाम] (एक फ़ाइल बनाने के लिए)

सिंटैक्स: $ cat [स्रोत फ़ाइल नाम] > [डेस्टिनेशन फ़ाइल नाम] (एक फ़ाइल की सामग्री को दूसरी फ़ाइल में कॉपी करने के लिए।)

सिंटेक्स: $ cat file1 >> file2 (एक फ़ाइल की सामग्री को दूसरी फ़ाइल के अंत में जोड़ने के लिए (एपेंड करने के लिए)।

कैट और टच कमांड का प्रयोग चित्र 2.35 में सचित्र है। चित्र 2.35 में दिखाए गए क्रम में टर्मिनल पर कमांड निष्पादित किए गए थे। हम इन आदेशों (कमांड) के प्रभाव पर चर्चा करते हैं।

- चरण 1 में, कमांड, 'india_olympics.txt' फ़ाइल की सामग्री दिखाता है।
- चरण 2 और 3 चित्र 2.35 में दिखाए गए सामग्री के साथ, 'hockey.txt' और 'shooting.txt' नाम की फाइलें बनाता है।
- चरण 4 में कमांड का उपयोग 'hockey.txt' की सामग्री को 'shooting.txt' की सामग्री के साथ जोड़ने के लिए किया जाता है। इसी तरह चरण 5 'india_olympics.txt' पर 'hockey.txt' के साथ एपेंड ऑपरेशन करता है।
- चरण 6 में कमांड 'india_olympics.txt' फ़ाइल की अद्यतन सामग्री के साथ उपरोक्त ऑपरेशन का परिणाम दिखाता है।
- टच कमांड चरण 8 में 'shooting.txt' फ़ाइल के टाइमस्टैम्प को संशोधित करता है। जैसा कि चित्र 2.35 में दिखाया गया है, इसे चरण 7 और चरण 9 में दर्शाए अनुसार 06:45 से 06:49 (कमांड निष्पादित होने का समय) में बदल दिया गया है।

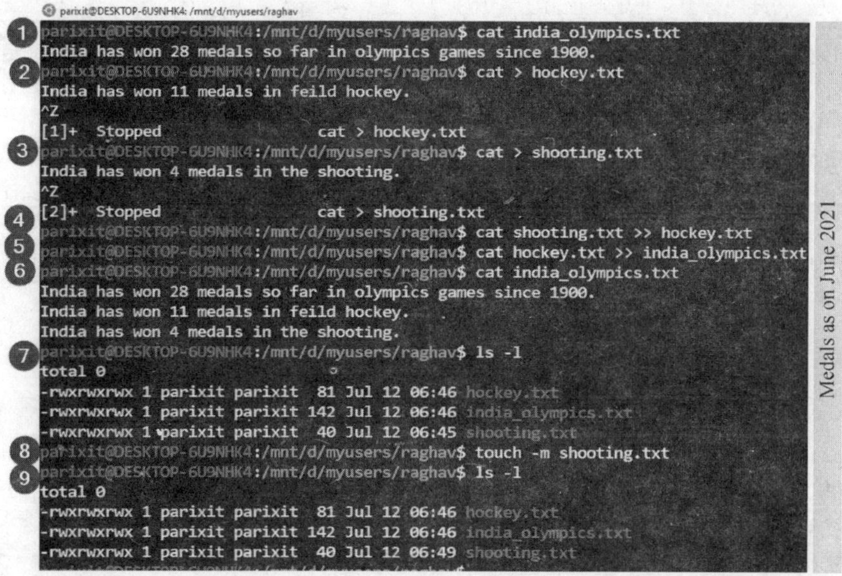

चित्र 2.35: एक टर्मिनल विंडो 'कैट' और 'टच' कमांड एग्जीक्यूशन को दर्शाता हुआ

***cp**: फ़ाइलों की प्रतिलिपि बनाता है*

cp कमांड का उपयोग फ़ाइलों और निर्देशिकाओं की प्रतिलिपि बनाने के लिए किया जाता है। cp कमांड को तर्क के रूप में दो फ़ाइल नामों की आवश्यकता होती है।

सिंटैक्सः $cp < स्रोत_फ़ाइल ><डेस्टिनेशन_फाइल>

2.4.2 टर्मिनल, इन्फॉर्मेशन और यूटिलिटी कमांड

***clear**: टर्मिनल को साफ़ करता है*

यह कमांड टर्मिनल को साफ़ करता है।

सिंटैक्सः $clear

echo: मानक आउटपुट डिवाइस के लिए एक स्ट्रिंग लिखें

सिंटैक्सः $echo <string> जैसे, $echo मैं अपने भारत से प्यार करता हूँ

रिपीटः रिपीट कमांड्स

सिंटैक्सः रिपीट <नंबर> <कमांड>

history (इतिहास): सत्र के दौरान टाइप किए गए कमांड को सूचीबद्ध करता है

***विकल्पः** –r सूची को उल्टा प्रदर्शित करता है।*

help(सहायता): अंतर्निर्मित आदेशों (बिल्ट-इन कमांड) के बारे में जानकारी प्रदर्शित करना

अंतर्निर्मित आदेशों का सारांश प्रदर्शित करता है।

सिंटैक्सः help [-dms] [pattern..] (पैटर्न...])

विकल्पः -dः प्रत्येक विषय के लिए संक्षिप्त विवरण का आउटपुट दिखाता है; -mः छद्म-मैनपेज (सूडो) प्रारूप में उपयोग प्रदर्शित करें; -sः मिलान करने वाले प्रत्येक विषय के लिए केवल एक संक्षिप्त उपयोग सारांश आउटपुट दिखाता है;

उदा. $rm --help, यह हमें rm कमांड के बारे में टर्मिनल पर सहायता विषय दिखाएगा।

wcः वर्ड काउंट (शब्द गणना)

किसी फ़ाइल की पंक्तियों, शब्दों और वर्णों की संख्या को गिनता है और प्रदर्शित करता है।

सिंटैक्सः wc [विकल्प] <फ़ाइल नाम>

विकल्पः -c केवल वर्ण गिनें; -l केवल लाइनों की गिनती करें; -w केवल शब्दों की गिनती करें।

diff(अंतर): अंतर प्रदर्शित करें

यह कमांड, लाइन दर लाइन की तुलना करके, दो फाइलों के बीच अंतर प्रदर्शित करता है। यह विशेष प्रतीकों a, c, d के रूप में अंतर दिखाता है, जो जोड़ने(a), बदलने(c) और हटाने(d) के लिए प्रतीक है। इन प्रतीकों के साथ टर्मिनल का आउटपुट, फाइल 1 को फाइल 2 के समान बनाने के लिए आवश्यक संचालन को इंगित करता है।

सिंटैक्सः diff [विकल्प] < filename1>< filename2>

cmp:

cmp कमांड दो फाइलों की तुलना करता है कि दोनों फाइलें समान हैं या नहीं।

सिंटैक्सः $cmp < filename1> < filename2>

grep: ग्लोबली सर्च रेगुलर एक्सप्रेशन और प्रिंट आउट

इस फ़िल्टर का उपयोग, मिलान पैटर्न या रेगुलर एक्सप्रेशन के लिए फ़ाइल को खोजने के लिए किया जाता है।

सिंटैक्सः grep [विकल्प] <नियमित-अभिव्यक्ति>(<रेगुलर एक्सप्रेशन>) <फ़ाइल नाम>

विकल्पः -n उन सभी पंक्तियों को प्रिंट करता है जहाँ लाइनें और लाइन नंबर पैटर्न मेल खाता है; -v उन सभी पंक्तियों को प्रिंट करता है जिनमें व्यंजक नहीं होता है; -c यह केवल उन पंक्तियों की गिनती प्रिंट करता है जो एक पैटर्न से मेल खाती हैं; -h मेल खाने वाली लाइनें प्रदर्शित करता है, लेकिन फ़ाइल नाम प्रदर्शित नहीं करता है। चित्र 2.36 में grep कमांड का उपयोग दर्शाया गया है।

चित्र 2.36 ऊपर चर्चा की गई विभिन्न कमांडों को दिखाता है। आसान व्याख्या के लिए प्रत्येक कमांड को चरण संख्या दी गई है।

- **cat(कैट)**: चरण 1 और 2 में कमांड, 'हॉकी.टीएक्सटी'(hockey.txt) और 'शूटिंग.टीएक्सटी'(shooting.txt) फाइलों की सामग्री दिखाते हैं।
- **diff (अंतर)**: चरण 3 में कमांड दी गई फ़ाइल के बीच अंतर दिखाता है। आउटपुट (1d0), 'hockey.txt' फ़ाइल की लाइन नंबर 1 पर 'शूटिंग.txt' के समान बनाने के लिए आवश्यक विलोपन को संदर्भित करता है। (जाँच करें कि यदि हम फ़ाइलों को उल्टे क्रम में देते हैं, तो हमें क्या अंतर मिलते हैं, यानी diff shooting.txt hockey.txt
- **cmp (सीएमपी)** कमांड चरण 4 में इंगित करता है कि लाइन नंबर 1 में 15 बाइट्स बदले गए है।
- चरण 5 के बाद, wc कमांड को निष्पादित करने का परिणाम चित्र 2.36 में दिखाया गया है। यहाँ 1, पंक्तियों की संख्या है, 8, शब्दों की संख्या है और 40 'shooting.txt' फ़ाइल में वर्णों (बाइट्स) की संख्या है।
- **history कमांड** का आउटपुट 'lastcommands.txt' नाम की फाइल बनाने के लिए किया गया है। (चरण 6)
- चरण 7 में निष्पादित grep कमांड के आउटपुट से पता चलता है कि खोज पैटर्न यानी, "पदक"("medal"), लाइन

नंबर 1 और 2 में पाया गया है (लाइन नंबर को एक अलग रंग से हाइलाइट किया गया है)

- **grep कमांड** का अगला परिणाम दिखाता है कि दी गई फ़ाइल में पैटर्न की दो घटनाएं (अकरंस) मिलीं।

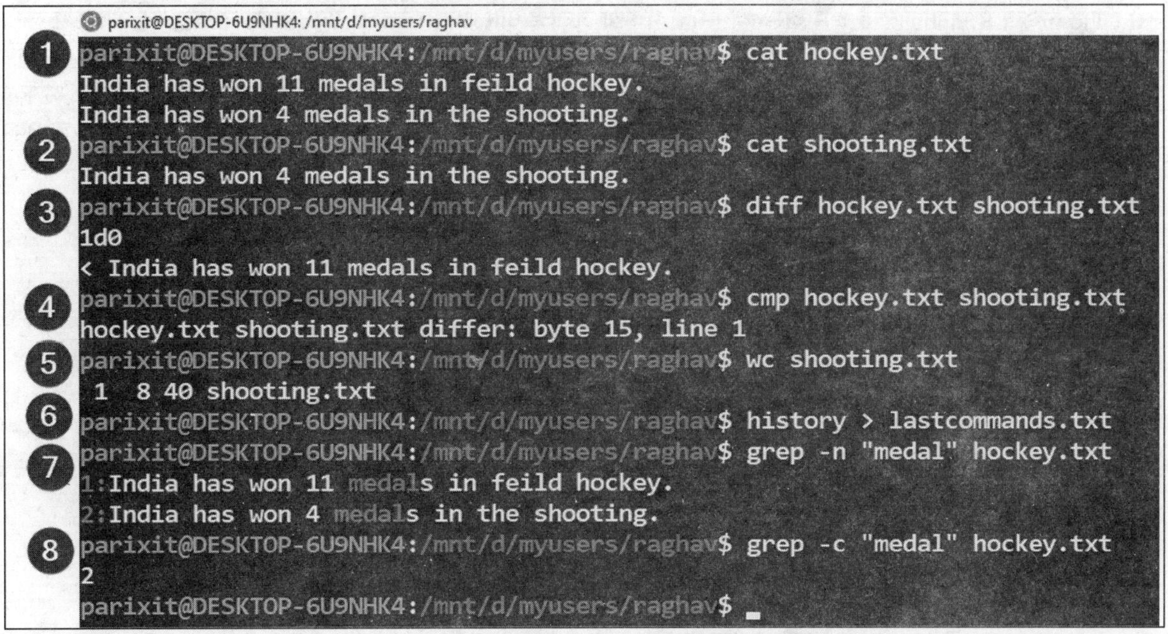

```
parixit@DESKTOP-6U9NHK4: /mnt/d/myusers/raghav
1 parixit@DESKTOP-6U9NHK4:/mnt/d/myusers/raghav$ cat hockey.txt
India has won 11 medals in feild hockey.
India has won 4 medals in the shooting.
2 parixit@DESKTOP-6U9NHK4:/mnt/d/myusers/raghav$ cat shooting.txt
India has won 4 medals in the shooting.
3 parixit@DESKTOP-6U9NHK4:/mnt/d/myusers/raghav$ diff hockey.txt shooting.txt
1d0
< India has won 11 medals in feild hockey.
4 parixit@DESKTOP-6U9NHK4:/mnt/d/myusers/raghav$ cmp hockey.txt shooting.txt
hockey.txt shooting.txt differ: byte 15, line 1
5 parixit@DESKTOP-6U9NHK4:/mnt/d/myusers/raghav$ wc shooting.txt
 1  8 40 shooting.txt
6 parixit@DESKTOP-6U9NHK4:/mnt/d/myusers/raghav$ history > lastcommands.txt
7 parixit@DESKTOP-6U9NHK4:/mnt/d/myusers/raghav$ grep -n "medal" hockey.txt
1:India has won 11 medals in feild hockey.
2:India has won 4 medals in the shooting.
8 parixit@DESKTOP-6U9NHK4:/mnt/d/myusers/raghav$ grep -c "medal" hockey.txt
2
parixit@DESKTOP-6U9NHK4:/mnt/d/myusers/raghav$ _
```

चित्र 2.36: 'diff', 'cmp', 'wc', 'history' और 'grep' Commands (कमांड) दिखाने वाली एक टर्मिनल विंडो

2.5 VI संपादक (वीआई एडिटर)

यूनिक्स में, फाइलों को संपादित करने के लिए विभिन्न टेक्स्ट एडिटर प्रदान किए जाते हैं। लाइन संपादक एड (ed) और एक्स(ex) हैं जो स्क्रीन पर फ़ाइल की एक एक पंक्ति प्रस्तुत करते हैं; वीआई और Emacs जैसे स्क्रीन संपादक मौजूद हैं। वीआई एक डिफ़ॉल्ट मानक संपादक है जो यूनिक्स ऑपरेटिंग सिस्टम के लगभग सभी फ्लेवर में उपलब्ध है। Vi, Visual Editor का संक्षिप्त रूप है। इसका उपयोग किसी मौजूदा फ़ाइल को संपादित करने या नई फ़ाइल बनाने के लिए किया जा सकता है। इसका उपयोग केवल टेक्स्ट फ़ाइल को पढ़ने के लिए भी किया जा सकता है। वीआई संपादक का नवीनतम संस्करण है जिसे वीआईएम(VIM) के नाम से जाना जाता है जो वीआई इम्प्रूव्ड के लिए शार्ट फॉर्म है। ' वीआई ' एक बिल्ट-इन शेल कमांड है जिसका इस्तेमाल वीआई एडिटर को शुरू(इन्वोक) करने के लिए किया जाता है।

सिंटैक्सः $ vi <filename>

उपरोक्त आदेश पहले से मौजूद फ़ाइल को खोलेगा, यदि फ़ाइल वर्तमान कार्यशील निर्देशिका में मौजूद नहीं है तो एक नई फ़ाइल बनाई जाएगी और वीआई एडिटर में खोली जाएगी।

वीआई एडिटर के संचालन के दो तरीके हैंः कमांड मोड और इंसर्ट मोड।

2.5.1 कमांड मोडः

वीआई एडिटर कमांड मोड में खुलता है। जैसा कि नाम से ही स्पष्ट है कि यह मोड कुछ कमांड को निष्पादित करने के लिए उपयोग किया जाता है जो बदले में फ़ाइल पर कुछ क्रियाओं का कारण बनता है। कमांड मोड में, हम कर्सर को मूव कर सकते हैं और टेक्स्ट को कट, कॉपी, पेस्ट कर सकते हैं। कमांड मोड हमारे द्वारा फ़ाइल में किए गए परिवर्तनों को भी सहेजता है। इसलिए यह फ़ाइल संपादन के लिए प्रशासनिक कार्य करता है। कमांड मोड में कमांड केस संवेदी होते हैं।

2.5.2 इन्सर्ट मोडः

इस मोड का उपयोग वीआई एडिटर द्वारा फाइल में टेक्स्ट डालने के लिए किया जाता है। इस मोड में जो कुछ भी टाइप किया जाता है उसे इनपुट के रूप में माना जाता है और अस्थायी मेमोरी में रखा जाता है और उपयोगकर्ता से एक कमांड के बाद यह फाइल में जाता है। जैसा कि चित्र 2.37 में दिखाया गया है, कीबोर्ड पर i 'दबाकर', हम कमांड मोड से इन्सर्ट मोड में स्विच कर सकते हैं। एक बार जब हम इन्सर्ट मोड में होते हैं, तो किसी भी कुंजी को वर्तमान में काम कर रही फ़ाइल के इनपुट के रूप में लिया जाएगा। आपको कमांड मोड पर लौटने के लिए Esc कुंजी दबाने की जरूरत है। वीआई संपादक के लिए बुनियादी आदेश तालिका 2.4 से तालिका 2.6 में सूचीबद्ध हैं।

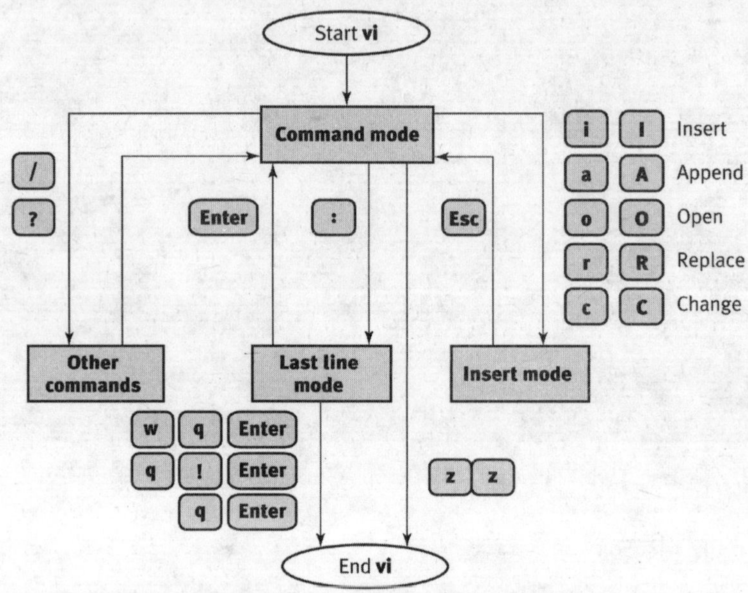

चित्र 2.37: VI टेक्स्ट एडिटर के ऑपरेटिंग मोड

तालिका 2.4: वीआई एडिटर संपादन कमांड

'की'	फंक्शन
i	कर्सर पर इन्सर्ट करें (इन्सर्ट मोड में चला जाता है)
a	कर्सर के बाद लिखें (इन्सर्ट मोड में चला जाता है)
A	लाइन के अंत में लिखें (इन्सर्ट मोड में चला जाता है)
ESC	टर्मिनेट इंसर्ट मोड
u	अंतिम परिवर्तन को पूर्ववत करें
U	पूरी लाइन में सभी परिवर्तनों को पूर्ववत करें
o	एक नई लाइन खोलें (इन्सर्ट मोड में चला जाता है)
dd	डिलीट लाइन
3dd	3 लाइन डिलीट करें।
D	कर्सर के बाद की लाइन डिलीट करें।
C	कर्सर के बाद लाइन की सामग्री हटाएं और नया टेक्स्ट डालें। प्रविष्टि समाप्त करने के लिए ESC कुंजी दबाएं।

'की'	फंक्शन
dw	शब्द हटाएं
4dw	4 शब्द हटाएं
cw	शब्द बदलें
x	कर्सर पर जो वर्ण(कैरेक्टर) है उसे हटाए
r	वर्ण बदलें
R	कर्सर के बाद वाले वर्णों को ओवरराइट करें
s	कर्सर के नीचे एक वर्ण को प्रतिस्थापित करना जारी रखें
S	पूरी लाइन को प्रतिस्थापित करें और लाइन की शुरुआत में इंसर्ट करना शुरू करें
~	हर एक कैरेक्टर का केस बदल

तालिका 2.5: फ़ाइल के भीतर मूवमेंट

'की'	फंक्शन
k	कर्सर को ऊपर ले जाएँ
j	कर्सर को नीचे ले जाएँ
h	कर्सर को बाएँ ले जाएँ
l	कर्सर को दाएँ ले जाएँ

तालिका 2.6: फ़ाइल सहेजना (सेव करना) और बंद करना

'की'	फंक्शन
Shift+zz	फाइल को सेव करें और छोड़ें (वी आई से बाहर निकले)
:w	फाइल को सेव करें लेकिन इसे खुला रखें
:q	बिना सेव किए बाहर निकलें
:wq	फाइल को सेव करें और छोड़ें (vi से बाहर निकले)

यूनिट सारांश

1. ऑपरेटिंग सिस्टम, कंप्यूटर सिस्टम का एक मुख्य प्रोग्राम है जो विभिन्न प्रबंधन कार्य (मैनेजमेंट टास्क) करता है।
2. कुछ लोकप्रिय ऑपरेटिंग सिस्टम एमएस विंडोज, उबंटू, मैक ओएस, फेडोरा, सोलारिस, फ्री बीएसडी, क्रोम ओएस, सेंटोस(सेंट ओएस), डेबियन और एंड्रॉइड हैं।
3. उबंटू ऑपरेटिंग सिस्टम को, ऑपरेटिंग सिस्टम के लाइव यूएसबी/डीवीडी के माध्यम से इंस्टॉल किए बिना आजमाया जा सकता है।
4. उबंटू एक एफओएसएस है।
5. विंडोज ऑपरेटिंग सिस्टम, एक उपयोगकर्ता के अनुकूल जीयूआई के साथ ऑपरेटिंग सिस्टम होने से, इसका व्यापक रूप से उपयोग किया जाता है।

6. विंडोज एक मालिकाना (प्रोपराइटरी) सॉफ्टवेयर है जिसे स्थापित करने के लिए कानूनी लाइसेंस की आवश्यकता होती है।
7. यूनिक्स शेल उपयोगकर्ता और कंप्यूटर सिस्टम के बीच बातचीत के लिए उपयोगिता कार्यक्रम (यूटिलिटी प्रोग्राम) हैं।
8. कमांड इंटरप्रिटेशन के अलावा शेल मल्टी-टास्किंग, कमांड हिस्ट्री, वाइल्डकार्ड-अलियास और पाइपिंग और इनपुट आउटपुट रीडायरेक्शन की कार्यक्षमता प्रदान करते हैं।
9. शेल कमांड में, एक शब्द या अधिक शब्द होते हैं जो सफेद रिक्त (व्हाइट स्पेस) स्थान से अलग होते हैं।
10. वीआई एक डिफ़ॉल्ट टेक्स्ट एडिटर है जो यूनिक्स सिस्टम में फाइलों को संपादित (एडिट) या हेरफेर (बदलाव) करने के लिए प्रदान किया जाता है।
11. वीआई एडिटर में दो ऑपरेशनल मोड, कमांड मोड और इंसर्ट मोड होते हैं।

अभ्यास

A. विषयात्मक प्रश्न

Q1. ओपन-सोर्स ऑपरेटिंग सिस्टम और क्लोज्ड सोर्स ऑपरेटिंग सिस्टम के बीच अंतर स्पष्ट करें।

Q2. यूनिक्स शेल क्या है? इसकी विशेषताओं को स्पष्ट करें।

Q3. यूनिक्स शैल कमांड चलाएँ:

a. नीचे दिए गए चित्र में दिखाए अनुसार एक निर्देशिका संरचना बनाएँ। पांच उपनिर्देशिकाओं मानविकी (ह्यूमैनिटी), यांत्रिक (मैकेनिकल, सिविल, कंप्यूटर और इलेक्ट्रॉनिक्स) के साथ 'कॉलेज' नाम की एक निर्देशिका बनाएँ। मानविकी निर्देशिका के तहत चार फाइलें cs.txt, el.txt, me.txt, ce.txt और कंप्यूटर निर्देशिका के तहत आईटी और साइबर सुरक्षा (सिक्योरिटी) नाम की दो निर्देशिकाएं भी बनाएँ।

b. cp कमांड के उपयोग से, cs.txt को कंप्यूटर डायरेक्टरी में और el.txt को इलेक्ट्रॉनिक्स डायरेक्टरी में कॉपी करें ।

c. me.txt को मैकेनिकल डायरेक्टरी में और ce.txt को सिविल डायरेक्टरी में मूव करें।

d. कंप्यूटर निर्देशिका हटाएँ।

Q4. vi संपादक (एडिटर) का उपयोग करके 'purchase.txt' नाम की एक फ़ाइल बनाएं और उसमें टेक्स्ट डालें। फ़ाइल को सहेजें (सेव करें) और छोड़ें (क्विट करें)।

B. वस्तुनिष्ठ प्रश्न

Q1. निम्नलिखित में से कौन एक ऑपरेटिंग सिस्टम नहीं है?

a) SUSE b) Linux c) Oracle d) DOS

Q2. ऑपरेटिंग सिस्टम "बूटिंग इन" से आपका क्या तात्पर्य है?

a) कंप्यूटर को पुनरारंभ करने के लिए b) नया प्रोग्राम स्थापित करने के लिए

c) बंद करने के लिए d) उपरोक्त में कोई नहीं

Q3. वर्तमान कार्य निर्देशिका का पता लगाने के लिए किस कमांड का उपयोग किया जाता है?

a) Wrkdir b) cwd c) pwdir d) pwd

Q4. डायरेक्टरी बनाने के लिए किस कमांड का प्रयोग किया जाता है?

a) एमकेडीआईआर(mkdir) b) सीआरटी डीआईआर(crtdir)

c) मेक डीआईआर(make die) d) सीआर डीआईआर(crdir)

Q5. फाइल को डिलीट करने के लिए किस कमांड का इस्तेमाल किया जा सकता है?

a) आरएम(rm) b) रिमूव(remove) c) डेल(del) d) डिलीट(delete)

Q6. निम्न में से कौन सा शेल नहीं है?

a) बॉर्न (Bourne) b) बैश(Bash) c) क्ष(Ksh) d) बैट(Bat)

Q7. लिनक्स क्या है?

a) सिंगल यूजर, सिंगल टास्किंग b) मल्टी यूजर, मल्टी टास्किंग

c) सिंगल यूजर, मल्टी टास्किंग d) मल्टी यूजर, सिंगल टास्किंग

Q8. निम्नलिखित में से कौन एक लिनक्स वितरण नहीं है?

a) डेबियन(Debian) b) फेडोरा(Fedora) c) ओपन एसयूएसई(SUSE) d) मल्टिक्स (Multics)

Q9. वीआई संपादक में कितने मोड हैं?

a) 2 b) 3 c) 4 d) 1

Q10. शेल क्या है ?

a) यूजर और एप्लिकेशन के बीच इंटरफेस b) कमांड इन्टरप्रिटर

c) कर्नेल और हार्डवेयर के बीच इंटरफेस d) कमांड कंपाइलर

Q11. बाश (BASH) शेल का क्या मतलब है?

a) बॉर्न-अगेन शेल b) बेसिक एक्सेस शेल c) बेसिक से एडवांस शेल d) बिग एंड एडवांस शेल

Q12. vi संपादक में टेक्स्ट को हटाने के लिए किस कुंजी (key) का उपयोग किया जाता है?

a) d b) y c) k d) f

Q13. निम्न में से किस कमांड का प्रयोग सिंगल लाइन को डिलीट करने के लिए किया जाता है?

a) d b) x c) X d) dd

Q14. वर्तमान कर्सर स्थान से 10 पंक्तियों को कॉपी करने के लिए, हम ______ का उपयोग कर सकते हैं

a) 10y b) yy10 c) 10yy d)10x

Q15. '10u' कमांड हमारे 10 अंतिम संपादन कार्यों को उलट देगा (रिवर्स करेगा)।

a) सही b)गलत

C. क्रासवर्ड

अक्रॉस		डाउन	
1.	शेल द्वारा प्रदर्शित एक कैरेक्टर या कैरेक्टर का समूह जब शैल एक नया आदेश को स्वीकार करने के लिए तैयार रहता है	2.	फ़ाइलें को दूर करने के लिए शेल कमांड
5.	एक लाइन हटाने के लिए vi एडिटर कमांड	3.	फ़ाइल बनाने के लिए शेल कमांड
7	बूटिंग प्रक्रिया के दौरान हार्डवेयर इनिशियलाइज़ेशन करने के लिए उपयोग किया जाने वाला फर्मवेयर	4.	एक मोबाइल आधारित ऑपरेटिंग सिस्टम
10.	सेशन में अंतिम टाइप किए गए कमांड को देखने के लिए शेल कमांड	5.	एक लिनक्स आधारित ऑपरेटिंग सिस्टम
11.	यूनिक्स ऑपरेटिंग सिस्टम का बैकबोन जो सिस्टम स्टार्टअप पर मेमोरी में लोड किया जाता है।	6.	एक पालतू प्राणी (पेट) और शेल कमांड का नाम
12.	एक प्रोग्राम के आउटपुट को दूसरे प्रोग्राम या फ़ाइल को आपूर्ति करने के लिए फ़ंक्शनैलिटी	8.	एक यूटिलिटी प्रोग्राम जो उपयोगकर्ताओं द्वारा टाइप किए गए कमांड की व्याख्या करता है
		9.	एक पैटर्न खोजने के लिए फिल्टर कमांड

उत्तर

विषयात्मक प्रश्नों के लिए संकेत

A1. ओपन-सोर्स ऑपरेटिंग सिस्टम सोर्स कोड सभी के लिए खुला है, कोई भी इसे संशोधित और अपडेट कर सकता है लेकिन क्लोज्ड सोर्स ऑपरेटिंग सिस्टम सोर्स कोड सार्वजनिक डोमेन में उपलब्ध नहीं है। इसलिए कोई भी सोर्स कोड को अपडेट या संशोधित नहीं कर सकता है।

A2. शेल एक यूटिलिटी प्रोग्राम है जो लॉग ऑन करने पर शुरू होता है। इसकी विभिन्न विशेषताओं पर चर्चा करें, जैसे, प्रॉम्प्ट, इंटरप्रिटेशन, मल्टीटास्किंग, कमांड इतिहास और वाइल्डकार्ड और उपनाम।

A3. आदेशों(कमांड) का क्रमः:

i. $ mkdir College
ii. $ cd College
iii. $ mkdir Humanities Computer Electronics Mechanical Civil
iv. $ cd Humanities
v. $ touch cs.txt el.txt me.txt ce.txt
vi. $ cd..
vii. $ cd Computer
viii. $ mkdir IT Cyber Security

b. cp कमांड का उपयोग, वांछित कार्रवाई करने के लिए करें। c. वांछित क्रिया करने के लिए mv कमांड का प्रयोग करें।

d. निर्देशिका संरचना को पुनरावर्ती रूप से हटाने के लिए rm -r कमांड का उपयोग करें।

वस्तुनिष्ठ प्रश्नों के उत्तर

प्रश्न क्र.	1	2	3	4	5	6	7	8	9	10	11	12	13	14	15
सही जवाब	c	a	d	a	a	d	b	d	a	b	a	a	d	c	a

क्रॉसवर्ड

अक्रॉसः 1: prompt, 5:dd, 7: bios, 10: history, 11: kernel, 12: piping
डाउनः 2:rm, 3: touch, 4: android, 5: Debian, 6:cat, 8: shell, 9: grep

अधिक जानें

- छात्रों को ऑपरेटिंग सिस्टम के नवीनतम संस्करण को अपने व्यक्तिगत कंप्यूटर पर स्थापित करें क्योंकि यह पुराने ऑपरेटिंग सिस्टम की तुलना में अधिक सुरक्षित और विशेष रुप से प्रदर्शित होगा।
- शिक्षक, विद्यार्थियों को पायरेटेड सॉफ्टवेयर नहीं खरीदने के लिए प्रोत्साहित करें। हमेंशा लीगल सॉफ्टवेयर खरीदें। पायरेटेड सॉफ्टवेयर में सुरक्षा खामियों का इस्तेमाल कर विद्यार्थियों को नुकसान हो सकता है।
- उबंटू की एक साफ स्थापना के अलावा, विद्यार्थियों को विंडोज ओएस पर लिनक्स बैश शेल स्थापित करना सिखाया जा सकता है। URL https://itsfoss.com/install-bash-on-windows/ पर विवरण देखें या उल्लेखित वीडियो https://www.youtube.com/watch?v=1ap3hL-UR9I, देखें।

एप्लीकेशन

प्रत्येक डिवाइस के प्रबंधन और नियंत्रण के लिए ऑपरेटिंग सिस्टम आवश्यक है। यह छोटे पहनने योग्य उपकरण से लेकर बड़े और जटिल नियंत्रण प्रणालियों तक में उपलब्ध है। पर्सनल कंप्यूटर और मोबाइल उपकरणों पर पारंपरिक उपस्थिति के अलावा ओएस ने अन्य डोमेन में भी इसके अनुप्रयोग पाए, उस में से कुछ नीचे सूचीबद्ध हैं:

- घरेलू उपकरणों में प्रयुक्त एंबेडेड सिस्टम
- ऑटोमोबाइल इंजन नियंत्रक
- औद्योगिक रोबोट और अनुसंधान
- अंतरिक्ष यान नियंत्रण प्रणाली जिसका उपयोग जमीन से अंतरिक्ष यान को संचालित करने के लिए किया जाता है
- बड़े पैमाने पर कंप्यूटिंग सिस्टम और मोबाइल कंप्यूटिंग

प्रायोगिक कार्य

प्रयोग 2.1 : ऑपरेटिंग सिस्टम इंस्टॉलेशन

प्रायोगिक कथन

पहचाने गए लैब मशीनों पर लिनक्स और विंडोज ऑपरेटिंग सिस्टम स्थापित करें, विभिन्न विकल्पों का पता लगाएँ, इसे कई बार करें।

प्रायोगिक महत्व

ऑपरेटिंग सिस्टम की स्थापना के पीछे मौजूदा सिस्टम का रखरखाव या अपग्रेडेशन आवश्यकताएँ यह दो प्रमुख कारण हैं। एक उन्नत, अद्यतन ओएस अपने उपयोगकर्ताओं को मजबूत सेवाएँ प्रदान करता है। कंप्यूटर उपयोगकर्ताओं के लिए OS इंस्टालेशन कौशल आवश्यक हैं।

प्रासंगिक सिद्धांत

विंडोज और लिनक्स ऑपरेटिंग सिस्टम की स्थापना यूनिट 2, खंड 2.1 और 2.2 में विस्तृत है।

प्रैक्टिकल आउटकम्स (PrO)

शिक्षार्थी निम्न करने में सक्षम होंगे:

PrO1: किसी पहचान की लैब मशीन पर उबंटू लिनक्स ऑपरेटिंग सिस्टम को क्लीन इंस्टॉल करें।

PrO2: किसी पहचान की लैब मशीन पर विंडोज 10 ऑपरेटिंग सिस्टम को क्लीन इंस्टॉल करें।

प्रैक्टिकल सेटअप (वर्क सिचुएशन)

इस प्रयोग में, हम उबंटू और विंडोज ऑपरेटिंग सिस्टम को क्लीन इंस्टॉल करेंगे। एहतियाती उपाय के लिए, हमें ऐसे कंप्यूटर मशीन का चयन करना चाहिए जिस पर कोई महत्वपूर्ण डेटा ना हो।

आवश्यक संसाधन

1. कंप्यूटर सिस्टम यानी पीसी/लैपटॉप।
2. इंटरनेट कनेक्शन।
3. बूट करने योग्य मीडिया बूटेबल (सीडी/डीवीडी/यूएसबी) जिस पर ऑपरेटिंग सिस्टम होता है।

सावधानियाँ

1. इंस्टालेशन प्रक्रिया शुरू करने से पहले सभी महत्वपूर्ण डेटा का बैकअप लिया जाना चाहिए।
2. इंस्टालेशन प्रक्रिया से पहले अनुशंसित सिस्टम आवश्यकताओं की जांच की जानी चाहिए।
3. न्यूनतम सिस्टम आवश्यकताओं के अलावा, आपको पीसी में स्थापित विशिष्ट घटकों की अनुकूलता पर भी विचार करना चाहिए, यानी जाँच लें कि आपके सभी सॉफ्टवेयर और हार्डवेयर OS के नए संस्करण में उपलब्ध होंगे या नहीं?
4. यदि आप विंडोज ओएस इंस्टॉल कर रहे हैं, तो सीरियल की को संभाल कर रखें।

सुझाई गई प्रक्रिया

उबंटू लिनक्स के लिए क्लीन इंस्टालेशन की चरण दर चरण विस्तृत प्रक्रिया को अध्याय 2, खंड 2.1 में समझाया गया है। जबकि माइक्रोसॉफ्ट विंडोज ओएस इंस्टॉलेशन की आरेखीय व्याख्या उसी अध्याय में, खंड 2.2 में शामिल है । प्रक्रिया में विभिन्न चरण शामिल हैं जैसे ओएस डाउनलोड करना, बूट करने योग्य मीडिया का निर्माण, बूट करने योग्य मीडिया से बूट करना, और फिर वास्तविक स्थापना और कॉन्फ़िगरेशन सेटिंग्स।

प्रेक्षण

तालिका 2.7 : OS इंस्टालेशन फैक्ट्स

क्रमांक	आपका सिस्टम कॉन्फ़िगरेशन (एचडीडी, सीपीयू, रैम, आदि)	ओएस संस्करण जो स्थापित किया जाना है	नई फाइल सिस्टम	नई विभाजन आकार	स्थापना के लिए लिया गया समय	ओएस की मुख्य विशेषताएँ

प्रैक्टिकल से संबंधित प्रश्न

***नोटः** संदर्भ के लिए कुछ नमूना प्रश्न नीचे दिये गए हैं।*

1. विंडोज के लिए पसंदीदा फाइल सिस्टम क्या है?
2. नए ओएस इंस्टॉलेशन के लिए नई हार्ड ड्राइव तैयार करते समय टास्क ऑर्डर क्या होता है?
   a. फॉर्मेट, फिर पार्टीशन, फिर OS इंस्टॉल करें
   b. पार्टीशन, फिर OS इंस्टॉल करें, फिर फॉर्मेट करें
   c. फॉर्मेट करें, फिर OS इंस्टॉल करें, फिर पार्टीशन करें
   d. पार्टीशन, फिर फॉर्मेट करें, फिर OS इंस्टॉल करें
3. विंडोज 10 को इंस्टॉल करने के लिए अनुशंसित सीपीयू गति और रैम की मात्रा क्या है।

अध्ययन हेतु सुझाए गए संसाधन

[1] D. Anfinson and D. Quammen, IT Essentials PC Hardware and Software Companion Guide. Madrid: CISC Press.Pearson Education., 2009.

[2] M. Meyers, Mike Meyers' CompTIA A+ guide : essentials : exam 220-701. New York: Mcgraw-Hill, 2010.

मूल्यांकन योजना हेतु सुझाव

दिए गए कार्यनिष्पादन संकेतक को, प्रक्रिया और उत्पाद से संबंधित अंकों के मूल्यांकन के लिए एक दिशानिर्देश के रूप में कार्य करना चाहिए।

कार्यनिष्पादन संकेतक		कुल अंको का प्रतिशत वेटेज	प्रदान किए गए अंक
प्रक्रिया संबंधितः अंक* (%)			
1.	बूट करने योग्य मीडिया का निर्माण	10	
2.	बूट अनुक्रम को बदलना, नई फाइल सिस्टम एवं नई विभाजन आकार की व्याख्या	10	
3.	प्रैक्टिकल घटकों की व्याख्या यानी, खंड 1.2 से 1.7	10	
4.	प्रक्रिया को समझने एवं क्रमानुसार उसे समझा पाना	10	
5.	मौखिक परीक्षा	10	
परिणाम संबंधितः अंक* (.%)			
6.	अवलोकन तालिकाओं की तैयारी	25	
7.	अवलोकन तालिकाओं और परिणामों की व्याख्या	25	
	कुल	**100%**	

*परिणाम और प्रक्रिया मूल्यांकन के लिए अंक और प्रतिशत भार का निर्णय शिक्षक द्वारा लिया जायेगा।

छात्र का नामः.. प्रदान किए गए अंक			दिनांक के साथ शिक्षक के हस्ताक्षर
प्रक्रिया संबंधित	परिणाम संबंधित	कुल	

संदर्भ एवं अध्ययन हेतु सुझाव

[1] Sumitabha Das, UNIX concepts and applications. New Delhi: Tata McGraw-Hill, 2006.

[2] E. Quigley, UNIX shells by example, 3rd ed. Upper Saddle River, Nj: Prentice Hall Professional Technical Reference, 2010. IEEE formatting as it is

□□□

3 हाइपरटेक्स्ट मार्कअप लैंग्वेज और कैस्केड स्टाइल शीट्स

यूनिट विशिष्ट

इस यूनिट में, विद्यार्थी यह जानेंगे कि वेब विकास में उपयोगी उपकरण HTML (हाइपरटेक्स्ट मार्कअप लैंग्वेज) का उपयोग करके वेबपेज कैसे बनाया जाता है। विद्यार्थी एचटीएमएल के लिए सुदृढीकरण तकनीक यानी CSS (कैस्केड स्टाइल शीट्स) का उपयोग करना सीखेंगे। आकर्षक प्रदर्शन और सूचना के स्वरूपण के लिए वेब विकास में सीएसएस का व्यापक रूप से उपयोग किया जा रहा है। यह उपयोगकर्ता के अनुकूल वेब पेज बनाने के लिए एचटीएमएल के विभिन्न टैग और सीएसएस के गुणों का वर्णन करता है। इस यूनिट से एचटीएमएल और CSS (सीएसएस) का पर्याप्त ज्ञान विद्यार्थी की वेबपेज बनाने की क्षमता में सुधार करेगा।

भूमिका

वर्ल्ड वाइड वेब(WWW) सर्वव्यापी इंटरनेट का सबसे व्यापक रूप से उपयोग किया जाने वाला अनुप्रयोग है। वर्ल्ड वाइड वेब सूचनाओं का सागर है, हर पल नई जानकारी जोड़ी जा रही है और मौजूदा जानकारी को उत्सुकता से खोजा जा रहा है। खंड 1.3 में, हमने सीखा कि सर्च क्वेरी के द्वारा सूचना को कुशलता से कैसे खोजा या सर्च किया जाता है। क्या आपने सोचा है कि वर्ल्ड वाइड वेब पर इस विशाल जानकारी को कैसे व्यवस्थित रख जाता है? विभिन्न वेबसाइटों पर सूचना का प्रदर्शन कैसे भिन्न होता है? इन सभी सवालों के जवाब हम इस यूनिट में जानेंगे।

पूर्व-अपेक्षित ज्ञान

- कंप्यूटर सॉफ्टवेयर और हार्डवेयर की बेसिक(मूल) जानकारी।
- किसी भी टेक्स्ट एडिटर के साथ बेसिक वर्ड प्रोसेसिंग क्षमताएँ।
- वेब ब्राउज़र जैसे मोज़िला, फ़ायरफ़ॉक्स, गूगल क्रोम आदि का उपयोग करके इंटरनेट ब्राउज़िंग।

यूनिट आउटकम्स

विद्यार्थी निम्न में सक्षम होंगेः

U3-O1: टेक्स्ट एडिटर पर वेबपेज बनाएँ और उन्हें विभिन्न वेब ब्राउज़रों पर चलाएँ।

U3-O2: विभिन्न एचटीएमएल टैग्स को परिभाषित करें, एक वेबपेज को फॉर्मेट करें और वेब पेजों को हाइपरलिंक करें।

U3-O3: सीएसएस की संरचना को परिभाषित करें और एचटीएमएल दस्तावेज़ों पर सीएसएस को, विभिन्न तरीकों से लागू करें।

U3-O4: फ़ॉन्ट, टेक्स्ट और पृष्ठभूमि गुणों(एट्रीब्यूट) के साथ वेबपृष्ठों पर शैलियों को लागू करें।

तालिका 3.1: कोर्स आउटकम्स (COs) के साथ यूनिट आउटकम्स (UOs) का परस्पर संबंध

यूनिट -3 आउटकम्स	कोर्स आउटकम्स (COs) के साथ अपेक्षित संबंध (1- कमजोर सहसंबंध; 2- मध्यम सहसंबंध; 3- मजबूत सहसंबंध)						
	CO-1	CO-2	CO-3	CO-4	CO-5	CO-6	CO-7
U3-O1	3	1	1	2	3	2	2
U3-O2	2	1	1	1	3	2	1
U3-O3	1	1	1	1	3	2	2
U3-O4	1	1	1	1	3	2	1

3.1 हाइपर टेक्स्ट मार्कअप भाषा 4 (एचटीएमएल 4)

HTML(एचटीएमएल) वेबपेज बनाने और उन्हें वेब ब्राउज़र में प्रदर्शित करने के लिए एक उपयोगी उपकरण है। वर्ल्ड वाइड वेब के अस्तित्व में असंख्य वेबपेज हैं जो परस्पर जुड़े हुए हैं। जब ये वेबपेज एक मुख्य उद्देश्य के लिए आयोजित एक समूह का रूप लेते हैं, तो उन्हें वेबसाइट कहा जाता है। वर्ल्ड वाइड वेब के निर्माण में एचटीएमएल का योगदान अतुल्यनीय है। समय-समय पर, वेब प्रोग्रामिंग की दुनिया में एचटीएमएल के कई संस्करण लोकप्रिय हो गए हैं। एचटीएमएल4, एचटीएमएल का नवीनतम संस्करण है। एचटीएमएल4 एक मार्कअप भाषा है जिसे वर्तमान में लगभग सभी वेब ब्राउज़र पर आसानी से समझा जा सकता है।

हालाँकि एचटीएमएल का नया संस्करण, एचटीएमएल5 भी अपने नए टैग के साथ लोकप्रिय हो रहा है, लेकिन एचटीएमएल4 के वैश्विक प्रसार और स्वीकृति के बारे में कोई संदेह नहीं है। एचटीएमएल के पिछले संस्करणों में उपलब्ध टेक्स्ट, मल्टीमीडिया और हाइपरलिंक सुविधाओं के साथ, एचटीएमएल4 स्क्रिप्टिंग भाषाओं, स्टाइल शीट और अन्य महत्वपूर्ण सुविधाओं का समर्थन करता है। एचटीएमएल4 कई मल्टीमीडिया विकल्पों का समर्थन करता है, यह फ्रेम के साथ एचटीएमएल को एन्हांस करता है, वस्तुओं(ऑब्जेक्ट) को एम्बेड करता है, दाएं से बाएं और मिश्रित दिशा वाले टेक्स्ट के लिए बेहतर समर्थन, रिच टेबल, और फॉर्म में एन्हांसमेंट, विकलांग लोगों के लिए बेहतर पहुँच प्रदान करता है।

सामान्य तौर पर एचटीएमएल दस्तावेज़ में दो कार्यात्मकताएँ शामिल होती हैं:

1. **हाइपरटेक्स्ट:** यह एक नियमित टेक्स्ट है जिसमें टेक्स्ट के भीतर अन्य दस्तावेज़ों (हाइपरलिंकिंग) को जोड़ने या संदर्भित करने की क्षमता होती है। इसे नियमित टेक्स्ट की तरह संग्रहित, पढ़ा, खोजा और संपादित(एडिट) किया जा सकता है।

2. **मार्कअप:** यह किसी दस्तावेज़ को एनोटेट करने के लिए एक प्रणाली है, जो दस्तावेज़ में इच्छित टेक्स्ट को अन्य सामग्री से दृष्टिगत रूप से अलग-अलग तरीके से प्रदर्शित करता है।

एक एचटीएमएल दस्तावेज़ कई टैग के साथ बनता है। एक टैग एक विशेष शब्द है जो कोणीय कोष्ठक '<' और '>' के भीतर संलग्न है। यह टैग वेब ब्राउजर के लिए एक वेबपेज पर सामग्री की संरचना या स्वरूपण के बारे में एक संकेत है। यदि कोई टैग संरचना संबंधी जानकारी देता है, तो उसे <HTML>, <BODY>, <HEAD> जैसे संरचनात्मक(स्ट्रक्चरल) टैग के रूप में जाना जाता है। यदि यह वेब ब्राउज़र को सामग्री के स्वरूपण (फॉर्मेटिंग) के बारे में सूचित कर रहा है तो इसे <B>, <BR>, <HR>, <IMG> जैसे स्वरूपण (फॉर्मेटिंग) टैग के रूप में जाना जाता है।

एचटीएमएल में दो प्रकार के टैग होते हैं।

1. **पेयर्ड टैग:** एचटीएमएल में कुछ टैग जोड़े में उपयोग किए जाते हैं जैसे, <B> टैग का उपयोग </B> टैग के साथ किया जाता है। इन दोनों के बीच के टेक्स्ट को बोल्ड करने के लिए इस टैग का प्रयोग किया जाता है। यहाँ <B> को ओपनिंग टैग कहा जाता है जबकि </B> को कंपेनियन टैग या क्लोजिंग टैग कहा जाता है। युग्मित टैग को ***कंटेनर टैग*** के रूप में भी जाना जाता है।

2. **सिंगुलर टैग**: इस प्रकार के टैग के लिए सहयोगी टैग या क्लोजिंग टैग की आवश्यकता नहीं होती है, जैसे, <BR>. एक सिंगुलर टैग्स को ***गैर-कंटेनर टैग*** के रूप में भी जाना जाता है।

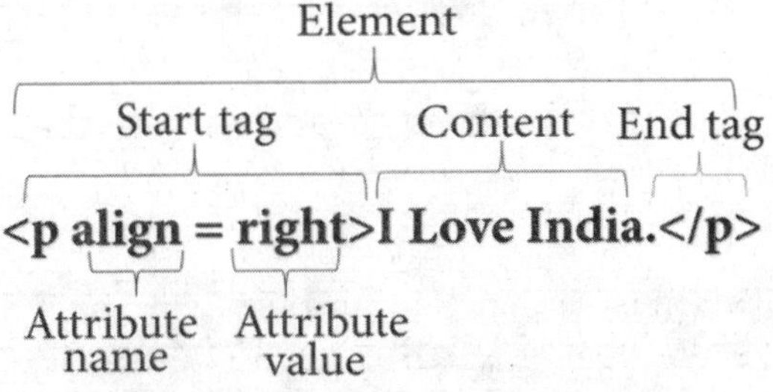

चित्र 3.1: एचटीएमएल कंटेनर एलीमेंट के भाग

एचटीएमएल कोडिंग के प्रारंभ टैग से लेकर क्लोजिंग टैग तक के भाग को ***एलिमेंट*** कहा जाता है। सिंगुलर टैग के मामले में, टैग स्वयं ही एक तत्व(एलिमेंट) है और यह खाली तत्व(एलिमेंट) के रूप में जाना जाता है। प्रत्येक टैग का अपना डिफ़ॉल्ट व्यवहार होता है यदि हम इसे बदलना चाहते हैं, तो हम उस टैग के ***एट्रीब्यूट*** का उपयोग कर सकते हैं। ओपनिंग टैग में विशेषताएँ परिभाषित की जाती हैं और वे एलिमेंट के किसी व्यवहार को नियंत्रित करती हैं। जैसा कि चित्र 3.1 में दिखाया गया है, पैराग्राफ टैग <p> का डिफ़ॉल्ट व्यवहार, संरेखण बाईं (लेफ्ट) ओर है जिसे संरेखण(एलाइनमेंट) नाम के एट्रीब्यूट (विशेषता) के लिए सही मान(वैल्यू) दाईं(राइट) निर्दिष्ट करके, दाईं ओर बदल दिया जाता है। चित्र 3.1 में एलिमेंट, स्टार्ट टैग, क्लोजिंग टैग, एट्रीब्यूट नाम और उसके मूल्य को भी दर्शाया गया है। कई टैग में संबद्ध विशेषताएँ होती हैं लेकिन यह सभी एचटीएमएल टैग्स के लिए जरूरी नहीं है।

3.1.1 वेबपेज की संरचना

एक वेबपेज या एचटीएमएल दस्तावेज़ की एक सामान्य संरचना चित्र 3.2(a) में दिखाई गई है। इसमें स्ट्रक्चरल टैग होते हैं और इसे विंडोज के डिफ़ॉल्ट टेक्स्ट एडिटर यानी नोटपैड में बनाया जाता है। कोई भी एचटीएमएल दस्तावेज़ <HTML> टैग से शुरू होता है और इसमें दो तत्व होते हैं, अर्थात एक वैकल्पिक ***हेड एलिमेंट*** और अनिवार्य ***बॉडी एलिमेंट***। हेड तत्व में दस्तावेज़ (डॉक्यूमेंट) के बारे में अतिरिक्त जानकारी होती है जैसे एचटीएमएल का संस्करण, वेबपेज का शीर्षक, मेटाडेटा, आदि। इस तत्व में निहित जानकारी ब्राउज़र द्वारा प्रदर्शित नहीं की जाती है, लेकिन यह दस्तावेज़ के बारे में ब्राउज़र को सक्षम करने के लिए है। वेब ब्राउज़र, बॉडी एलिमेंट में लिखी गई सामग्री को प्रदर्शित करते हैं। बॉडी टैग में दस्तावेज़ के सभी टेक्स्ट और ग्राफ़िक्स होते हैं जिनमें सभी एचटीएमएल टैग होते हैं जिनका उपयोग पृष्ठ के नियंत्रण और स्वरूपण के लिए किया जाता है। आने वाले पेजों में हम बॉडी टैग के अंदर इस्तेमाल होने वाले विभिन्न टैग्स के बारे में विस्तार से जानेंगे।

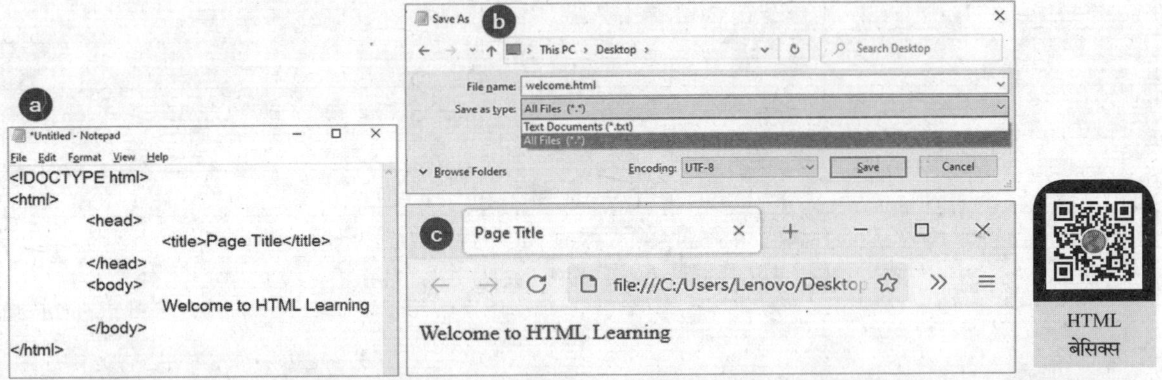

चित्र 3.2: एचटीएमएल दस्तावेज़ (a) सामान्य संरचना (b) एचटीएमएल के रूप में सहेजें(सेव करें) (c) ब्राउज़र विंडो

3.1.2 वेबपेज कैसे बनाएँ?

किसी भी टेक्स्ट एडिटर जैसे नोटपैड, नोटपैड ++ इत्यादि का उपयोग करके एक एचटीएमएल दस्तावेज़ बनाया जा सकता है। साथ में सामान्य पाठ संपादक(टेक्स्ट एडिटर), WYSIWYG संपादक (जैसे ड्रीमविवर) भी लोकप्रिय है। WYSIWYG संपादकों में, एचटीएमएल कोडिंग लिखने की सुविधा के साथ, वेब ब्राउज़र में कोडिंग आउटपुट कैसा दिखेगा इसका एक पूर्वावलोकन भी दिखाया जाता है। इसे व्यावहारिक रूप से सीखने के लिए बस नीचे दिए गए चरणों का पालन करें।

1. सबसे पहले अपनी पसंद का कोई भी टेक्स्ट एडिटर खोलें और चित्र 3.2(a) में दिखाया गया कोड टाइप करें।
2. टेक्स्ट फाइल बनाने के बाद हमें उसे .htm या .html एक्सटेंशन से सेव करना होता है। ऐसा करने के लिए, ***File —>saveas*** विकल्प पर क्लिक करें। यह चित्र 3.2(b) में दर्शाए अनुसार saveas डायलॉग बॉक्स के रूप में (सहेजें save as) दिखाएगा। हमें ***Save as type*** से इस ***All Files (*) List*** विकल्प का चयन करना होगा ।

अब अपनी फाइल का नाम 'Untitled.txt' से बदलकर 'welcome.html' कर दें और सेव ऑप्शन पर क्लिक करें।

3. सहेजी गई फ़ाइल अब नीचे दी गई विधियों में से किसी एक का उपयोग करके किसी भी वेब ब्राउज़र में खोली जा सकती है।
   a. बस फ़ाइल ब्राउज़ करें और फ़ाइल पर डबल-क्लिक करें।
   b. Ctrl + 'O' कुंजियाँ दबाएँ और फ़ाइल चुनें।
   c. अपना ब्राउज़र खोलें और ब्राउज़र विंडो पर अपनी html/htm फ़ाइल को 'खींचें और छोड़ें'(ड्रैग और ड्रॉप)।

अब, एचटीएमएल दस्तावेज़ आपके डिफ़ॉल्ट वेब ब्राउज़र (हमारे केस में मोज़िला फ़ायरफ़ॉक्स) में एक सामान्य वेबपेज की तरह प्रदर्शित होगा, जैसा कि चित्र 3.2 (c) में दिखाया गया है।

3.1.3 मूल एचटीएमएल टैग

टैग, एचटीएमएल के मुख्य निर्माण खंड होते हैं। पूर्वनिर्धारित टैग्स का उपयोग करके, एचटीएमएल, किसी भी वेब ब्राउज़र को कंटेंट डिस्प्ले प्रॉपर्टी के बारे में बताता है अर्थात यह बताता है कि किसी विशेष कंटेंट को कैसे प्रदर्शित किया जाना है। जैसे (<p></p>) का प्रयोग पैराग्राफ बनाने के लिए किया जाता है। <b></b> टेक्स्ट को बोल्ड करने के लिए, प्रयोग किया जाता है।

तालिका 3.2: फ़ॉर्मेटिंग टैग्स

टैग	विवरण
<CENTER>..</CENTER>	टेक्स्ट के किसी भी भाग को मध्य संरेखित करने के लिए।
<P>..</P>	नई लाइन से एक पैराग्राफ को शुरू करने के लिए।
 	टेक्स्ट में लाइन ब्रेक लगाता है। के बाद दिखने वाला टेक्स्ट अगली लाइन में दिखाई देता है।
<B>..</B>	टेक्स्ट के किसी भी भाग को **बोल्ड** करने के लिए।
<U>..</U>	टेक्स्ट के किसी भी हिस्से को अंडरलाइन करने के लिए।
<I>..</I>	टेक्स्ट के किसी भी भाग को ***इटैलिक*** करने के लिए।
<BLOCKQUOTE>.. </BLOCKQUOTE>	टेक्स्ट को दोनों तरफ से इंडेंट करने के लिए।

<FONT>..<FONT>	टेक्स्ट के किसी भी भाग के लिए एक विशिष्ट फॉन्ट सेट करने के लिए जैसे, चेहरा, रंग, आकार, आदि।
<Hn>..</Hn>	शीर्षकों को प्रारूपित करने के लिए। यहाँ n, 1 से 6 के बीच की एक प्राकृत संख्या है।
<HR>	हॉरिजॉन्टल रूल (क्षैतिज रेखा) बनाने के लिए
^{..}	टेक्स्ट के किसी भी भाग को सुपरस्क्रिप्ट करने के लिए। जैसे, e=mc2 (2 सुपरस्क्रिप्टेड है।)
_{..}	टेक्स्ट के किसी भी हिस्से को सबस्क्रिप्ट करने के लिए। उदाहरण के लिए, एच2ओ (2 सबस्क्रिप्ट किया गया है।)

तालिका 3.3: <P> और <FONT> टैग की विशेषता

टैग	विशेषता	विशेषता के संभावित मान
<P>	संरेखित ALIGN	बाएं, दाएं, केंद्र को, जस्टिफाई, संरेखित करें लेफ्ट राइट सेंटर जस्टिफाई एलाइनमेंट
<FONT>	फेस चेहरा with फॉण्ट फेस	कोई भी मान्य फ़ॉन्ट नाम
	SIZE आकार	1 से 7 के बीच कोई पूर्णांक
	COLOR	कोई भी मान्य रंग नाम या रंग कोड जैसे, RED या #FF0000

जब हम एक वेबपेज डिज़ाइन करते हैं, तो टैग को दूसरे टैग में समाहित किया जा सकता है जिसे टैग्स के नेस्टिंग के रूप में जाना जाता है। नेस्टिंग का उपयोग करके हम किसी दिए गए टेक्स्ट में एकाधिक स्वरूपण लागू कर सकते हैं उदाहरण के लिए, हम टेक्स्ट "फिट इंडिया" को बोल्ड, इटैलिक के साथ प्रारूपित कर सकते हैं, और टैग के नेस्टिंग के माध्यम से अंडरलाइन स्वरूपण कर सकते हैं, <B><U><I>Fit India</I></U></B>. यह ब्राउजर विंडो में फॉर्मेट टेक्स्ट के रूप में, ***फिट इंडिया*** दिखाएगा।

ऊपर चर्चा किए गए टैग्स को व्यावहारिक रूप से सीखने के लिए हम चित्र 3.3 पर विचार करते हैं। चित्र 3.3 में एचटीएमएल दस्तावेज़ों का कोडिंग भाग शामिल है, जिसमें तालिका 3.2 के स्वरूपण टैग और तालिका 3.3 में वर्णित विशेषताएँ हैं।

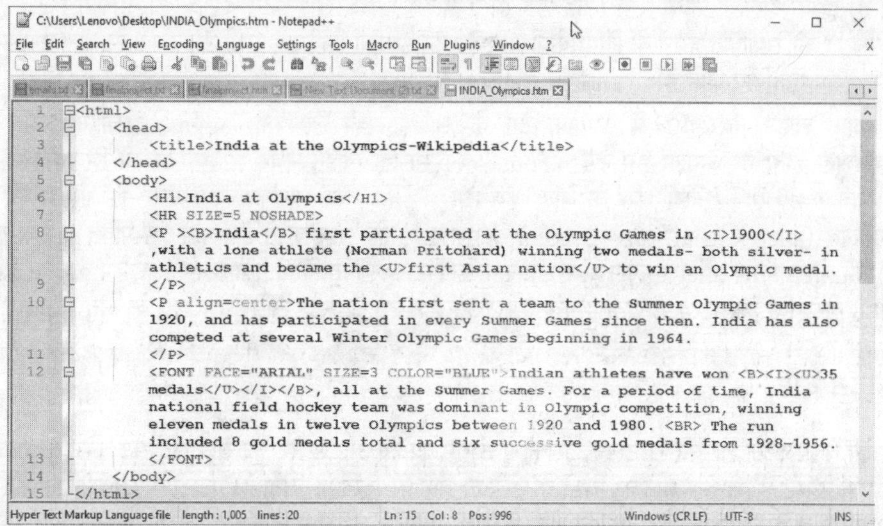


```
<html>
    <head>
        <title>India at the Olympics-Wikipedia</title>
    </head>
    <body>
        <H1>India at Olympics</H1>
        <HR SIZE=5 NOSHADE>
        <P ><B>India</B> first participated at the Olympic Games in <I>1900</I>
        ,with a lone athlete (Norman Pritchard) winning two medals- both silver- in
        athletics and became the <U>first Asian nation</U> to win an Olympic medal.
        </P>
        <P align=center>The nation first sent a team to the Summer Olympic Games in
        1920, and has participated in every Summer Games since then. India has also
        competed at several Winter Olympic Games beginning in 1964.
        </P>
        <FONT FACE="ARIAL" SIZE=3 COLOR="BLUE">Indian athletes have won <B><I><U>35
        medals</U></I></B>, all at the Summer Games. For a period of time, India
        national field hockey team was dominant in Olympic competition, winning
        eleven medals in twelve Olympics between 1920 and 1980. <BR> The run
        included 8 gold medals total and six successive gold medals from 1928-1956.
        </FONT>
    </body>
</html>
```

चित्र 3.3: नोटपैड ++ एडिटर में फॉर्मेटिंग टैग्स के साथ एचटीएमएल कोड

आसान कोड लेखन और एचटीएमएल कोड के बेहतर प्रतिनिधित्व के लिए, हमने उपरोक्त कोड को एक मुफ्त टेक्स्ट और सोर्स कोड एडिटर सॉफ्टवेयर यानी नोटपैड ++ में टाइप किया है। वही कोड किसी भी टेक्स्ट एडिटर में टाइप किया जा सकता है।

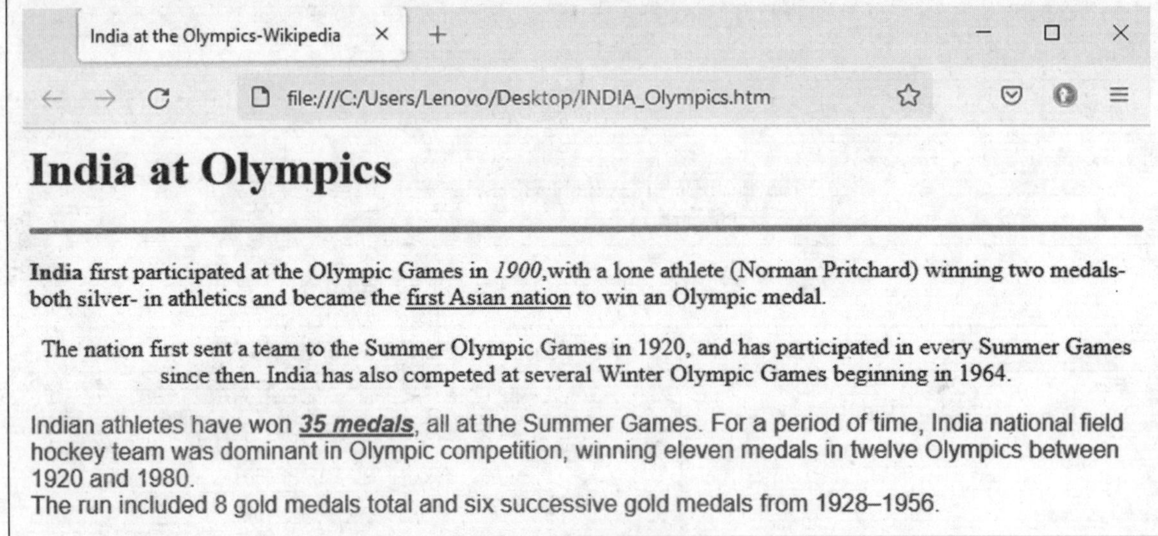

चित्र 3.4: ब्राउज़र विंडो पर वेबपेज

उपरोक्त एचटीएमएल कोड के अनुरूप परिणामी वेबपेज चित्र 3.4 में दिखाया गया है। चित्र 3.3 में, बॉडी टैग लाइन नंबर 5 से शुरू होता है और इसमें ब्राउज़र विंडो पर आउटपुट प्रदर्शित करने के लिए उपयोग किए जाने वाले अन्य सभी टैग हैं जैसा कि चित्र 3.4 में दिखाया गया है। सोर्स कोड लाइन नंबर 6 में हेडिंग फॉर्मेटिंग टैग यानी <H1> होता है। इसके बाद लाइन नंबर 7 पर हॉरिजॉन्टल रूलिंग टैग यानी <HR> टैग अपने एट्रिब्यूट्स आकार(size) और नोशेड(noshade)) के साथ ब्राउज़र विंडो में हॉरिजॉन्टल लाइन प्रदर्शित करने के लिए उपयोग किया जाता है। लाइन 8 पैराग्राफ ब्रेक <P> टैग से शुरू होती है और फिर बोल्ड टैग <B> का उपयोग '**India**' को बोल्ड करने के लिए किया जाता है। इटैलिक टैग का उपयोग वर्ष 1900 को इटैलिक रूप में प्रारूपित करने के लिए किया जाता है। इसके अलावा पंक्ति 8 में (यह एक रैप टेक्स्ट है) अंडरलाइन टैग <U> का उपयोग First Asian Nation (पहले एशियाई राष्ट्र) को रेखांकित करने के लिए किया गया है। ऊपर चर्चा किए गए सभी टैग उनके साथी (कंपेनियन) या अंतिम (एंड) टैग के साथ उपयोग किए जाते हैं।

अगला पैराग्राफ लाइन नंबर 10 से पैराग्राफ टैग के साथ इसकी विशेषता, ailgn (अलाइन) और मूल्य center (सेंटर) के साथ शुरू होता है। अगला हम टैग <Font> का सामना लाइन नंबर 12 पर इसकी विशेषताओं, मतलब चेहरा = ''एरियल'', आकार=3, रंग= 'नीला' इस के बाद हम टैग <Font> का सामना लाइन नंबर 12 पर इसकी विशेषताओं के साथ करते हैं, मतलब (face="Arial" size=3 color='BLUE') के साथ करते हैं। आगे इस पंक्ति में टेक्स्ट **"35 पदक"** (35 Medals) को बोल्ड प्लस इटैलिक प्लस अंडरलाइन के रूप में स्वरूपित किया गया है, इसलिए हमें ब्राउज़र विंडो में 35 पदक स्वरूपित मिलता है जैसा कि चित्र 3.4 में दर्शाया गया है। लाइन ब्रेक टैग
 लाइन नंबर 12 के अंत में प्रयोग किया गया है।

3.1.4 पेज सेटिंग टैग

इन टैग्स का उपयोग वेबपेज का शीर्षक(टाइटल), इसकी पृष्ठभूमि का रंग और टेक्स्ट का रंग आदि सेट करने के लिए किया जाता है। एक पेज शीर्षक एक टेक्स्ट है जो वेब ब्राउज़र विंडो के टाइटल बार पर दिखाया जाता है। एचटीएमएल कोडिंग में शीर्षक(टाइटल) टैग (<title>) गायब होने की स्थिति में, डिफ़ॉल्ट रूप से, यह दस्तावेज़ का नाम दिखाएगा। जैसा कि चित्र 3.4 में दिखाया गया है, वेबपेज का पृष्ठ शीर्षक "इंडिया एट द ओलंपिक-विकिपीडिया"(India at the Olympic Wikipedia) है। <title> टैग का उपयोग

<head> टैग के अंदर किया जाता है, इसे चित्र 3.3, पंक्ति संख्या 3 में दर्शाया गया है। पृष्ठ पृष्ठभूमि और टेक्स्ट का रंग <BODY> टैग की विभिन्न विशेषताओं का उपयोग करके सेट किया जा सकता है। इन विशेषताओं को तालिका 3.4 में दिखाया गया है।

तालिका 3.4: <BODY> टैग की विशेषताएँ

विशेषता	विशेषता का संभावित मान(वैल्यू)
बैकग्राउंड BACKGROUND	इसे वेबपेज की पृष्ठभूमि में एक छवि प्रदर्शित करने के लिए उपयोग किया जाता है।
बिजी कलर BGCOLOR	वेबपेज का बैकग्राउंड कलर निर्दिष्ट करने के लिए उपयोग किया जाता है। रंग का नाम, नाम या RGB मान में दिया जा सकता है।
टेक्स्ट TEXT	दस्तावेज़ में सामान्य text का रंग सेट करने के लिए उपयोग किया जाता है।रंग का नाम या RGB मान दिया जा सकता है

3.1.5 लिस्ट (सूची) टैग

एचटीएमएल, सूचना की सूची निर्दिष्ट करने के तीन तरीके प्रदान करता है। सभी प्रकार की सूचियों में एक या अधिक सूची तत्व (लिस्ट एलिमेंट) होने चाहिए। सूची प्रकार हैं:

1. **अनऑर्डर्ड लिस्ट (बुलेटेड लिस्ट)**: यह सूची <UL> से शुरू होती है और </UL> पर समाप्त होती है। प्रत्येक सूची आइटम <LI> से शुरू होता है और </LI> का उपयोग वैकल्पिक है। यह TYPE विशेषता का समर्थन करता है जिसे मान FILLROUND (सॉलिड ब्लैक सर्कल बुलेट) या SQUARE (सॉलिड स्क्वेयर बुलेट) या DISC (होलो सर्कल बुलेट) असाइन किया जाता है।
2. **ऑर्डर्ड लिस्ट (क्रमांकित सूची)**: यह सूची <OL> ..</OL> टैग के भीतर समाहित है। प्रत्येक सूची आइटम <LI> टैग से शुरू होता है और </LI> टैग का उपयोग वैकल्पिक है। आदेशित सूची के एट्रिब्यूट्स तालिका 3.6 में प्रस्तुत किए गए हैं।
3. **डेफिनिशन लिस्ट्स(परिभाषा सूचियाँ)**: एचटीएमएल परिभाषा सूचियों का उपयोग तब किया जाता है जब हमें सूचीबद्ध वस्तुओं का वर्णन करने की आवश्यकता होती है। <DL> टैग विवरण सूची को परिभाषित करता है, <DT> टैग शब्द (नाम) को परिभाषित करता है, और <DD> टैग प्रत्येक शब्द का वर्णन करता है:

तालिका 3.5: सूची टैग (Listing Tags)

टैग	विवरण
<UL>	एक अनऑर्डर्ड सूची को परिभाषित करने के लिए प्रयुक्त होता है
<DD>	हर एक शब्द का वर्णन करने के लिए प्रयुक्त
<OL>	एक अनऑर्डर्ड सूची को परिभाषित करने के लिए प्रयुक्त
<LI>	एक सूची आइटम को परिभाषित करने के लिए प्रयुक्त
<DL>	एक विवरण सूची को परिभाषित करने के लिए प्रयुक्त
<DT>	एक विवरण सूची में एक शब्द को परिभाषित करने के लिए प्रयुक्त

विभिन्न लिस्टिंग टैग तालिका 3.5 में प्रस्तुत किए गए हैं। एचटीएमएल सूचियों को सीखने के लिए सभी लिस्टिंग टैग के साथ एक उदाहरण चित्र 3.5 में प्रदर्शित किया गया है। चित्र 3.5 (a) में दर्शाया गया कोडिंग विंडो, चित्र 3.5 (b) में दर्शाए अनुसार आउटपुट प्राप्त करने के लिए लिखा जाने वाला एचटीएमएल कोड दिखाता है।

हम चित्र 3.5 (a) में दर्शाए गए स्रोत कोड पर चर्चा करते हैं। लाइन नंबर 7 में <ol> टैग का उपयोग एक ऑर्डर की गई सूची को परिभाषित करने के लिए किया जाता है। इस सूची के आइटम (हॉकी, बास्केटबॉल और तीरंदाजी) <li> टैग द्वारा दिए गए हैं जैसा कि पंक्ति संख्या 8 से 10 में दिखाया गया है। इस सूची को चित्र 3.5 (b) की शुरुआत में एक क्रमांकित सूची के रूप में दर्शाया गया है। इसके अलावा, लाइन नंबर 13 <ul> टैग के साथ एक अनियंत्रित सूची को परिभाषित करता है, और इसकी सूची आइटम पंक्ति संख्या 14 से 16 पर परिभाषित की जाती है। यह सूची चित्र 3.5 (b) में बुलेटेड सूची के रूप में दिखाई गई है। अंत में, <dl>, <dt> और <dd> टैग के साथ एक परिभाषा सूची बनाई जाती है। ब्राउज़र विंडो के अंत में, परिभाषा सूची को दर्शाया गया है। यह हॉकी और बेसबॉल की शर्तों को परिभाषित करता है। (चित्र 3.5(a) देखें, लाइन नंबर 19 से 24 तक)

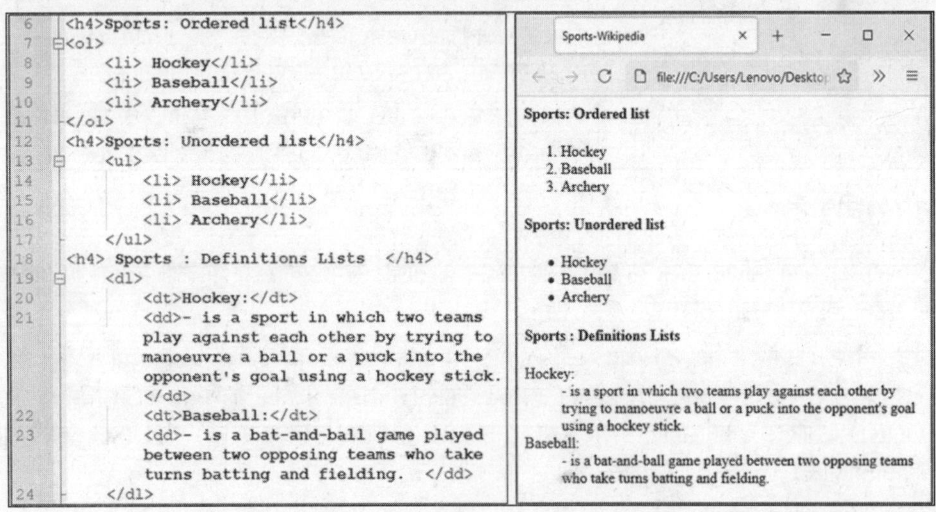

चित्र 3.5: HTML List का एक उदाहरण (a) कोडिंग विंडो (b) ब्राउज़र विंडो

तालिका 3.6: ऑर्डर्ड लिस्ट एट्रिब्यूट्स आइटम के गुण

विशेषता	एट्रिब्यूट्स का संभावित मान
TYPE	यह विशेषता क्रमांकन योजना को नियंत्रित करती है। 1: गिनती संख्या देगा (1, 2..) A: अपरकेस अक्षर (A, B,.) देगा a: लोअरकेस अक्षर देगा (a,b,।) I: अपरकेस रोमन अंक देगा (I, II,.) i: लोअरकेस रोमन अंक देगा (i, ii,.)
START	नंबरिंग अनुक्रम को बदलने के लिए उपयोग किया जाता है।
VALUE	आदेशित सूची के बीच में क्रमांकन क्रम को बदलने के लिए प्रयुक्त होता है।

3.1.6 एचटीएमएल में ग्राफ़िक्स जोड़ना

टेक्स्ट फ़ॉर्मेटिंग और लिस्टिंग के अलावा, एचटीएमएल, दस्तावेज़ में ग्राफ़िक्स और इमेज जोड़ने की सुविधा भी प्रदान करता है। एचटीएमएल में ग्राफिक इमेज को <img> टैग का उपयोग करके जोड़ा जाता है। <img> टैग एक खाली (एम्टी, सिंगुलर) टैग है जिसमें केवल एट्रिब्यूट्स होती हैं, इसके लिए क्लोजिंग टैग की आवश्यकता नहीं होती है।

तालिका 3.7: <IMG> टैग के एट्रिब्यूट्स

विशेषता	संभावित मान (वैल्यू)
ऑनलाइन ALIGN	यह विशेषता, इमेज के बाद टेक्स्ट के एलाइनमेंट को नियंत्रित करती है। मान : शीर्ष के मध्य, नीचे, बाएं, केन्द्र और दाईं
बॉर्डर BORDER	छवि (इमेज) के चारों ओर, सीमा (बॉर्डर) के आकार निर्दिष्ट करने के लिए प्रयोग किया जाता है।
विड्थ WIDTH	पिक्सेल या % में छवि की चौड़ाई निर्दिष्ट करने के लिए उपयोग किया जाता है
हाइट HEIGHT	पिक्सेल या % में छवि की ऊंचाई निर्दिष्ट करने के लिए उपयोग किया जाता है
हॉरिजॉन्टल स्पेस HSPACE	छवि(इमेज) के बाईं और दाईं ओर स्पेस की मात्रा को इंगित करता है
वर्टिकल स्पेस VSPACE	छवि(इमेज) के ऊपर और नीचे स्पेस की मात्रा को इंगित करता है
ALT	यह प्रदर्शित होने वाला वैकल्पिक टेक्स्ट है, जब इमेज नहीं मिलेगी या लोड नहीं होगी
SRC	छवि फ़ाइल का स्थान और स्रोत नाम इस विशेषता द्वारा दिया जाता है

<IMG> टैग का अभ्यास करने के लिए, चित्र 3.6 में दिखाया गया सोर्स कोड, किसी भी टेक्स्ट एडिटर पर टाइप करें और इसे .htm या .html एक्सटेंशन के साथ सहेजें। आपको अपने व्यावहारिक प्रैक्टिस उद्देश्य के लिए अपनी पसंद की किसी भी उपलब्ध इमेज का उपयोग करना चाहिए। सुनिश्चित करें कि आप जिस इमेज को शामिल करने जा रहे हैं वह उसी फ़ोल्डर में मौजूद होनी चाहिए, जहाँ आप एचटीएमएल कोड सहेज रहे हैं। अब किसी भी वेब ब्राउजर में वेबपेज खोलें और बिना एट्रिब्यूट वाले <IMG> टैग और दिए गए एट्रिब्यूट के साथ <IMG> टैग के परिणाम के बीच अंतर देखें, जैसा कि चित्र 3.6 में दिखाया गया है। सोर्स कोड में दो <IMG> टैग हैं।

```
<body>
    <img src="swami vivekanand.png" > Swami Vivekananda (January 1863 - 4 July 1902), was
    an Indian Hindu monk. He was a chief disciple of the 19th-century Indian mystic
    Ramakrishna.He was a key figure in the introduction of the Indian philosophies of
    Vedanta and Yoga to the Western world
    <HR>

    <img src="swami vivekanand.png" width=300 height=150 align=right alt="swami vivekanand"
     vspace=20 hspace=20 border=2> Swami Vivekananda (January 1863 - 4 July 1902), was an
    Indian Hindu monk. He was a chief disciple of the 19th-century Indian mystic
    Ramakrishna.He was a key figure in the introduction of the Indian philosophies of
    Vedanta and Yoga to the Western world
</body>
```

चित्र 3.6: एचटीएमएल में ग्राफिक्स जोड़ना (सोर्स कोड)

पहला <IMG> टैग हमारे ब्राउज़र में "swami vivekanad.png"("स्वामी विवेकानंद.png") फ़ाइल को प्रदर्शित करने के लिए प्रयोग किया गया है और उसके बाद दी गई टेक्स्ट सामग्री को प्रदर्शित करता है। हमने केवल src विशेषता के साथ इमेज फ़ाइल का नाम दिया है। इसका मतलब है कि इमेज फ़ाइल उसी निर्देशिका में है जहाँ सोर्स कोड है। दूसरा <IMG> टैग हॉरिजॉन्टल लाइन यानी <HR> टैग के ठीक बाद मिलता है। src विशेषता के अलावा, दूसरा <IMG> टैग अन्य विशेषताओं को भी परिभाषित करता है और उन्हें मान(वैल्यू) देता है। बाद के <IMG> टैग ने क्रमशः 300 और 150 पिक्सेल के लिए चौड़ाई और ऊंचाई मान निर्दिष्ट करके, छवि आकार को अनुकूलित(कस्टमाइज) किया है। (इमेज) के डिफ़ॉल्ट संरेखण प्रकार को भी दाईं ओर बदल दिया गया है।

file:///C:/Users/Lenovo/Desktop/IMG.htm

"We want that education by which character is formed, strength of mind is increased, intellect is expanded and one can stand on one's own feet."

~ Swami Vivekananda

Swami Vivekananda (January 1863 – 4 July 1902), was an Indian Hindu monk. He was a chief disciple of the 19th-century Indian mystic Ramakrishna.He was a key figure in the introduction of the Indian philosophies of Vedanta and Yoga to the Western world

---

Swami Vivekananda (January 1863 – 4 July 1902), was an Indian Hindu monk. He was a chief disciple of the 19th-century Indian mystic Ramakrishna.He was a key figure in the introduction of the Indian philosophies of Vedanta and Yoga to the Western world

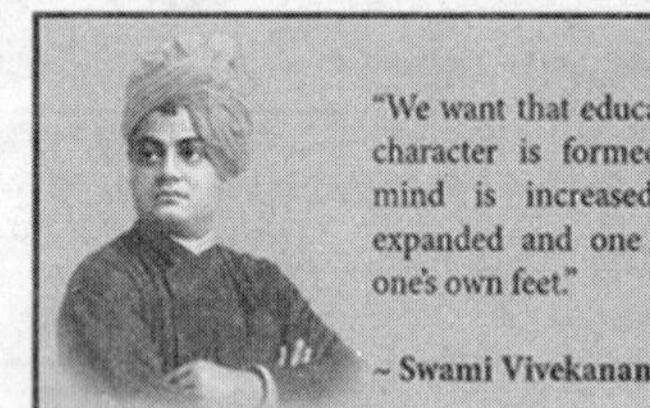

"We want that education by which character is formed, strength of mind is increased, intellect is expanded and one can stand on one's own feet."

~ Swami Vivekananda

चित्र 3.7: एचटीएमएल (ब्राउज़र विंडो) में ग्राफिक्स जोड़ना

और वैकल्पिक टेक्स्ट "स्वामी विवेकानंद" को उस स्थिति के लिए परिभाषित किया गया है जहाँ फ़ाइल नहीं मिली है या कोई लोडिंग समस्या है। चित्र 3.7 में ब्राउज़र विंडो क्षैतिज रेखा(HR) और दूसरी छवि के बीच की जगह दिखाती है, यह VSPACE=20 द्वारा दिया गया है। इसी तरह, दूसरी छवि और दाहिनी सीमा के बीच की जगह HSPACE=20 द्वारा प्रदान की जाती है। दूसरी छवि, छवि के चारों ओर एक सीमा भी दिखाती है जो कि मान 2 के कारण होती है, जिसे बॉर्डर एट्रिब्यूट को असाइन किया जाता है या एट्रिब्यूट में रखा जाता है।

3.1.7 एचटीएमएल टेबल्स के साथ कार्य करना

डेटा को द्वि-आयामी मैट्रिक्स के रूप में या अधिक सटीक रूप से, पंक्तियों और स्तंभों के रूप में प्रदर्शित करने के लिए, <table> टैग का उपयोग किया जाता है। यह एक युग्मित टैग है और </TABLE> के साथ समाप्त होता है, तालिका की पंक्तियों को <TR>..</TR> टैग के बीच परिभाषित किया जाता है, जबकि कॉलम <TD>..</TD> टैग के बीच परिभाषित किए जाते हैं। एचटीएमएल टेबल को हेडर (Header) पंक्ति (Row) द्वारा मजबूत किया जाता है। यह एक विशेष पंक्ति है जो एक तालिका के स्तंभों में फैली हुई है। हैडर पंक्ति को <TH>..</TH> टैग के बीच परिभाषित किया गया है।

तालिका 3.8: <TABLE> टैग की विशेषताएँ

एट्रिब्यूट	(एट्रिब्यूट) विशेषता के संभावित मान
ALIGN एलाइन	यह विशेषता क्षैतिज सरेखण (हॉरिजॉन्टल एलाइनमेंट) को नियंत्रित करती है। मान : बाएँ,या दाएँ या मध्य (लेफ्ट राइट या सेंटर)
VALIGN व्हीएलाइन	सेल सामग्री के लंबवत सरेखण (वर्टिकल एलाइनमेंट) को नियंत्रित करता है। मान : टॉप, मिडल, बॉटम

एट्रिब्यूट	(एट्रिब्यूट) विशेषता के संभावित मान
WIDTH विड्थ	पिक्सेल मान या उपलब्ध स्क्रीन के % के रूप में चौड़ाई निर्दिष्ट करने के लिए उपयोग किया जाता है
BORDER बॉर्डर	तालिका के चारों ओर बॉर्डर निर्दिष्ट करने के लिए उपयोग किया जाता है, तालिका की चौड़ाई पिक्सेल में दी जाती है
CELL PADDING सेलपैडिंग	सेल का डेटा और सीमाओं के बीच की दूरी को निर्दिष्ट करने के लिए उपयोग किया जाता है।
CELLSPASING सेलस्पेसिंग	आस-पास की कोशिकाओं(सेल) के बीच की दूरी को निर्दिष्ट करने के लिए प्रयुक्त होता है।
COLSPAN कॉल स्पेन	ब्राउज़र को एक से अधिक कॉलम में जगह लेने का संकेत देता है। इस विशेषता का उपयोग <TH> या <TD> टैग के अंदर किया जाता है।
ROWSPAN रोस्पेन	ब्राउज़र को एक से अधिक पंक्तियों में स्थान लेने का संकेत देता है। इस विशेषता का उपयोग <TH> या <TD> टैग के अंदर किया जाता है।

एचटीएमएल टेबल में एक और महत्वपूर्ण टेबल संबंधित टैग होता है, यानी <CAPTION>..</CAPTION>। इसका उपयोग तालिका सामग्री के बारे में मेटाडेटा प्रदान करने के लिए किया जाता है। तालिका के लिए कैप्शन को तालिका संरचना के ऊपर या नीचे रखा जा सकता है, जिसमें एलाइन विशेषता को टॉप या बॉटम पर सेट किया गया है।

एचटीएमएल में तालिकाओं का अभ्यास करने के लिए, तालिका का एक उदाहरण चित्र 3.8 से चित्र 3.10 में प्रदर्शित किया गया है। डिफ़ॉल्ट तालिका और संबंधित ब्राउज़र आउटपुट दिखाने के लिए सोर्स कोड क्रमशः चित्र 3.8 (a) और चित्र 3.9 (a) में दिखाया गया है। सोर्स कोड <CAPTION> टैग के उपयोग को दर्शाता है और तालिका संरचना के नीचे इसकी स्थिति निर्धारित करता है। तालिका शीर्षलेख(हेडर) के लिए <TH> टैग, तालिका पंक्ति परिभाषा के लिए <TR> और तालिका डेटा के लिए <TD> का उपयोग भी प्रस्तुत किया गया है। चित्र 3.8 (a) विशेषताओं को निर्दिष्ट किए बिना, मूल तालिका टैग (बेसिक टेबल टैग) का उपयोग दिखाता है (एलाइन = बॉटम को छोड़कर)। चित्र 3.8 (b) में एचटीएमएल स्रोत कोड विभिन्न समर्थित विशेषताओं (जैसे, BORDER=5 WIDTH=50% align=center cellpadding=5 and cellpacing=2) के उपयोग को दर्शाता है।

```
<body>
Default Table
<HR>
<table >
<CAPTION ALIGN=BOTTOM>
Table 1: Medals in Field Hockey
& Shooting</CAPTION>
    <tr>
        <th>Sport</th>
        <th>Gold</th>
        <th>Silver</th>
        <th>Bronze</th>
        <th>Total</th>
    </tr>
    <tr>
        <td>Field hockey</td>
        <td>8</td>
        <td>1</td>
        <td>3</td>
        <td>12</td></tr>
    <tr>
        <td>Shooting</td>
        <td>1</td>
        <td>2</td>
        <td>1</td>
        <td>4</td>
    </tr>
</table>
```

```
<body>
Table with cellpadding=5 and
cellspacing=2
<HR>
<table BORDER=5 WIDTH=50% align=
center cellpadding=5 cellspacing=2>
<CAPTION ALIGN=BOTTOM>Table 1:
Medals in Field Hockey & Shooting
</CAPTION>
    <tr>
        <th bgcolor=gray>Sport</th>
        <th>Gold</th>
        <th>Silver</th>
        <th>Bronze</th>
        <th>Total</th>
    </tr>
    <tr>
        <td>Field hockey</td>
        <td>8</td>
        <td>1</td>
        <td>3</td>
        <td>12</td></tr>
    <tr>
        <td>Shooting</td>
        <td>1</td>
        <td>2</td>
        <td>1</td>
        <td>4</td>
    </tr>
</table>
```

चित्र 3.8: HTML Table (स्रोत कोड) (a) संरेखण विशेषता वाली तालिका (b) विभिन्न टेबल टैग एट्रिब्यूट्स

Default Table

Sport	Gold	Silver	Bronze	Total
Field hockey	8	1	3	12
Shooting	1	2	1	4

Table 1: Medals in Field Hockey & Shooting

Table with border=5 and width=50%

Sport	Gold	Silver	Bronze	Total
Field hockey	8	1	3	12
Shooting	1	2	1	4

Table 1: Medals in Field Hockey & Shooting

चित्र 3.9: ब्राउज़र आउटपुट (a) एक डिफ़ॉल्ट एचटीएमएल टेबल (b) border और width एट्रिब्यूट्स के साथ टेबल

चित्र 3.8 (b) का, सोर्स कोड का आउटपुट, चित्र 3.10 (b) में प्रस्तुत किया गया है। चित्र 3.9 (b) और चित्र 3.10 (a) में ब्राउज़र विंडो आउटपुट, विशेषताओं के विभिन्न सेट्स के उपयोग के कारण है। चित्र 3.10 में विशेषता एलाइन = सेंटर, के कारण स्क्रीन के केंद्र में तालिका प्रस्तुत की गई है। सेल नंबर एक में एक गहरा पृष्ठभूमि रंग है, क्योंकि यह पहले <TR> टैग के पहले <TH> टैग में विशेषता bgcolor=gray द्वारा असाइन किया गया है (चित्र 3.8 (b) देखें)।

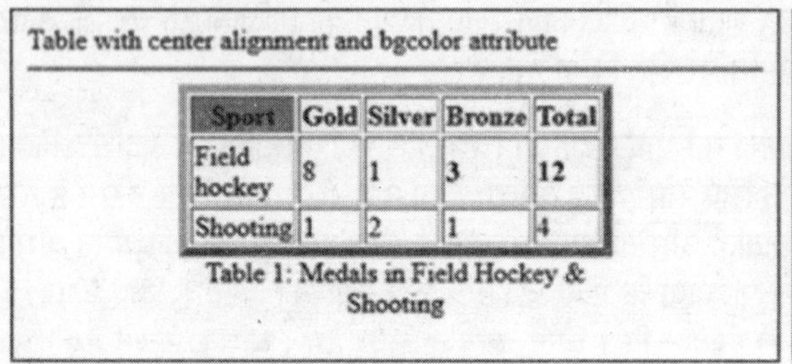

Table with center alignment and bgcolor attribute

Sport	Gold	Silver	Bronze	Total
Field hockey	8	1	3	12
Shooting	1	2	1	4

Table 1: Medals in Field Hockey & Shooting

Table with cellpadding=5 and cellspacing=2

Sport	Gold	Silver	Bronze	Total
Field hockey	8	1	3	12
Shooting	1	2	1	4

Table 1: Medals in Field Hockey & Shooting

चित्र 3.10: ब्राउज़र आउटपुट तालिका के लिए (a) एलाइनमेंट और बैकग्राउंड कलर विशेषता (b) सेलपैडिंग और सेलस्पेसिंग विशेषता

3.1.8 वेबपृष्ठों को लिंक करना

एक एचटीएमएल दस्तावेज़ को अन्य दस्तावेज़(डॉक्यूमेंट) से लिंक करना (जोड़ना) ही, वर्ल्ड वाइड वेब के विकास का प्रमुख कारण है। कई वेब संसाधनों (एचटीएमएल दस्तावेज़, चित्र, या अन्य मल्टीमीडिया सामग्री) को जोड़ने की यह क्षमता हाइपरलिंकिंग के रूप में जानी जाती है। हाइपरलिंक्स को टेक्स्ट या इमेज वाले वेबपेज पर बनाया जा सकता है। लिंकिंग कार्यक्षमता वाले टेक्स्ट या इमेज को हाइपरटेक्स्ट या हाइपरलिंक के रूप में जाना जाता है। ब्राउजर हाइपरलिंक्स को सामान्य सामग्री की तुलना में एक अलग तरीके से प्रदर्शित करता है जैसा कि नीचे सूचीबद्ध है:

- आम तौर पर नीले रंग में दिखाई देता है। (यदि हमें आवश्यकता हो तो हम अनुकूलित कर सकते हैं)
- हाइपरटेक्स्ट/इमेज को रेखांकित(अंडर लाइन) किया गया है।
- ऐरो कर्सर को हाइपरलिंक पर ले जाने पर, हमारा डिफ़ॉल्ट एरो माउस कर्सर एक छोटे से हाथ के आकार में बदल जाएगा।

हाइपरलिंक बनाने के लिए एचटीएमएल एंकर टैग यानी <A>..</A> का उपयोग किया जाता है। <A>..</A> के बीच की जो कुछ भी होगा वह हाइपरलिंक बन जाता है। <A> टैग को उस गंतव्य यूआरएल को निर्दिष्ट करने की आवश्यकता है जहाँ हम लिंक पर क्लिक करने पर नेविगेट करना चाहते हैं। यह अनिवार्य HREF विशेषता के लिए यूआरएल मान प्रदान करके किया जाता है। हाइपरलिंक बनाने के लिए सिंटैक्स नीचे दिया गया है:

<A href="URL">लिंक टेक्स्ट</A>

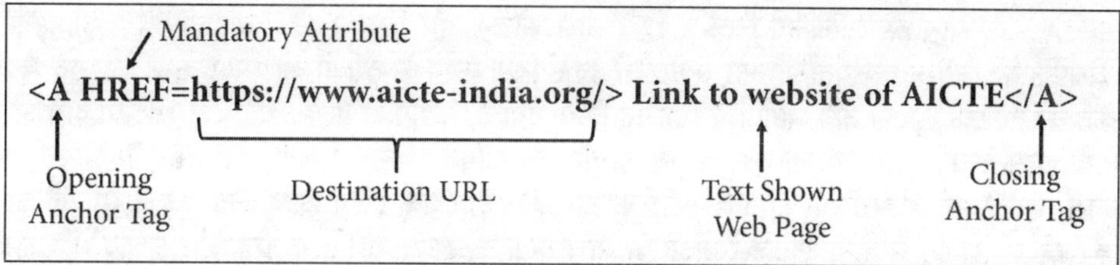

चित्र 3.11: एंकर टैग सिंटैक्स

एंकर टैग का एक उदाहरण चित्र 3.11 में दर्शाया गया है जो यह दर्शाता है कि वेबसाइट www. aicte-india.org टेक्स्ट पर क्लिक करके एआईसीटीई की वेबसाइट के लिंक पर नेविगेट किया जाएगा।

आंतरिक दस्तावेज़ संदर्भ

बाहरी वेब संसाधन लिंकिंग के अलावा, एचटीएमएल उसी वेबपृष्ठ पर जानकारी को संदर्भित करने के लिए एक युक्ति प्रदान करता है। यह एक वेबपेज के स्थानों का नामकरण करके किया जाता है ताकि आवश्यकता पड़ने पर इन नामित स्थानों को संदर्भित किया जा सके।

सिंटैक्स: <A Name = "LocationName" >

<A HREF=LocationName>..</A>

हाइपरलिंक के रूप में इमेज

इमेज का इस्तेमाल हाइपरलिंक के लिए भी किया जा सकता है। हमें <A>..</A> के बीच <IMG> टैग का उपयोग करने की आवश्यकता है।

सिंटैक्स: <A HREF=LocationName><IMG source= "image_name.jpg" ></A>

```
<html>
    <head>
        <title>Education-India</title>
    </head>
    <body>
        <A HREF="#about_aicte"> About AICTE</A>   <A
        HREF="#about_ugc"> About UGC</A><br><HR>
        <A HREF=https://www.aicte-india.org/><img src=
        "AICTE_LOGO.jpg" width=90 height=90 align=right alt=
        "Logo AICTE"  ></A>
        <A HREF=https://www.aicte-india.org/> Link to website
        of AICTE</A><br><br>
        <A NAME="about_aicte">All India Council for Technical
        Education (AICTE) was set up in November 1945 as a
        national-level Apex Advisory Body to conduct a survey
        on the facilities available for technical education
        and to promote development in the country in a
        coordinated and integrated manner.</A><br>
        <HR>
        <A HREF=https://www.ugc.ac.in/><img src="ugc_logo.png"
        alt="Logo UGC"  ></A>
        <A HREF=https://www.ugc.ac.in/> Link to website of UGC
        </A><br><br>
        <A NAME="about_ugc">
The University Grants Commission (UGC) came into existence on
28th December, 1953 and became a statutory Organization of the
Government of India by an Act of Parliament in 1956, for the
coordination,determination and maintenance of standards of
teaching, examination and research in university education.</A>
    </body>
</html>
```

चित्र 3.12 : वेबपेजों को लिंक करना (सोर्स कोडः Anchor.htm)

एंकर टैग <A> के साथ हाइपरलिंकिंग चित्र 3.12 (सोर्स कोड) और चित्र 3.13 (ब्राउज़र विंडो आउटपुट) में प्रदर्शित किया गया है। वेबपेज को विभिन्न विशेषताओं और एंकर टैग का उपयोग करने के तरीकों को स्पष्ट करने के इरादे से डिज़ाइन किया गया है। दस्तावेज़ को तार्किक रूप से तीन भागों में विभाजित किया गया है, जिनमें से प्रत्येक को <HR> टैग द्वारा अलग किया गया है। पहला भाग दो हाइपरलिंक दिखाता है जो एक ही वेबपेज पर एक नामित स्थान का संदर्भ देते हैं। दूसरे भाग में एआईसीटीई से संबंधित जानकारी, एक टेक्स्ट हाइपरलिंक (एआईसीटीई के बारे में), और एक इमेज हाइपरलिंक (एआईसीटीई का लोगो इमेज) शामिल है। यह चित्र 3.13(a) में दोनों क्षैतिज रेखाओं के बीच देखा जा सकता है। इसी तरह, तीसरे भाग में यूजीसी से संबंधित जानकारी के लिए समान टैग हैं।

सोर्स कोड की लाइन नंबर 6 (चित्र 3.12 देखें) ने दो एंकर टैग्स को परिभाषित किया है जो एक ही फाइल पर नामित स्थान को संदर्भित करते हैं, अर्थात Anchor.htm। इस तथ्य को लाइन नंबर 9 और 13 द्वारा सत्यापित किया जा सकता है जिसमें नामित स्थान की घोषणा शामिल है, अर्थात "about_aicte" और "about_ugc"। लाइन नंबर 7 एआईसीटीई की वेबसाइट के लिए इमेज हाइपरलिंक दिखाता है जबकि लाइन नंबर 8 उसी के लिए एक साधारण टेक्स्ट हाइपरलिंक है। चित्र 3.13 यह भी दर्शाता है कि माउस कर्सर, छोटे हाथ में बदल गया है जो हाइपरलिंक को इंगित करता है। चित्र 3.13 (a) में यह उसी फ़ाइल पर "about_ugc" नामित स्थान को संदर्भित कर रहा है (जैसा कि नीचे के स्टेटस बार में दिखाया गया है)। इसी तरह, चित्र 3.13 (b) में एक छवि हाइपरलिंक, यूजीसी की वेबसाइट को संदर्भित कर रहा है।

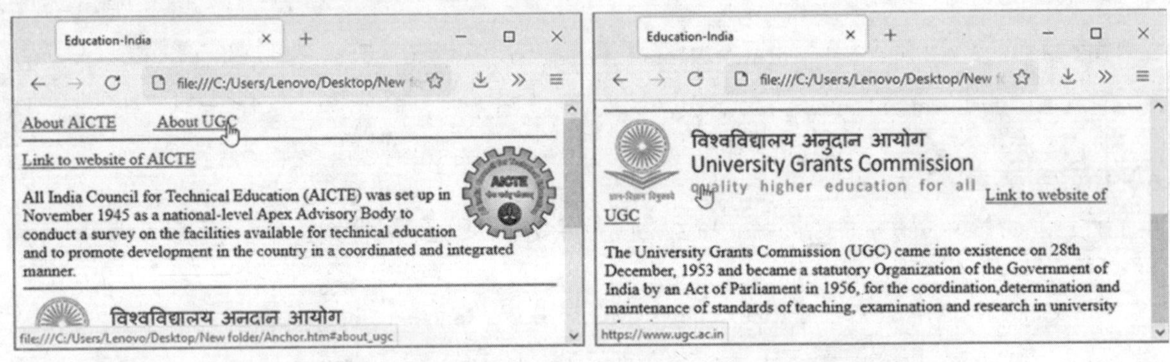

चित्र 3.13: एंकर टैग (a) आंतरिक दस्तावेज़ संदर्भ (b) हाइपरलिंकरूप में छवि

3.1.9 HTML फॉर्म

एचटीएमएल फॉर्म उपयोगकर्ताओं के साथ बातचीत करने की एक विधि है। इस तरह की बातचीत उपयोगकर्ताओं से जानकारी लेने के लिए हो सकती है जैसे, पंजीकरण फॉर्म, फीडबैक फॉर्म इत्यादि। एचटीएमएल फॉर्म टेक्स्ट बॉक्स, रेडियो बटन, सूची बॉक्स, कमांड बटन आदि जैसे विभिन्न घटकों से बने होते हैं। प्रपत्र घटकों (फॉर्म कंपोनेंट) से सुसज्जित एक वेबपेज, उपयोगकर्ता से उनकी चॉइस लेता है और उन्हें POST या GET विधि के माध्यम से प्रसंस्करण (प्रोसेसिंग) के लिए सर्वर पर जमा करता है। सिंटैक्स निम्नानुसार हैः

```
<FORM METHOD = "GET | POST" ACTION = URL>
<INPUT>
<INPUT>
</ FORM>
```

यहाँ, Action (क्रिया) उस यूआरएल को निर्दिष्ट करती है जिसमें फॉर्म की सामग्री जमा की जाती है जबकि METHOD (विधि) निर्दिष्ट करती है कि फॉर्म डेटा कैसे भेजा जाये। फॉर्म डेटा को यूआरएल चर(वेरिएबल) (METHOD = "GET" के

साथ) या HTTP पोस्ट लेनदेन (METHOD= "POST" के साथ) के रूप में भेजा जा सकता है। अब, विभिन्न फॉर्म कंपोनेंट पर चर्चा करेंगे।

इनपुट टैग

इनपुट टैग का उपयोग उपयोगकर्ताओं से जानकारी एकत्र करने के लिए किया जाता है। इनपुट टैग की विभिन्न विशेषताओं को तालिका 3.9 में दर्शाया गया है। <INPUT> टैग द्वारा समर्थित विभिन्न इनपुट प्रकार निम्नानुसार हैं:

टेक्स्टबॉक्स फ़ील्ड: इसका उपयोग उपयोगकर्ता से सिंगल लाइन इनपुट को स्वीकार करने के लिए किया जाता है। इसे <input type= "Text">(<इनपुट प्रकार="टेक्स्ट">) के रूप में परिभाषित किया गया है। इसके साथ ही टेक्स्टबॉक्स फ़ील्ड <इनपुट> टैग के भीतर मान, आकार, नाम, अधिकतम लम्बाई, संरेखण और टैब इंडेक्स स्वीकार करता है।

तालिका 3.9: <input> टैग की विशेषताएँ

विशेषता	विशेषता के संभावित मान
NAME नाम	फील्ड के लिए, वर्ण के एक समूह के रूप में आंतरिक नाम असाइन करता है।
SIZE आकार	फील्ड की चौड़ाई को पूर्णांक के मूल्य में परिभाषित करता है।
MAXLENGTH मैक्सलेंथ	फील्ड द्वारा स्वीकार करने के लिए वर्णों की अधिकतम संख्या को, संख्या के मूल्य में परिभाषित करें,
TYPE प्रकार	फील्ड का मूल्य लेता है। यह मान को "टेक्स्ट" या "रेडियो" या "चेकबॉक्स" या "सबमिट" के रूप में ले सकता है।

रेडियो बटन: इसका उपयोग विभिन्न उपलब्ध विकल्पों में से एक विकल्प को स्वीकार करने के लिए किया जाता है। इसे, <input type= "Radio">(<इनपुट प्रकार = "रेडियो">) के रूप में परिभाषित किया गया है

चेकबॉक्स: इसका उपयोग वेब रूपों में विभिन्न प्रदान किये गए विकल्पों में से कई विकल्पों का चयन करने के लिए किया जाता है। इसे <input type="checkbox">(<इनपुट प्रकार="चेकबॉक्स">) के रूप में परिभाषित किया गया है।

कमांड बटन: यदि टाइप एट्रिब्यूट का मान "सबमिट" है यानी <इनपुट प्रकार="सबमिट। रीसेट">, तो फॉर्म एक कमांड बटन दिखाएगा। एक सबमिट बटन, फ़ॉर्म के प्रविष्टियों को सबमिट करता है (सर्वर पर जमा करता है)। एक फॉर्म में एक से अधिक सबमिट बटन हो सकते हैं। एक रीसेट बटन सभी नियंत्रणों को, फॉर्म कंपोनेंट को उनके प्रारंभिक मानों पर रीसेट करता है।

टेक्स्ट एरिया

इस फॉर्म कंपोनेंट का इस्तेमाल यूजर से मल्टीलाइन इनपुट लेने के लिए किया जाता है। इसे <TEXTAREA>..</TEXTAREA> टैग के बीच परिभाषित किया गया है। इसके विभिन्न विशेषताओं को तालिका 3.10 में प्रस्तुत किया गया है। उपयोगकर्ता से पता इनपुट लेने के लिए टेक्स्ट एरिया का उपयोग चित्र 3.14 में दिखाया गया है।

तालिका 3.10: टेक्स्ट एरिया कंपोनेंट के एट्रिब्यूट्स

एट्रीब्यूट	एट्रीब्यूट का संभावित मान
COLS और ROWS कॉलम एंड रो	टेक्स्ट एरिया के लंबाई की (COLS) और एक बार में टेक्स्ट के साथ दिखाई देने वाली पंक्तियों की संख्या (ROWS) को परिभाषित करता है, क्रमांकित इनपुट की अनुमति है

एट्रीब्यूट	एट्रीब्यूट का संभावित मान
NAME नाम	प्रोग्रामिंग उद्देश्य के लिए फ़ील्ड का आंतरिक नाम
TABINDEX टैबइंडेक्स	फॉर्म कंपोनेंट के लिए सक्रियण की क्रम संख्या निर्दिष्ट करने के लिए प्रयुक्त होता है
WRAP रैप	फॉर्म कंपोनेंट (कंट्रोल) के लिए रैप टेक्स्ट कार्यक्षमता को परिभाषित करता है। तीन संभावित मानः रैप ऑफ, वर्चुअल और फिजिकल।

ड्रॉप डाउन बॉक्स

इस वेबफॉर्म घटक में आइटम की एक सूची है। यूजर्स को इनमें से किसी एक को चुनना होगा। यह फॉर्म कंपोनेंट वेबपेज में <SELECT> और <OPTION> टैग के भीतर बनता है। इस फ़ील्ड की विशेषताएँ तालिका 3.11 में प्रस्तुत की गई हैं। उपयोगकर्ता से शाखा और वर्ष इनपुट लेने के लिए इस घटक का उपयोग चित्र 3.14 में दिखाया गया है।

तालिका 3.11: ड्रॉप डाउन बॉक्स घटक की विशेषता

विशेषता	विशेषता के संभावित मान
NAME नाम	प्रोग्रामिंग उद्देश्य के लिए फ़ील्ड का आंतरिक नाम
SIZE आकार	जब उपयोगकर्ता ड्रॉप डाउन खोलता है, तब दिखाई देनेवाले सूची के आइटम की संख्या को परिभाषित करता है।
MULTIPLE एकाधिक	जब इसे कॉन्फ़िगर किया जाता है, तब उपयोगकर्ता से एक से अधिक आइटम चुनने की अनुमति देता है।
VALUE मूल्य	जब किसी आइटम का चयन किया जाता है तो स्थानांतरित किया जाने वाला वास्तविक मूल्य परिभाषित करता है

तालिका 3.12 में वार्षिक दिवस समारोह में भाग लेने के लिए छात्र की पसंद लेने के लिए एक सरल वेब फ़ॉर्म डिज़ाइन करने के लिए एचटीएमएल सोर्स कोड है। टेक्स्टबॉक्स का उपयोग छात्र के नाम, मोबाइल नंबर और ईमेल आईडी के इनपुट लेने के लिए किया जाता है। इसके लिए एचटीएमएल कोड पंक्ति संख्या 9, 24 और 25 में प्रस्तुत किया गया है। छात्र के लिंग को चुनने के लिए रेडियो बटन शामिल है, पंक्ति 10 और 11 पर एचटीएमएल सोर्स कोड देखें। छात्र से संबंधित शाखा और वर्ष ड्रॉपडाउन बॉक्स से चुना जाएगा। ऐसी सूचियाँ बनाने के लिए एचटीएमएल कोड लाइन नंबर 12 से 22 पर है। टेक्स्ट एरिया कंपोनेंट का उपयोग एड्रेस इनपुट लेने के लिए किया जाता है और एचटीएमएल कोड टेक्स्ट एरिया कंपोनेंट की विशेषताओं के साथ लाइन नंबर 23 पर है। चेक बॉक्स कंपोनेंट का उपयोग लाइन नंबर 27 से 30 पर प्रस्तुत किया जाता है। वेब फॉर्म की सामग्री को साफ़(क्लियर) करने के लिए रीसेट कमांड बटन शामिल है जबकि डेटा को, local_server पर पोस्ट करने के लिए, सबमिट बटन है। सबमिट बटन के लिए अनुरूप कोड लाइन नंबर 7, 31 और 32 पर है। चित्र 3.14 ब्राउज़र विंडो में आउटपुट को दर्शाता है।

HTML
ट्यूटोरियल

तालिका 3.12: वार्षिक दिवस भागीदारी के लिए वेब फॉर्म (एचटीएमएल कोड)

```
<html>
        <head>
                <title> Web Form and its components</title>
        </head>
<body>
<table border=3 width=50% align=left cellpadding=5><tr><td>
<form action="local_server" method="post" name="form1">
<h3>Participation form for annual day function.</h3>
Your Name: <input type="text" name="text1"><br><br>
I am a<input name="radio1" type="radio" value="radio1"> Girl
        <input name="radio1" type="radio" value="radio2">Boy <br><br>
Branch:<select name="select">
        <option selected>Computer Science</option>
        <option>Civil</option>
        <option>Mechanical</option>
        <option>Electrical</option>
        </select>  
Year:<select name="select">
        <option>First</option>
        <option>Second</option>
        <option>Third</option>
        </select><br><br>
Address:<textarea name="textarea" cols=20 rows=3></textarea><br><br>
Mail ID:<input type="text" name="text2">
Mobile No.:<input type="text" name="text3"><br><br>
Choose your participation<br>
        <input type="checkbox" name="cb" value="song"> Song
        <input type="checkbox" name="cb" value="instrument">Instrument Play
        <input type="checkbox" name="cb" value="poem">Poem
        <input type="checkbox" name="cb" value="deb">Debate<br><br>
        <input type="reset" name="Reset" value="Reset">
        <input type="submit" name="Submit" value="Submit">
</form></td></tr></table></body>
</html>
```

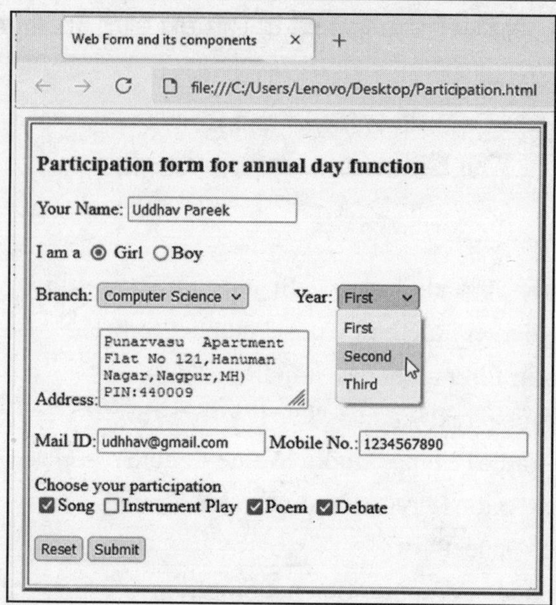

चित्र 3.14: वेब फॉर्म और घटक

3.2 कैस्केड स्टाइल शीट (सीएसएस)

सीएसएस एक स्टाइलशीट भाषा है जिसका उपयोग वेबपेज की सामग्री को स्टाइल करने के लिए किया जाता है। CSS(सीएसएस), कैस्केडिंग स्टाइल शीट्स का संक्षिप्त रूप है। सीएसएस के पीछे मुख्य अवधारणा वेबपेजों से कंटेंट और फॉर्मेटिंग जानकारी को अलग करना है। इस प्रकार, एचटीएमएल में केवल कंटेंट शामिल होना चाहिए जबकि सीएसएस फाइल्स स्टाइलिंग और फॉर्मेटिंग जानकारी संग्रहित करेंगी। सीएसएस बताता है कि वेब ब्राउज़र डिफ़ॉल्ट सेटिंग्स के अलावा वेबपेज पर एचटीएमएल तत्वों को कैसे प्रदर्शित किया जाएगा। यह शैली की जानकारी को एक बार परिभाषित करके और कई जगहों पर इसका पुनः उपयोग करके, अनावश्यक कार्य को समाप्त कर देता है। एक सीएसएस एक साथ कई वेबपेजों के लेआउट को नियंत्रित कर सकता है। सीएसएस की मदद से वेबपेज तेजी से लोड होते हैं और अधिक प्रस्तुत करने योग्य बन जाते हैं। सीएसएस को बनाए रखना आसान है और एचटीएमएल को विस्तारित शैलियाँ प्रदान करता है। वर्तमान में सीएसएस संस्करण 3 का उपयोग किया जा रहा है।

ऐसा नहीं है कि सीएसएस का उपयोग करने के केवल फायदे हैं, इससे जुड़े कुछ मुद्दे भी हैं। सीएसएस को ब्राउज़र संगतता (कंपैटिबिलिटी) के साथ समस्या का सामना करना पड़ता है। कभी-कभी एक वेब ब्राउजर पर प्रस्तुत वेबपेज अन्य वेब ब्राउजर पर बहुत अलग दिख सकता है।

3.2.1 एचटीएमएल दस्तावेज़ में, सीएसएस लागू करने के तरीके

तीन तरीके हैं:

1. **इनलाइन (एट्रीब्यूट स्टाइल)**: इस तरह, सीएसएस को सीधे स्टाइल एट्रिब्यूट के साथ लागू किया जाता है। इस प्रकार, यह एक एचटीएमएल टैग के लिए एक विशेषता, एट्रीब्यूट निर्दिष्ट करने जैसा है।

   उदाहरण: एक वेबपेज के पृष्ठभूमि रंग को नीले, करने के लिए, इनलाइन सीएसएस बॉडी टैग में , स्टाइल एट्रीब्यूट के साथ लागू किया जा सकता है। कोड :

   <body style= "background-color: #0000FF" >

2. **आंतरिक (टैग स्टाइल)**: इस तरह सीएसएस टैग स्टाइल में लागू किया जा सकता है। एचटीएमएल दस्तावेज़ के <HEAD> टैग में <style>..</style> टैग के बीच, शैली नियम (स्टाइल रूल) परिभाषित किया गया है (तालिका 3.13 (b) देखें)

तालिका 3.13: एचटीएमएल दस्तावेज़ में सीएसएस लागू करने के तरीके (a) इनलाइन (b) आंतरिक

(a)	(b)
<html> <head> </head> <body style="background-color: #00FF00;"> <p>पृष्ठभूमि हरे रंग की है।</p> </body> </html>	<html> <head> style type="text/css" > h3 {background-color: #0000FF; color: #FFFFFF } </style> </head> <body> <h3> बैकग्राउंड नीला है और फ़ॉन्ट का रंग सफेद है। </h3></body>

3. **बाहरी सीएसएस (External CSS)**: इस पद्धति में, एक अलग सीएसएस फ़ाइल (बाहरी), एक एचटीएमएल कोड फ़ाइल से जुड़ी होती है। एचटीएमएल वेबपेज में <HEAD> अनुभाग के अंदर <LINK> तत्व के अंदर, बाहरी स्टाइल शीट फ़ाइल का संदर्भ शामिल होना चाहिए। तालिका 3.14 में एचटीएमएल सामग्री फ़ाइल (external.html) को स्टाइल शीट फ़ाइल (mystyle.css) से लिंक करना दिखाया गया है। फ़ाइल mystyle.css में, बॉडी टैग के बैकग्राउंड कलर को ग्रे (#808080) रंग में फॉर्मेट करने का नियम (स्टाइल रूल) है। इसलिए ग्रे बैकग्राउंड वाला आउटपुट तालिका 3.14 के ब्राउज़र आउटपुट में दिखाया गया है।

बाहरी स्टाइल शीट को किसी भी साधारण टेक्स्ट एडिटर में लिखा जा सकता है और इसे .css एक्सटेंशन के साथ सेव किया जाना चाहिए। अलग .css फ़ाइल में सभी फ़ॉर्मेटिंग नियम होते हैं जिन्हें समानांतर रूप से एकाधिक वेबपृष्ठों पर लागू किया जा सकता है। प्रत्येक नियम एक चयनकर्ता से,(सिलेक्टर से) शुरू होता है जो बताता है कि वेबपेज पर जहाँ कहीं भी इस चयनकर्ता का उपयोग किया जाता है, रूल सेट में वर्णित नया स्वरूपण लागू होगा।

तालिका 3.14: एचटीएमएल दस्तावेज़ को बाहरी सीएसएस लागू करें

फ़ाइल में: **external.html**	**File: mystyle.css**

<html><head>
<link rel="stylesheet" type="text/css" href="mystyle.css" /></head>
< body>
<h1>Motivational Quote</h1>
Never fear failure. We learn more from failures than successes. Treat failures like results<h3 align=right>- Rajyavardhan Singh Rathore</h3>
</body></html>
	body {
	background-color: #808080;
	}
	
	Browser Output
	Motivational Quote
	Never fear failure. We learn more from failures than successes. Treat failures like results
	- **Rajyavardhan Singh Rathore**

प्रत्येक नियम में कम से कम एक घोषणा (डिक्लेरेशन) होता है, जो कर्ली कोष्ठक में संलग्न होता है। डिक्लेरेशन में निम्नांकित हैं:

प्रॉपर्टी (Property): यह विशेषताओं (जैसे आकार, रंग) को संदर्भित करता है जो मूल्य परिभाषित करता है कि ब्राउज़र को, एलिमेंट को कैसे प्रदर्शित करना चाहिए।

कोलन (Colon): colon का प्रतीक (:), प्रॉपर्टी और मूल्य को अलग करता है।

मान(Value): यह सीएसएस घोषणा का मान है।

अर्धविराम: अर्धविराम चिह्न (;)डिक्लेरेशन के अंत का प्रतीक है। हम एक ही चयनकर्ता पर कई नियम निर्दिष्ट कर सकते हैं। चित्र 3.15, <h1> चयनकर्ता के लिए कई नियमों की घोषणा को दर्शाता है। नियम सेट ने <h1> टैग को अनुकूलित किया है। इस नियम के परिणामस्वरूप, वेबपेज के सभी <h1> टैग से संबंधित कंटेंट का रंग लाल होगा और फ़ॉन्ट का आकार 14 पिक्सेल होगा।

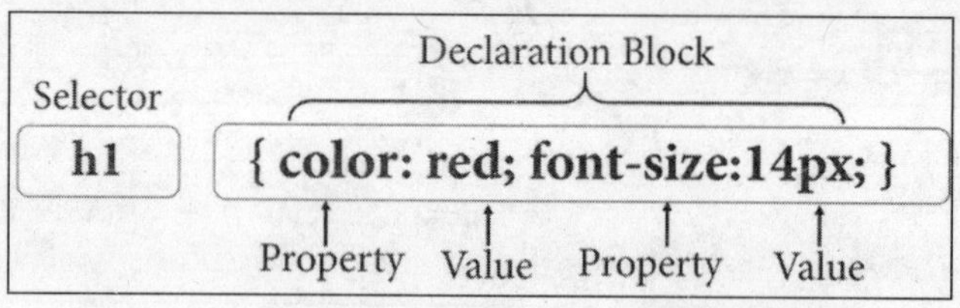

चित्र 3.15: सीएसएस सिंटैक्स (चयनकर्ता, प्रॉपर्टी और मान)

तालिका 3.15: सीएसएस में class सिलेक्टर

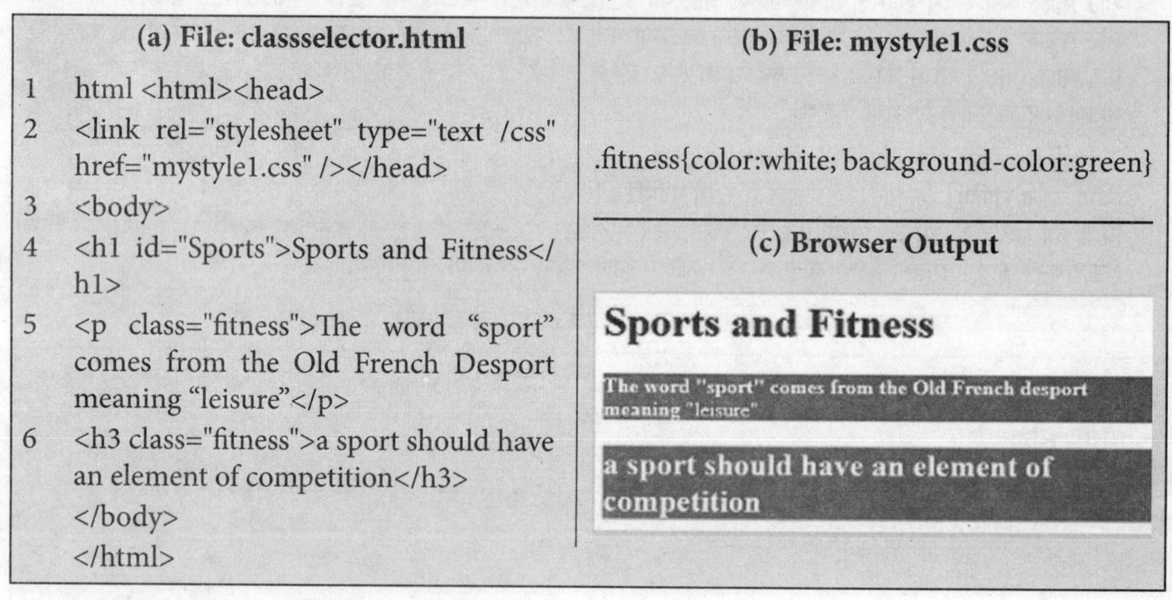

(a) File: classselector.html	(b) File: mystyle1.css
1 html <html><head> 2 <link rel="stylesheet" type="text /css" href="mystyle1.css" /></head> 3 <body> 4 <h1 id="Sports">Sports and Fitness</h1> 5 <p class="fitness">The word "sport" comes from the Old French Desport meaning "leisure"</p> 6 <h3 class="fitness">a sport should have an element of competition</h3> </body> </html>	.fitness{color:white; background-color:green} **(c) Browser Output** **Sports and Fitness** The word "sport" comes from the Old French desport meaning "leisure" **a sport should have an element of competition**

3.2.2 सीएसएस चयनकर्ता (CSS Selector)

चयनकर्ताओं का उपयोग, ऐसे एचटीएमएल एलिमेंट को खोजने के लिए किया जाता है जिन्हें स्टाइल किया जाना है। सीएसएस में तीन प्रकार के चयनकर्ता उपलब्ध हैं, अर्थात् तत्व चयनकर्ता, वर्ग चयनकर्ता और आईडी चयनकर्ता।

1. **तत्व चयनकर्ता (Element Selector)**: इसका उपयोग किसी वेबपेज में किसी विशिष्ट तत्व के सभी उदाहरणों को स्टाइल करने के लिए किया जाता है। यह किसी तत्व को उसके टैग नाम से चुनकर किया जाता है और फिर उस तत्व पर शैली लागू की जाती है। चित्र 3.15 एक तत्व चयनकर्ता का एक उदाहरण है।

2. **क्लास चयनकर्ता (Class Selector)**: इसका उपयोग एक विशिष्ट (परिभाषित) वर्ग से संबंधित सभी तत्वों के लिए एक ही शैली को लागू करने के लिए किया जाता है, उदाहरण के लिए, हमने mystyle1.css (color:white; background-color:green) (रंग:सफेद; पृष्ठभूमि-रंग:हरा) शैली को, वेबपेज पर "फिटनेस"(.fitness) क्लास के साथ के विभिन्न तत्वों पर लागू किया है। (तालिका 3.15 देखें)

3. **आईडी(id) चयनकर्ता**: इसका उपयोग किसी दस्तावेज़ में किसी विशिष्ट तत्व पर शैली लागू करने के लिए किया जाता है जिसे इसकी आईडी द्वारा चुना जा सकता है उदाहरण के लिए, हमने mystyle2.css (color:blue; font-size:18px;) (रंग:नीला; फ़ॉन्ट-आकार:18 पीएक्स;) शैली, "शूटिंग" (shooting) आईडी वाले सभी <h4> तत्वों के लिए लागू की है। तालिका 3.16 (a) आईडी चयनकर्ता के साथ सीएसएस के उपयोग को दर्शाती है। पंक्ति 5 और 6, <h4> तत्वों को, क्रमशः बॉक्सिंग और शूटिंग आईडी नाम से परिभाषित करते हैं। तालिका 3.16 (b) mystyle2.css का कोड दिखाती है जिसमें "शूटिंग" आईडी के लिए एक नियम है। जब वेब ब्राउज़र में एचटीएमएल दस्तावेज़ खोला जाता है तो तालिका 3.16 (c) ब्राउज़र आउटपुट दिखाती है।

तालिका 3.16: सीएसएस में Id सिलेक्टर

(a) File: id selector.html	(b) File: mystyle2.css
html <html><head> <link rel="stylesheet" type="text/css" href="mystyle2.css" /> </head> <body> <h4 id="boxing"> People used to say that boxing is for men and not for women and I thought I will show them some day. I promised myself and I proved myself. <b>-Mary Kom</b></h4> <h4 id="shooting"> Practice is a talent. Perseverance is a talent. Hard work is a talent. <b>- Abhinav Bhindra</b></h4> </body> </html>	#shooting{color:blue; font-size:18px;} **(c) ब्राउज़र आउटपुट (Browser Output)** **People used to say that boxing is for men and not for women and I thought I will show them some day. I promised myself and I proved myself. - Mary Kom** **Practice is a talent. Perseverance is a talent. Hard work is a talent. - Abhinav Bhindra**

3.2.3 सीएसएस प्रॉपर्टी (गुण)

कैस्केडिंग स्टाइल शीट की ताकत इसके शक्तिशाली गुणों और संबंधित मूल्यों की लंबी सूची में निहित है। सीएसएस गुणों का उपयोग वेब ब्राउज़र को कम से कम समय में सौंदर्य की दृष्टि से समृद्ध वेबपेज प्रस्तुत करने में सक्षम बनाता है। वेब विकास और वेब तत्वों पर नियंत्रण को समृद्ध करने के लिए सीएसएस सैकड़ों गुण-मूल्य जोड़े (प्रॉपर्टी-वैल्यू पेयर) का उपयोग करता है। उदाहरणों के साथ सबसे अधिक उपयोग की जाने वाली विशेषताएँ यहाँ तालिका 3.17 से तालिका 3.19 तक प्रस्तुत की गई हैं। इन गुणों को व्यावहारिक रूप से सीखने के लिए, शिक्षार्थियों को निर्देश दिया जाता है कि वे नीचे दी गई किसी भी विधि का पालन करें।

टेक्स्ट एडिटर और वेब ब्राउज़र विधि (अंतिम तरीका)

1. विभिन्न एचटीएमएल तत्वों जैसे विभिन्न शीर्षक स्तरों, पैराग्राफ, सूचियों, तालिकाओं, छवियों आदि के साथ एक वेबपेज (जैसे content.html बनाएँ। इस प्रकार, इस content.html फ़ाइल का उपयोग हैण्ड-ओन के उद्देश्य से किया जाता है।

2. किसी भी टेक्स्ट एडिटर में एक अलग style.css फ़ाइल बनाएँ और तालिका 3.17 से तालिका 3.19 के तीसरे कॉलम में दिखाया गया कोड (एक समय में एक कोड) शामिल करें।
3. style.css इस फ़ाइल के नियम, content.html, फ़ाइल पर "बाहरी सीएसएस विधि" का उपयोग करके लागू करें जैसा कि हमने पहले किया था (तालिका देखें 3.14)
4. ब्राउज़र विंडो में content.html खोलें और नए सीएसएस नियम को लागू करने के कारण, आउटपुट में दर्शाए परिवर्तन का निरीक्षण करें।।
5. नीचे दी गई तालिका के प्रत्येक उदाहरण के लिए चरण 2 से 4 का पालन करें।

तालिका 3.17: सीएसएस फ़ॉन्ट प्रॉपर्टी

प्रॉपर्टी	विवरण	उदाहरण
font-family फ़ॉन्ट-परिवार	वेबपृष्ठ पर दिखाए जाने वाले फ़ॉन्ट के प्रकार को अनुकूलित करने के लिए प्रयुक्त होता है	**h1**{***font-family:*** Courier, Prestige, monospace;} **p** {***font-family:*** arial, comic sans-serif, "Times New Roman";}
font-size फ़ॉन्ट-आकार	फ़ॉन्ट के आकार को नियंत्रित करने के लिए उपयोग किया जाता है मानः पिक्सेल, बिंदु आदि।	**h1**{***font-size:*** 20px;} **p**{***font-size:*** 14pt;}
font-style फ़ॉन्ट-शैली	फ़ॉन्ट की शैली को नियंत्रित करने के लिए उपयोग किया जाता है मानः सामान्य, इटैलिक या तिरछा	**h2**{***font-family:*** "Times New Roman", serif; font-style: italic;}
font-variant फ़ॉन्ट-संस्करण	फ़ॉन्ट के प्रकार को नियंत्रित करने के लिए उपयोग किया जाता है	**h1**{***font-variant:*** small-caps;} **h2**{***font-variant:*** normal;}
font-weight फ़ॉन्ट-वजन	फ़ॉन्ट की बोल्डनेस को नियंत्रित करने के लिए उपयोग किया जाता है	**p**{***font-family:*** arial, verdana, sans-serif; font-weight: normal;}

तालिका 3.18: सीएसएस टेक्स्ट प्रॉपर्टी

प्रॉपर्टी	विवरण	उदाहरण
letter-spacing लेटर-स्पेसिंग	टेक्स्ट के एक खंड में प्रत्येक अक्षर के बीच स्पेस को अनुकूलित करने के लिए प्रयुक्त होता है	**h1** {***letter-spacing:*** 6px;} **p** {***letter-spacing:*** 3px;}
text-align टेक्स्ट -सरेखण	टेक्स्ट के एक खंड के सरेखण को नियंत्रित करने के लिए उपयोग किया जाता है मान : बाएँ, दाएँ, या केंद्र (लेफ्ट राइट सेंटर)	**td** {***text-align:*** center;}

प्रॉपर्टी	विवरण	उदाहरण
text-decoration टेक्स्ट-सजावट	टेक्स्ट के स्वरूप को नियंत्रित करने के लिए उपयोग किया जाता है मान : रेखांकन, ओवरलाइन, लाइन-थ्रू	**h 1** { ***text-decoration:*** underline;}
text-indent टेक्स्ट-इंडेंट	टेक्स्ट में पहली पंक्ति के इंडेंटेशन को नियंत्रित करने के लिए प्रयुक्त होता है	**p** { ***text-indent:*** 60px;}
text-transform टेक्स्ट-ट्रांसफॉर्म	टेक्स्ट के केस को बदलने के लिए प्रयुक्त होता है मान : कैपिटलाइज़, अपरकेस या लोअरकेस	**li** { ***text-transform:*** uppercase;}

तालिका 3.19: सीएसएस रंग/पृष्ठभूमि गुण (बैकग्राउंड प्रॉपर्टी)

प्रॉपर्टी	विवरण	उदाहरण
color रंग	टेक्स्ट के रंग को नियंत्रित करने के लिए प्रयुक्त मान : नाम से, हेक्साडेसिमल, आरजीबी मान	**h1** { ***color:*** #0000FF;} or h1 {color:blue;}
background-attachment पृष्ठभूमि-अनुलग्नक	पृष्ठभूमि की स्क्रॉलिंग को नियंत्रित करता है	**td** { ***text-align:*** center;}
background-color पृष्ठभूमि-रंग	पृष्ठभूमि के रंग को नियंत्रित करने के लिए प्रयुक्त होता है	**p** { ***background-color:*** #FFCC60;}
background-image पृष्ठभूमि-छवि	पृष्ठभूमि की छवि सेट करने के लिए प्रयुक्त होता है	**h2** { ***background-image:*** url("tile.jpeg");}
background-repeat बैकग्राउंड-रिपीट	बैकग्राउंड इमेज पैटर्न की रिपीट करने के लिए अनुमति देता है। मान : रिपीट-एक्स, रिपीट-वाई, रिपीट, नो-रिपीट	**h2** { ***background-image:*** url("tile.jpeg"); background-repeat: repeat; }

गुणों का संयोजनः सभी अलग-अलग गुणों को एक ही प्रॉपर्टी में जोड़ा जा सकता है।

उदाहरण के लिए, <p> टैग के लिए विभिन्न गुणों को लागू करने के लिए निम्नलिखित कोड का उपयोग किया जा सकता हैः

```
p {     font-style: italic;
        font-weight: bold;
        font-size: 40px;
        font-family: arial, sans-serif; text-align: center;
        letter-spacing: 3px;
        text-transform: capitalize;
```

color:white;
background-color: IndianRed;}

W3Schools ऑनलाइन कोड संपादक (रोमांचक तरीका)

शिक्षार्थी W3Schools के शक्तिशाली ऑनलाइन कोड संपादक (एडिटर) का लाभ उठा सकते हैं। उपयोगकर्ता अपने एचटीएमएल और सीएसएस सोर्स कोड को संपादित कर सकते हैं, और अपनी ब्राउज़र विंडो में आउटपुट देख सकते हैं। संपादक को दिए गए यूआरएल https://www.w3schools.com/tryit/ से एक्सेस किया जा सकता है। शिक्षार्थी ऊपर दी गई वेबसाइट पर उपलब्ध कोड उदाहरणों का भी लाभ उठा सकते हैं; नीचे क्यूआर कोड भी सीएसएस गुणों के लिए कुछ कोड उदाहरणों को संदर्भित करता है।

3.3 बुनियादी व्यक्तिगत वेबपेज बनाना

हमारे पिछले अनुभागों (3.1 और 3.2) में हमने एचटीएमएल4 और सीएसएस के साथ वेबपेज बनाने के लिए आवश्यक प्रोग्रामिंग कौशल हासिल कर लिया है। चूंकि घर बनाने के लिए केवल निर्माण सामग्री ही पर्याप्त नहीं है, इसलिए हमें मुख्य रूप से अपनी आवश्यकताओं के अनुसार अच्छी योजना की आवश्यकता होती है। इसी प्रकार वेबपेज के विकास में हमें कई प्रश्नों पर भी ध्यान देना चाहिए जैसे-

1. वेबपेज बनाने का उद्देश्य क्या है?
2. वेब पेज कहाँ होस्ट किया जाएगा?
3. इसे किस तकनीक (फ्रंटएंड और बैकएंड) से बनाया जाएगा?
4. क्या यह एक स्थिर वेबपृष्ठ या गतिशील होगा?
5. प्रदर्शित होने वाली सामग्री क्या होगी?
6. दिखाए जाने वाले कंटेंट की प्राथमिकता और लेआउट क्या होगा?
7. हमारे वेबपेज के लिए लक्षित दर्शक कौन होंगे?

इन बुनियादी सवालों के साथ-साथ हमें कुछ अन्य पहलुओं पर भी गौर करना होगा, जो वेबपेज को प्रभावी रूप से देखने से संबंधित हैं।

- वेबपेज डिजाइन मोबाइल के अनुकूल, उत्तरदायी और तेजी से लोड होने वाला होना चाहिए।
- सीएसएस का उचित उपयोग वेबपेज को आकर्षक और बेहतर समझ रखने के लिए पृष्ठ तत्वों पर थीम, फोंट और कोलो शैलियों को लागू करेगा।
- सूचना के प्रभावी संचार के लिए सामग्री को आइकन्स, इमोजी और इन्फोग्राफिक्स के साथ समृद्ध करें।
- जावास्क्रिप्ट का उपयोग गतिशील सामग्री प्रदर्शित करने और आकर्षक मेनू डिजाइन के लिए भी किया जा सकता है।

इस पुस्तक के लैब सेक्शन में, हम उपरोक्त सभी तथ्यों पर विचार करते हुए एक व्यक्तिगत वेब पेज बनाएँगे।

सारांश

1. एचटीएमएल वेबपेज बनाने के लिए एक भाषा है।
2. एचटीएमएल में दो प्रकार के टैग होते हैं: युग्मित टैग (पेयर टैग्स) और एकवचन टैग (सिंगुलर टैग्स)।
3. एक एचटीएमएल दस्तावेज़ <HTML> टैग से शुरू होता है और इसमें एक वैकल्पिक शीर्ष तत्व और अनिवार्य बॉडी तत्व होता है।
4. एचटीएमएल दस्तावेज़ साधारण टेक्स्ट एडिटर जैसे, नोटपैड, नोटपैड ++ आदि के साथ .htm/.html एक्सटेंशन के साथ बनाए जा सकते हैं।
5. एचटीएमएल टैग्स को स्ट्रक्चरल और फॉर्मेटिंग टैग के रूप में वर्गीकृत किया जाता है।
6. एचटीएमएल अपने टैग के डिफ़ॉल्ट व्यवहार को फिर से परिभाषित करने के लिए विशेषताओं का उपयोग करता है।
7. एचटीएमएल तीन प्रकार की सूचियों का समर्थन करता है, अर्थात, अनियंत्रित सूची, आदेशित सूची और परिभाषा सूची।
8. एचटीएमएल में ग्राफिक/इमेज जोड़ने के लिए <IMG> टैग का उपयोग किया जाता है।
9. एंकर टैग; <A>..</A> का उपयोग टेक्स्ट या इमेज पर हाइपरलिंक बनाने के लिए किया जाता है।
10. उपयोगकर्ताओं से जानकारी एकत्र करने के लिए फॉर्म टैग का उपयोग किया जाता है।
11. सीएसएस एक स्टाइलशीट भाषा है जिसका उपयोग वेबपेजों को अधिक आकर्षक (स्टाइलिश) बनाने के लिए किया जाता है।
12. एचटीएमएल दस्तावेज़ में सीएसएस लागू करने के तीन सामान्य तरीके हैं: 1. इनलाइन (विशेषता शैली) 2. आंतरिक (टैग शैली) और 3. बाहरी सीएसएस
13. सीएसएस विभिन्न चयनकर्ताओं का समर्थन करता है, अर्थात् तत्व चयनकर्ता, वर्ग चयनकर्ता और आईडी चयनकर्ता।
14. सबसे अधिक उपयोग किये जाने वाले सीएसएस गुण, फ़ॉन्ट गुण, टेक्स्ट गुण और रंग/पृष्ठभूमि गुण हैं।

अभ्यास

A. *विषयात्मक प्रश्न*

Q1. एचटीएमएल क्या है? एचटीएमएल डॉक्यूमेंट की संरचना को उदाहरण सहित समझाइए।

Q2. टेक्स्ट फॉर्मेटिंग के साथ एक एचटीएमएल डॉक्यूमेंट बनाएँ जैसा कि नीचे दिखाया गया है:

Q3. अपने संस्थान में पढ़ाए जा रहे विषयों की सूची बनाने के लिए एक एचटीएमएल दस्तावेज़ बनाएँ। मान लें कि कंप्यूटर, मैकेनिकल नाम की चार शाखाएँ हैं। सूची इस प्रकार दिखनी चाहिए:

ARISE! AWAKE! STOP NOT UNTIL THE GOAL IS REACHED

ARISE! AWAKE! STOP NOT UNTIL THE GOAL IS REACHED

~ Swami Vivekanand

Narendra's first introduction to Ramakrishna occurred in a literature class at General Assembly's Institution when he heard Professor William Hastie lecturing on William Wordsworth's poem, **The Excursion.** While explaining the word ***"trance"*** in the poem, Hastie suggested that his students visit ***Ramakrishna of Dakshineswar*** to understand the true meaning of trance.

1. **कंप्यूटर**
    a. प्रथम वर्ष
        i विषय 1
        ii विषय 2
        iii विषय n
    b. द्वितीय वर्ष
    c. तृतीय वर्ष
2. **यांत्रिक**

Q4. चित्र 3.7 में दर्शाए अनुसार एक वेबपेज बनाएँ (एक अन्य उपलब्ध चित्र के साथ)। इसके अलावा, वेबपेज का बैकग्राउंड कलर "#ff6600" और टेक्स्ट कलर को "White" पर सेट करें।

Q5. प्रश्न संख्या 2 से 4 में बनाए गए वेबपेजों को जोड़ने के लिए हाइपरलिंक के साथ एक वेबपेज बनाएँ। वेबपेज में टेक्स्ट/इमेज हाइपरलिंक भी होना चाहिए और उसी पेज पर कुछ नामित स्थानों का संदर्भ देना चाहिए।

Q6. किसी **ई कामर्स वेबसाइट** के ग्राहक से फीडबैक लेने के लिए एक एचटीएमएल फॉर्म बनाएँ।

Q7. एक उदाहरण के साथ वर्ग चयनकर्ताओं और आईडी चयनकर्ताओं के बीच अंतर स्पष्ट करें।

Q8. निम्नलिखित नियमों के साथ एक सीएसएस बनाएँ:

a. पेज के लिए टेक्स्ट का रंग "#ff6600" पर सेट करें, और <h1> का टेक्स्ट का रंग, "इंडियनरेड" ("IndianRed") पर सेट करें।

b. पृष्ठ की पृष्ठभूमि छवि के रूप में "sample.gif" सेट करें।

c. पृष्ठ के लिए फ़ॉन्ट परिवार(font-family) को "कूरियर न्यू" पर सेट करें, और फ़ॉन्ट परिवार को <h1> के लिए "Verdana"("वर्दाना") पर सेट करें।

B. वस्तुनिष्ठ प्रश्न

Q1. एचटीएमएल का अर्थ है

a. हाई टेक्स्ट मशीन लैंग्वेज
b. हाइपरटेक्स्ट और लिंक्स मार्कअप लैंग्वेज
c. हाइपर टेक्स्ट मार्कअप लैंग्वेज
d. इनमें से कोई नहीं

Q2. वेबपेज बनाने के लिए एचटीएमएल टैग्स का सही क्रम क्या है?

a. हेड, टाइटल, एचटीएमएल, बॉडी
b. एचटीएमएल, बॉडी, टाइटल, हेड
c. एचटीएमएल, हेड, टाइटल, बॉडी
d. एचटीएमएल, हेड, टाइटल, बॉडी

Q3. एचटीएमएल टैग हैं -

a. केस-सेंसिटिव
b. अपर केस में
c. केस सेंसिटिव नहीं
d. लोअरकेस में केस

Q4. हम,एचटीएमएल के लिए एक इमेज कैसे डाल सकते हैं?

a. <img href = "jtp.png" />
b. <img url = "jtp.png" />
c. <img link = "jtp.png" />
d. <img src = "jtp.png" />

Q5. वेबपेज के लिए सामान्य टेक्स्ट का रंग, सेट करने के लिए किस एट्रिब्यूट का उपयोग किया जाता है?

a. कलर(color)
b. बैकग्राउंड कलर(bgcolor)
c. टेक्स्ट
d. फॉन्टकलर(fontcolor)

Q6. एचटीएमएल में हाइपरलिंक बनाने के लिए किस टेक्स्ट का उपयोग किया जाता है?

a. <HYPER>
b. <A>
c. <LINK>
d. इनमें से कोई नहीं

Q7. बाहरी स्टाइल शीट को संदर्भित करने के लिए एचटीएमएल दस्तावेज़ में सही जगह है -

a. <body> अनुभाग में
b. <head> अनुभाग में
c. दस्तावेज़ के ऊपर
d. दस्तावेज के अंत में

Q8. सीएसएस संक्षिप्त है, इसका अर्थ हैः

a. कैस्केड स्टाइल शीट
b. कलर स्टाइल शीट
c. कैस्केडिंग स्टाइल शीट
d. कैस्केडिंग स्टाइल सॉफ्टवेयर
a. उपरोक्त में से कोई भी

Q9. बाहरी स्टाइल शीट लागू करने के लिए सिंटेक्सः

a. <style href = myfirst.css type= “stylesheet” >
b. <style src = “myfirst.css” >
c. <stylesheet>myfirst.css</stylesheet>
d. <link rel=”stylesheet” type=”text/css” href=” myfirst.css”>

Q10. सही सीएसएस सिंटैक्स है

a. body {color:black}
b. body:color=black
c. {body:color=black(body}
d. {body;color;black}

Q11. पृष्ठभूमि रंग बदलने के लिए किस प्रॉपर्टी का उपयोग किया जाता है?

a. color:
b. background-color:
c. bgcolor:
d. उपरोक्त में से कोई नहीं

Q12. किसी तत्व के टेक्स्ट रंग को कैसे बदलें?

a. text-color=
b. text-color:
c. color:
d. fgcolor:

Q13. सभी <p> तत्वों को बोल्ड करने के लिए सही सीएसएस सिंटैक्स क्या है?

a. <p style=”text-size:bold>
b p {font-weight:bold;}
c <p style=”font-size:bold”>
d. p {text-size:bold}

Q14. आप सीएसएस में टेक्स्ट में हर शब्द को कैपिटलाइज़ कैसे कर सकते हैं?

a. text-transform:capitalize
b. text-transform:uppercase
c. सीएसएस से नहीं किया जा सकता
d. उपरोक्त में से कोई नहीं

Q15. आप उस तत्व का चयन कैसे जिसका आईडी “main” है?

a. #main
b. Main
c. .main
d. *main

C. क्रॉसवर्ड

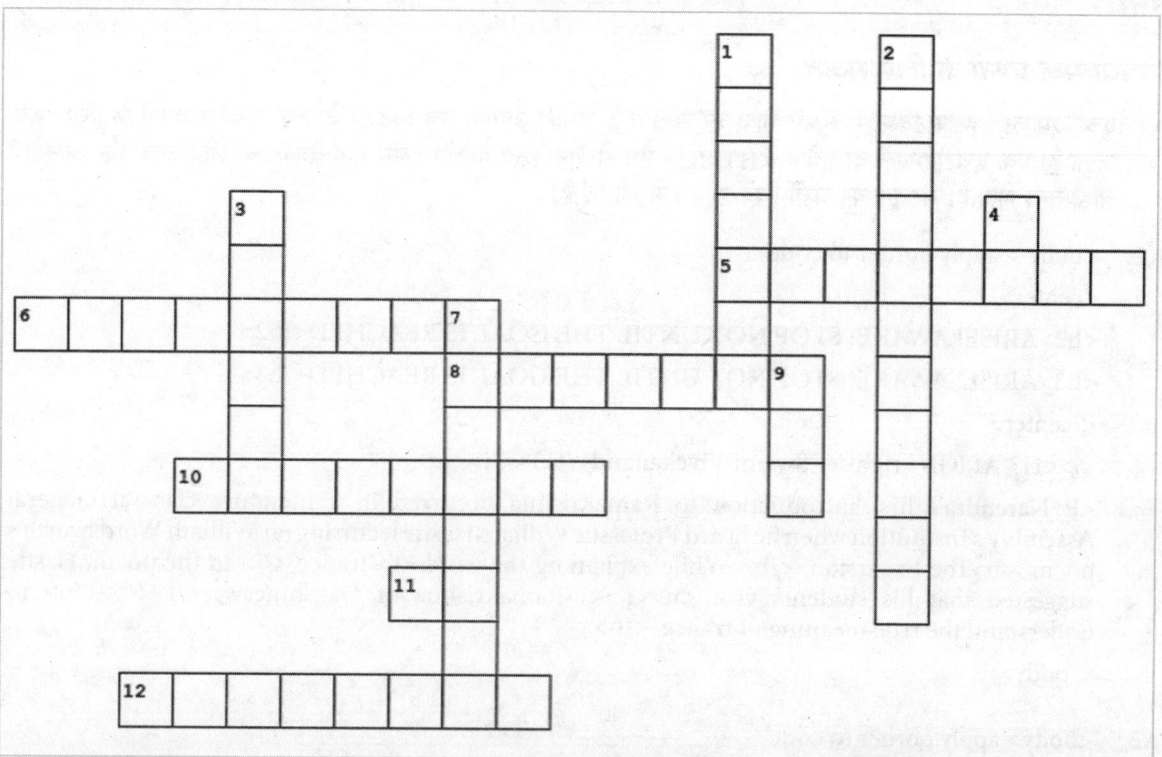

अक्रॉस		डाउन	
5.	ब्राउज़र पर एक तत्व प्रदर्शित करने के लिए विशेषताओं को संदर्भित करता है	1	एक विशेषता है जो ब्राउज़र को एक से अधिक कॉलम स्पेस लेने के लिए इंगित करती है
6.	एक टेक्स्ट जिसमें linking को information जोड़ने जानकारी भी है	2.	सेल के डेटा और सीमाओं के बीच की दूरी को निर्दिष्ट करने के लिए उपयोग की जाने वाली विशेषता
8.	टैग के शुरू के रूप से अंतिम टैग के तक के एचटीएमएल दस्तावेजों के भाग को जाना जाता है	3.	ब्राउज़र का नाम
10.	इसका उपयोग एचटीएमएल तत्वों को खोजने के लिए किया जाता है जिन्हें स्टाइल किया जाना है	4.	एचटीएमएल दस्तावेज़ में एक क्षैतिज रेखा खींचने के लिए एक टैग
11.	एचटीएमएल दस्तावेज़ में एक नई पंक्ति सम्मिलित करने के लिए एक टैग	7.	फॉर्म का एक घटक है, जिसका उपयोग उपयोगकर्ता से कई लाइन इनपुट लेने के लिए किया जाता है
12.	एक टैग, बिना कंपेनियन टैग को	9.	कोणीय कोष्ठक के भीतर संलग्न एक विशेष शब्द है

उत्तर

विषयात्मक प्रश्नों के लिए संकेत

A1. एचटीएमएल, हाइपरटेक्स्ट मार्कअप भाषा का संक्षिप्त है; इसका उपयोग वेब ब्राउज़र के लिए वेबपेज बनाने के लिए किया जाता है। एक एचटीएमएल दस्तावेज़ <HTML> टैग से शुरू होता है और इसमें एक वैकल्पिक शीर्ष तत्व और अनिवार्य बॉडी तत्व होता है। संरचना की चर्चा चित्र 2(a) में की गई है।

A2.
```
<body > apply border to code
<center>
<h2>ARISE! AWAKE! STOP NOT UNTIL THE GOAL IS REACHED</h2>
<h3>ARISE! AWAKE! STOP NOT UNTIL THE GOAL IS REACHED</h3>
</center>
<i><H3 ALIGN=right>~ Swami Vivekanand</H3></i><hr>
<P>Narendra's first introduction to Ramakrishna occurred in a literature class at General Assembly's Institution when he heard Professor William Hastie lecturing on William Wordsworth's poem, <b>The Excursion. </b> While explaining the word <i>"trance"</i> in the poem, Hastie suggested that his students visit <u><b><i>Ramakrishna of Dakshineswar</i></b></u> to understand the true meaning of trance. </p>
</body>
```

A3.
```
<body> apply border to code
<h4>Branche and Subjects</h4>
        <ol>
                <li>Computer
                        <ol type=a>
                                <li>First Year</li>
                                        <ol type=i>
                                                <li>SUB1</li>
                                                <li>SUB2</li>
                                        </ol>
                                <li>Second Year</li>
                        </ol>
                </li>
                <li>Mechanical</li>
        </ol>
</body>
```

A4. चित्र 3.6 के अलावा, बॉडी टैग के लिए विशेषता bgcolor=#ff6600 और text=white शामिल करें।

A5. <A>..</A>, टैग का उपयोग करें, जैसा कि चित्र 3.12 में चर्चा की गई है।

A6. चित्र 3.14 में चर्चा के अनुसार एक एचटीएमएल फॉर्म बनाएँ।

A7. वर्ग चयनकर्ता का उपयोग परिभाषित वर्ग से संबंधित सभी तत्वों पर समान शैली लागू करने के लिए किया जाता है। आईडी चयनकर्ता का उपयोग किसी दस्तावेज़ में एक विशिष्ट तत्व के लिए एक शैली को लागू करने के लिए किया जाता है जिसे उसकी आईडी द्वारा चुना जा सकता है। (तालिका 3.15 और तालिका 3.16 देखें)

A8.
```
<head><style>
apply border to coe body{  font-family: "Courier New";  color: #ff6600;  background-image: url("sample.gif");}
h1 { font-family: Verdana; color: IndianRed; }
</style></head>
<body>
<h1>This is a Heading</h1>
<p>This is a paragraph.</p>
<p>This is another paragraph.</p>
</body>
```

वस्तुनिष्ठ प्रश्नों के उत्तर

प्रश्न क्र.	1	2	3	4	5	6	7	8	9	10	11	12	13	14	15
सही जवाब	c	d	c	d	c	b	b	a	d	a	b	c	b	b	a

क्रॉसवर्ड

एक्रॉस : 5: property, 6: hypertext, 8: element, 10: selector, 11:br, 12: singular

डाउन : 1: colspan, 2: cellpadding, 3: chrome, 4: hr, 7:textarea, 9: tag

अधिक जानें

1. छात्रों को, एचटीएमएल दस्तावेज़ बनाने के लिए नोटपैड, नोटपैड ++ की तरह विभिन्न एडिटर के उपयोग के बारे में बताएँ।
2. उबंटू या किसी अन्य लिनक्स वितरण में एक वेबपेज बनाना भी ठीक रहेगा।
3. शिक्षक, छात्रों को क्लीन एचटीएमएल कोड लिखने के लिए प्रोत्साहित करें, जो विभिन्न प्लेटफॉर्म और ब्राउज़र पर चलाए जा सकते हैं। उन्हें सुसज्जित करने के लिए, किसी भी ऑनलाइन एचटीएमएल सत्यापन सेवाओं पर अपना कोड जांचने का प्रयास करें। W3C मार्कअप सत्यापन एक ऐसी सेवा है जो अपलोडिंग डॉक्यूमेंट या दिए हुए टेक्स्ट क्षेत्र में कोड को सीधे पेस्ट करके हमारे एचटीएमएल डॉक्यूमेंट को यूआरएल प्रदान करके हमारे कोड को सत्यापित करती है। https://validator.w3.org/ का संदर्भ देखें।
4. **यूआरएलः** Https://wordhtml.com/ एक उपयोगी WYSIWYG ऑनलाइन एचटीएमएल कोड एडिटर है।
5. मोज़िला डेवलपर नेटवर्क ने सभी मानक सीएसएस गुण और अन्य प्रोग्रामिंग निर्माणों को खोजने के लिए एक उपयोगकर्ता के अनुकूल सीएसएस संदर्भ विकसित किया है।. आप नीचे दिए गए यूआरएल पर जा सकते हैंः https://developer.mozilla.org/en-US/ docs/Web/CSS/Reference।

एप्लीकेशन

HTML और CSS के कुछ निश्चित अनुप्रयोग, वेब एप्लीकेशन, वेब साइट या पोर्टल विकास हैं। यह डिजिटल विज्ञापन, ई-कॉमर्स, प्रकाशन, मल्टी-प्लेयर ऑनलाइन गेमिंग साइट, मैसेजिंग, ब्लॉगिंग, बुलेटिन बोर्ड, फ़ोरम, सहयोग, रीयल-टाइम मॉनिटरिंग सेवाओं तथा रीयल-टाइम अपडेशन जैसे बैकएंड सेवाओं, जैसे विभिन्न वास्तविक जीवन के डोमेन में भी अपने एप्लीकेशन की परिकल्पना करता है। ।

केस स्टडीः अपने कॉलेज/या विषय ट्यूटोरियल के लिए एक वेब साइट डिज़ाइन करें

वेब साइट के विकास में शामिल पहला कदम सामग्री संग्रह और संगठन है। विकास के चरण में शिक्षक और विद्यार्थी को साइट पर जोड़ी जाने वाली सामग्री पर चर्चा करनी चाहिए। वेबसाइट में शामिल की जाने वाली कॉलेज की विशिष्ट सेवाओं या सुविधाओं की सूची बनाएं, और प्रत्येक सुविधा के लिए, मेनू और सबमेनू विकल्प डिज़ाइन करें। छवियों या चित्र गैलरी के सेट के साथ, एक मेनू के तहत प्रत्येक वेब पेज के लिए सामग्री तैयार करें।

प्रायोगिक कार्य

प्रयोग 3.1: हाइपरटेक्स्ट मार्कअप लैंग्वेज (एचटीएमएल)

प्रायोगिक कथन

एचटीएमएल कमांड का अभ्यास करें, उन्हें विभिन्न मूल्यों के साथ आज़माएँ, अपना खुद का वेबपेज बनाएँ।

प्रायोगिक महत्व

एचटीएमएल एक मार्कअप भाषा है जिसका उपयोग वेब पेज और वेब एप्लिकेशन बनाने के लिए किया जाता है। आजकल जबकि दैनिक आवश्यक सेवाओं के लिए भी ऑनलाइन सेवाओं का विस्तार हो रहा है, इसका लाभ उठाकर हम अपनी आवश्यकताओं और डोमेन के लिए ऑनलाइन समाधान भी बना सकते हैं। वेब पेज बनाने की प्रक्रिया इंटरनेट सर्फिंग और खोज को भी आसान बना देगी। चूंकि एचटीएमएल प्रोग्रामिंग वेब विकास के लिए मौलिक कौशल है, इसलिए इसके साथ वाकिफ होना महत्वपूर्ण है।

प्रासंगिक सिद्धांत

एचटीएमएल का परिचय, एचटीएमएल दस्तावेज़ की संरचना, वेबपेज बनाने की प्रक्रिया, विभिन्न एचटीएमएल टैग, ग्राफिक्स और तालिकाओं का उपयोग, वेब संसाधनों की हाइपरलिंकिंग, और एचटीएमएल वेब फार्म को अध्याय 3, खंड 3.1 में समझाया गया है।

प्रैक्टिकल आउटकम्स (PrO)

विद्यार्थी निम्न करने में सक्षम होंगे

PrO1: मूल स्वरूपण टैग, ग्राफिक्स और तालिका के साथ एक वेबपेज बनाने में।

PrO2: विभिन्न स्वरूपण, लिस्टिंग, हाइपरलिंकिंग और ग्राफिक्स टैग के साथ एक व्यक्तिगत वेबपेज बनाएं।

व्यावहारिक प्रैक्टिकल सेटअप (वर्क सिचुएशन)

हम प्रायोगिक परिणामों में उल्लिखित दो परिदृश्यों के लिए एचटीएमएल प्रोग्राम लिखेंगे।

परिदृश्य 1: विभागवार संकायों की सूची प्रदर्शित करने के लिए एचटीएमएल तालिका वाला एक वेबपेज बनाएं, तालिका इस तरह ***(तालिका 1.13)*** दिखनी चाहिए।

परिदृश्य 2: अपने मूल विवरण, उद्देश्य, कार्य अनुभव, कौशल और सोशल मीडिया हैंडल दिखाने के लिए एक व्यक्तिगत वेबपेज बनाएं। वेबपेज में मूल स्वरूपण टैग, आदेशित और अनियंत्रित सूचियां, ग्राफिक्स, टेक्स्ट और छवि हाइपरलिंक का उपयोग होना चाहिए।

आवश्यक संसाधन

1. कंप्यूटर सिस्टम यानी पीसी/लैपटॉप।
2. सामान्य टेक्स्ट एडिटर सॉफ्टवेयर यानी नोटपैड, नोटपैड++, आदि।
3. स्थापित वेब ब्राउज़र सॉफ्टवेयर यानी मोजिला फ़ायरफ़ॉक्स, गूगल क्रोम, माइक्रोसॉफ्ट एज, आदि।

सावधानियाँ

हमेशा साफ एचटीएमएल कोड लिखें (उचित अंत टैग, स्पेसिंग, नेस्टिंग के साथ कोड और जो मानकों का पालन करते हैं), जो विभिन्न प्लेटफार्मों और ब्राउज़रों पर चल सकता है।

सुझाई गई प्रक्रिया

एचटीएमएल वेबपेज बनाने और चलाने के लिए इन चरणों का पालन करें।

1. अपनी पसंद का कोई भी टेक्स्ट एडिटर खोलें। और अपने एचटीएमएल प्रोग्राम का स्रोत कोड टाइप करें (दोनों परिदृश्यों के लिए स्रोत कोड तालिका 1.13 में उल्लिखित है)।
2. अब हमें इस फाइल को .htm या .html एक्सटेंशन से सेव करना है। ऐसा करने के लिए,में फ़ाइल सेव एज विकल्प पर क्लिक करें। यह सेव एज डायलॉग बॉक्स को दिखाएगा (अध्याय 3, चित्र 3.2 (बी) देखें)। हमें Save as type से "All Files (*)" लिस्ट ऑप्शन को सेलेक्ट करना है।
3. अब मौजूदा फाइल का नाम 'Untitled.txt' से बदलकर 'myWebpage.html' कर दें और सेव ऑप्शन पर क्लिक करें। वर्तमान फ़ाइल का आइकन आपके डिफ़ॉल्ट ब्राउज़र के आइकन में बदल जाएगा।
4. सहेजी गई फ़ाइल अब नीचे दी गई विधियों में से किसी एक का उपयोग करके किसी भी वेब ब्राउज़र में खोली जा सकती है।
   a. बस फ़ाइल ब्राउज़ करें और फ़ाइल पर डबल-क्लिक करें, यह डिफ़ॉल्ट ब्राउज़र में खुल जाएगी।
   b. अपना ब्राउज़र खोलें, Ctrl + 'O' कुंजियाँ दबाएँ, और फ़ाइल का स्थान ब्राउज़ करके उसका चयन करें।
   c. अपना ब्राउज़र खोलें और ब्राउज़र विंडो पर अपनी html/htm फ़ाइल को 'खींचें और छोड़ें'।

तालिका 3.20 : परिदृश्य 1 के लिए स्रोत कोड और आउटपुट

```
<html><head> Dept_Wise Faculties</head><body>
<table style='background-color: khaki;' border='2' width='510'>
<tr><td style='text-align: center;' colspan='4' width='510'>
<p style='text-align: center;'><b>Computer Department</b></p></td></tr>
<tr><td style='text-align: center;' width='47'><p>S.No</p></td>
<td style='text-align: center;' width='85'><p>Photo</p></td>
<td style='text-align: center;' width='198'><p>Faculty Name &amp; Designation</p>
</td><td style='text-align: center;' width='180'><p>Contact Information</p></td></tr>
<tr><td style='text-align: center;' width='47'><p>1.</p></td>
<td style='text-align: center;' width='85'> <img src='https://www.lcbishnoi.in/images/lcbishnoi.jpg' alt='DrLCB' width='70' height='67' /></td>
<td style='text-align: center;' width='198'>
<p>Dr. L. C. Bishnoi, HOD</p></td>
<td style='text-align: center;' width='180'>
```

```
<p>LC.bishnoi@rajasthan.gov.in</p><p>https://www.lcbishnoi.in/</p></td></tr>
<tr><td style=‘text-align: center;‘ width=‘47‘><p>..</p>
</td><td style=‘text-align: center;‘ width=‘85‘><p>..</p></td>
<td style=‘text-align: center;‘ width=‘198‘><p>..</p></td>
<td style=‘text-align: center;‘ width=‘180‘><p>..</p></td></tr>
<tr><td style=‘text-align: center;‘ colspan=‘4‘ width=‘510‘>
<p style=‘text-align: center;‘><b>Mechanical Department</b></p></td></tr>
<tr><td style=‘text-align: center;‘ width=‘47‘><p>1</p></td>
<td style=‘text-align: center;‘ width=‘85‘> </td>
<td style=‘text-align: center;‘ width=‘198‘><p>Er. Sanjay Sharma, HOD</p></td>
<td style=‘text-align: center;‘ width=‘180‘><p>sanjay.jns1970@gmail.com</p></td></tr></table>
</body></html>
```

आउटपुट परिदृश्य 1:

Computer Department			
S.No	Photo	Faculty Name & Designation	Contact Information
1.		Dr. L. C. Bishnoi, HOD	LC.bishnoi@rajasthan.gov.in https://www.lcbishnoi.in/
..	..	..	..
Mechanical Department			
1		Er. Sanjay Sharma, HOD	sanjay.jns1970@gmail.com

तालिका 3.21 : स्रोत कोड और परिदृश्य 2 के लिए आउटपुट

```
< !DOCTYPE html>
<html>
<head>  <title>My Demo Webpage</title>
</head>
<body >
<img src='PJoshi.jpeg' align=right width='80' height=95><br>
<h1>Prashant Joshi</h1>
<h1 style='background-color:IndianRed;color:white;'>Objective</h1>
<p>I am Prashant Joshi. A teacher, an engineer thus a solution provider to society. I want to promote Digital India Mission keeping <b><i>'Good Governance by E-Governance'</i></b> as my objective. <u>E-Learning</u> is another facet of my passion and profession to make this society better.</p>
<h2>Indispensable Skills</h2>
<ul>
        <li>Widnows Programming</li>
        <li>Computer Troubleshooting</li>
        <li>Cybersecurity & Threat Hunting</li>
        <li>Website development</li>
</ul>
<h2 >Previous Work Experience</h2>
<p>I have had a illustrious career in a variety of trades. Here are some highlights:</p>
<ol>
        <li>Worked as a Website Developer at <i>ePragya Software Ltd  </i>-<u>2008-2009</u></li>
        <li>Performed cutting-edge web design at <i>Pan India Con. Pvt. Ltd </i>- <u>2010-
2013</u></li>
        <li>Joined DRDO India Involved in<i> Chandrayaan Project</i> <u>2014-2015</u></li></ol><hr>
<i>Get connected on <a href='www.epragya.in' target='_blank'> www.epragya.in</a> or Follow me on below social media handles</i>
<p align=center> <a href='https://www.youtube.com/c/ePragya' target='_blank'>
<img src='https://drive.google.com/thumbnail?id=1OmCcznYdWRlq5kgBMs8a9eCPclW3P78B' width='35' height='45'></a><a href='https://www.facebook.com/ErPrashantJoshi/' target='_blank'><img src='https://drive.google.com/thumbnail?id=1BRdjb3m2SbmYyPunQHO83Qtr_axTpoQp' width='35' height='45'></a><a href='https://twitter.com/PrashantJosh1' target='_blank'>
<img src='https://drive.google.com/thumbnail?id=1cSNqC4G5_s0I5IHihmeV6vuBz9vW9E2C' width='38' height='45'> </a></p></body></html>
```

आउटपुट परिदृश्य2:

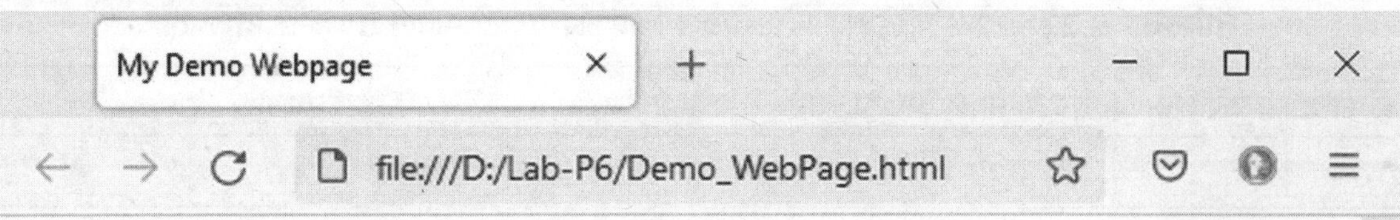

Prashant Joshi

Objective

I am Prashant Joshi. A teacher, an engineer thus a solution provider to society. I want to promote Digital India Mission keeping ***"Good Governance by E-Governance"*** as my objective. E-Learning is another facet of my passion and profession to make this society better.

Indispensable Skills

- Widnows Programming
- Computer Troubleshooting
- Cybersecurity & Threat Hunting
- Website development

Previous Work Experience

I have had a illustrious career in a variety of trades. Here are some highlights:

1. Worked as a Website Developer at *ePragya Software Ltd* -2008-2009
2. Performed cutting-edge web design at *Pan India Con. Pvt. Ltd* - 2010-2013
3. Joined DRDO India Involved in *Chandrayaan Project* 2014-2015

Get connected on www.epragya.in or Follow me on below social media handles

प्रेक्षण

तालिका 3.22 : दोनों परिदृश्यों में इस्तेमाल किए गए एचटीएमएल टैग और विशेषता

क्रमांक	परिदृश्य	एचटीएमएल टैग का नाम	विशेषता	विवरण
1.				

प्रैक्टिकल से संबंधित प्रश्न

1. हम टेबल बॉर्डर का रंग कैसे बदल सकते हैं?
2. 'रोस्पैन' और 'कोलस्पैन' का क्या उपयोग है?
3. एचटीएमएल प्रोग्राम में किस प्रकार के हाइपरलिंक्स बनाए जा सकते हैं?

अध्ययन हेतु सुझाए गए संसाधन

[1] *I. Bayross, Web enabled commercial applications development using ... HTML, DHTML, Javascript, Perl CGI [with CD].*, 3rd ed. New Delhi: BPB Publication, 2005.

[2] W3Schools, "HTML Tutorial," *W3schools.com,* 2019.www.w3schools.com/html/default.asp

मूल्यांकन योजना हेतु सुझाव

दिए गए कार्यनिष्पादन संकेतक को, प्रक्रिया और परिणाम से संबंधित अंकों के मूल्यांकन के लिए एक दिशानिर्देश के रूप में कार्य करना चाहिए।

कार्यनिष्पादन संकेतक		कुल अंको का प्रतिशत वेटेज	प्रदान किए गए अंक
प्रक्रिया संबंधितः अंक* (%)			
1.	प्रैक्टिकल घटकों की व्याख्या यानी, खंड 1.2 से 1.7	10	
2.	स्वच्छ स्रोत कोड, और चरण-दर-चरण स्पष्टीकरण।	25	
3.	मौखिक परीक्षा	15	
परिणाम संबंधितः अंक* (.%)			
4.	स्रोत कोड और इसका आउटपुट	25	
5.	अवलोकन तालिकाओं की तैयारी	15	
6.	अवलोकन तालिकाओं और परिणामों की व्याख्या	10	
	कुल	**100%**	

*परिणाम और प्रक्रिया मूल्यांकन के लिए अंक और प्रतिशत भार का निर्णय शिक्षक द्वारा लिया जायेगा ।

छात्र का नामः.. प्रदान किए गए अंक			दिनांक के साथ शिक्षक के हस्ताक्षर
प्रक्रिया संबंधित	उत्पाद संबंधित	कुल	

संदर्भ एवं अध्ययन हेतु सुझाव

[1] *Information and Computer Technology,* 1st ed. Delhi, India: CBSE.

[2] *NCERT, Information and communication technology : Textbook for class IX.* New Delhi: National Council of Educational Research And Training, 2019.

[3] "QR Codes Content," *digital.nios.ac.in.* http://digital.nios.ac.in/topic.php?id=330en24 (accessed Aug. 19, 2021).

[4] I. Bayross, *Web enabled commercial applications development using ... HTML, DHTML, Javascript, Perl CGI [with CD].,* 3rd ed. New Delhi: BPB Publication, 2005.

[5] W3Schools, "HTML Tutorial," *W3schools.com,* 2019.www.w3schools.com/html/default.asp

[6] W3Schools, "CSS Tutorial," *W3schools.com,* 2019. www.w3schools.com/css/default.asp.

□□□

4 ओपन ऑफिस टूल्स

यूनिट विशिष्ट

इस यूनिट में विद्यार्थी अपाचे ओपन ऑफिस (AOO) सॉफ्टवेयर के विभिन्न ओपन-सोर्स प्रोग्राम्स को सीखेंगे और अभ्यास करेंगे। यूनिट में AOO(एओओ) का WRITER (राइटर) प्रोग्राम शामिल है जो बुनियादी वर्ड प्रोसेसिंग कार्यों के लिए उपयोग किया जाता है, CALC(सीएएलसी) प्रोग्राम स्प्रेडशीट के रूप में सारणीबद्ध डेटा में हेरफेर करने के लिए और प्रस्तुति तैयार करने के लिए IMPRESS (इंप्रेस) प्रोग्राम शामिल है। इन कार्यक्रमों के पर्याप्त अभ्यास से निश्चित रूप से विद्यार्थियों के बुनियादी सॉफ्टवेयर कौशल में वृद्धि होगी।

भूमिका

अध्याय एक में, हमने कंप्यूटर और इंटरनेट और इसके विभिन्न अनुप्रयोगों के व्यापक उपयोग का अध्ययन किया था। यह सभी जानते ही हैं कि सूचना प्रदर्शन से लेकर एडवांस्ड डेटा प्रोसेसिंग और अनुसंधान कार्यों तक आईटी सिस्टम का उपयोग किया जाता है। लेकिन अगर हम अपने आस-पास हो रहे उपयोगों को देखें, तो इसका उपयोग ऑफिस सुइट टास्क जैसे वर्ड प्रोसेसिंग कार्यों, गणना कार्यों, प्रस्तुति कार्यों आदि में बहुत ज्यादा किया जा रहा है। इसलिए, इन ऑफिस सूट कार्यों के लिए उपयोग किए जाने वाले ऐसे सॉफ्टवेयर का अध्ययन करना आवश्यक है।

वर्ड प्रोसेसिंग, स्प्रेडशीट, प्रेजेंटेशन, ग्राफिक्स और बहुत कुछ के लिए ओपनऑफिस, एक ओपन-सोर्स सॉफ्टवेयर सूट है। यह सॉफ्टवेयर कई हार्डवेयर आर्किटेक्चर और विभिन्न ऑपरेटिंग सिस्टम जैसे माइक्रोसॉफ्ट विंडोज, मैक ओएस एक्स, लिनक्स और सन सोलारिस पर चलता है। ओपनऑफिस में विभिन्न उपकरण शामिल हैं जैसे, राइटर (वर्ड प्रोसेसर), कैल्क (स्प्रेडशीट), इम्प्रेस (प्रेजेंटेशन), ड्राइंग एप्लिकेशन (ड्रा), एक फॉर्मूला एडिटर (मैथ), और एक डेटाबेस मैनेजमेंट एप्लिकेशन (बेस)। ये सभी घटक अच्छी तरह से एकीकृत हैं और आमतौर पर ओपनऑफिस टूल्स (उपकरण) के रूप में संदर्भित होते हैं। उनमें से तीन राइटर(Writer), कैल्क(Calc) और इंप्रेस(Impress) कुछ सामान्य विशेषताओं जैसे स्पेलिंग और ग्रामर चेक को साँझा करते हैं और यह कम्पलीट सूट पर काम करता है। फाइल कम्पेटिबिलिटी होने से इसे उपयोग करना आसन होता है।

पूर्व-अपेक्षित

- कंप्यूटर सिस्टम का बेसिक (मौलिक) ज्ञान।
- विंडोज या यूनिक्स OS वातावरण के साथ काम करने का बुनियादी ज्ञान।

यूनिट आउटकम्स

विद्यार्थी निम्न में सक्षम होंगेः

U4-O1: ओपन ऑफिस सॉफ्टवेयर स्थापित करें और इसके प्रोग्राम्स अर्थात राइटर, कैल्क और इंप्रेस की विशेषताओं को परिभाषित करें।

U4-O2: राइटर इंटरफेस का उपयोग करें और वर्ड प्रोसेसिंग कार्य करें।

U4-O3: Calc इंटरफ़ेस का उपयोग करें और स्प्रेडशीट प्रोग्राम के गणनात्मक कार्य करें।

U4-O4: इंप्रेस इंटरफ़ेस का उपयोग करें और प्रभावशाली प्रस्तुतियाँ(प्रेजेंटेशन) तैयार करें।

तालिका 4.1: कोर्स आउटकम्स (COs) के साथ यूनिट आउटकम्स (UOs) का परस्पर संबंध

यूनिट - 4 आउटकम्स	कोर्स आउटकम्स (COs) के साथ अपेक्षित संबंध *(1- कमजोर सहसंबंध; 2- मध्यम सहसंबंध; 3- मजबूत सहसंबंध)*						
	CO-1	**CO-2**	**CO-3**	**CO-4**	**CO-5**	**CO-6**	**CO-7**
U4-O1	2	2	1	1	2	3	1
U4-O2	2	1	1	1	3	3	1
U4-O3	2	1	1	1	1	3	1
U4-O4	2	1	1	1	3	3	1

4.1 ओपनऑफिस का इंस्टॉलेशन

ओपनऑफिस डेवलपर्स का मिशन एक ऑफिस सूट सॉफ्टवेयर समुदाय बनाना है जो सभी प्रमुख प्लेटफार्मों पर चलेगा। हम अपने कंप्यूटर सिस्टम पर सॉफ्टवेयर स्थापित करके ओपनऑफिस के विभिन्न कार्यक्रमों का लाभ उठा सकते हैं। ओपनऑफिस को स्थापित करने के लिए, सिस्टम आवश्यकताओं को पहले से समझने की आवश्यकता होती है। हमारे कंप्यूटर सिस्टम के हार्डवेयर और ऑपरेटिंग सिस्टम के आधार पर हमें ओपनऑफिस प्रोजेक्ट के होम पेज से पैकेज को डाउनलोड और इंस्टॉल करना चाहिए। नीचे बताये गए निम्नलिखित चरण, अपाचे ओपनऑफिस (एओओ) को स्थापित करने की प्रक्रिया का वर्णन करते हैं:

1. सबसे पहले हमें ओपनऑफिस वेबसाइट यानी https://www.openoffice.org/download/index.html से वर्तमान संस्करण को डाउनलोड करना होगा।

2. उपरोक्त वेबपेज पर हमें डाउनलोड किए जाने वाले ओपनऑफिस पैकेज के ऑपरेटिंग सिस्टम, भाषा और संस्करण के लिए हमें उपयुक्त विकल्प चुनना होगा। विभिन्न अंतरराष्ट्रीय भाषाओं के अलावा, अपाचे ओपनऑफिस हिंदी और तमिल भाषाओं में भी उपलब्ध है। 'डाउनलोड फुल इंस्टॉलेशन' ('पूर्ण स्थापना डाउनलोड करें') बटन पर क्लिक करें। एक पूर्ण स्थापना फ़ाइल डाउनलोड की जाएगी (आकार लगभग 135 एमबी)।(चित्र 4.1 देखिए)

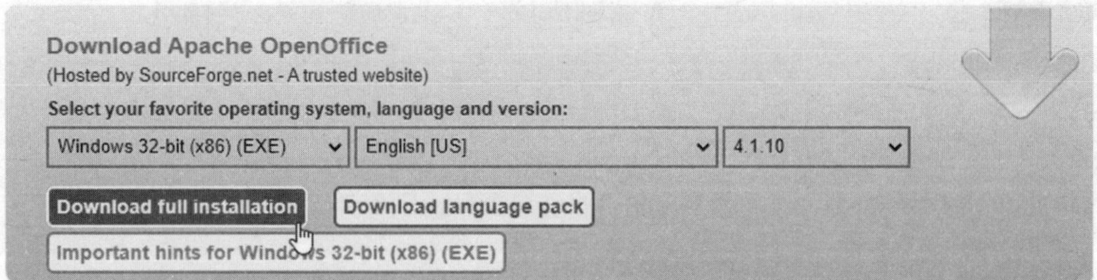

चित्र 4.1: अपाचे ओपनऑफिस डाउनलोड करें

3. पिछले चरण में डाउनलोड की गई फ़ाइल के साथ स्थापना प्रारंभ करें। जैसा कि चित्र 4.2(a) में दर्शाया गया है, संस्थापन प्रक्रिया का मार्गदर्शन करने के लिए एक संस्थापन विजार्ड दिखाई देगा। नेक्स्ट पर क्लिक करके, हमें इंस्टॉलेशन लोकेशन चुनने के लिए एक विंडो दिखाई देगी। इंस्टॉल बटन पर क्लिक करें। संस्थापन प्रक्रिया शुरू हो जाएगी और मध्यवर्ती स्क्रीन के माध्यम से कुछ संस्थापन जानकारी दिखाएगी।

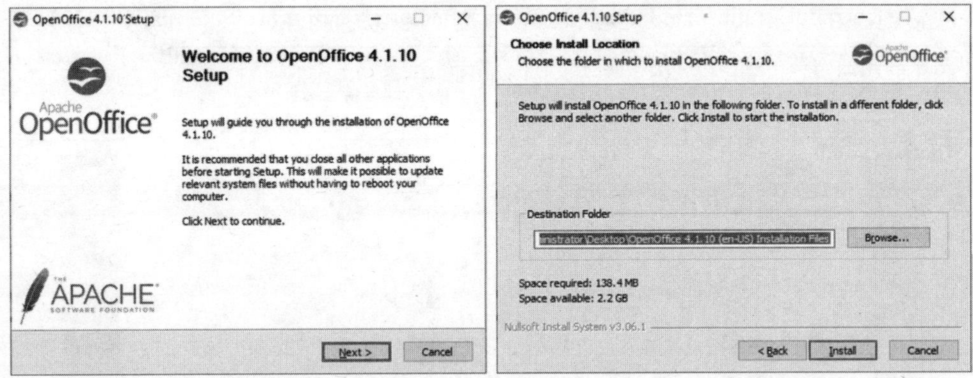

चित्र 4.2: इंस्टॉलेशन विज़ार्ड स्क्रीन (a) वेलकम स्क्रीन (b) इंस्टॉल लोकेशन

4. इसके बाद, पूर्ण ग्राहक जानकारी लेने के लिए एक 'ग्राहक जानकारी' फॉर्म प्रस्तुत किया जाएगा। फॉर्म भरने के बाद नेक्स्ट पर क्लिक करें और फिर सेटअप टाइप चुनने के लिए एक और विंडो प्रस्तुत की जाएगी। सेटअप प्रकार चयन के बाद नेक्स्ट पर क्लिक करें। (चित्र 4.3 देखें)

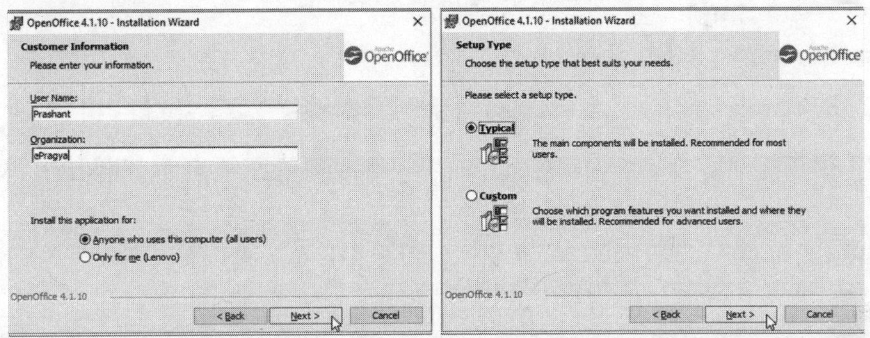

चित्र 4.3: इंस्टॉलेशन विज़ार्ड स्क्रीन (a) ग्राहक जानकारी (b) सेटअप प्रकार चयन

5. चित्र 4.4 (a) में दर्शायी गई विंडो दिखाई जाएगी। इंस्टॉलेशन प्रक्रिया शुरू करने के लिए इंस्टॉल बटन पर क्लिक करें। कुछ समय के बाद, ओपनऑफिस इंस्टॉलेशन पूर्ण विज़ार्ड प्रकट हो जायेगा, इसके बाद फिनिश (समाप्त) पर क्लिक करें। (चित्र देखें 4.4(b))।

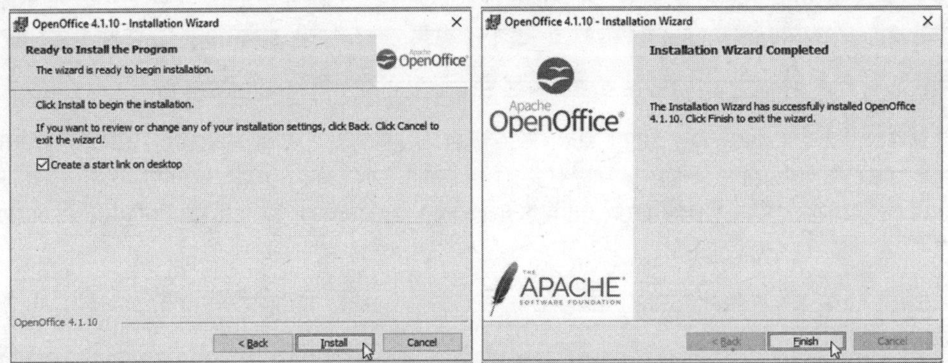

चित्र 4.4: इंस्टॉलेशन विज़ार्ड स्क्रीन (a) इंस्टॉलेशन शुरू करें (b) इंस्टॉलेशन समाप्त करें

6. अब, हमारे पास डेस्कटॉप पर एक स्टार्ट लिंक होगा। हम लिंक पर डबल क्लिक करके ओपनऑफिस4 खोल सकते हैं। सभी ओपनऑफिस प्रोग्राम्स के साथ आरंभिक स्क्रीन को चित्र 4.5 में दर्शाए अनुसार दिखाया जाएगा।

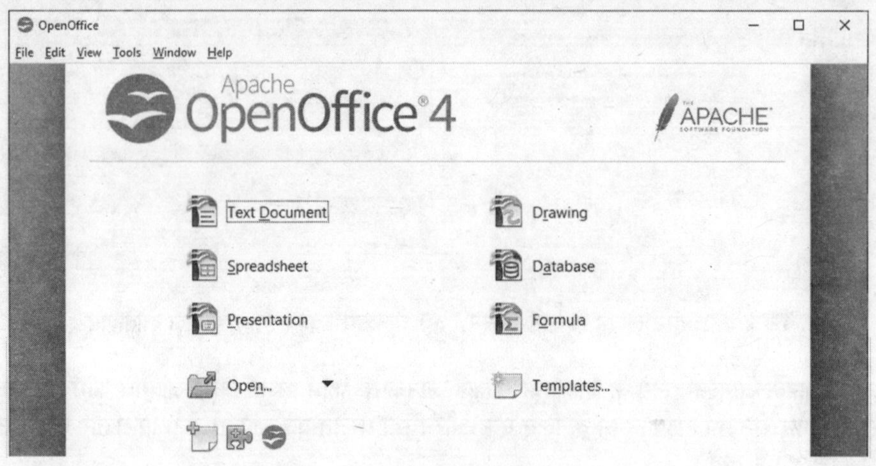

चित्र 4.5: ओपनऑफिस स्टार्ट सेंटर

ओपनऑफिस के लाभ

ओपनऑफिस के अन्य समकक्ष ऑफिस सूट की तुलना ओपन ऑफ़िस सॉफ्टवेयर के कई लाभ हैं। इनमें से कुछ हैंः

1. **कोई लाइसेंस शुल्क नहीं**ः यह मुफ्त सॉफ़्टवेयर है। कोई भी बिना किसी शुल्क के इसका उपयोग और वितरण कर सकता है।
2. **ओपन-सोर्स (खुला स्रोत)**ः स्रोत कोड खुले तौर पर उपलब्ध है। एओओ के ओपऩ-सोर्स लाइसेंस के अनुसार, उपयोगकर्ता सॉफ्टवेयर को वितरित, कॉपी और संशोधित (modify) कर सकते हैं ।
3. **क्रॉस-प्लेटफ़ॉर्म**ः सॉफ़्टवेयर को कई हार्डवेयर आर्किटेक्चर और कई ऑपरेटिंग सिस्टम के तहत स्थापित किया जा सकता है।
4. **व्यापक भाषा समर्थन**ः इसका यूजर इंटरफेस हिंदी, तमिल आदि सहित 40 से अधिक भाषाओं में उपलब्ध है। यह 70 से अधिक भाषाओं में स्पेलिंग (Spelling), हाइफ़नेशन और थिसॉरस शब्दकोशों का भी समर्थन करता है।
5. **कंसिस्टेंस यूजर इंटरफेस**ः बेहतर प्रशासन के लिए समान रूप और अनुभव के साथ यूजर इंटरफेस प्रदान करता है।
6. **इंटीग्रिटी (एकीकरण)**ः एओओ के घटकों को एकीकृत किया जाता है, उदाहरण के लिए, पूरे सुइट में वर्तनी परीक्षक(स्पेलिंग चेक) का लगातार उपयोग किया जाता है। राइटर में उपलब्ध ड्रॉइंग टूल्स कैल्क, इम्प्रेस और ड्रा में भी प्रयोग योग्य हैं।
7. **ग्रैन्युलैरिटी**ः एओओ विकल्पों को एलिमेंट या डॉक्यूमेंट लेवल पर भी सेट किया जा सकता है।
8. **फ़ाइल कम्पेटिबिलिटी**ः अपने मूल ओपन डॉक्यूमेंट स्वरूपों के अलावा, एओओ में पीडीएफ और फ़्लैश निर्यात क्षमताएं शामिल हैं, साथ ही माइक्रोसॉफ्ट ऑफिस, HTML, XML, आदि सहित कई सामान्य स्वरूपों में फ़ाइलों को खोलने और सहेजने के लिए समर्थन शामिल है। इसमें कुछ पीडीएफ फाइलों को, आयात करने की और संपादित करने की क्षमता भी शामिल है।
9. **कोई विक्रेता लॉक-इन नहीं**ः यह ओपन डॉक्यूमेंट फॉर्मेट मतलब XML को सपोर्ट करता है, इसे किसी भी टेक्स्ट एडिटर में खोला जा सकता है।
10. **कम्युनिटी सपोर्ट**ः सॉफ्टवेयर मुद्दों को ठीक करने के लिए और सॉफ्टवेयर एन्हांसमेंट के लिए दुनिया भर में समुदाय है।

4.2 ओपनऑफिस राइटर

राइटर इंटरफेस, एओओ का वर्ड प्रोसेसर घटक है। यह विंडोज एमएस वर्ड का एक मुफ्त विकल्प है। राइटर (Writer) के पास वे सभी विशेषताएँ हैं जिनकी हम एक आधुनिक, पूरी तरह से सुसज्जित वर्ड प्रोसेसर से चाहते हैं। राइटर का उपयोग करके, कई दस्तावेज़ बना सकते हैं, जैसे रिपोर्ट, पत्र, सम्पूर्ण पुस्तक, आरेख, अनुक्रमणिका, एजेंडा, मिनट और भी कई सारे जटिल कार्य कर सकते हैं, जैसे मेल मर्ज। यह एक वर्ड प्रोसेसर की सभी सामान्य विशेषताएँ प्रदान करता है: जैसे एंटर टेक्स्ट और एडिट टेक्स्ट, स्पेलिंग की जाँच, थिसॉरस, हाइफ़नेशन, ऑटो-करेक्ट, ढूंढें और बदलें, सामग्री से तालिकाओं और अनुक्रमणिकाओं का स्वचालित निर्याण, मेल मर्ज, और अन्य। इसके अलावा, राइटर इन महत्वपूर्ण विशेषताओं को प्रदान करता है:

- टेम्पलेट और शैलियाँ (styles), पृष्ठ-लेआउट विधियाँ, जिसमें फ्रेम, कॉलम और टेबल शामिल हैं,
- ग्राफिक्स, स्प्रेडशीट और अन्य वस्तुओं को एम्बेड या लिंक करना
- अंतर्निहित ड्राइंग टूल
- मास्टर दस्तावेज़- दस्तावेज़ों के संग्रह को एक दस्तावेज़ में समूहित करने के लिए
- परिवर्तित संशोधन के दौरान ट्रैकिंग बदलें
- एक ग्रंथ सूची डेटाबेस सहित डेटाबेस एकीकरण,
- बुकमार्क सहित PDF (पीडीएफ) में निर्यात करें

4.2.1 राइटर इंटरफ़ेस के भाग

राइटर इंटरफ़ेस, चित्र 4.6 में दर्शाया गया है। राइटर इंटरफ़ेस की विशेषताएँ नीचे वर्णित हैं।

टाइटल बार

यह राइटर विंडो के शीर्ष पर स्थित होता है और वर्तमान दस्तावेज़ का फ़ाइल नाम दिखाता है। चित्र 4.6 शीर्ष पर, title bar (शीर्षक पट्टी) दिखाता है जिसमें फ़ाइल नाम के रूप में Chapter4_Wirtre_Interface.odt है।

मेनू बार

विभिन्न मेनू वाले, मेनू बार टाइटल बार के ठीक नीचे है। जब एक मेनू पर क्लिक किया जाता है तो वह ड्रॉपडाउन हो जाता है और कई कमांड प्रदर्शित करता है। हम ऐसे प्रत्येक मेनू पर एक-एक करके चर्चा करेंगे।

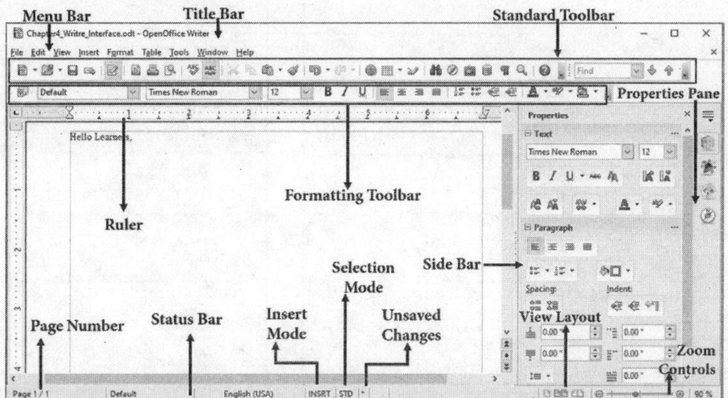

चित्र 4.6: ओपनऑफ़िस राइटर इंटरफ़ेस

1. **फ़ाइल मेनू** में ओपन, क्लोज़, सेव ऐज, डिजिटल सिग्नेचर, प्रिंट और पीडीएफ के रूप में निर्यात करें जैसे विभिन्न कमांड होते हैं जो कि पूरे दस्तावेज़ पर लागू होते हैं। विभिन्न कमांडों के साथ ड्रॉपडाउन मेनू को चित्र 4.7(a) में दर्शाया गया है।

2. **एडिट मेन्यू** में undo, redo, autotect, find & replace जैसे कमांड होते हैं जो पूरे दस्तावेज़ पर लागू होते हैं। इसमें आपके दस्तावेज़ की सामग्री को काटने, कॉपी करने और चिपकाने के लिए कमांड भी शामिल हैं। विभिन्न कमांड के साथ ड्रॉपडाउन मेनू को चित्र 4.7 (b) में दर्शाया गया है।

3. **व्यू मेनू** में प्रिंट लेआउट, वेब लेआउट, फ़ुलस्क्रीन व्यू, ज़ूम कंट्रोल इत्यादि जैसे कमांड होते हैं जो दस्तावेज़ों के प्रदर्शन को नियंत्रित करते हैं। यह मुख्य विंडो पर विभिन्न टूलबार को दिखा/छुपा भी सकता है। विभिन्न कमांड के साथ ड्रॉपडाउन मेनू को चित्र 4.8(a) में दर्शाया गया है।

4. **इन्सर्ट मेनू** में header, footer में एलिमेंट को सम्मिलित करने के लिए और चित्रों को दस्तावेज़ में सम्मिलित करने के लिए कमांड होते हैं। इसमें मैनुअल ब्रेक, विशेष वर्ण, अनुभाग, हाइपरलिंक, बुकमार्क और क्रॉस-रेफरेंस डालने के कमांड भी हैं। फ़्रेम, ऑब्जेक्ट, मूवी और ध्वनि को भी, संगत कमांड का उपयोग करके डाला जा सकता है। विभिन्न आदेशों के साथ ड्रॉपडाउन मेनू को चित्र 4.8 (b) में दर्शाया गया है।

5. **फ़ॉर्मेट मेनू** में फ़ॉर्मेटिंग लेआउट कमांड का उपयोग करके शैलियाँ पर्तिवर्तन, फ़ॉर्मेटिंग, पैराग्राफ़, बुलेट्स और नंबरिंग विकल्पों का उपयोग कर सकते हैं। विभिन्न कमांड के साथ ड्रॉपडाउन मेनू को चित्र 4.9(a) में दर्शाया गया है।

6. **टेबल मेनू** में तालिका संरचना में हेरफेर के बारे में कमांड होते हैं जैसे, सम्मिलित करना, हटाना, मर्ज करना, विभाजित करना, चयन करना। इसके अलावा, इसमें ऑटोफॉर्मेट, ऑटोफिट, सॉर्टिंग आदि जैसे कंटेंट फॉर्मेटिंग कमांड भी शामिल हैं। विभिन्न कमांड के साथ ड्रॉपडाउन मेनू को चित्र 4.9 (b) में दर्शाया गया है।

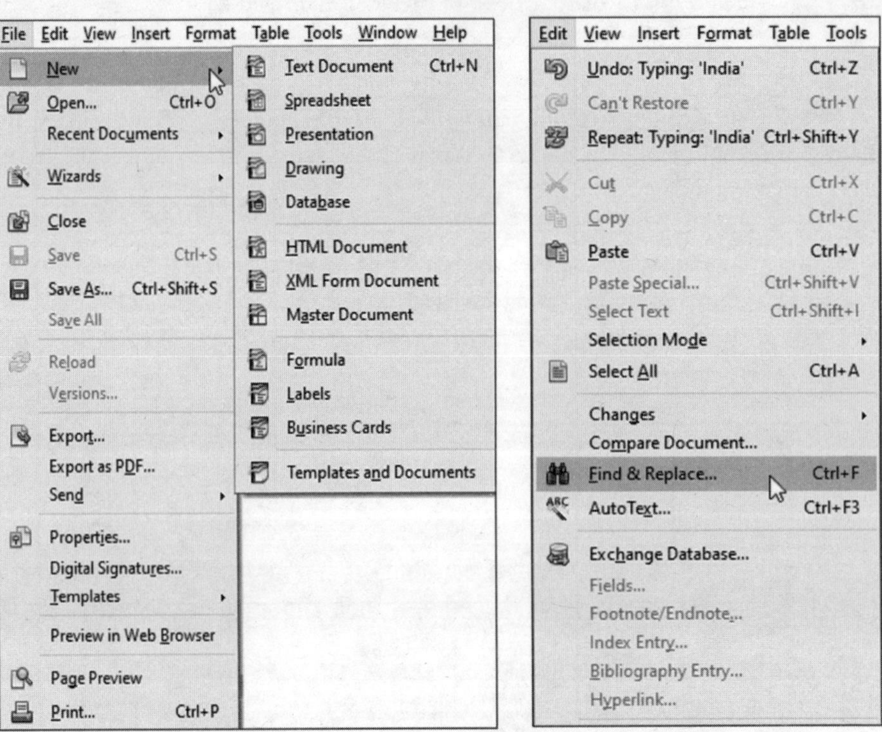

चित्र 4.7: राइटर इंटरफ़ेस मेनू (a) फ़ाइल मेनू (b) एडिट मेनू

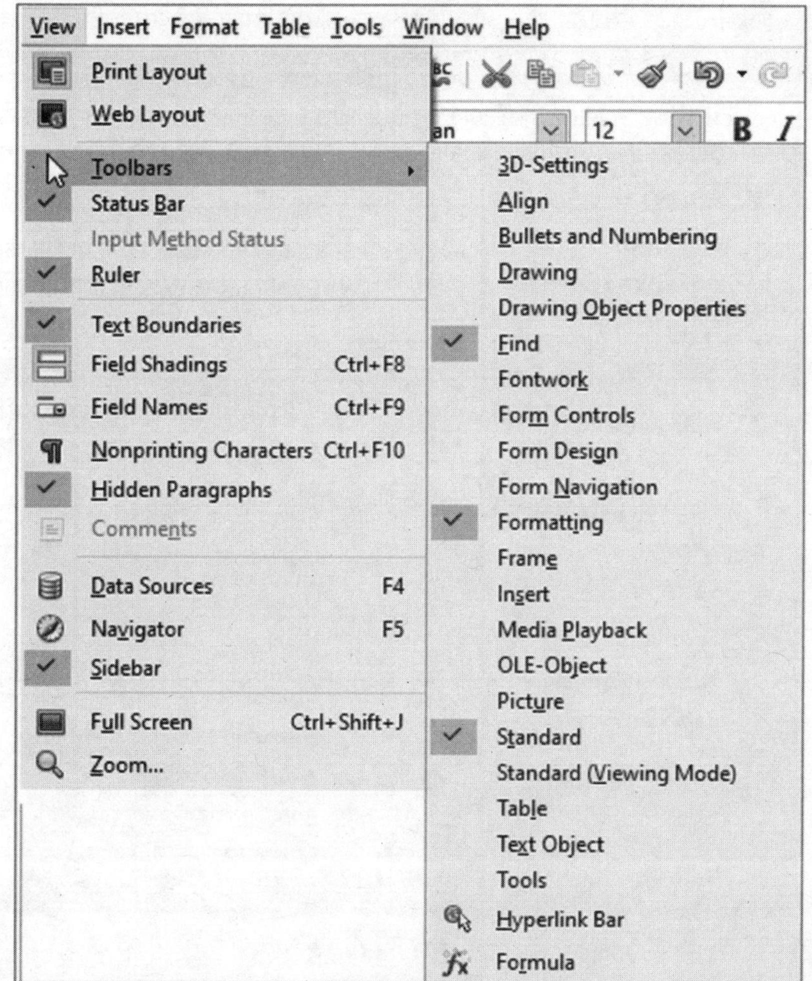

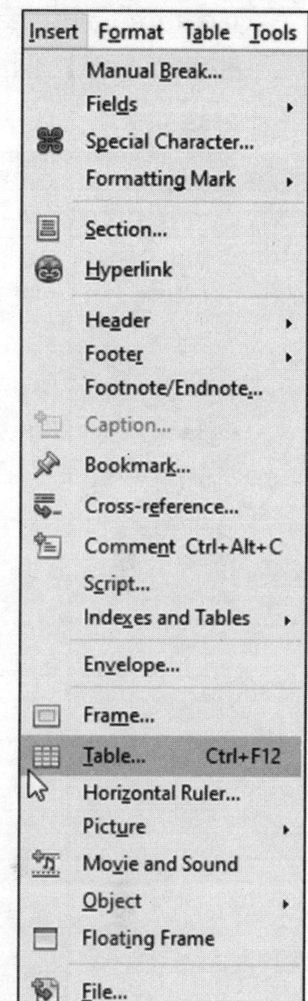

चित्र 4.8: राइटर इंटरफ़ेस मेनू (a) व्यू मेनू (b) इन्सर्ट मेनू

7. **टूल्स मेनू** में कई सारे यूटिलिटी फंक्शन उपलब्ध है जैसे वर्तनी और व्याकरण, मेल मर्ज विज़ार्ड, स्वतः सुधार, और विकल्प। विभिन्न कमांड्स के साथ ड्रॉपडाउन मेनू को चित्र 4.9(c) में दर्शाया गया है।

8. **विंडो मेनू** में विभिन्न कमांड हैं जो ओपन राइटर विंडो के डिस्प्ले को नियंत्रित करते हैं। नई विंडो कमांड, एक और विंडो खोलती है जबकि क्लोज कमांड वर्तमान दस्तावेज़ को बंद कर देती है। दस्तावेजों के बीच स्विच करने के लिए खोले गए दस्तावेजों की एक सूची भी प्रस्तुत की जा सकती है।

9. **हेल्प मेनू** इसमें एओओ सहायता फ़ाइल खोलने के लिए एक लिंक होता है। अद्यतन विकल्प, सॉफ्टवेयर के लिए किसी भी उपलब्ध अद्यतन के लिए जाँच करता है। यह भी कार्यक्रम के संस्करण और लाइसेंस की जानकारी के बारे में जानकारी देता है।

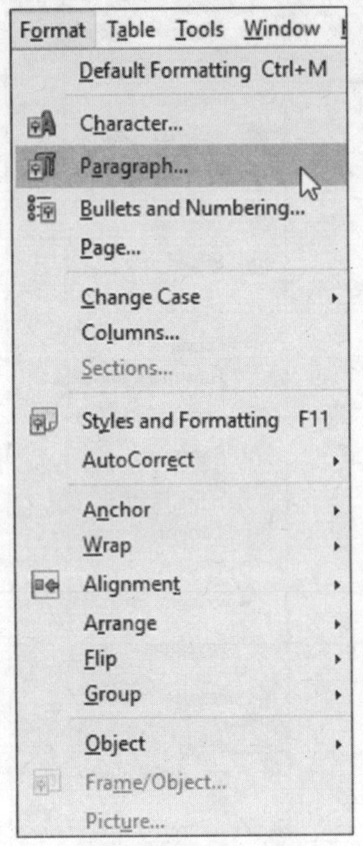

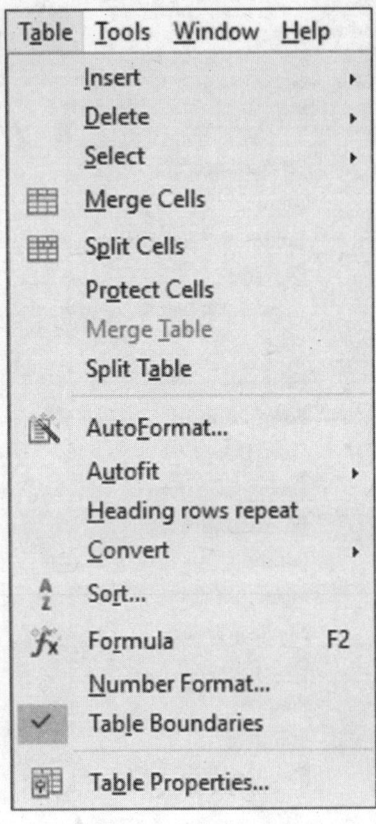

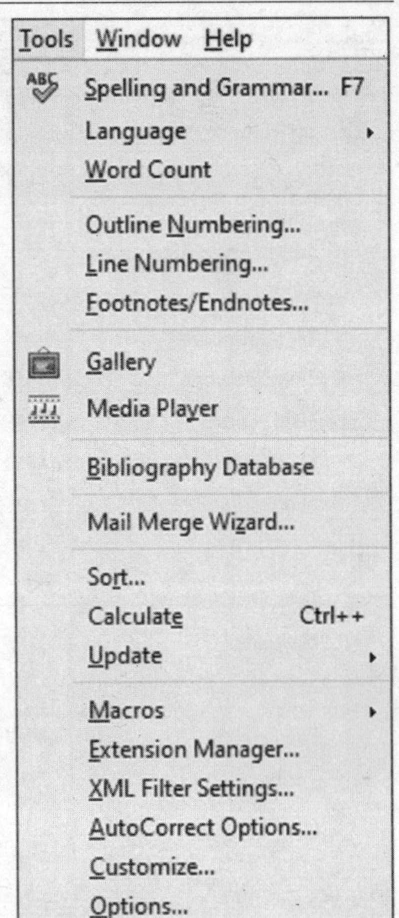

चित्र 4.9: राइटर इंटरफ़ेस मेनू (a) फ़ॉर्मेट मेनू (b) टेबल मेनू (c) टूल्स मेनू

टूलबार्स

टूलबार की गतिशीलता के अनुसार, राइटर कई टूलबार का समर्थन करता है, जैसे डॉक्ड, फ्लोटिंग और टियर-ऑफ टूलबार। ***डॉक्ड टूलबार*** (उपकरण पट्टी) डिफ़ॉल्ट रूप से तय होने के बाद भी इसे अलग-अलग स्थानों में ले जाया जा सकता है। चित्र 4.6 में दर्शाए अनुसार, मानक टूलबार (standard toolbar) एक डॉक्ड किया गया टूलबार है। मानक टूलबार एओओ के कैल्क, इम्प्रेस और ड्रा प्रोग्राम में भी उपलब्ध है। फ़्लोटिंग टूलबार संदर्भ-संवेदनशील होते हैं। यह वर्तमान कर्सर स्थिति या चयन के अनुसार दिखाई देता है। उदाहरण के लिए, जब कर्सर किसी तालिका में रहता है तो यह तालिका के बारे में नियंत्रण दिखाएगा, जबकि बुलेटेड सूची के मामले में, यह बुलेट और नंबरिंग के बारे में नियंत्रण दिखाएगा। शीर्ष पर दूसरा टूलबार यानी, फ़ॉर्मेटिंग टूलबार, एओओ (AOO) में फ्लोटिंग टूलबार का एक उदाहरण है। टियर-ऑफ टूलबार को चित्र 4.10 में दिखाए गए अनुसार टूलबार आइकन पर एक त्रिकोण के माध्यम से खोला जा सकता है। हम नीचे सूचीबद्ध विभिन्न टूलबार को छिपा या स्थानांतरित कर सकते हैं:

- टूलबार को प्रदर्शित करने या छिपाने के लिए, व्यू -> टूलबार चुनें, फिर सूची में टूलबार के नाम पर क्लिक करें जैसा कि चित्र 4.8 (a) में दिखाया गया है।
- डॉक किए गए टूलबार को स्थानांतरित करने के लिए, माउस पॉइंटर को टूलबार हैंडल पर रखें, बायें माउस बटन को दबाए रखें, टूलबार को नए स्थान पर खींचें, और फिर माउस बटन को छोड़ दें।
- फ़्लोटिंग टूलबार को स्थानांतरित करने के लिए, इसके शीर्षक पट्टी पर क्लिक करें और इसे एक नए स्थान पर खींचें।

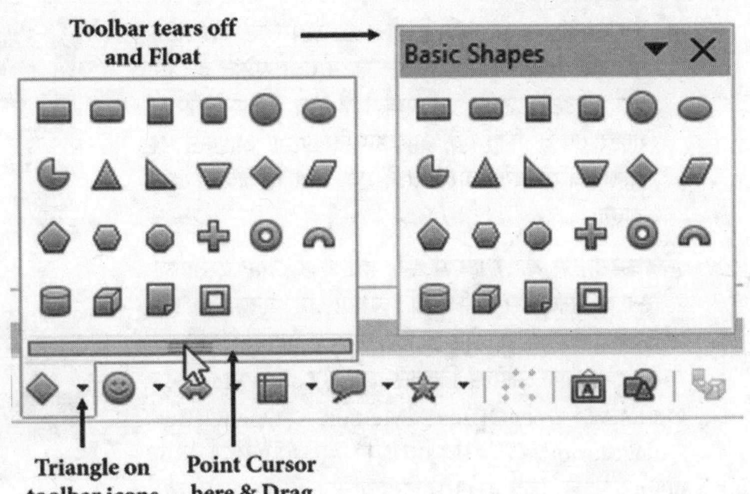

चित्र 4.10: टियर-ऑफ टूलबार का उदाहरण

राइट-क्लिक (कॉन्टेक्स्ट) मेनू

उपयोगकर्ता (कॉन्टेक्स्ट)मेनू खोलने के लिए अनुच्छेद, ग्राफ़िक या अन्य ऑब्जेक्ट पर राइट-क्लिक कर सकते हैं। राइट-क्लिक किए गए ऑब्जेक्ट के फ़ंक्शन तक पहुँचने का यह सबसे तेज़ और आसान तरीका है। यदि आपको यह सुनिश्चित नहीं हैं कि मेनू या टूलबार में कोई फ़ंक्शन कहाँ स्थित है, तो आप इसे राइट-क्लिक करके ढूंढ सकते हैं।

रूलर

रूलर का उपयोग पृष्ठ मार्जिन, पैराग्राफ इंडेंट और राइटर वस्तुओं के विभिन्न संरेखण को नियंत्रित करने और देखने के लिए किया जाता है। इसे चित्र 4.8(a) में दर्शाए अनुसार व्यू मेनू में रूलर चेक मार्क के माध्यम से दिखाया या छिपाया जा सकता है। लंबवत रूलर (vertical ruler) को सक्षम करने के लिए, टूल्स -> विकल्प -> OpenOffice.org राइटर -> व्यू (Tools -> Options -> OpenOffice.org Writer ->View) पर नेविगेट करें और लंबवत रूलर का चयन करें।

स्टेटस बार

राइटर स्टेटस बार वर्कस्पेस के नीचे स्थित होता है। यह दस्तावेज़ के बारे में जानकारी और कुछ दस्तावेज़ सुविधाओं को जल्दी से बदलने के सुविधाजनक तरीके प्रदान करता है। इसे चित्र 4.6 के नीचे दिखाया गया है। इसमें पेज नंबर, पेज स्टाइल, भाषा, राइटर मोड, फाइल सेव स्टेटस, डिजिटल सिग्नेचर, डॉक्यूमेंट व्यू लेआउट, पेज जूम कंट्रोल आदि शामिल हैं।

4.2.2 डॉक्यूमेंट शुरू करना

ओपनऑफिस राइटर में एक नया टेक्स्ट डॉक्यूमेंट खोलने के कई तरीके हैं।

1. **ऑपरेटिंग सिस्टम मेनू के माध्यम सेः**
   - हम ऑपरेटिंग सिस्टम मेनू का उपयोग करके कोई भी एओओ प्रोग्राम खोल सकते हैं। ऐसा करने के लिए, स्टार्ट-> प्रोग्राम्स-> राइटर (Start->Programs->Writer or "Impress, Cal &Draw") या "इंप्रेस, कैल एंड ड्रा" का चयन करके एप्लिकेशन खोलें।

- वैकल्पिक रूप से, आप विंडोज़ 10 के निचले दाएं कोने पर, बस 'विंडोज की '/सर्च बटन दबा सकते हैं और बस "राइटर" टाइप कर सकते हैं; यह ओपनऑफिस राइटर ऐप के लिए एक आइकन दिखाएगा; आइकन पर क्लिक करने पर हमारे सामने एक नया दस्तावेज़ खुल जाएगा।

2. ***क्विकस्टार्टर के माध्यम से:*** हम एक नया दस्तावेज़ खोलने के लिए इस विधि का उपयोग कर सकते हैं। इस उद्देश्य के लिए हमें टूल मेनू-> विकल्प-> ओपनऑफिस-> मेमोरी-> ओपनऑफिस क्विकस्टार्टर (Tools Menu-> Options-> OpenOffice->Memory->OpenOffice QuickStarter) द्वारा इस सुविधा को एक बार इनेबल करना होगा। जैसा कि चित्र 4.11 में दिखाया गया है, हम टास्कबार के नीचे दाईं ओर क्विकस्टार्टर आइकन का उपयोग कर सकते हैं।

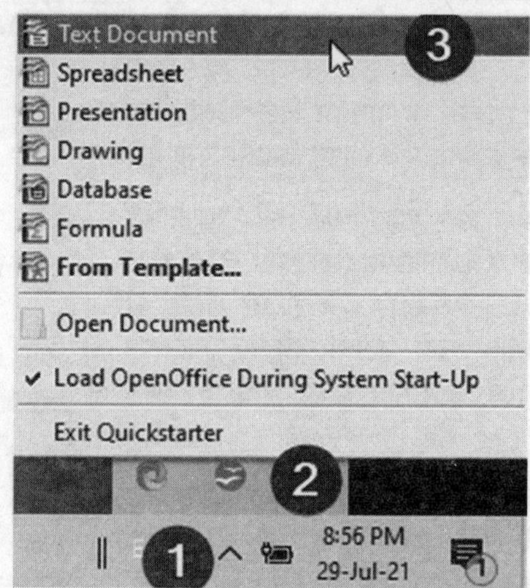

चित्र 4.11: क्विकस्टार्टर के माध्यम से एक नया दस्तावेज़ खोलें

3. ***स्टार्ट सेंटर के माध्यम से:*** ओपनऑफिस आइकन पर क्लिक करके स्टार्ट सेंटर को ओपन करें (या तो डेस्कटॉप शॉर्टकट आइकन पर या स्टार्ट-> प्रोग्राम-> ओपनऑफिस ऐप द्वारा)। अब हम, स्टार्ट सेंटर विकल्प "Text Document" का उपयोग कर, (चित्र 4.5 देखें) के साथ या (Templates -> New Document) नया दस्तावेज़ द्वारा एक नया दस्तावेज़ खोल सकते हैं।

4. ***फ़ाइल मेनू के माध्यम से:*** यदि कोई दस्तावेज़ खोला गया है और हम चाहते हैं कि दुसरा खुले, तो फ़ाइल मेनू -> नया-> टेक्स्ट दस्तावेज़ File menu->New-> Text Document (शॉर्टकट कुंजी CTRN + N) के विकल्प का उपयोग किया जा सकता है। (देखिए चित्र 4.7)

4.2.3 डॉक्यूमेंट खोलना

पहले से निर्मित (डॉक्यूमेंट) को कई तरीकों से खोला जा सकता है।

1. **क्विकस्टार्टर के माध्यम से**: चित्र 4.11 में दिखाए गए तरीके से क्विकस्टार्टर खोलें और फिर "ओपन दस्तावेज़" पर क्लिक करें। वांछित फ़ाइल को खोलने के लिए, ब्राउज़ करने के लिए यह एक ओपन डायलॉग बॉक्स दिखाएगा।

2. **स्टार्ट सेंटर के माध्यम से**: ओपनऑफ़िस आइकन (या तो डेस्कटॉप शॉर्टकट आइकन पर या स्टार्ट-> प्रोग्राम्स-> ओपनऑफ़िस ऐप) पर क्लिक करके स्टार्ट सेंटर को खोलें।

चित्र 4.12: स्टार्ट सेंटर के माध्यम से एक नया दस्तावेज़ खोलें

- ओपन आइकन पर क्लिक करें, जो स्टार्ट सेंटर में दिखाया गया है। चित्र 4.12 देखें।
- जैसा कि चित्र 4.12 में दिखाया गया है, हम अभी के दस्तावेज़ों को सूची से खोल सकते हैं।
- दस्तावेज़, मेनू विकल्प फ़ाइल-> ओपन (शॉर्ट कट कुंजी Ctrl + O) से भी खोला जा सकता है

- फ़ाइल मेनू की हालिया दस्तावेज़ सूची

यदि एक दस्तावेज़ खोला जाता है और हम दूसरे को खोलना चाहते हैं तब भी उपरोक्त विधियाँ लागू होती हैं।

4.2.4 एक डॉक्यूमेंट सेव करना

नव निर्मित दस्तावेज़ को कई तरीकों से सहेजा जा सकता है।

- चुनें file -> save (चित्र 4.7(a) देखें)
- चुनें file -> save as
- स्टैण्डर्ड टूलबार पर सेव आइकन (फ्लॉपी आइकन) पर क्लिक करें।
- शॉर्टकट कुंजी Ctrl + S

जब हम उपरोक्त में से कोई भी विधि लागू करते हैं, तो एक डायलॉग बॉक्स के रूप में सेव खुलेगा। हमें फ़ाइल का नाम, उसका प्रकार और उसका स्थान प्रदान करना होगा, जहाँ हम फ़ाइल को सहेजना चाहते हैं। हम किसी दस्तावेज़ को विभिन्न समर्थित स्वरूपों में सेव कर सकते हैं। (देखिए चित्र 4.13)

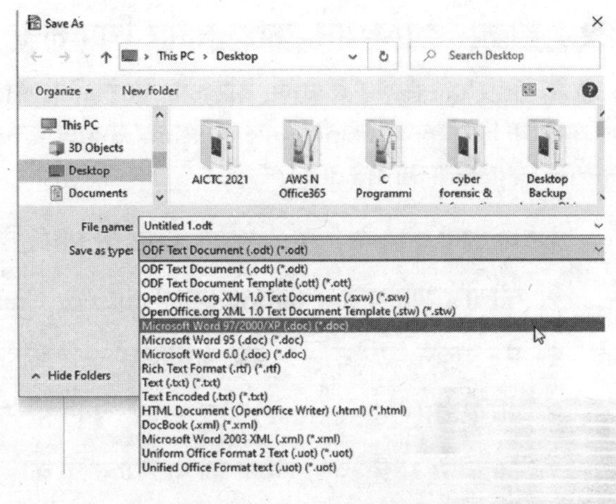

4.13: सेव एज(save as) डायलॉग बॉक्स

4.2.5 डॉक्यूमेंट को बंद करना

एक दस्तावेज़ को कई तरीकों से बंद किया जा सकता है।

- फ़ाइल का चयन करें->
- मेनू बार के अधिकांश दाईं ओर दिखाया गया, क्रॉस आइकन

यदि हमारा दस्तावेज़ अंतिम संशोधन के बाद सहेजा नहीं गया है तो यह हमें सचेत करेगा और एक डायलॉग बॉक्स प्रदर्शित करेगा जैसा कि चित्र 4.14 में दिखाया गया है। संशोधनों को सहेजने के लिए सहेजें (सेव) पर क्लिक करें। यदि आप अंतिम संशोधनों को सहेजना नहीं चाहते हैं तो त्यागें (discard) का चयन करें और यदि आप दस्तावेज़ पर फिर से काम करना चाहते हैं तो रद्द (cancel) करें का चयन करें।

चित्र 4.14: दस्तावेज़ संशोधन डायलॉग बॉक्स

4.2.6 किसी डॉक्यूमेंट को प्रिंट करना

- **त्वरित मुद्रण(क्विक प्रिंटिंग)**: इस विकल्प का उपयोग दस्तावेज़ को आपके डिफ़ॉल्ट प्रिंटर पर शीघ्रता से भेजने के लिए किया जा सकता है। मानक टूलबार पर "Print File Directly (डिफ़ॉल्ट प्रिंटर नाम)" आइकन पर क्लिक करें।
- **नियंत्रित मुद्रण(कंट्रोल प्रिंटिंग)**: यह एक अनुकूलित मुद्रण विकल्प है। हम मुद्रण के लिए

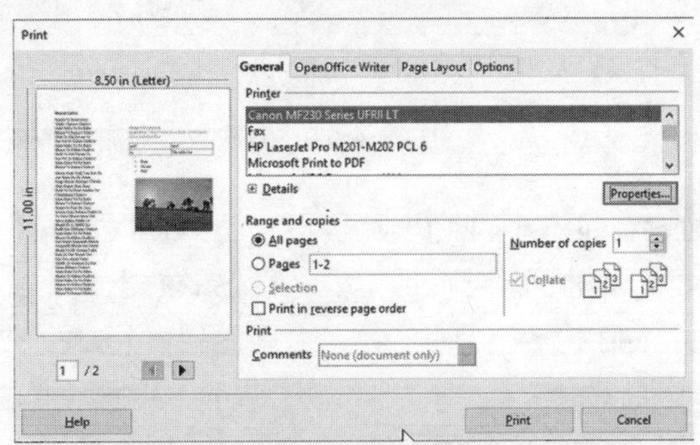

चित्र 4.15: प्रिंट डायलॉग बॉक्स

पैरामीटर सेट कर सकते हैं। इस कमांड को निष्पादित करने के लिए, फ़ाइल-> प्रिंट या कीबोर्ड शॉर्टकट Ctrl + P का चयन करें, ऐसा करने से एक प्रिंट डायलॉग बॉक्स खुलेगा जैसा कि चित्र 4.15 में दिखाया गया है। हमें प्रिंट करने के लिए पेज रेंज, प्रिंटर का नाम, कॉपियों की संख्या, प्रिंटिंग का क्रम, पेज सेटअप, प्रिंटिंग की गुणवत्ता, लेआउट (पेज प्रति शीट) आदि जैसी अपनी प्रिंटिंग प्राथमिकताएं प्रदान करनी होंगी। फिर प्रिंट बटन पर क्लिक करें।

4.2.7 डॉक्यूमेंट में चयन, काटना और चिपकाना

एओओ, राइटर एप्लिकेशन में चयन, कट और पेस्ट ऑपरेशन, कंप्यूटर सिस्टम के अन्य अनुप्रयोगों की तरह ही है। हम इन कार्यों को करने के लिए माउस, कीबोर्ड, मेनू कमांड का उपयोग कर सकते हैं। टेक्स्ट को दस्तावेज़ के भीतर या विभिन्न अन्य दस्तावेज़ों के बीच कॉपी किया जा सकता है।

कट या कॉपी करने के लिए (चयनित टेक्स्ट के साथ) आप उपयोग कर सकते हैः

- **कीबोर्ड शॉर्टकटः** Control + X (cut) or Control + C (copy)
- **मेनू चयनः** ***एडिट*** —> कट या ***एडिट*** —> कॉपी करें
- **प्रासंगिक(Contextual) मेनूः** टेक्स्ट चयन पर राइट-क्लिक करें और कट चुनें या कॉपी करें
- **आइकन सोर्सः**टेक्स्ट स्थानों को कट या कॉपी करें,

दस्तावेज़ में कट या कॉपी किए गए टेक्स्ट को चिपकाएं। टेक्स्ट पेस्ट करते समय, फ़ॉर्मेटिंग परिणाम सोर्स पर और आप इसे कैसे पेस्ट करते हैं , इस पर निर्भर करता है। मूल स्वरूपण उपयोग को चिपकाने और बनाए रखने के लिएः

- **कीबोर्ड शॉर्टकटः** Control + V
- **मेनू चयनः** एडिट —> पेस्ट करें
- **प्रासंगिक मेनूः** राइट-क्लिक करें और पेस्ट करें चुनें
- **आइकन सोर्सः**पेस्ट करें

4.2.8 कैरेक्टर फॉर्मेटिंग

हम फॉर्मेटिंग टूलबार पर कमांड बटन का उपयोग करके कैरेक्टर लेवल पर कई फॉर्मेट लागू कर सकते हैं। फ़ॉर्मेटिंग टूलबार नीचे एक फ़्लोटिंग टूलबार के रूप में दिखाया गया है (चित्र 4.16), जिसे केवल कैरेक्टर स्वरूपण के लिए आइकन दिखाने के लिए अनुकूलित किया गया है।

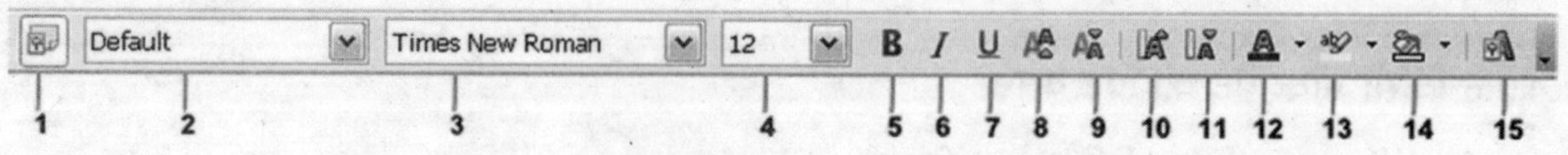

चित्र 4.16: स्वरूपण टूलबार, कैरेक्टर स्वरूपण के लिए चिह्न दिखा रहा है

1. शैलियाँ और स्वरूपण विंडो	2. शैली लागू करें	3. फ़ॉन्ट नाम
4. फ़ॉन्ट आकार	5. बोल्ड	6. इटैलिक
7. अंडरलाइन	8. सुपरस्क्रिप्ट	9. सबस्क्रिप्ट
10. फ़ॉन्ट बढ़ाएँ	11. फ़ॉन्ट घटाएँ	12. फ़ॉन्ट रंग
13. हाइलाइटिंग	14. पृष्ठभूमि रंग	15. कैरेक्टर फॉर्मेट डायलॉग

4.2.9 पैराग्राफ फॉर्मेटिंग

हम फॉर्मेटिंग टूलबार के बटनों का उपयोग करके पैराग्राफ में कई फॉर्मेट लागू कर सकते हैं। फ़ॉर्मेटिंग टूलबार नीचे दिखाया गया है (चित्र 4.17)।

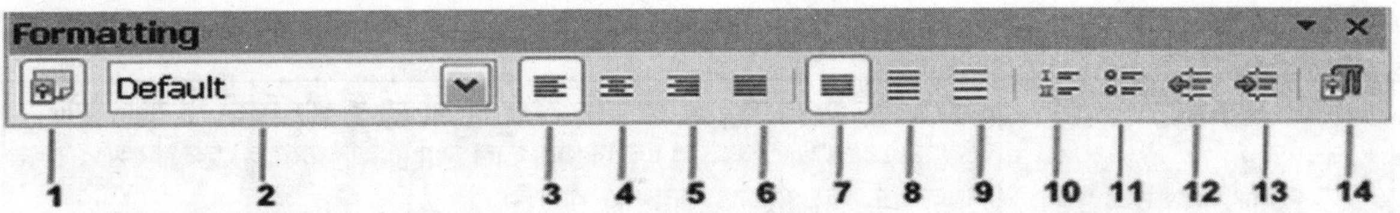

चित्र 4.17: अनुच्छेद स्वरूपण(पैराग्राफ फॉर्मेटिंग) के लिए चिह्न दिखाने वाला स्वरूपण टूलबार

1. शैलियाँ और स्वरूपण विंडो
2. शैली लागू करें
3. बाएँ संरेखित करें
4. केन्द्रित करें
5. दाएँ संरेखित करें
6. उचित justified
7. पंक्ति रिक्तिः 1
8. पंक्ति रिक्तिः 1.5
9. पंक्ति रिक्तिः 2
10. क्रमांकन चालू/बंद
11. बुलेट ऑन/ऑफ
12. इंडेंट घटाएँ
13. इंडेंट बढ़ाएँ
14. पैराग्राफ फॉर्मेट डायलॉग

4.2.10 फाइंडिंग एंड रिप्लेसिंग टेक्स्ट

राइटर प्रोग्राम एक विशिष्ट टेक्स्ट खोजने की सुविधा का समर्थन करता है और इसके इसके "Find & Replace"('ढूंढें और बदलें') संवाद बॉक्स के साथ इसे अन्य टेक्स्ट से बदला जा सकता है। डायलॉग बॉक्स को मानक टूलबार के, दूरबीन आइकन या Ctrl + F कुंजी या Edit मेनू -> find & replace कमांड के माध्यम से खोला जा सकता है।

ढूँढें और बदलें डायलॉग बॉक्स का उपयोग नीचे वर्णित विभिन्न खोज कार्यों के लिए किया जा सकता हैः

- शब्दों और वाक्यांशों को ढूँढें और बदलें
- सर्च को ठीक करने के लिए वाइल्डकार्ड और रेगुलर एक्सप्रेशन का उपयोग करें
- विशिष्ट स्वरूपण को ढूँढें और बदलें
- पैराग्राफ शैलियों को खोजें और बदलें

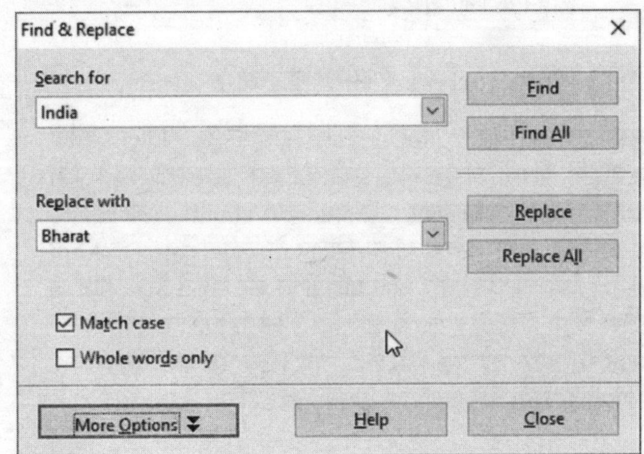

चित्र 4.18: "Find & Replace" डायलॉग (संवाद) बॉक्स

सर्च एंड रिप्लेस कार्य इस तरह से किया जा सकता हैः

1. **सर्च फॉर बॉक्स** में वह टेक्स्ट टाइप करें जिसे आप खोजना चाहते हैं।
2. **रिप्लेस विथ बॉक्स** में नया टेक्स्ट टाइप करें।
3. आप विभिन्न विकल्पों का चयन कर सकते हैं जैसे केस का मिलान करना, केवल पूरे शब्दों का मिलान करना, या समान शब्दों की खोज करना।
4. जब आप अपनी सर्च सेट कर लें, तो **Find** पर क्लिक करें। इसके बजाय, टेक्स्ट को बदलने के लिए, **Replace** पर क्लिक करें।

4.2.11 स्पेलिंग और ग्रामर चेकिंग

राइटर प्रोग्राम स्पेलिंग और ग्रामर चेकिंग की सुविधा प्रदान करता है, जिसे टूल्स-> स्पेलिंग एंड ग्रामर या F7 शॉर्टकट की के जरिए या स्टैंडर्ड टूलबार पर तालिका 4.2 में वर्णित आइकॉन पर क्लिक करके, एक्सेस किया जाता है।(चित्र 4.9(c))

तालिका 4.2: स्पेलिंग और ग्रामर चेकिंग

ABC **ऑटो स्पेलचेक**	ऑटोस्पेलचेक प्रत्येक शब्द को टाइप करते ही जाँचता है और किसी भी गलत स्पेलिंग (वर्तनी) वाले शब्दों के तहत एक लहराती लाल रेखा प्रदर्शित करता है। एक बार शब्द ठीक हो जाने के बाद, यह रेखा गायब हो जाती है।
ABC ABC **स्पेलिंग और ग्रामर डायलॉग**	दस्तावेज़ (सिलेक्टेड टेक्स्ट) पर एक अलग वर्तनी ***(स्पेलिंग)*** जाँच करने के लिए, वर्तनी और व्याकरण बटन ***(स्पेलिंग और ग्रामर)*** पर क्लिक करें। यह दस्तावेज़ या चयन की जाँच करता है और यदि कोई गलत वर्तनी वाले शब्द पाए जाते हैं तो स्पेलिंग डायलॉग बॉक्स खोलता है।

- स्पेलिंग और ग्रामर डायलॉग बॉक्स पर डिक्शनरी की भाषा बदली जा सकती है।
- डिफ़ॉल्ट रूप से, एक ग्रामर चेकर उपलब्ध नहीं है, लेकिन इसे एक एक्सटेंशन के रूप में स्थापित किया जा सकता है। Tools -> Language -> More Dictionaries Online, इस प्रकार से नेविगेट करें
- आप एक शब्द को एक शब्दकोश में जोड़ सकते हैं। वर्तनी और व्याकरण संवाद बॉक्स में जोड़ें पर क्लिक करें और इसे जोड़ने के लिए शब्दकोश चुनें।

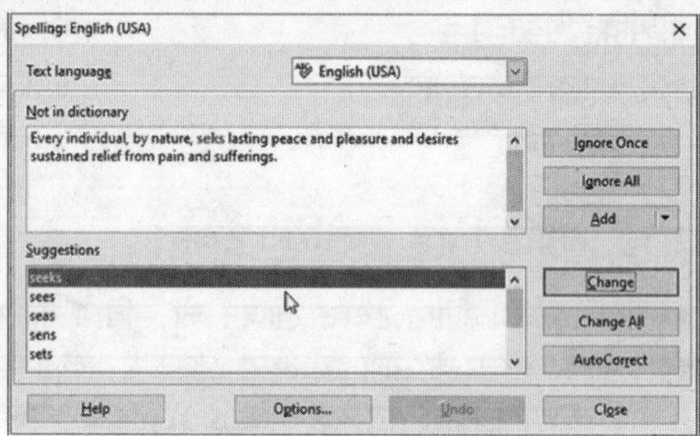

चित्र 4.19: स्पेलिंग चेकिंग

4.2.12 Auto correct (ऑटो करेक्ट)

राइटर के स्वतः सुधार(AutoCorrect) कार्य में सामान्य गलत वर्तनी और टाइपिंग त्रुटियों की एक लंबी सूची है, जिसे यह स्वचालित रूप से सुधारता है। उदाहरण के लिए, "abotu" को "about" में बदल दिया जाएगा। स्वतः सुधार संवाद बॉक्स खोलने के लिए Tools -> Auto correct विकल्प चुनें। वहाँ आप परिभाषित कर सकते हैं कि पाठ के कौन से स्ट्रिंग सही किए गए हैं और कैसे। किसी विशिष्ट स्पेलिंग को बदलने से राइटर को रोकने के लिए, बदलें टैब पर जाएँ, शब्द जोड़ी को हाइलाइट करें और हटाएँ पर क्लिक करें। (चित्र 4.20 देखें)

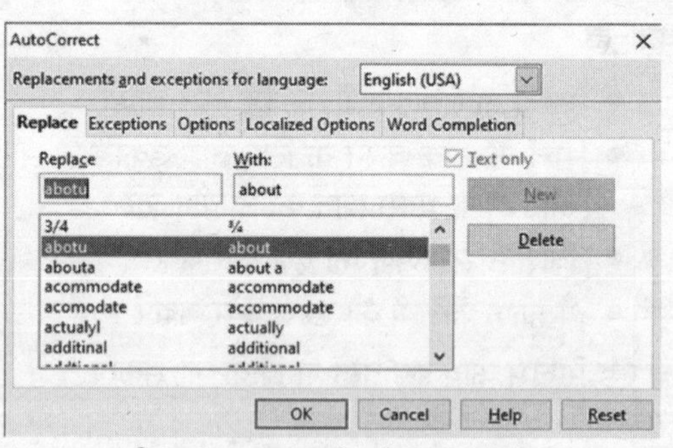

चित्र 4.20: ऑटो करेक्ट विकल्प

4.3 ओपन ऑफिस कैल्क

कैल्क, अपाचे ओपन ऑफिस (एओओ) का स्प्रेडशीट घटक है। इसमें स्प्रैडशीट्स में पाई जाने वाली अधिकांश सुविधाएँ शामिल हैं। स्प्रेडशीट हमें डेटा को सारणीबद्ध रूप में व्यवस्थित, विश्लेषण और संग्रहित करने की अनुमति देती है। स्प्रेडशीट में हम कुछ परिणाम उत्पन्न करने के लिए इस डेटा में हेरफेर कर सकते हैं। कैल्क माइक्रोसॉफ्ट एक्सेल के समान है और विभिन्न स्प्रेडशीट फ़ाइल स्वरूपों को खोलने और सहेजने में सक्षम है। कैल्क द्वारा प्रदान की गई अन्य विशेषताओं में शामिल हैं:

- कैल्क में कई अलग-अलग शीट्स होते हैं, प्रत्येक शीट पंक्तियों और स्तंभों में योजित होती है।
- फ़ंक्शंस, जिनका उपयोग डेटा पर जटिल गणना करने के लिए सूत्र बनाने के लिए किया जा सकता है
- डेटा को व्यवस्थित करने, संग्रहित करने और फ़िल्टर करने के लिए, डेटाबेस फ़ंक्शंस
- डायनेमिक चार्ट;2डी और 3डी चार्ट की एक विस्तृत श्रृंखला
- दोहराए जाने वाले कार्यों को रिकॉर्ड करने और निष्पादित करने के लिए, मैक्रोज़
- माइक्रोसॉफ्ट एक्सेल स्प्रैडशीट्स को खोलने, संपादित करने और सहेजने की क्षमता
- HTML, CSV, PDF आदि सहित कई प्रारूपों में स्प्रैडशीट्स का आयात और निर्यात।

4.3.1 स्प्रेडशीट, शीट्स और सेल का परिचय

कैल्क में, हम ऐसी फाइलें बनाते हैं जिन्हें स्प्रेडशीट कहा जाता है, इसमें कई अलग-अलग शीट होते हैं। प्रत्येक शीट, पंक्तियों और स्तंभों में व्यवस्थित कोशिकाओं वाली होती है। एक विशिष्ट सेल(कोशिका) की पहचान उसकी पंक्ति संख्या और स्तंभ अक्षर से होती है। प्रत्येक स्प्रेडशीट में कई शीट्स हो सकती हैं, और प्रत्येक शीट में बड़ी संख्या में अलग-अलग सेल होते हैं। कैल्क में, प्रत्येक शीट में अधिकतम 1,048,576 पंक्तियाँ और अधिकतम 1024 कॉलम हो सकते हैं।

4.3.2 कैल्क इंटरफ़ेस के भाग

कैल्क इंटरफ़ेस चित्र 4.21 में दर्शाया गया है। सीएएलसी इंटरफेस की विशेषताएँ नीचे वर्णित हैं। मेन्यू बार, टाइटल बार, फॉर्मेटिंग टूलबार और मानक टूलबार में वही कार्यक्षमता होती है, जिसकी चर्चा हमने खंड 4.1 में एओओ राइटर इंटरफेस में की थी। एक नया टूलबार यानी फॉर्मूला बार नीचे दिया गया है।

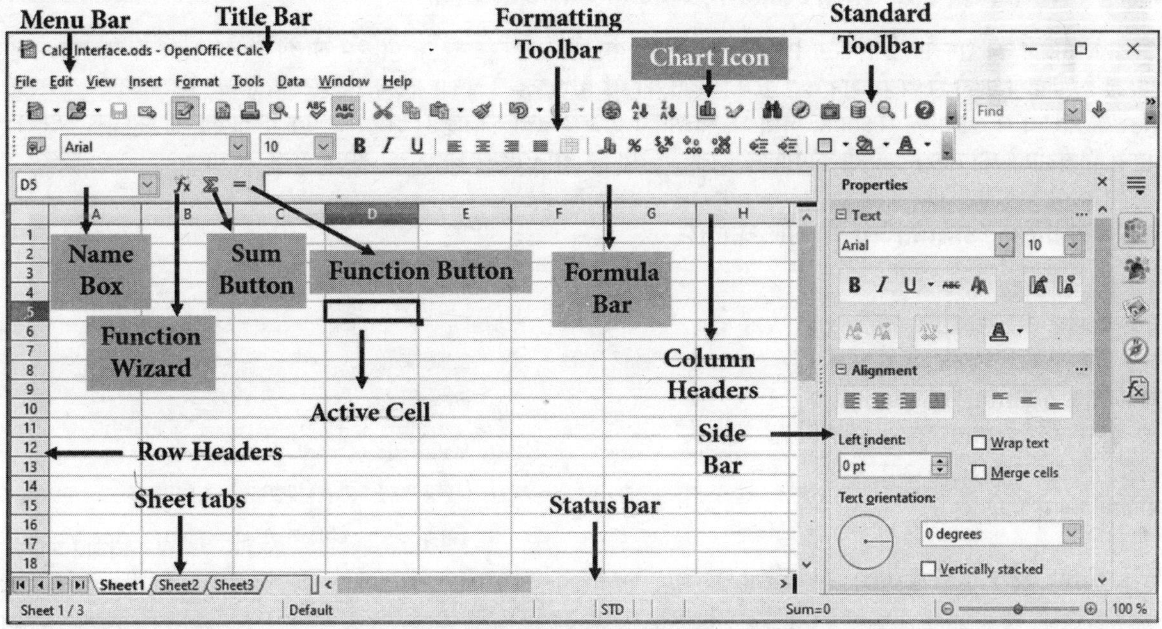

चित्र 4.21: ओपनऑफिस कैल्क (सीएएलसी) इंटरफेस

फॉर्मूला बार

फॉर्मैटिंग टूलबार के नीचे, फॉर्मूला बार चित्र 4.21 में दिखाया गया है। इसमें विभिन्न कंट्रोल होते हैं जिन्हें चित्र 4.21 में गहरे रंग की पृष्ठभूमि के साथ एनोटेट किया गया है। नाम बॉक्स में वर्तमान में चयनित सेल का पता होता है जो हमारे मामले में D5 है। फ़ंक्शन विज़ार्ड का उपयोग उपलब्ध इनबिल्ट फ़ंक्शंस को देखने या सम्मिलित करने के लिए किया जाता है। यह फ़ंक्शन की पैरामीटर सूची और सिंटैक्स भी दिखाता है। सम बटन पर क्लिक करने से वर्तमान सेल में एक सूत्र सम्मिलित होता है जो वर्तमान सेल के ऊपर की कोशिकाओं में शामिल संख्याओं का योग करता है। फंक्शन बटन पर क्लिक करने से, चयनित सेल और इनपुट लाइन में एक समान (=) चिन्ह सम्मिलित होता है, जिससे सेल एक सूत्र को स्वीकार करने में सक्षम होता है।

इंडिविजुअल सेल्स

स्क्रीन का मुख्य भाग एक ग्रिड के रूप में सेल्स (कोशिकाओं) को प्रदर्शित करता है, जिसमें प्रत्येक cell एक स्तंभ और एक पंक्ति के इंटरसेक्शन पर होती है! स्तंभों के शीर्ष पर और पंक्तियों के बाएँ छोर पर अक्षरों और संख्याओं वाले ग्रे बॉक्स की एक श्रृंखला होती है। ये कॉलम और रो हेडर हैं। कॉलम ए से शुरू होते हैं और दाईं ओर जाते हैं, और पंक्तियाँ 1 से शुरू होती हैं और नीचे जाती हैं। एक सक्रिय cell को चित्र 4.21 में दर्शाया गया है।

शीट टैब्स

सेल्स के ग्रिड के निचले भाग में शीट टैब्स होते हैं। ये टैब हर एक विशिष्ट टैब तक जाने के लिए एक्सेस देते हैं जिस भी दृश्यमान (सक्रिय) शीट के साथ वाइट टैब दिखाई देता है। दूसरे शीट टैब पर क्लिक करने से वह शीट प्रदर्शित होती है और उसका टैब सफेद हो जाता है। जब आप नामों पर क्लिक करते हैं तो आप कंट्रोल कुंजी को दबाकर एक साथ कई शीट टैब्स भी चुन सकते हैं। शीट टैब्स चित्र 4.21 के निचले बाएँ कोने में दिखाए गए हैं।

4.3.3 दस्तावेज़ को शुरू करना, खोलना, सहेजना और बंद करना

कैल्क दस्तावेज की शुरुआत ऑपरेटिंग सिस्टम मेनू के माध्यम से, क्विकस्टार्टर के माध्यम से और स्टार्ट सेंटर के माध्यम से हो सकती है। प्रक्रिया पहले से ही सेक्शन 4.2.2 में चित्रित की गई है। पहले से बनाए गए कैल्क दस्तावेज़ को, क्विकस्टार्टर या स्टार्ट सेंटर के माध्यम से खोला जा सकता है, जैसा कि सेक्शन 4.2.3 में चर्चा की गई है। इसी तरह एक दस्तावेज़ को सहेजना और बंद करना भी एओओ की मानक प्रक्रिया का पालन करता है जैसा कि हमने,राइटर घटक के, दौरान चर्चा की थी।

4.3.4 फ्रीज़िंग /अनफ्रीजिंग रो और कॉलम

फ्रीज़िंग, स्प्रैडशीट के शीर्ष पर कई पंक्तियाँ या स्प्रैडशीट के बाईं ओर के कई कॉलम या रो दोनों लॉक करता है। फिर शीट के भीतर स्क्रॉल करते समय, कोई भी लॉक हुए कॉलम और पंक्तियाँ व्यू में रहती हैं।

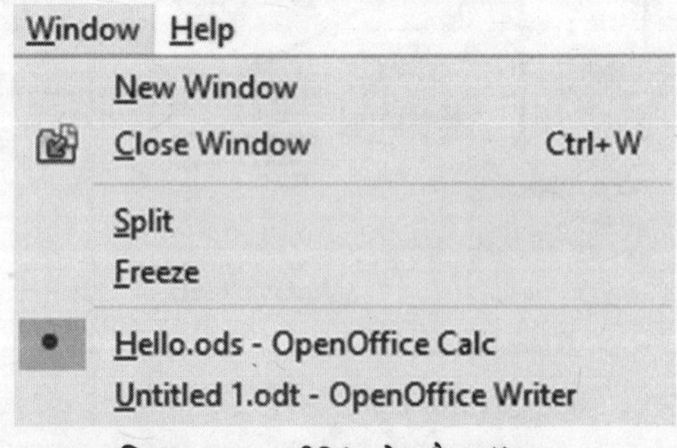

चित्र 4.22: फ्रीज़िंग रो और कॉलम

एक पंक्ति और एक कॉलम को फ्रीज़ करना

1. उस सेल में क्लिक करें जो उस पंक्ति के ठीक नीचे है जिसे आप फ्रीज करना चाहते हैं और तुरंत उस कॉलम के दाईं ओर क्लिक करें जिसे आप फ्रीज करना चाहते हैं।

2. (Window > Freeze) चुनें। अब एक डार्क लाइन दिखाई देगी, जो दर्शाती है कि फ्रीज कहाँ रखा गया है।

अनफ्रीज़िंग

पंक्तियों या स्तंभों को अनफ्रीज़ करने के लिए, विंडो > फ्रीज़ चुनें। फ्रीज द्वारा चेकमार्क हटा दिया जाएगा।

4.3.5 चार्ट बनाना

कैल्क संख्यात्मक डेटा को कुशलतापूर्वक और आसानी से प्रस्तुत करने के लिए विभिन्न प्रकार के चार्ट और ग्राफ़ का समर्थन करता है। कैल्क का उपयोग करके, आप चार्ट और ग्राफ़ को काफी हद तक अनुकूलित कर सकते हैं। इनमें से कई विकल्प आपको अपनी जानकारी को सर्वोत्तम और स्पष्ट तरीके से प्रस्तुत करने में सक्षम बनाते हैं। इसे व्यावहारिक रूप से समझने के लिए हम एक चार्ट को फिर से बनाते हैं जिसे अध्याय 1 में प्रस्तुत किया गया था, यानी ब्राउज़र बाजार का प्रतिशत हिस्सा। चरण-दर-चरण प्रक्रिया हमें आसानी से समझने में मदद करेगी।

1. सीएएलसी में डेटा डालें जिसे ग्राफिक रूप से प्रस्तुत किया जाना है।
2. चार्ट/ग्राफ निर्माण में शामिल किए जाने वाले डेटा का चयन करें।
3. या तो चार्ट आइकन दबाएँ (चित्र 4.21 देखें) या (Insert -> Chart) विकल्प पर क्लिक करें।
4. यह दिए गए डेटा के अनुसार चार्ट के डिफ़ॉल्ट गठन के साथ एक चार्ट विज़ार्ड दिखाएगा। चार्ट विज़ार्ड को चित्र 4.23 में दर्शाया गया है। अब चार्ट विजार्ड के साथ, हम अपने चार्ट को कस्टमाइज़ कर सकते हैं।

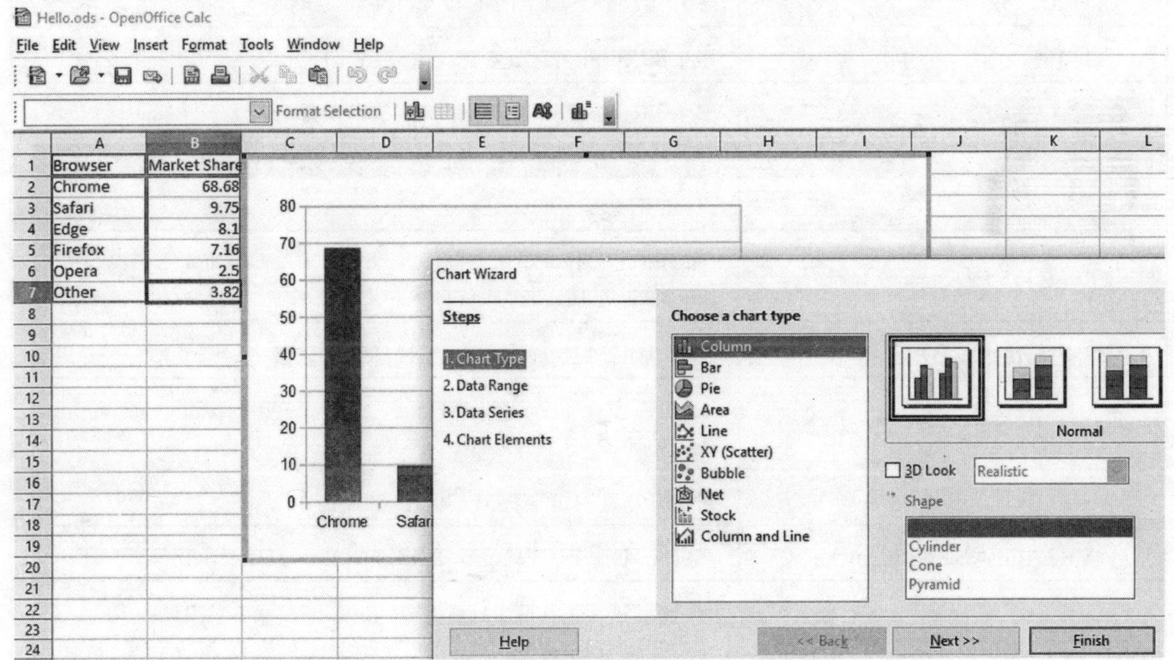

चित्र 4.23: चार्ट विज़ार्ड के साथ चार्ट बनाना

चार्ट विज़ार्ड के तीन मुख्य भाग हैं: चार्ट सेट करने में शामिल चरणों की सूची, चार्ट प्रकारों की सूची और प्रत्येक चार्ट प्रकार के लिए विकल्प। चार्ट विज़ार्ड में शक्तिशाली चार्ट बनाने के लिए चार चरण शामिल हैं।

1. **चार्ट प्रकार चुनना**: विज़ार्ड में विभिन्न प्रकार के चार्ट प्रदान किए जाते हैं, हम चार्ट प्रकार के आइकन पर क्लिक करके उनमें से किसी का भी चयन कर सकते हैं। बेहतर चयन के लिए हमें एक पूर्वावलोकन दिखाया जाएगा।
2. **डेटा रेंज**: हम मैन्युअल रूप से डेटा रेंज का चयन कर सकते हैं (यदि पिछले चयन में कोई त्रुटि है)।
3. **डेटा सीरीज़**: हम उस डेटा को फाइन-ट्यून कर सकते हैं जिसे हम चार्ट में शामिल करना चाहते हैं।
4. **चार्ट तत्व**: चार्ट तत्व पृष्ठ के साथ, हम अपने चार्ट के लिए शीर्षक, उपशीर्षक, किंवदंतियों(legends) को दे सकते हैं।

4.3.6 फ़ॉर्मूला बनाना

कैल्क में, हम सूत्रों को दो तरीकों से दर्ज कर सकते हैं, या तो सीधे सेल में ही या इनपुट लाइन पर। किसी भी तरह से, हमें निम्नलिखित प्रतीकों : =, + या - में से एक के साथ फ़ॉर्मूला (सूत्र) शुरू करने की आवश्यकता होती है। किसी अन्य चीज़ से शुरू करने से सूत्र को टेक्स्ट के रूप में माना जाता है। वर्कशीट पर प्रत्येक सेल को डेटा धारक या डेटा गणना के लिए जगह के रूप में उपयोग किया जा सकता है। डेटा दर्ज करना केवल सेल में टाइप करके और अगले सेल में जाकर या एंटर दबाकर पूरा किया जाता है। सूत्रों के साथ, = चिह्न इंगित करता है कि सेल का उपयोग गणना के लिए किया जाएगा।

तालिका 4.3: कैल्क में फॉर्म्यूलाज एंटर करने के सामान्य तरीके

सूत्र	विवरण
=A1+10	सेल A1 प्लस 10 की सामग्री को प्रदर्शित करता है।
=A1*16%	A1 की सामग्री का 16% प्रदर्शित करता है।
=A1*A2	A1 और A2 के गुणन का परिणाम प्रदर्शित करता है।
=ROUND(A1;1)	सेल A1 की सामग्री को एक दशमलव स्थान पर round करके प्रदर्शित करता है।
=EFFECTIVE(5%;12)	सालाना 12 भुगतानों के साथ 5% वार्षिक नाममात्र ब्याज के लिए प्रभावी ब्याज की गणना करता है।
=B8-SUM(B10:B14)	B10 से B14 के cells को B8 से घटाकर परिकलन करता है।
=SUM(B8;SUM(B10:B14))	B10 से B14 तक की कोशिकाओं के योग की गणना करता है और मान को B8 में जोड़ता है।
=SUM(B1:B65536)	कॉलम B में सभी नंबरों का योग करता है।
=AVERAGE(BloodSugar)	नाम के तहत परिभाषित एक नामित श्रेणी का औसत प्रदर्शित करता है।
=IF(C31>140; "HIGH"; "OK")	दो स्रोतों से डेटा के सशर्त विश्लेषण के परिणाम प्रदर्शित करता है। यदि C31 की सामग्री 140 से अधिक है, तो उच्च(HIGH) प्रदर्शित होता है, अन्यथा ठीक(OK) प्रदर्शित होता है।

4.4 ओपनऑफिस इम्प्रेस

इम्प्रेस,अपाचे ओपनऑफिस का स्लाइड शो (प्रस्तुतिकरण) कार्यक्रम है। इंप्रेस ओडीपी फॉर्मेट में प्रेजेंटेशन बनाता है, जिसे अन्य प्रेजेंटेशन सॉफ्टवेयर द्वारा खोला जा सकता है या विभिन्न प्रेजेंटेशन फॉर्मेट में एक्सपोर्ट किया जा सकता है। हम ऐसी स्लाइड बना सकते हैं जिनमें टेक्स्ट, बुलेटेड और क्रमांकित सूचियाँ, टेबल, चार्ट, क्लिप आर्ट और ग्राफिक ऑब्जेक्ट्स की एक विस्तृत श्रृंखला सहित विभिन्न तत्व शामिल हैं। इम्प्रेस में एक स्पेलिंग चेकर, एक थिसॉरस, पहले से पैक की गई टेक्स्ट शैलियाँ और आकर्षक पृष्ठभूमि शैलियाँ भी शामिल हैं।

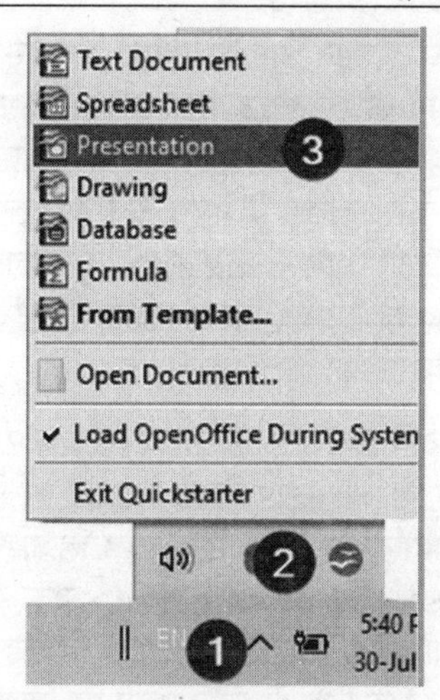

चित्र 4.24: क्विकस्टार्टर के माध्यम से इम्प्रेस शुरू करना

4.4.1 इम्प्रेस शुरू करना और नया प्रेजेंटेशन बनाना

सर्व प्रथम निम्न लिखित किसी एक तरीके से इम्प्रेस को शुरू कीजिये :

- अगर एओओ का कोई कंपोनेंट खुला नहीं है, तो स्टार्ट सेंटर सेः प्रेजेंटेशन आइकन पर क्लिक करें।
- सिस्टम मेनू या एओओ क्विकस्टार्टर से।
- एओओ के किसी भी खुले घटक सेः मुख्य टूलबार पर नए आइकन के दाईं ओर त्रिकोण पर क्लिक करें और ड्रॉप-डाउन मेनू से प्रेजेंटेशन का चयन करें, या मेनू बार से File -> New -> Presentation चुनें।

जब आप पहली बार इम्प्रेस शुरू करते हैं, तो प्रेजेंटेशन विजार्ड (चित्र 4.25 और चित्र 4.26 देखें) दिखाया जाता है।

1. ''Type'' के अंतर्गत, विकल्पों में से एक चुनें:
   - खाली प्रस्तुति विकल्प, एक रिक्त प्रेजेंटेशन बनाती है।
   - टेम्पलेट से विकल्प, एक नई प्रस्तुति के आधार के रूप में पहले से बनाए गए टेम्पलेट डिज़ाइन का उपयोग करता है। इसका चयन कर विज़ार्ड उपलब्ध टेम्पलेट्स की सूची दिखाता है। आप मनचाहा टेम्प्लेट चुनें।
   - ओपन मौजूदा प्रेजेंटेशन विकल्प, पहले से बनाए गए प्रेजेंटेशन पर काम करना जारी रखता है। मौजूदा प्रस्तुतियों की सूची दिखाने के लिए विज़ार्ड बदलता है। आप जो चाहते हैं उसे चुनें।
2. नेक्स्ट पर क्लिक करें। जैसा कि चित्र 4.25 (b) प्रेजेंटेशन विज़ार्ड चरण 2 को दिखाता है जैसा कि चरण 1 पर खाली प्रस्तुति का चयन करने पर मिलेगा। यदि आपने टेम्पलेट से चुना है, तो पूर्वावलोकन बॉक्स में एक उदाहरण स्लाइड दिखाई जाती है।

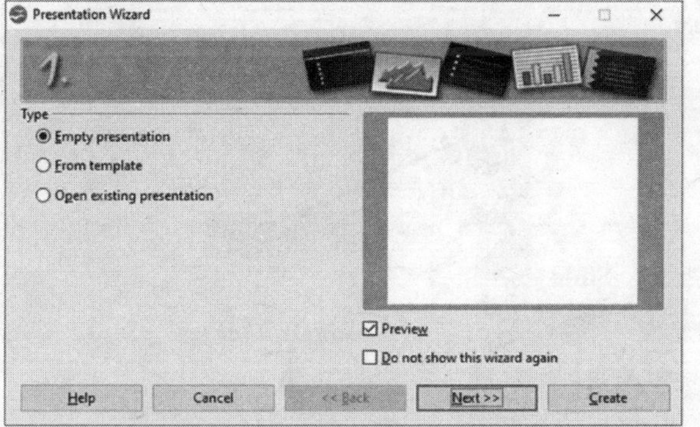

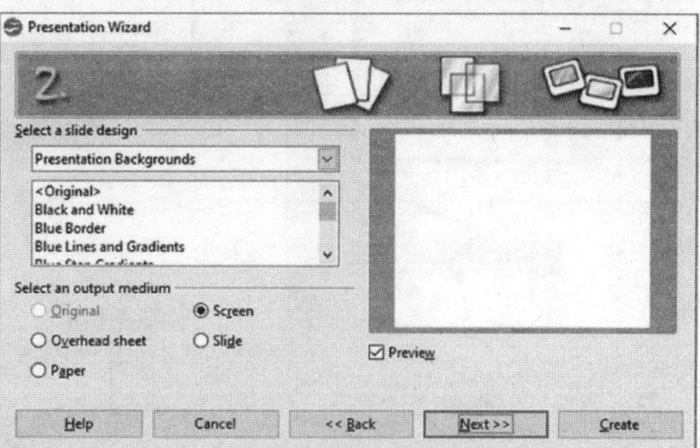

चित्र 4.25: प्रेजेंटेशन विज़ार्ड (a) प्रकार चयन (b) डिजाइन और आउटपुट माध्यम चयन

3. एक डिजाइन चुनें के तहत, एक स्लाइड डिजाइन का चयन करें। स्लाइड डिज़ाइन अनुभाग आपको दो मुख्य विकल्प देता हैः प्रस्तुति पृष्ठभूमि और प्रस्तुतियाँ। प्रत्येक के पास स्लाइड डिजाइन के लिए विकल्पों की एक सूची है। यदि आप <Original> के अलावा इनमें से किसी एक का उपयोग करना चाहते हैं, तो इसे चुनने के लिए विकल्पों को क्लिक करें।

   प्रस्तुति पृष्ठभूमि के प्रकार चित्र 4.25 (b) में दिखाए गए हैं। जब आप किसी आइटम पर क्लिक करते हैं, तो पूर्वावलोकन विंडो में स्लाइड डिज़ाइन का पूर्वावलोकन दिखाई देता है। <Original> एक खाली पृष्ठभूमि है। पूर्वावलोकन विंडो में स्लाइड डिज़ाइन का पूर्वावलोकन देखने के लिए किसी आइटम पर क्लिक करें।

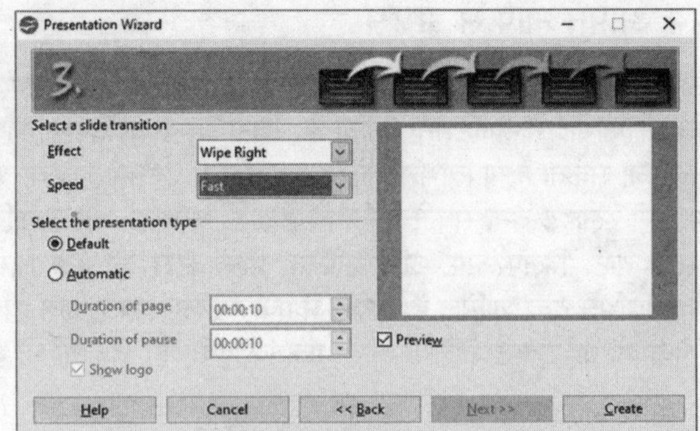

चित्र 4.26: प्रेजेंटेशन विज़ार्ड से प्रस्तुति प्रकार और ट्रांज़िशन का चयन

4. एक आउटपुट माध्यम के अंतर्गत यह चुनें कि प्रस्तुतिकरण का उपयोग कैसे किया जाएगा।
5. नेक्स्ट पर क्लिक करें। प्रस्तुति विज़ार्ड चरण 3, चित्र 4.26 में दिखाए गए अनुसार दिखाई देता है। स्पीड ड्रॉप-डाउन मेनू से प्रस्तुति में विभिन्न स्लाइडों के बीच ट्रांज़िशन के लिए वांछित गति का चयन करें। हमने चित्र 4.26 में "वाइप राइट" इफेक्ट के साथ "फास्ट स्पीड" को चुना है।
6. Create पर क्लिक करें. एक नया प्रेजेंटेशन बन जाएगा।

4.4.2 इम्प्रेस इंटरफ़ेस के भाग

मुख्य इम्प्रेस विंडो (चित्र 4.27) में तीन भाग होते हैं: स्लाइड फलक, कार्यस्थान और कार्य फलक। इसके अतिरिक्त, प्रेजेंटेशन के निर्माण के दौरान कई टूलबार प्रदर्शित किए जा सकते हैं या छुपाए जा सकते हैं।

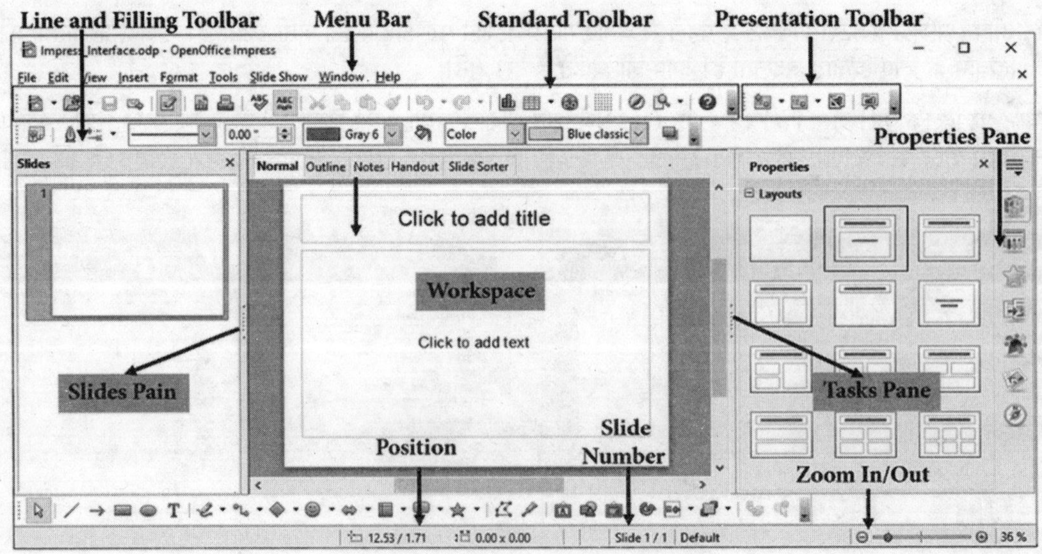

चित्र 4.27: ओपनऑफिस इम्प्रेस इंटरफ़ेस

स्लाइड्स पेन (स्लाइड फलक)

स्लाइड फलक में आपकी प्रस्तुति में स्लाइड के थंबनेल चित्र होते हैं। इस फलक में किसी स्लाइड पर क्लिक करने से उसका चयन होता है और उसे कार्यस्थान में रखा जा सकता है। जब कोई स्लाइड कार्यस्थान में होती है, तो आप उस पर कोई भी वांछित परिवर्तन लागू कर सकते हैं। स्लाइड फलक में एक या अधिक स्लाइडों पर एक साथ कई अतिरिक्त संचालन किए जा सकते हैं:

- प्रेजेंटेशन में नई स्लाइड जोड़ें।
- यदि अब इसकी आवश्यकता नहीं है तो प्रेजेंटेशन से स्लाइड को हटा दें या स्लाइड को छिपा हुआ के रूप में चिह्नित करें।
- किसी स्लाइड का नाम बदलें, किसी स्लाइड की नक़ल बनाएँ या उसे प्रस्तुतीकरण में किसी भिन्न स्थिति में ले जाएँ।

टास्क्स पेन (कार्य फलक)

कार्य फलक में कई खंड होते हैं। आप जिस अनुभाग का उपयोग करना चाहते हैं उसका विस्तार करने के लिए, चित्र 4.28 के अनुसार कैप्शन के बाईं ओर दाएँ-बिंदु वाले त्रिभुज पर क्लिक करें। एक समय में केवल एक अनुभाग का चयन किया जा सकता है।

1. **मास्टर पेजः** यहाँ आप अपनी प्रस्तुति के लिए पेज स्टाइल को परिभाषित करते हैं।
2. **लेआउटः** पहले से पैक किए गए लेआउट यहाँ दिखाए गए हैं। आप जो चाहते हैं उसे चुन सकते हैं, इसका उपयोग कर सकते हैं, या इसे अपनी आवश्यकताओं के अनुसार संशोधित कर सकते हैं।
3. **कस्टम एनिमेशनः** स्लाइड के चयनित तत्वों के लिए विभिन्न प्रकार के एनिमेशन सूचीबद्ध हैं। एनिमेशन को स्लाइड में जोड़ा जा सकता है, और इसे बाद में बदला या हटाया भी जा सकता है।
4. **स्लाइड ट्रांज़िशनः** हम ट्रांज़िशन प्रकार, इसकी गति (धीमी, मध्यम, तेज़) का चयन कर सकते हैं, स्वचालित या मैन्युअल ट्रांज़िशन के बीच चयन कर सकते हैं, और चुन सकते हैं कि चयनित स्लाइड कितनी देर तक दिखाई जाएगी।

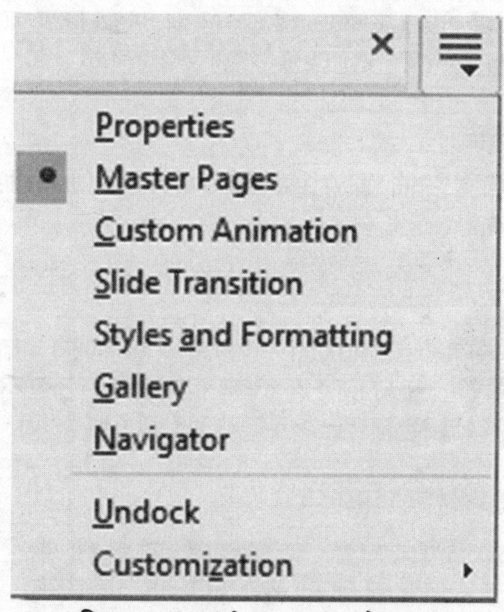

चित्र 4.28: कार्य फलक खंड खोलना

वर्कस्पेस (कार्यस्थान)

कार्यस्थान में पाँच टैब हैं: सामान्य, रूपरेखा, नोट्स, हैंडआउट और स्लाइड सॉर्टर। इन पाँच टैब को व्यू बटन कहा जाता है। चुने हुए व्यू के आधार पर व्यू बटन के नीचे वर्कस्पेस बदलता है। व्यू बटन के नीचे वर्कस्पेस, चुने हुए व्यू के आधार पर बदलता है।

1. **नार्मल व्यू** : अलग-अलग स्लाइड के साथ काम करने के लिए सामान्य दृश्य मुख्य दृश्य है। इस दृश्य का उपयोग प्रारूप और डिज़ाइन करने और टेक्स्ट, ग्राफिक्स और एनीमेशन प्रभाव जोड़ने के लिए करें।
2. **आउटलाइन व्यू** : आउटलाइन व्यू में प्रेजेंटेशन की सभी स्लाइड्स उनके क्रमांकित क्रम में होती हैं। यह आउटलाइन प्रारूप में प्रत्येक स्लाइड के लिए विषय शीर्षक, बुलेटेड सूचियाँ और क्रमांकित सूचियाँ दिखाता है। प्रत्येक स्लाइड में केवल डिफ़ॉल्ट टेक्स्ट बॉक्स में निहित टेक्स्ट दिखाया जाता है।

3. **नोट्स व्यू :** स्लाइड में नोट्स जोड़ने के लिए नोट्स दृश्य का उपयोग करें।
   1. कार्यक्षेत्र में नोट्स टैब पर क्लिक करें।
   2. उस स्लाइड का चयन करें जिसमें आप नोट्स जोड़ना चाहते हैं।
   3. स्लाइड के नीचे टेक्स्ट बॉक्स में, शब्दों पर क्लिक करें नोट्स जोड़ने के लिए क्लिक करें और टाइप करना शुरू करें।
4. **हैंडआउट दृश्यः** हैंडआउट दृश्य, मुद्रित हैंडआउट के लिए आपकी स्लाइड का लेआउट सेट करने के लिए है। कार्यस्थान में हैंडआउट टैब पर क्लिक करें, फिर कार्य फलक में लेआउट चुनें। हम प्रति पेज 1, 2, 3, 4, 6, या 9 स्लाइड प्रिंट करना चुन सकते हैं।
5. **स्लाइड सॉर्टर व्यूः** स्लाइड सॉर्टर व्यू में सभी स्लाइड थंबनेल होते हैं। स्लाइड के समूह या केवल एक स्लाइड के साथ कार्य करने के लिए इस दृश्य का उपयोग करें।

टूलबार

- स्लाइड निर्माण के दौरान कई टूलबार का उपयोग किया जा सकता है; view -> Toolbars पर क्लिक करके और मेनू से चयन करके उन्हें प्रदर्शित या छिपाया जा सकता है।

स्टेटस बार

इम्प्रेस विंडो के निचले भाग में स्थित स्टेटस बार में ऐसी जानकारी होती है जो आपको किसी प्रेजेंटेशन पर काम करते समय, उपयोगी लग सकती है।

नेविगेटर

नेविगेटर एक दस्तावेज़ में निहित सभी वस्तुओं को प्रदर्शित करता है। यह एक दस्तावेज़ के चारों ओर घूमने और उसमें आइटम खोजने का एक और सुविधाजनक तरीका प्रदान करता है। नेविगेटर को प्रदर्शित करने के लिए, मानक टूलबार पर उसके आइकन पर क्लिक करें, मेनू बार पर व्यू -> नेविगेटर चुनें, या Ctrl+Shift+F5 दबाएँ।

4.4.3 प्रेजेंटेशन फॉर्मेटिंग

एक नई प्रस्तुति में केवल एक खाली स्लाइड होती है। इस खंड में, हम नई स्लाइडों को जोड़ना शुरू करेंगे और उन्हें इच्छित सामग्री के लिए तैयार करेंगे।

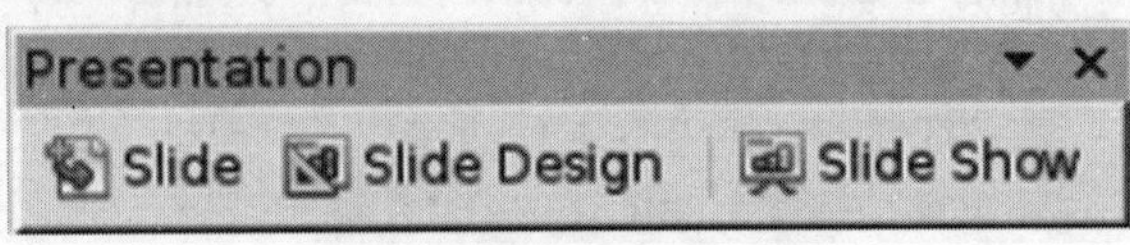

चित्र 4.29: प्रेजेंटेशन टूलबार

स्लाइड्स को इंसर्ट करना

यह कई तरह से किया जा सकता हैः

- इन्सर्ट -> स्लाइड।
- वर्तमान स्लाइड पर राइट-क्लिक करें, और पॉप-अप मेनू से स्लाइड -> नई स्लाइड चुनें।
- प्रेजेंटेशन(प्रस्तुति) टूलबार में स्लाइड आइकन पर क्लिक करें।

कभी-कभी, नई स्लाइड से शुरू करने के बजाय, आप उस स्लाइड की नकल करना चाहते हैं जिसे आपने पहले ही डाला है। ऐसा करने के लिए उस स्लाइड का चयन करें जिसे आप स्लाइड फलक से डुप्लिकेट करना चाहते हैं और फिर इन्सर्ट -> डुप्लिकेट स्लाइड चुनें।

एक लेआउट का चयन करना

कार्य फलक में उपलब्ध लेआउट प्रदर्शित करने के लिए लेआउट ड्रॉअर का चयन करें। लेआउट में एक स्लाइड में शामिल तत्वों की संख्या में अंतर होता है, जो एक खाली स्लाइड से छह सामग्री बॉक्स और एक शीर्षक वाली स्लाइड तक होता है। लेआउट को चुनने या बदलने के लिए, स्लाइड को कार्य क्षेत्र में रखें और टास्क पेन में लेआउट ड्रॉअर से वांछित लेआउट का चयन करें। कई लेआउट में एक या अधिक सामग्री बॉक्स होते हैं। (चित्र 4.30(a) देखें।)। इनमें से प्रत्येक बॉक्स को निम्न तत्वों में से एक को शामिल करने के लिए कॉन्फ़िगर किया जा सकता है: टेक्स्ट, मीडिया क्लिप, चित्र, चार्ट, या तालिका। आप सामग्री बॉक्स के बीच में प्रदर्शित होने वाले आइकन पर क्लिक करके सामग्री का प्रकार चुन सकते हैं जैसा कि चित्र 4.30 (b) में दिखाया गया है। यदि इसके बजाय, आप टेक्स्ट के लिए सामग्री बॉक्स का उपयोग करना चाहते हैं, तो कर्सर प्राप्त करने के लिए बस बॉक्स पर कहीं भी क्लिक करें।

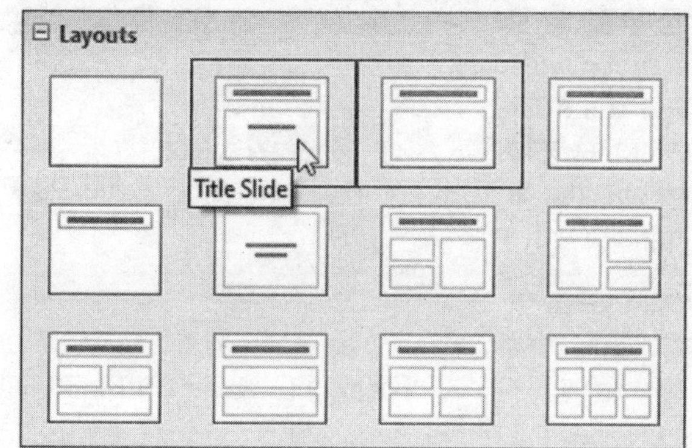

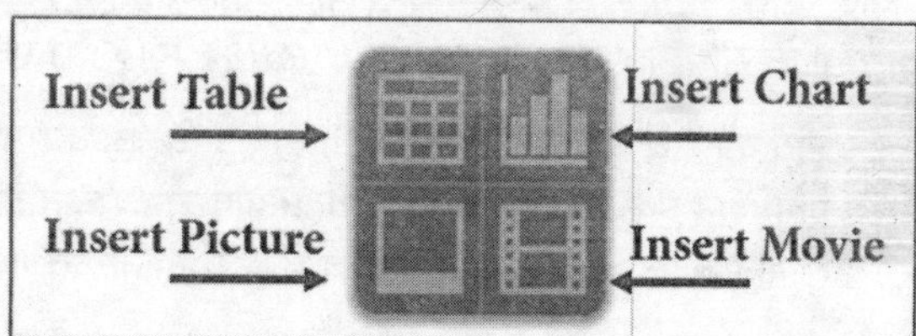

चित्र 4.30: प्रेजेंटेशन (a) स्लाइड लेआउट विकल्प (b) इन्सर्ट सामग्री प्रकार

स्लाइड तत्वों को संशोधित करना

हमारी स्लाइड में हमारे चुने हुए लेआउट स्लाइड के अनुसार तत्व होते हैं; हम अनावश्यक तत्वों को हटा सकते हैं और वस्तुओं (जैसे चित्र) को जोड़ सकते हैं, साथ ही पाठ सम्मिलित कर सकते हैं। स्लाइड में कोई चित्र या वस्तु जोड़ने के लिए, इन चरणों का पालन करें:

1. ग्राफिक फ़ाइलों से क्लिपआर्ट फ़्रेम के अलावा अन्य स्थानों पर चित्र जोड़ने के लिए:
   a. Insert > Picture > From File से चित्र इन्सर्ट करें, डायलॉग बॉक्स खुलता है।
   b. ग्राफिक फ़ाइल में ब्राउज़ करें। चित्र का पूर्वावलोकन देखने के लिए, चित्र सम्मिलित करें, डायलॉग बॉक्स के नीचे पूर्वावलोकन देखें। एक तस्वीर चुनें और ओपन पर क्लिक करें।
   c. चित्र को उसके स्थान पर ले जाएँ।
   d. यदि आवश्यक हो तो चित्र का आकार बदलें।
2. टेक्स्ट फ्रेम वाली स्लाइड में टेक्स्ट जोड़ने के लिए, टेक्स्ट फ्रेम में आउटलाइन जोड़ने के विकल्प पर क्लिक करें, और फिर अपना टेक्स्ट टाइप करें। जैसे ही आप टेक्स्ट डालते हैं, आउटलाइन शैलियाँ अपने आप टेक्स्ट पर लागू हो जाती हैं। आप टेक्स्ट फ़ॉर्मेटिंग टूलबार पर तीर बटनों का उपयोग करके प्रत्येक पैराग्राफ़ के आउटलाइन स्तर के साथ-साथ टेक्स्ट के भीतर उसकी स्थिति को बदल सकते हैं
3. अवांछित आइटम को हटाने के लिए, आइटम पर क्लिक कर इसे चुने। हरे रंग के हैंडल दिखाते हैं कि इसे चुना गया है; इसे हटाने के लिए डिलीट की दबाएँ।

4.4.4 एनिमेशन प्रभाव लागू करना

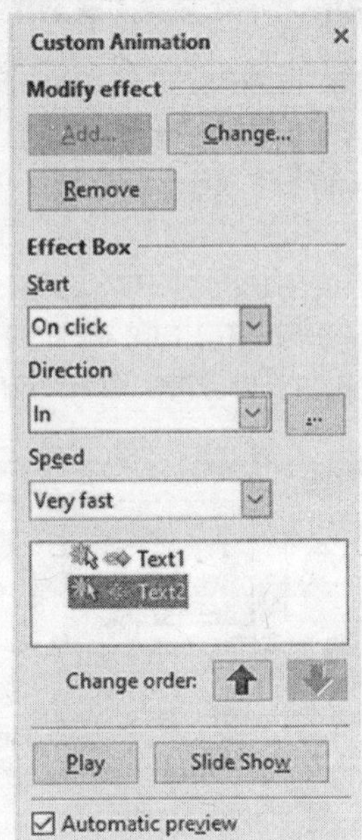

चित्र 4.31: कस्टम एनिमेशन

सामान्य दृश्य में, वांछित स्लाइड प्रदर्शित करें। उस टेक्स्ट या वस्तु का चयन करें जिसे आप एनिमेट करना चाहते हैं। ग्राफ़िक या संपूर्ण टेक्स्ट बॉक्स जैसी किसी ऑब्जेक्ट के चयनित होने पर उसके चारों ओर हरे रंग के हैंडल होंगे। कार्य फलक में, कस्टम एनिमेशन चुनें (चित्र 4.31 देखें)। जोड़ें पर क्लिक करें. अब कस्टम एनिमेशन डायलॉग बॉक्स (चित्र 4.32) प्रकट होता है। इस डायलॉग बॉक्स के किसी एक पृष्ठ से कोई प्रभाव चुनें, और उस प्रभाव की गति या अवधि चुनें।

ऑब्जेक्ट को स्क्रीन पर रखने पर लागू किए जाने वाले एनीमेशन को चुनने के लिए एग्जिट पृष्ठ से एक प्रभाव का उपयोग करें, उदाहरण के लिए, फ्लाई इन या डिसॉल्व इन। बुनियादी प्रभाव लागू करने के लिए ***Emphasis Entrance page*** का उपयोग करें, जैसे की फ़ॉन्ट रंग बदलना, या ब्लिंकिंग टेक्स्ट जैसे विशेष प्रभाव को जोड़ना। जब ऑब्जेक्ट स्क्रीन से जा रहा हो, तो लागू होने वाले प्रभाव को चुनने के लिए, ***Exit page*** का उपयोग करें। यदि आप चाहते हैं कि वस्तु, एक रेखा या वक्र रेखा के साथ गति करे, तो ***Motion Paths Page*** से एक एनीमेशन चुनें।

प्रभाव को सेव करने के लिए ओके (OK) क्लिक करें और कार्य फलक पर कस्टम एनिमेशन पृष्ठ पर वापस आएँ। यहाँ आप चुन सकते हैं कि एनीमेशन कैसे शुरू करें, गति बदलें, और चयनित प्रभाव में कुछ अतिरिक्त गुण लागू करें।

एनिमेशन प्रभाव शुरू करें

एनीमेशन प्रभाव शुरू करने के लिए आपके पास तीन विकल्प हैं:

- क्लिक पर (ON CLICK) - जब तक आप माउस पर क्लिक नहीं करते हैं, तब तक एनीमेशन शुरू नहीं होता है।
- पिछले के साथ (With Previous) = एनिमेशन, पिछले एनिमेशन की तरह ही चलता है।
- पिछले के बाद (After Previous)- जैसे ही पिछला एनीमेशन समाप्त होता है, तब एनीमेशन चलता है।

4.4.5 स्लाइड शो चलाना

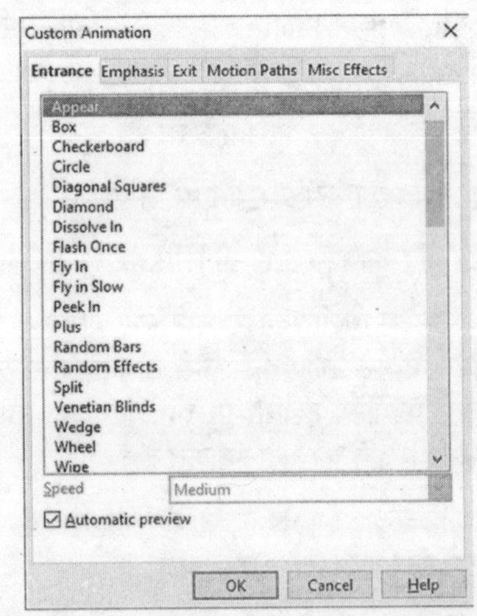

चित्र 4.32: कस्टम एनिमेशन डायलॉग बॉक्स

स्लाइड शो चलाने के लिए, निम्न में से कोई एक कार्य करें:

- मुख्य मेनू बार पर, स्लाइड शो > स्लाइड शो पर क्लिक करें।
- प्रेजेंटेशन टूलबार या स्लाइड सॉर्टर टूलबार पर स्लाइड शो बटन पर क्लिक करें।
- F5 या F9 दबाएं।

  यदि x सेकंड के बाद स्लाइड ट्रांज़िशन स्वचालित रूप से होता है, तो स्लाइड शो को अपने आप चलने दें। यदि स्लाइड ट्रांज़िशन माउस क्लिक पर है, तो एक स्लाइड से दूसरी स्लाइड पर जाने के लिए निम्न में से कोई एक कार्य करें।

- अगली स्लाइड पर जाने के लिए या पिछली स्लाइड पर वापस जाने के लिए कीबोर्ड पर तीर कुंजियों का उपयोग करें।

- अगली स्लाइड पर जाने के लिए माउस बटन पर क्लिक करें।
- अगली स्लाइड पर जाने के लिए कीबोर्ड पर स्पेसबार दबाएँ।

जब आप अंतिम स्लाइड से आगे बढ़ते हैं, तो प्रस्तुति से बाहर निकलने के लिए क्लिक करें, संदेश प्रकट होता है। प्रस्तुति से बाहर निकलने के लिए माउस क्लिक करें या कोई भी कुंजी दबाएँ। अंत सहित किसी भी समय स्लाइड शो से बाहर निकलने के लिए, Esc कुंजी दबाएँ।

रोचक तथ्य

- दुनिया भर में 1700 से अधिक कंपनियाँ ओपनऑफ़िस का उपयोग कर रही हैं।
- ओपनऑफ़िस का उपयोग कर रहे, सभी ग्राहकों में, 29% छोटे हैं (<50 कर्मचारी), 34% मध्यम आकार के हैं और 37% बड़े हैं (>1000 कर्मचारी)।
- लिब्रे ऑफिस, ओपनऑफ़िस का एक फोर्कड (forked) संस्करण है, दस्तावेज़ नींव (TDF), 2010 में , openoffice.org 3.3b के स्रोत कोड का उपयोग करता है

4.4.6 प्रेजेंटेशन को प्रिंट करना

इम्प्रेस को प्रिंट करना एक प्रेजेंटेशन को प्रिंट करने के लिए कई विकल्प प्रदान करता हैः एक पेज पर कई स्लाइड्स के साथ, प्रति पेज सिंगल स्लाइड के साथ, नोट्स के साथ, आउटलाइन के रूप में, दिनांक और समय के साथ, पेज के नाम के साथ, और बहुत कुछ। किसी प्रस्तुति को प्रिंट करने पर अधिक नियंत्रण के लिए, चित्र 4.33 में दिखाए गए अनुसार प्रिंट डायलॉग प्रदर्शित करने के लिए फ़ाइल -> प्रिंट चुनें। ***सामान्य टैब*** प्रिंटर और इससे संबंधित गुण का चयन किया जाता है। इस टैब में रेंज और कॉपी भी दी गई है। प्रिंट विकल्प के तहत, ड्रॉपडाउन बॉक्स से, हम क्या प्रिंट करना चाहते हैं विकल्प का चयन किया जाता है। हम स्लाइड, हैंडआउट्स, नोट्स या आउटलाइन चुन सकते हैं। ***ओपनऑफ़िस इम्प्रेस*** टैब का उपयोग स्लाइड-विशिष्ट सामग्री (स्लाइड नाम, दिनांक और समय, आदि), रंग, मुद्रण के लिए आकार को शामिल करने के लिए किया जाता है। बायाँ फलक दो स्लाइडों के साथ पूर्वावलोकन दिखा रहा है, ***पेज लेआउट*** टैब में पेज प्रति शीट 2 पर सेट करके इसे कॉन्फ़िगर किया गया है। विकल्प टैब का उपयोग "फाइल टू प्रिंट" कमांड के लिए किया जा सकता है।

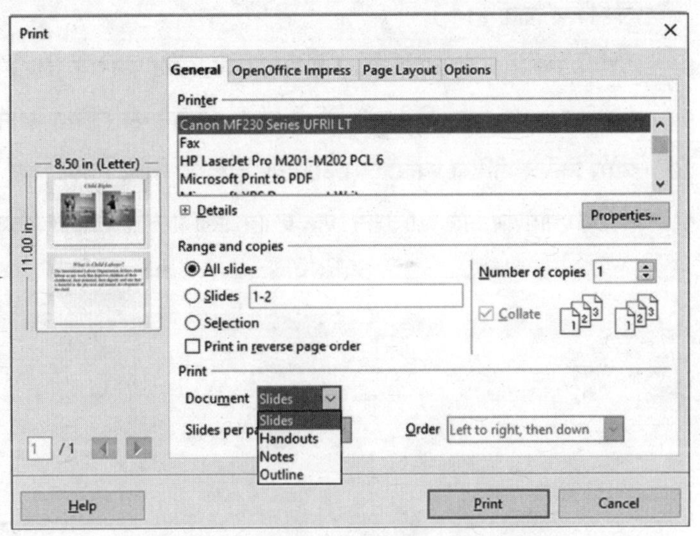

चित्र 4.33: ओपनऑफ़िस इम्प्रेस प्रिंट डायलॉग

विडियो संसाधन

यूनिट सारांश

1. अपाचे ओपनऑफिस (एओओ) मुफ्त ओपन-सोर्स सॉफ्टवेयर है जिसे आधिकारिक वेबसाइट www.openoffice.org से डाउनलोड किया जा सकता है।
2. राइटर एओओ का एक वर्ड प्रोसेसर घटक है। इसमें सभी सामान्य फ़ाइल स्वरूपों के लिए व्यापक समर्थन है और डिफ़ॉल्ट रूप से ओडीएफ प्रारूप का उपयोग करता है।
3. ओपनऑफिस राइटर, राइटर प्रीव्यू इंटरफेस और टूल्स का उपयोग करके एक बड़े दस्तावेज़ को देखता है।
4. कैल्क संख्यात्मक और विश्लेषणात्मक कार्यों को करने के लिए एओओ का स्प्रेडशीट घटक है।
5. कैल्क में हम एक साधारण स्प्रेडशीट एप्लिकेशन बनाने के लिए फ़ार्मुलों और फ़ंक्शंस को जोड़ सकते हैं।
6. पूर्वनिर्धारित स्लाइड लेआउट के साथ एक शक्तिशाली प्रस्तुति बनाने के लिए इम्प्रेस का उपयोग किया जाता है।
7. हम F9 या F5 के साथ. कीबोर्ड तीर कुंजियाँ की सहायता से स्लाइड शो चला सकते हैं और माउस का उपयोग नेविगेशन के लिए किया जाता है।
8. इंप्रेस के वर्कस्पेस व्यू का इस्तेमाल प्रेजेंटेशन को फॉर्मेट करने के लिए किया जाता है।
9. वर्कस्पेस के व्यू बटन, विभिन्न दृश्यों में, स्लाइड देखने की सुविधा प्रदान करते हैं।
10. इम्प्रेस विभिन्न मीडिया प्रकारों जैसे ऑडियो, वीडियो, चित्र, टेक्स्ट, चार्ट आदि को एकीकृत कर सकता है।
11. कस्टम एनीमेशन और ट्रांज़िशन एक प्रभावशाली प्रस्तुति के लिए गतिशील रूप और अनुभव प्रदान करते हैं।

अभ्यास

A. विषयात्मक प्रश्न

Q1. ओपनऑफिस सॉफ्टवेयर का उपयोग करने के क्या लाभ हैं?

Q2. राइटर इंटरफेस के मुख्य भागों की व्याख्या करें।

Q3. सीएएलसी इंटरफेस के मुख्य भागों की व्याख्या करें।

Q4. इंप्रेस इंटरफ़ेस के मुख्य भागों की व्याख्या करें।

Q5. अपने व्यक्तिगत, शैक्षणिक और पेशेवर विवरण के लिए विभिन्न तार्किक वर्गों के साथ एओओ राइटर इंटरफ़ेस में एक बायोडाटा बनाएँ ।

Q6. यूनिट एक के चित्र 1.3 में दर्शाए अनुसार एक चार्ट बनाएँ। डेटा इस प्रकार है।

ब्राउजर	क्रोम	सफारी	एज	फायरफॉक्स	ओपेरा	अन्य
मार्केट शेयर %	68.68	9.75	8.1	7.16	2.5	3.82

Q7. नीचे की तरह दिखने वाला एक प्रेजेंटेशन, एओओ इम्प्रेस में तैयार करें।

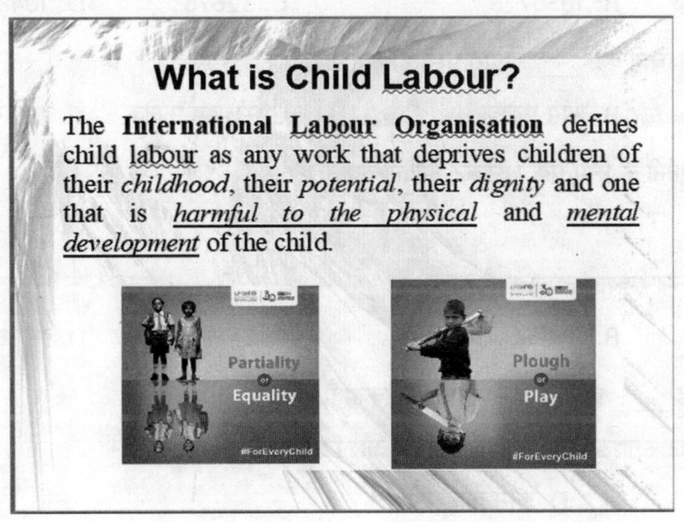

B. वस्तुनिष्ठ प्रश्न

Q1. वर्तमान अनुच्छेद को ऊपर ले जाने के लिए कुंजी।

A. Ctrl + PgUp B. Ctrl+Alt+UpArrow C. Alt+PgUP D. Alt+Home+UpArrow

Q2. निम्नलिखित में से कौन-सा फ़ाइल एक्सटेंशन ओपन ऑफिस राइटर के साथ संगत नहीं है?

A. csv B. sxw C. doc D. txt

Q3. राइटर में किसी भी ऑपरेशन को फिर से करने के लिए निम्नलिखित में से कौन सी शॉर्टकट कुंजी है?

A. Ctrl+R B. Ctrl+Y C. Ctrl+X D. Ctrl+Z

Q4. अपाचे ओपनऑफिस स्प्रेडशीट फ़ाइल का एक्सटेंशन है ____

A. .odt B. .ods C. .odg D. .odp

Q5. ओपन ऑफिस इंप्रेस किस तरह का प्रोग्राम है?

A. प्रेडशीट B. वर्ड प्रोसेसिंग C. प्रेजेंटेशन D. इनमें से कोई नहीं

Q6. अपाचे ओपनऑफिस के स्प्रेडशीट प्रोग्राम को ______ रूप में जाना जाता है

A. ड्रा B. राइटर C. इम्प्रेस D. कैल्क के

Q7. 'save as' चयनित करने पर, डायलॉग बॉक्स में क्या जानकारी देना होती है?

A. फ़ाइल का नाम B. वह स्थान जहाँ फ़ाइल को सहेजना है C. दोनों (A) और (B) D. इनमें से कोई नहीं

Q8. कैल्क में वर्तमान में चयनित सेल को ______ रूप में जाना जाता है

A. मास्टर सेल B. स्रोत सेल C. सक्रिय सेल D. बेस सेल के

Q9. ओपनऑफिस सीएएलसी में पंक्तियों की संख्या ____ है

A. 1024 B. 1056728 C. 32676 D. 1048576

Q10. स्लाइड के थंबनेल चित्रों को ____ द्वारा प्रस्तुत किया जाता है।

A. कार्यस्थान B. कार्य फलक C. स्लाइड फलक D. इनमें सेकोई नहीं

Q11. एओओ में जाँच वर्तनी के लिए एक शॉर्टकट आदेश क्या है?

A. F7 B. F9 C. F6 D. F2

Q12. टास्क पेन में कौन सा सेक्शन उपलब्ध है?

A. मास्टर पेज B. लेआउट C. टेबल डिज़ाइन D. इन सभी को

Q13. एओओ में, स्लाइड ____ द्वारा डिलीट किया जा सकता है?

A. एडिट-> डिलीट स्लाइड B. स्लाइड को चुनें और डिलीट की को दबाएँ

C. ऊपर दोनों से D. इनमें कोई नहीं

Q14. एओओ में डिफॉल्ट फॉर्मेटिंग कमांड क्या है?

A. Ctrl +B B. Ctrl + M C. Ctrl + Q D. Ctrl + F

Q15. एओओ इम्प्रेस में स्लाइड्स को छिपाने के लिए किस मेनू का उपयोग किया जाता है?

A. प्रारूप B. उपकरण C. देखें D. स्लाइड शो

उत्तर

विषयात्मक प्रश्नों के लिए संकेत

A1. ओपन-सोर्स ओपनऑफिस सॉफ्टवेयर का उपयोग करने के विभिन्न लाभों की व्याख्या करें, अर्थात कोई लाइसेंस शुल्क नहीं, ओपन सोर्स, क्रॉस-प्लेटफ़ॉर्म, व्यापक भाषा समर्थन, लगातार उपयोगकर्ता इंटरफ़ेस, एकीकरण, ग्रैन्युलैरिटी, फ़ाइल संगतता, कोई विक्रेता लॉक-इन नहीं और सामुदायिक समर्थन।

A2. राइटर इंटरफेस के टाइटल बार, मेन्यू बार में रहने वाले विभिन्न मेन्यू, स्टैंडर्ड और फॉर्मेटिंग टूलबार, स्टेटस बार आदि की व्याख्या करें। (चित्र 4.6 देखें)।

A3. कैल्क इंटरफेस के टाइटल बार, मेन्यू बार, स्टैंडर्ड टूलबार, फॉर्मूला बार, शीट टैब, स्टेटस बार आदि की व्याख्या करें,। (चित्र 4.21 देखें)।

A4. टाइटल बार, स्टैण्डर्ड टूलबार, फॉर्मेटिंग बार के अलावा इम्प्रेस इंटरफ़ेस के विभिन्न पैन जैसे, स्लाइड पेन, वर्कस्पेस पेन, टास्क पेन को भी समझाते हैं। (चित्र 4.27 देखें)

A5. एक नया राइटर दस्तावेज़ बनाएँ और तार्किक और कालानुक्रमिक क्रम में अपने विवरण दर्ज करें। सामग्री को प्रभावी तरीके से प्रस्तुत करने के लिए मानक टूलबार और फ़ॉर्मेटिंग टूलबार के विभिन्न टेक्स्ट फ़ॉर्मेटिंग विकल्पों का उपयोग करें। तालिका और चित्र का उपयोग करने का भी सुझाव दिया गया है।

A6. कैल्क में एक नया स्प्रेडशीट दस्तावेज़ बनाएँ। इनपुट करें और दिए गए डेटा का चयन करें। इन्सर्ट -> चार्ट विकल्प चुनें। एक चार्ट विजार्ड विंडो को चित्र 4.23 के रूप में दिखाया जाएगा। चार्ट प्रकार, किंवदंतियों आदि के लिए उपयुक्त विकल्पों का चयन करें।

A7. खंड 4.3 में चर्चा के अनुसार एक नई प्रस्तुति बनाएँ। फिर कार्य फलक से स्लाइड लेआउट 'शीर्षक और 2 सामग्री लेआउट' चुनें। परिभाषा के लिए टेक्स्ट प्लेसहोल्डर डालने के लिए ड्राइंग टूलबार के टेक्स्ट टूल का उपयोग करें। शीर्षक और सामग्री स्वरूपण के लिए विभिन्न स्लाइड स्वरूपण विकल्पों का उपयोग करें। चित्र 4.30 में बताए अनुसार अपनी पसंद के दो चित्र डालें।

वस्तुनिष्ठ प्रश्नों के उत्तर

प्रश्न	1	2	3	4	5	6	7	8	9	10	11	12	13	14	15
सही जवाब	B	A	B	B	C	D	C	C	D	C	A	D	C	B	D

अधिक जानें

- कुछ कार्यात्मकताएँ जो ओपनऑफिस सॉफ्टवेयर में मूल रूप से उपलब्ध नहीं हैं, वह विभिन्न एक्सटेंशन के माध्यम से प्रदान की जाती हैं। इन्हें नीचे दिए गए यूआरएल से डाउनलोड किया जा सकता है। https://extensions.openoffice.org/
- संबंधित भाषा शब्दकोशों को स्थापित करके कई भाषाओं के अनुसार स्पेलिंग और व्याकरण की जाँच की जा सकती है।

एप्लीकेशन

- एओओ राइटर ने शब्दों और अन्य दस्तावेजों की टाइपिंग के तरीके को आसान किया है। इसका उपयोग लगभग हर तरह की सामग्री को टाइप करने के लिए किया जा सकता है जैसे, लेखन कार्य, आधिकारिक दस्तावेज या पत्र टाइपिंग। इसका उपयोग हमारे लिखित डॉक्यूमेंट को सहेजने के लिए भी किया जाता है, जो रिकॉर्ड कीपिंग डेटाबेस के रूप में काम कर सकता है।
- एओओ कैल्क का उपयोग आमतौर पर संख्यात्मक डेटा को सारणीबद्ध रूप में संग्रहित करने और विभिन्न पूर्वनिर्धारित फ़ार्मुलों के साथ हेरफेर करने के लिए किया जाता है। यह लेजर बैलेंस को तैयार करने के लिए, अकाउंट को बनाए रखने के लिए, रसीद या चालान आदि बनाने के लिए उपयोग किया जा सकता है।
- एओओ इम्प्रेस सॉफ्टवेयर टेक्स्ट, ग्राफिक्स, वीडियो और छवियों को जोड़कर रचनात्मक और आकर्षक प्रेजेंटेशन तैयार कर सकता है। प्रेजेंटेशंस का उपयोग ग्राहक के सामने कंपनी के पोर्टफोलियो या नमूने को प्रदर्शित करने के लिए किया जा सकता है। आजकल इसका व्यापक रूप से शैक्षिक संस्थानों के लिए ई-लर्निंग संसाधनों के विकास के लिए उपयोग किया जाता है।

प्रयोग 4.1: ओपन ऑफिस टूल्स

प्रायोगिक कथन

ओपन ऑफिस टूल्स की सुविधाओं का अन्वेषण करें, इन सुविधाओं का उपयोग करके दस्तावेज़ बनाएँ, इसे कई बार करें।

प्रायोगिक महत्व

सूचना प्रौद्योगिकी के प्रसार ने यह सुनिश्चित किया है कि कंप्यूटर का हर कार्यालय में अपना स्थान है। कार्यालय के दैनिक कंप्यूटर कार्यों में वर्ड प्रोसेसिंग, गणितीय कार्य और प्रस्तुति कार्य की महत्वपूर्ण भूमिका होती है। इस प्रयोग में हम अपाचे के ओपनऑफिस सॉफ्टवेयर सूट के राइटर, इंप्रेस, कैल्क घटक को देखेंगे।

प्रासंगिक सिद्धांत

अपाचे ओपन ऑफिस AOO टूल्स में विभिन्न घटकों जैसे राइटर, इम्प्रेस, कैल्क को यूनिट 4 में विस्तार से समझाया गया है। उस यूनिट में, हमने इन घटकों के इंटरफेस का विवरण और उनमें दस्तावेज़ बनाने का तरीका भी सीखा है। प्रत्येक घटक के विशेष उपकरण और उनका उपयोग कैसे करें, यह भी सीखा है।

प्रैक्टिकल आउटकम्स (PrO)

शिक्षार्थी निम्न काम करने में कुशल होंगे :

PrO1: एओओ के राइटर घटक में एक सामान्य कार्यालय प्रोफार्मा बनाना।

PrO2: एओओ के कैल्क घटक में रसीद प्रोफार्मा बनाना।

PrO3: एओओ के इम्प्रेस कंपोनेंट में प्रेजेंटेशन बनाना।

प्रैक्टिकल सेटअप (वर्क सिचुएशन)

इस प्रयोग में, छात्रों को काम करने के लिए विभिन्न परिदृश्यों को प्रदान किया जाना चाहिए और उन्हें अपनी पसंद के एओओ घटक का चयन करने देना चाहिए।

परिदृश्य 1: मान लीजिए कि आप शिक्षा विभाग में काम कर रहे हैं और शिक्षक के प्रोफाइल को इकट्ठा करने के लिए एक प्रोफार्मा बनाने के लिए नियुक्त किया गया है। डेटा संग्रह के लिए फ़ील्ड,नमूना प्रोफार्मा के साथ, चित्र 4.34 में दिए गए हैं।

परिदृश्य 2 : स्वयं को सेवा प्रदाता कंपनी का कर्मचारी मानकर आपको दिया गया रसीद प्रोफार्मा तैयार करें। प्रोफार्मा के इलेक्ट्रॉनिक संस्करण (सॉफ्टकॉपी) में गणना स्वचालित रूप से की जानी चाहिए। आपके ग्राहक को दी गई नमूना रसीद चित्र 4.35 में दर्शाई गई होनी चाहिए।

परिदृश्य 3: अपने आप को एक सरकारी अधिकारी मानकर स्टार्ट-अप इंडिया अभियान पर एक सूचनात्मक प्रेजेंटेशन तैयार करें। नमूना टेम्पलेट चित्र 4.36 में दर्शाया गया है।

आवश्यक संसाधन

1. कंप्यूटर सिस्टम यानी पीसी/लैपटॉप।
2. अपाचे ओपन ऑफिस सॉफ्टवेयर स्थापित।

TEACHER'S PROFILE

YEAR: ....

Employee's code :
Name of the teacher :
Date of birth :
Designation :
School's address :

U-DISE Code No. :
State/UT :
District :
Block :

Academic/Professional Qualifications:

Examination	University/ Board	Year	Subjects
Academic Qualifications:			
Graduation			
Post-Graduation			
Ph.D.			
Professional Qualifications:			
D.Ed./D.El.Ed./Eq.			
B.Ed./Equivalent			
M.Ed.			

Experience:

Experience	Period		Total	
	From	To	Year	Months
Teaching				
Administrative				
Other				

Achievements/Awards (if any):

1. ______________________________

2. ______________________________

Signature of Teacher

चित्र 4.34: शिक्षक की प्रोफ़ाइल के लिए एक टेम्प्लेट-प्रोफ़ॉर्म

सावधानियाँ

1. डेटा हानि से बचाने के लिए समय-समय पर अपने कार्य दस्तावेज़ का बैकअप लें और उसे सहेजें।
2. बनाए जा रहे प्रोफार्मा/स्लाइड के अनुसार पृष्ठ आकार, पृष्ठ लेआउट, स्लाइड लेआउट का विश्लेषण करें।

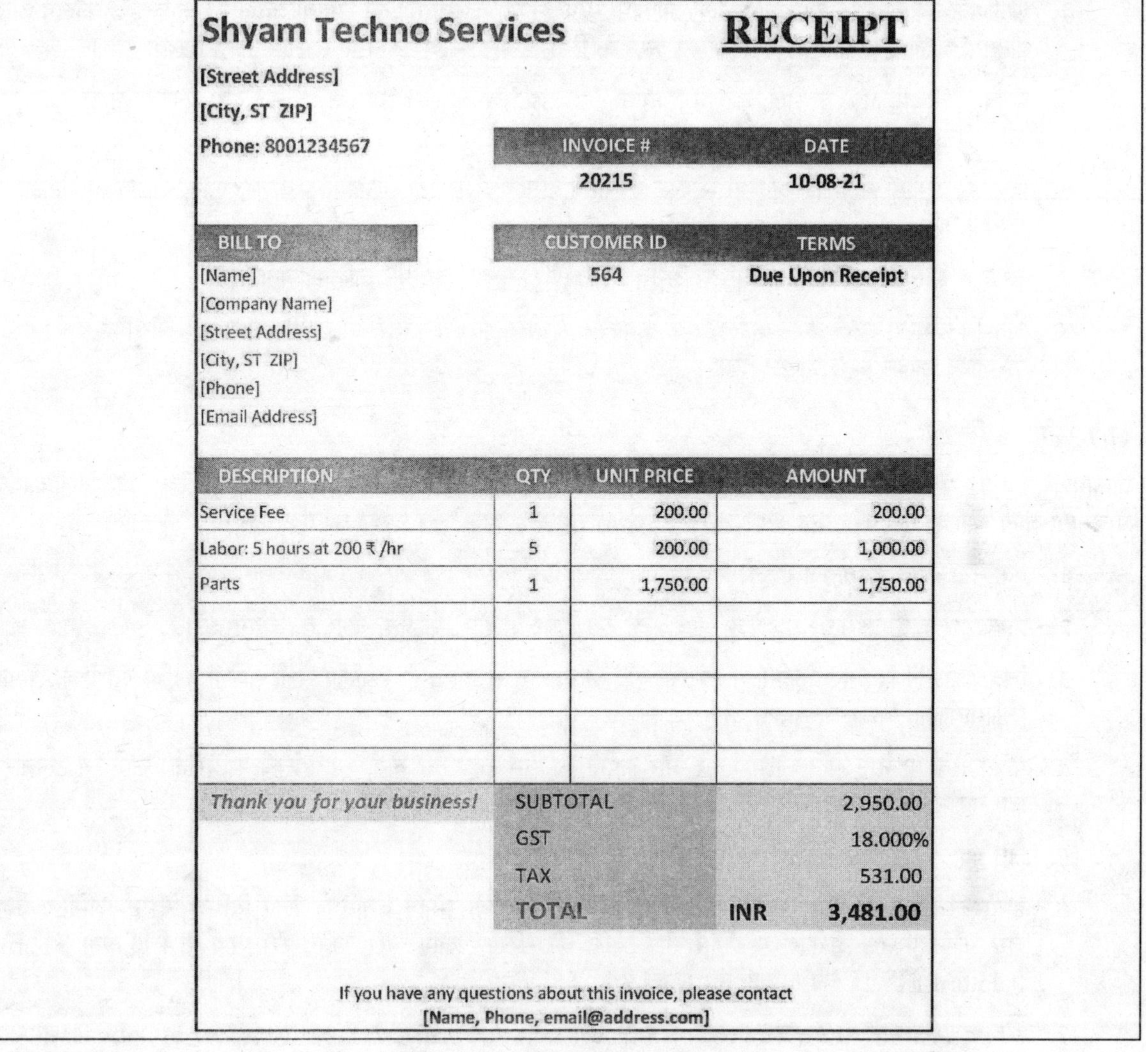

Shyam Techno Services **RECEIPT**

[Street Address]
[City, ST ZIP]
Phone: 8001234567

INVOICE #	DATE
20215	10-08-21

BILL TO
[Name] [Company Name] [Street Address] [City, ST ZIP] [Phone] [Email Address]

CUSTOMER ID	TERMS
564	Due Upon Receipt

DESCRIPTION	QTY	UNIT PRICE	AMOUNT
Service Fee	1	200.00	200.00
Labor: 5 hours at 200 ₹ /hr	5	200.00	1,000.00
Parts	1	1,750.00	1,750.00

Thank you for your business!	SUBTOTAL		2,950.00
	GST		18.000%
	TAX		531.00
	TOTAL	INR	3,481.00

If you have any questions about this invoice, please contact
[Name, Phone, email@address.com]

चित्र 4.35: एक टेम्प्लेट-रसीद प्रोफार्मा

सुझाई गई प्रक्रिया

(a) शिक्षक के प्रोफाइल के लिए प्रोफार्मा

चित्र 4.34 में दर्शाया गया नमूना प्रोफार्मा त्वरित स्वरूपण और प्रदान किए गए लेआउट के लिए राइटर प्रोग्राम में बनाया जाना चाहिए, हालांकि इसे अन्य घटकों में भी बनाया जा सकता है।

1. एक नया Write Write खोलें (यूनिट 4, अनुभाग 4.1)
2. प्रारूप टैब पर जाएं, format → page → page tab देखें), पेपर आकार, मार्जिन, आदि का चयन करें।
3. टाइप शीर्ष 7 पंक्तियों को टाइप करें और, स्वरूपण उपकरण पट्टी में उपलब्ध मूल स्वरूपण आदेश का उपयोग करते हुए, दिए गए प्रोफार्मा की तरह देखने के लिए, पंक्तियों को स्वरूपित करें ।

4. शैक्षणिक/व्यावसायिक योग्यता के लिए प्रोफार्मा में प्रदान की गई सामग्री को समायोजित करने के लिए 4 कॉलम और 9 पंक्तियों वाली एक तालिका बनाएं। ऐसा करने के लिए, इन्सर्ट —> टेबल या Ctrl + F12 क्लिक करें ।
5. पंक्ति 1 और पंक्ति 6 के सेल का चयन करके,—> राइट क्लिक —> सेल —> मर्ज करें, ऐसा करने से कॉलम मर्ज करें। सीमाओं को खींचकर स्तंभों का आकार समायोजित करें।
6. दिए गए प्रोफार्मा में बताए अनुसार, टेक्स्ट फॉर्मेटिंग कमांड जैसे सेंटर, बैकग्राउंड कलर, फॉन्ट साइज और टाइप का उपयोग करें।
7. चरण 4 से 6 के चरणों के माध्यम से अनुभव विवरण के लिए एक और तालिका बनाएँ।
8. अनुभव विवरण एकत्र करने के लिए एक क्रमांकित सूची बनाएँ। तीन बार अंडरस्कोर टाइप करें और फिर प्रोफार्मा में दी गई लाइन डालने के लिए एंटर दबाएँ।

(b) रसीद के लिए

प्रोफार्मा चित्र 4.35 में दर्शाया गया नमूना प्रोफार्मा त्वरित स्वरूपण, लेआउट और गणना आवश्यकताओं के लिए सीएएलसी कार्यक्रम में बनाया जाना चाहिए। ऐसे दस्तावेज़ तैयार करने के विभिन्न तरीके हो सकते हैं। चरणों का एक क्रम नीचे उल्लिखित है।

1. एक नया कैल्क दस्तावेज़ खोलें।
2. प्रारूप पर जाएँ, फॉर्मेट —> पेज —>, पेज टैब, पेपर आकार, मार्जिन, आदि का चयन करें।
3. चित्र 4.35 में दिए गए प्रोफार्मा में, स्तंभों की अधिकतम संख्या 4 है, इसलिए सभी सामग्री को 4 स्तंभों के लेआउट में समायोजित किया जा सकता है।
4. पंक्ति 1 के पहले 3 सेल को मर्ज करें और कंपनी का नाम टाइप करें यानी श्याम टेक्नो सर्विसेज। फ़ॉर्मेटिंग टूलबार पर दिए गए मर्ज सेल कमांड के माध्यम से विलय(मर्ज) किया जा सकता है।
5. दिए गए लेआउट के अनुसार अन्य सामग्री डालें और मर्ज करें।
6. हमारे दस्तावेज़ को दिए गए प्रोफार्मा (जितना संभव हो) के समान बनाने के लिए विभिन्न टेक्स्ट फ़ॉर्मेटिंग कमांड जैसे फ़ॉन्ट प्रकार, आकार, पृष्ठभूमि रंग, टेक्स्ट का संरेखण लागू करें। त्वरित स्वरूपण के लिए,आप ''Format Paintbrush'' का उपयोग कर सकते हैं ।
7. *भिन्न दशमलव के साथ संख्या प्रस्तुत करने के लिए:* cell ➔ Format Cells ➔ Number ➔ Options, पर राइट-क्लिक करें और दशमलव स्थानों को 2 पर सेट करें ।
8. गणना राशि, उप-योग, टैक्स और कुल-योग के लिए फार्मूले को लागू करें। (अध्याय 4, तालिका 4.3 देखें)

(c) स्टार्ट-अप इंडिया अभियान पर प्रस्तुति

दोनों स्लाइड को देखकर हमें स्लाइड विकसित करनी है। पहली स्लाइड में एक छवि (दाएँ ऊपरी कोने) और विभिन्न स्वरूपण, क्रमांकन शैलियों के साथ 5 टेक्स्ट अनुभाग हैं। स्लाइड 2 में इन्फोग्राफिक्स के लिए छह टेक्स्ट सेगमेंट हैं और एक स्लाइड के शीर्षक के लिए है। स्लाइड में टेक्स्ट सेगमेंट के बाएँ ऊपरी कोने पर कुछ नंबरिंग भी है। दिए गए टेम्पलेट की तरह दिखने के लिए हम अपनी प्रस्तुति बनाने के लिए नीचे दिए गए चरणों का पालन कर सकते हैं।

1. प्रेजेंटेशन विजार्ड के साथ एक नया इम्प्रेस प्रेजेंटेशन खोलें (अध्याय 4, खंड 4.3 देखें)|
2. कार्य फलक से रिक्त लेआउट का चयन करें।

3. टेक्स्ट टूलबार से टेक्स्ट आइकन या ड्रॉइंग टूलबार का चयन करके या F2 कुंजी दबाकर, टेक्स्ट डालें।
4. इसी तरह, अन्य टेक्स्ट सेगमेंट डालें और उन पर वांछित डेटा इनपुट करें। पृष्ठभूमि रंग, फ़ॉन्ट आकार, फ़ॉन्ट रंग, फ़ॉन्ट शैली, क्रमांकन जैसे स्वरूपण विकल्प लागू करें।
5. किसी सर्च इंजन पर स्टार्ट-अप इंडिया का लोगो ढूंढें, इसे दाएँ ऊपरी कोने पर डालें और लगाएँ।
6. स्लाइड्स फलक पर राइट क्लिक करके एक नई स्लाइड डालें और फिर नई स्लाइड पर क्लिक करें।
7. शीर्षक के लिए एक टेक्स्ट सेगमेंट डालें और टेम्प्लेट में दिए गए स्वरूपण विकल्प लागू करें।
8. दूसरा टेक्स्ट सेगमेंट डालें और पहली जानकारी के लिए टेक्स्ट टाइप करें। टेक्स्ट स्वरूपण लागू करें।
9. टेक्स्ट बॉक्स का चयन करें और गुण Properties pane ➔ Area ➔ Fill drop down ड्रॉप डाउन विकल्प से, और इच्छित रंग चुनके, टेक्स्ट बॉक्स में रंग भरें।
10. एक सर्कल के साथ नंबरिंग डालने के लिए; एक दीर्घवृत्त चिह्न की सहायता से एक वृत्त बनाएँ। नंबरिंग मान डालने के लिए डबल क्लिक करें। इसे पिछले चरण की तरह वांछित रंग से भरें।
11. टेक्स्ट बॉक्स और सर्कल शेप का चयन करें और कॉपी और पेस्ट करके नंबरिंग के साथ दूसरे टेक्स्ट सेगमेंट को फिर से बनाएं। स्लाइड के दूसरे सूचना बॉक्स के अनुसार वांछित परिवर्तन करें।
12. खंडों को, ड्रैग एंड ड्रॉप या कीबोर्ड नेविगेशनल कुंजियों द्वारा रखें।
13. अगले चार टेक्स्ट सेगमेंट और नंबरिंग के लिए चरण 11 को दोहराएँ।

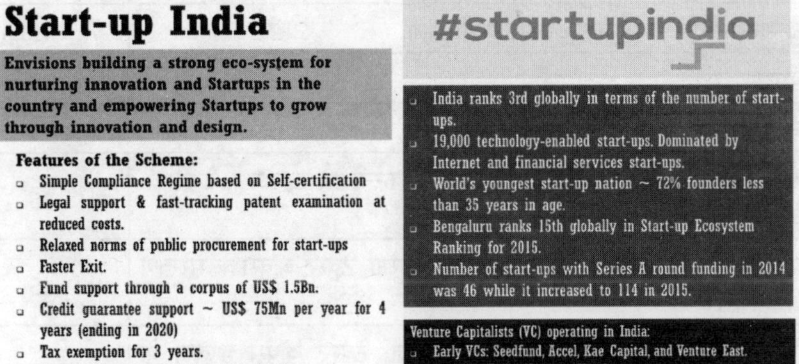

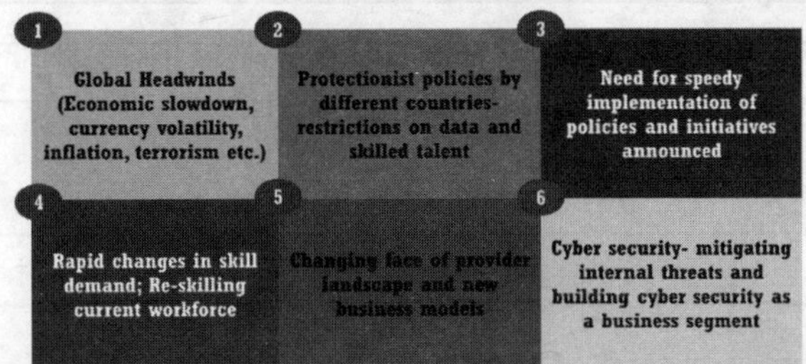

चित्र 4.36: एक टेम्प्लेट-प्रेजेंटेशन स्लाइड

प्रैक्टिकल से संबंधित प्रश्न

1. शिक्षक प्रोफार्मा बनाने के लिए आपने कौन-से टेक्स्ट फॉर्मेटिंग कमांड का उपयोग किया है?
2. आप दो पंक्तियों के बीच की दूरी को 'डबल' पर कैसे सेट करते हैं?
3. छूट देने के लिए आप रसीद प्रोफार्मा में क्या बदलाव करेंगे? और कैसे?
4. पूरी स्लाइड का बैकग्राउंड और लेआउट कैसे बदलें?

अध्ययन हेतु सुझाए गए संसाधन

- OpenOffice.org द्वारा विकसित समृद्ध ऑनलाइन सहायता और दस्तावेज़ीकरण फ़ाइलें।

मूल्यांकन योजना हेतु सुझाव

दिए गए कार्यनिष्पादन संकेतक को, प्रक्रिया और उत्पाद से संबंधित अंकों के मूल्यांकन के लिए एक दिशानिर्देश के रूप में कार्य करना चाहिए।

	कार्यनिष्पादन संकेतक	कुल अंको का प्रतिशत वेटेज	प्रदान किए गए अंक
प्रक्रिया संबंधितः अंक* (%)			
1.	प्रैक्टिकल घटकों की व्याख्या यानी, खंड 1.2 से 1.7	15	
2.	प्रक्रिया को समझने एवं क्रमानुसार उसे समझा पाना	15	
3.	मौखिक परीक्षा	25	
परिणाम संबंधितः अंक* (.%)			
4.	उचित टेक्स्ट फॉर्मेटिंग,के साथ राइटर डॉक्यूमेंट तैयार करना टेक्स्ट बॉक्स, टेबल के कलरिंग और अलाइनमेंट।	15	
5.	उचित स्वरूपण के साथ सीएसीएल दस्तावेज तैयार करना, टेक्स्ट बॉक्स के संरेखण और सूत्र निर्माण ।	15	
6.	उचित टेक्स्ट स्वरूपण के साथ, प्रभावित दस्तावेज़, टेक्स्ट बॉक्स छवियों के संरेखण, आदि के साथ इम्प्रेस दस्तावेज निर्माण ।	15	
	कुल	**100%**	

*परिणाम और प्रक्रिया मूल्यांकन के लिए अंक और प्रतिशत भार का निर्णय शिक्षक द्वारा लिया जायेगा।

छात्र का नामः.. प्रदान किए गए अंक			दिनांक के साथ शिक्षक के हस्ताक्षर
प्रक्रिया संबंधित	परिणाम संबंधित	कुल	

संदर्भ एवं अध्ययन हेतु सुझाव

OpenOffice.org द्वारा विकसित समृद्ध ऑनलाइन सहायता और दस्तावेज़ीकरण फ़ाइलें

[1] "Getting Started with OpenOffice.org 3.3." Accessed: Aug. 10, 2021. [Online]. Available: https://wiki.openoffice.org/w/images/3/32/0100GS33-GettingStartedOOo33.pdf.

[2] "OpenOffice.org 3.3 Writer Guide Word Processing with OpenOffice.org 3.3." Accessed: Aug. 10, 2021.[Online]. Available: https://wiki.openoffice.org/w/images/1/11/0200WG33-WriterGuideOOo.pdf.

[3] "OpenOffice.org 3.3 Calc Guide Using Spreadsheets in OpenOffice.org 3.3." Accessed: Aug. 10, 2021. [Online]. Available: https://wiki.openoffice.org/w/images/d/d4/0300CS33-CalcGuide.pdf.

[4] "Impress Guide Presentations in OpenOffice.org." Accessed: Aug. 10 2021. [Online]. Available: https://wiki.openoffice.org/w/images/f/f1/0500IG33-OOoImpress3.pdf.

□□□

5 सूचना सुरक्षा सर्वोत्तम प्रथाएँ

यूनिट विशिष्ट

यह यूनिट सूचना सुरक्षा के मूल सिद्धांतों, इसके लिए विभिन्न खतरों और सूचना की सुरक्षा के लिए सुरक्षा हमलों से निपटने के तरीकों को निर्दिष्ट करती है। यह यूनिट सुरक्षा खतरों से निपटने के लिए सॉफ्टवेयर और हार्डवेयर वातावरण के लिए सर्वोत्तम अभ्यास देती है। इस यूनिट से विद्यार्थी अपनी डिजिटल जानकारी की सुरक्षा के सर्वोत्तम तरीके को समझने में सक्षम होंगे। उन सभी स्तरों पर सुरक्षा की आवश्यकता होती है, जिनसे होकर सूचना गुजरती है या संग्रहित की जाती है। इस यूनिट में सामान्य कंप्यूटर उपयोग, इंटरनेट ब्राउजिंग, पासवर्ड प्रबंधन, ईमेल संचार, यूएसबी डिवाइस उपयोग, होम वाई-फाई नेटवर्क, सोशल इंजीनियरिंग खतरों, त्वरित संदेश, ऑनलाइन लेनदेन और सार्वजनिक कंप्यूटर के लिए सर्वोत्तम प्रथाओं के रूप में संदर्भित नियमों को परिभाषित किया गया है।

भूमिका

सूचना प्रौद्योगिकी (आईटी) एक मानव निर्मित दुनिया है जो वर्तमान में ज्यादातर डिजिटल है। डिजिटल दुनिया असीमित है जिसकी कोई भौतिक या भौगोलिक सीमा नहीं है। अध्याय एक में हमने इंटरनेट के अनुप्रयोगों और भारत सरकार द्वारा आईटी सेवाओं के साथ अपने नागरिकों को सशक्त बनाने के लिए हाल के प्रयासों का अध्ययन किया। डिजिटल इंडिया कार्यक्रम ने डिजिटल बुनियादी ढांचे, सेवाओं और नागरिकों की क्षमता निर्माण के विकास द्वारा भारत को डिजिटल रूप से सशक्त राष्ट्र बनाने के लिए बहुत प्रयास किए हैं। विभिन्न राष्ट्रीय और राज्य पोर्टलों के साथ आईटी में लोगों की भागीदारी बहुत बढ़ गई है। सस्ती मोबाइल और संचार प्रौद्योगिकी ने आईटी को अभूतपूर्व गति दी है। चाहे वह सार्वजनिक स्थान हो, हमारा कार्यालय, घर, शयनकक्ष हो, हम आईटी से घिरे हुए हैं। आईटी, हमारे दैनिक जीवन में प्रवेश कर रहा है और यह कहना सार्थक है कि इससे घिरे रहने से परे, आजकल हम इसे पहनते हैं, और इससे भी आगे यह हमारे अंदर पेसमेकर के रूप में है। असुरक्षित व्यवहार और सीसीटीवी, मोबाइल सिस्टम और अन्य डिजिटल उपकरणों का प्रचुर उपयोग, हमें निगरानी में रख सकता है। इस डिजिटल युग में, हमारी गोपनीयता और जानकारी दांव पर है और हम सूचना सुरक्षा खतरों में जी रहे हैं। सूचना सुरक्षा उल्लंघनों की घटनाएं दैनिक समाचार पत्रों में आसानी से देखी जा सकती हैं। हम राष्ट्रीय अपराध रिकॉर्ड ब्यूरो (एनसीआरबी) की रिपोर्ट से ऐसे मामलों में तेजी से वृद्धि की पुष्टि कर सकते हैं। साइबर अपराधों के मामलों में तेजी से वृद्धि, सूचना सुरक्षा जागरूकता और इसकी प्रथाओं की कमी को दर्शाती है।

सूचना सुरक्षा (इनफार्मेशन सिक्योरिटी) न केवल राष्ट्रीय स्तर पर बल्कि अंतरराष्ट्रीय स्तर पर अत्यधिक चिंता का विषय है। आजकल, सूचना सुरक्षा केवल आर्थिक, प्रतिष्ठा या व्यक्तिगत सुरक्षा के बारे में नहीं है, यह समान रूप से राष्ट्रीय सुरक्षा के लिए उपयोग की जाती है। इस डिजिटल दुनिया को सुरक्षित बनाने के लिए सरकारी आईटी कार्यालय, सेवा प्रदाता, कई सॉफ्टवेयर और हार्डवेयर इंजीनियर लगातार द्वारपाल के रूप में काम कर रहे हैं। आईटी प्रणाली को व्यक्तिगत स्तर, कार्यालय या कंपनी स्तर, सेवा प्रदाता स्तर पर सुरक्षित किया जाना चाहिए और राष्ट्रीय एजेंसियों की भूमिका अत्यंत महत्वपूर्ण है। व्यक्तिगत स्तर पर गोपनीयता और सूचना सुरक्षा, समग्र आईटी प्रणाली की सुरक्षा पर निर्भर करती है और इसके विपरीत समग्र आईटी प्रणाली की सुरक्षा, व्यक्तिगत स्तर पर गोपनीयता और सूचना सुरक्षा पर निर्भर करती है। इसलिए, समग्र आईटी प्रणाली को सुरक्षित बनाने के लिए सूचना सुरक्षा प्रथाओं को समझना यहां महत्वपूर्ण है।

पूर्व-अपेक्षित ज्ञान

- कंप्यूटर सिस्टम का उपयोग करने के लिए इंटरनेट पर ब्राउज़ करने का मौलिक(बुनियादी) ज्ञान।
- सामान्य ऑपरेटिंग सिस्टम सुविधाओं का बुनियादी ज्ञान।
- नए एप्लिकेशन सॉफ्टवेयर और सामान्य हार्डवेयर समस्या निवारण कौशल, स्थापित करने में सक्षम।

यूनिट आउटकम्स

विद्यार्थी निम्न में सक्षम होंगेः

U5-O1: विभिन्न सूचना सुरक्षा खतरों को परिभाषित करें।

U5-O2: सॉफ्टवेयर वातावरण जैसे ब्राउज़र, ईमेल क्लाइंट आदि का उपयोग करने की सर्वोत्तम प्रथाओं को लागू करें।

U5-O3: कंप्यूटर, मॉडेम, यूएसबी स्टिक आदि जैसे डिजिटल उपकरणों का उपयोग करने की सर्वोत्तम प्रथाओं को लागू करें।

U5-O4: खुद को बुनियादी सूचना सुरक्षा खतरों से सुरक्षित रखें और उनके ऑनलाइन खातों की सुरक्षा करें।

तालिका 5.1: कोर्स आउटकम्स (COs) के साथ यूनिट आउटकम्स (UOs) का परस्पर संबंध

यूनिट -5 ऑउटकम	कोर्स आउटकम्स (COs) के साथ अपेक्षित संबंध (1- कमजोर सहसंबंध; 2- मध्यम सहसंबंध; 3 मजबूत संबंध)						
	CO-1	CO-2	CO-3	CO-4	CO-5	CO-6	CO-7
U5-O1	2	2	1	2	2	1	3
U5-O2	2	1	2	2	2	2	3
U5-O3	1	3	2	1	1	1	3
U5-O4	2	2	2	1	1	2	3

5.1 सूचना सुरक्षा का परिचय

5.1.1 सूचना क्या है?

सूचना को, सूचना देने का कार्य कहा जाता है। जब किसी भी प्रकार के सार्थक डेटा को सार्थक रूप में संसाधित किया जाता है, तो उसे सूचना कहा जाता है। व्यक्तिगत रूप से पहचान योग्य जानकारी का एक उदाहरण चित्र 5.1 में दर्शाया गया है। विभिन्न प्रकार के डेटा, फेस फोटो, नाम, पता, आधार विवरण, बैंक विवरण, मोबाइल नंबर, ईमेल पता, स्थान, बायोमेट्रिक विवरण, कुछ सरकारी क्षेत्र के गुप्त डेटा आदि को एक संयुक्त रूप में संसाधित किया जाता है और यह विशेष व्यक्ति या संगठन। की जानकारी बन जाती है। आईटी अधिनियम 2000 सूचना को अधिक सटीक तरीके से परिभाषित करता है जैसे 'इसमें डेटा, पाठ, चित्र, ऑडियो, कोड, कंप्यूटर प्रोग्राम, सॉफ्टवेयर वीडियो आदि शामिल है"।

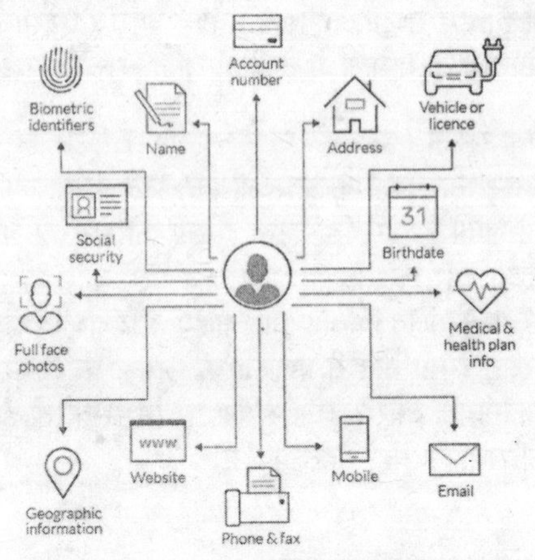

चित्र 5.1 : सूचना - एक उदाहरण

5.1.2 सूचना सुरक्षा क्या है?

सूचना सुरक्षा को प्रिंट, इलेक्ट्रॉनिक, या किसी अन्य प्रकार की गोपनीय, निजी और संवेदनशील जानकारी या डेटा को अनधिकृत पहुँच, उपयोग, दुरुपयोग, प्रकटीकरण, विनाश, संशोधन, या व्यवधान से बचाने के लिए प्रक्रियाओं और कार्यप्रणाली के रूप में परिभाषित किया गया है। इसे संक्षेप में InfoSec (इन्फोसेक) भी कहा जाता है।

5.1.3 सूचना सुरक्षा लक्ष्य क्या हैं?

सूचना सुरक्षा द्वारा संरक्षित तीन मुख्य लक्ष्य हैं, जिन्हें सामूहिक रूप से CIA ट्रायड्स के रूप में जाना जाता है, जिन्हें चित्र 5.2 में दर्शाया गया है।

गोपनीयताः यह सुविधा इंगित करती है कि अधिकृत उपयोगकर्ताओं को डेटा या कंप्यूटर सिस्टम तक पहुँचने की अनुमति दी जानी चाहिए, यह अनधिकृत उपयोगकर्ताओं को डेटा के प्रकटीकरण से रोकता है इसलिए जानकारी की गोपनीयता की रक्षा करता है। अभिगम नियंत्रण तंत्र के माध्यम से गोपनीयता बनाए रखी जाती है। गोपनीयता का उल्लंघन मानवीय त्रुटि, भौतिक चोरी, सिस्टम गड़बड़ियों, जानबूझकर साँझा करने, स्किमिंग आदि के कारण हो सकता है।

सत्यनिष्ठाः इन्फोसेक अखंडता सिद्धांत में स्पष्ट करें कि डेटा को प्राधिकरण के बिना संशोधित नहीं किया जाना चाहिए। यह सूचना की प्रामाणिकता और सटीकता सुनिश्चित करता है। डेटा को संशोधित करने के लिए प्रतिबंध लगाकर सत्यनिष्ठा हासिल की जाती है। संपादित करने की अनुमति रखने वाले उपयोगकर्ता केवल परिवर्तन कर सकते हैं।

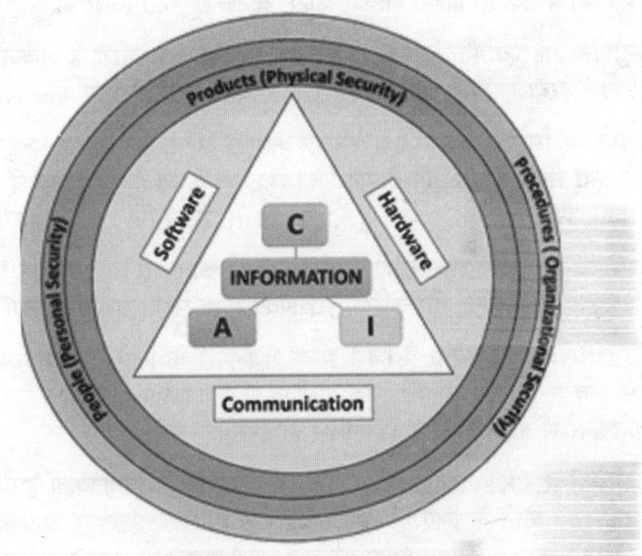

चित्र 5.2 : इन्फोसेक एट्रीब्यूट
(गोपनीयता, सत्यनिष्ठा, उपलब्धता ट्रायड्स)

उपलब्धताः यह सुनिश्चित करता है कि जब भी आवश्यकता हो, जानकारी उपलब्ध होनी चाहिए। एक वैध उपयोगकर्ता सूचना की इस विशेषता के साथ, मांग की गई जानकारी तक मज़बूती से पहुँचता है। एक आदर्श सूचना प्रणाली के लिए, इसे किसी भी प्रकार की सेवा व्यवधान जैसे बिजली की विफलता, हार्डवेयर विफलता, आदि से बचना चाहिए। इस विशेषता को प्राप्त करने के लिए एक्सेस प्रक्रियाओं की निरंतरता, अनुसूचित बैकअप, नियमित रखरखाव उपयोगी है।

इन्फोसेक के उपरोक्त तीन प्रमुख सिद्धांतों के अलावा, दो सिद्धांत और हैं, प्रामाणिकता और गैर-अस्वीकृति। **प्रामाणिकता** सुनिश्चित करती है कि केवल वैध उपयोगकर्ता ही सिस्टम संसाधनों तक पहुँच प्राप्त कर सकते हैं। यह उन्हें कोई सिस्टम संसाधन प्रदान करने से पहले, उनकी पहचान की पुष्टि के माध्यम से किया जाता है। प्रामाणिकता प्राप्त करने के लिए उपयोगकर्ता नाम, पासवर्ड, ईमेल, बायोमेट्रिक्स आदि का उपयोग किया जाता है। **गैर-अस्वीकृति** सिद्धांत यह सुनिश्चित करता है कि डेटा भेजने वाले को डिलीवरी के प्रमाण के साथ प्रदान किया जाता है और प्राप्तकर्ता को प्रेषक की पहचान का प्रमाण प्रदान किया जाता है, इसलिए कोई भी पक्ष डेटा भेजने, प्राप्त करने या एक्सेस करने से इनकार नहीं कर सकता है। पहचान साबित करने और कम्युनिकेशन प्रक्रिया को मान्य करने के लिए सुरक्षा सिद्धांतों का उपयोग किया जाना चाहिए।

5.2 सूचना सुरक्षा के लिए खतरा

इस खंड में, हम, आम सूचना सुरक्षा हमलों और कमजोरियों को संक्षिप्त में सीखना होगा।

5.2.1 मैलवेयर

ये दुर्भावनापूर्ण इरादों को पूरा करने के लिए बनाए गए सॉफ्टवेयर हैं। कुछ मैलवेयर इस प्रकार हैं:

रैंसमवेयर: यह उपयोगकर्ता को उनके डेटा को एन्क्रिप्ट करके उनके ऑपरेटिंग सिस्टम, या कुछ एप्लिकेशन, या किसी भी डेटा तक पहुँचने से रोकता है। हैकर्स, पीड़ितों से उनकी फाइलों को डिक्रिप्ट करने के लिए पैसे की मांग करते हैं। रैंसमवेयर हमलों के पीछे का मकसद मौद्रिक है। क्रिप्टो लॉकर, कोंटी, वानाक्राई , रैंसमवेयर के कुछ उदाहरण हैं।

ट्रोजन: यह एक मैलवेयर है जो सामान्य रूप से काम करता है लेकिन वास्तव में, इसकी दुर्भावनापूर्ण गतिविधि लक्ष्य कंप्यूटर में पिछले दरवाजे से प्रवेश करती है। flame, बैंकर, डाउनलोडर, (zeus) ज़ीउस और बीस्ट कुछ लोकप्रिय ट्रोजन के उदाहरण हैं।

वर्म: यह सिस्टम के लिए एक कमजोर कंप्यूटर अटैक टूल है। यह घातीय वृद्धि के नियम पर काम करता है और इस प्रकार यह बहुत ही कम समय में कई और कंप्यूटरों को संक्रमित करता है। आइ लव यू (ILOVEYOU), Code Red, Explorer.zip, Love Bug, W32.Nimda, और W32.Stuxnet(स्टक्सनेट) कुछ लोकप्रिय वर्म्स के उदाहरण है।

स्पाइवेयर: एक मैलवेयर जो उपयोगकर्ता की जानकारी को नुकसान पहुँचाने के उद्देश्य से जासूसी करता है, उदाहरण के लिए, वेबपृष्ठों पर कुकीज़ और कीलॉगर, आपकी साख सहित सब कुछ लॉग कर सकते हैं।

एडवेयर: यह मैलवेयर है जिसे इसके डेवलपर्स के लिए राजस्व बनाने के लिए डिज़ाइन किया गया है। इसे विज्ञापन समर्थित सॉफ्टवेयर भी कहा जाता है। यह उपयोगकर्ता के व्यवहार को ट्रैक करता है और उस जानकारी को इच्छुक तृतीय पक्षों को बेचता है। एडवेयर से बचने के लिए एडब्लॉकर का इस्तेमाल करें।

की लॉगर (Keyloggers) : एक स्पाइवेयर जिसे उपयोगकर्ता द्वारा अपने कीबोर्ड पर दबाए गए कीस्ट्रोक्स को रिकॉर्ड करके डेटा चोरी करने के लिए डिज़ाइन किया गया है। एक हमलावर आपकी टाइपिंग को रीयल-टाइम तरीके से या बाद में कीस्ट्रोक्स को स्टोर करने के लिए उपयोग की जाने वाली फ़ाइल के माध्यम से ट्रैक कर सकता है। ComputerSpy, Kidlogger, syprix, keyloggers के कुछ उदाहरण हैं।

वायरस: यह एक कंप्यूटर प्रोग्राम है जो कंप्यूटर सिस्टम को संक्रमित करने के लिए खुद को दूसरे वैध कंप्यूटर प्रोग्राम से दोहराता है और संलग्न करता है। वायरस सीपीयू, व्यक्तिगत फाइलों, कंप्यूटर सिस्टम आदि के कामकाज को बाधित करते हैं। माईडूम, आइ लव यू, स्लैमर, स्टक्सनेट कुछ सबसे डरावने वायरस हैं।

स्वीपर: ये लक्षित मशीनों से डेटा मिटाने के कार्यक्रम हैं।

बैकडोर: यदि दुर्भावनापूर्ण उपयोगकर्ता सिस्टम तक पहुँच प्राप्त करते हैं, तो वे एक प्रोग्राम स्थापित कर सकते हैं, जिसका उपयोग सिस्टम में प्रवेश करने के लिए एक और तरीका (पिछले दरवाजे) बनाने के लिए किया जाता है। इसका उद्देश्य सिस्टम तक अनधिकृत पहुँच प्राप्त करना है। डीप थ्रोट, पोर्टल ऑफ डूम, सबसेवन, नेटबस कुछ लोकप्रिय बैकडोर हैं।

5.2.2 सोशल इंजीनियरिंग अटैक

कॉन्फिडेंटिअल इनफार्मेशन प्राप्त करने के लिए टेक्नोलॉजी से लोगों को ट्रिक से या सायकोलॉजिकली मैनिपुलेट किया जा सकता है. कुछ लोकप्रिय अटैक्स निम्न नुसार हैं

फ़िशिंग: यह सामान्य प्रकार के सोशल इंजीनियरिंग घोटालों में से एक है। हैकर, आम तौर पर लक्ष्य को एक ईमेल या टेक्स्ट भेजता है, ऐसी जानकारी मांगता है जो अधिक महत्वपूर्ण अपराध में मदद कर सके। उदाहरण के लिए, एक हैकर ऐसे ईमेल भेज सकता है

जो पीड़ित के विश्वसनीय स्रोत से आते ऐसा प्रतीत होते हैं। वह स्रोत एक बैंक हो सकता है, उदाहरण के लिए, ईमेल प्राप्तकर्ताओं को अपने खातों में लॉग इन करने के लिए एक लिंक पर क्लिक करने के लिए कहना। हालांकि, जो लोग लिंक पर क्लिक करते हैं, उन्हें एक नकली वेबसाइट पर ले जाया जाता है, जो ईमेल की तरह, वैध प्रतीत होती है। यदि वे कहते हैं कि नकली साइट पर लॉग इन करें तो वे, अनिवार्य रूप से अपने लॉगइन क्रेडेंशियल्स सौंपते हैं और उनके बैंक खातों को क्रूक(छल से) पहुँच देते हैं।

विशिंग: यह फ़िशिंग (phishing) का आवाज संस्करण है। 'वी' आवाज (V voice) से संदर्भित है, लेकिन अन्यथा, घोटाले का प्रयास वही है। हैकर, फोन का इस्तेमाल पीड़ित को गुमराह करके बहुमूल्य जानकारी देने के लिए करता है। उदाहरण के लिए, एक हैकर, एक अधिकारी को सरकारी अधिकारी के रूप में प्रस्तुत कर सकता है। हैकर पीड़ित पर लॉगिन क्रेडेंशियल या अन्य जानकारी प्रदान करने के लिए हावी हो सकता है जिसका उपयोग संगठन को लक्षित करने के लिए किया जा सकता है।

स्मिशिंग: यह फ़िशिंग का टेक्स्ट संस्करण है जो एसएमएस फ़िशिंग का संक्षिप्त रूप है।

बैटिंग: ऐसे घोटाले में एक मैलवेयर ,यूएसबी ड्राइव या अन्य इलेक्ट्रॉनिक मीडिया से पहले से लोड हो जाता है और उपयोगकर्ताओं को आपूर्ति की जाती है। जब कोई उपयोगकर्ता इस डिवाइस को अपने सिस्टम में प्लग करता है, तो मैलवेयर हैकर्स को आपके कंप्यूटर को हैक करने में सक्षम बनाता है।

क्विड प्रो क्वोस्कॅम (प्रतिदान घोटाला): यह एक अन्य प्रकार का सोशल इंजीनियरिंग हमला है जिसमें एक एक्सचेंज शामिल है जैसा कि मैं आपको यह देता हूं, और आप मुझे वह देते हैं। हैकर्स, शिकार को, इस एक्सचेंज को ,एक निष्पक्ष विनिमय के रूप में विश्वास करने के लिए सक्षम बनाता है, लेकिन यह 'मामले से दूर है, धोखा हमेशा सबसे ऊपर आता है।

उदाहरण के लिए, एक हैकर एक आईटी समर्थित तकनीशियन होने का नाटक करते हुए एक लक्ष्य को कॉल कर सकता है। शिकार, शायद बदले में तकनीकी सहायता प्राप्त होगी, यह सोच कर, अपने कंप्यूटर के लिए लॉगइन क्रेडेंशियल्स को सौंप सकता है। हैकर अब पीड़ित के कंप्यूटर पर नियंत्रण कर सकता है, उसे मैलवेयर से लोड कर सकता है या शायद, पहचान की चोरी करने के लिए कंप्यूटर से व्यक्तिगत जानकारी चुरा सकता है।

5.2.3 नेटवर्क के लिए खतरे

स्निफ़र्स: स्निफ़र्स नेटवर्क ट्रैफ़िक की निगरानी के लिए प्रोग्राम हैं जिस में नेटवर्क पैकेट्स को ट्रेस किया जाता है। इनका उपयोग महत्वपूर्ण जानकारी इकट्ठा करने के लिए किया जा सकता है जो हमले में मददगार होगी। Windump, tcpdum, wireshark स्निफ़र्स के कुछ उदाहरण हैं।

बॉटनेट: एक संक्रमित डिवाइस को समझौता डिवाइस कहा जाता है। जब इस तरह के समझौता किए गए उपकरणों (जॉम्बी) का एक समूह कुछ दुर्भावनापूर्ण उपयोगकर्ता के नियंत्रण में होता है तो उपयोगकर्ता अन्य प्रणालियों पर हमला करने के लिए जॉम्बी के इस नेटवर्क का उपयोग कर सकता है। ऐसे जॉम्बी नेटवर्क को बॉटनेट कहा जाता है।

फ़ार्मिंग: कंप्यूटर या नेटवर्क पर मैलवेयर की अवैध स्थापना की प्रक्रिया फार्मिंग कहलाती है।

मैन-इन-द-मिडिल (MitM) हमला: ऐसा हमला असुरक्षित कम्युनिकेशन के कारण होता है। इस तरह के एक साइबर हमले में एक हमलावर रिले या संभावित रूप से प्रेषक और रिसीवर के बीच चल रहे संचार को उनकी जानकारी के बिना बदल देता है। एक हमलावर अनुरोधों और प्रतिक्रियाओं को रोक सकता है और इसलिए प्रेषक और रिसीवर के बीच की सामग्री को पढ़ने में सक्षम हो जाता है। विभिन्न प्रकार के MitM हमले निम्नानुसार हैं:

IP स्पूफिंग: IP स्पूफिंग, इंटरनेट प्रोटोकॉल (IP) पैकेट के निर्माण को IP स्पूफिंग कहते है, जिसमें प्रेषक या किसी अन्य कंप्यूटर सिस्टम या दोनों की पहचान छिपाने के लिए, संशोधित स्रोत पता का प्रतिरूपण होता है। यह एक ऐसी तकनीक है जिसका उपयोग अक्सर बुरे हमलावर, लक्ष्य डिवाइस या आसपास के बुनियादी ढांचे के खिलाफ DDoS हमलों को लागू करने के लिए करते हैं।

सेशन हाईजैकिंग: उपयोगकर्ता और सर्वर के बीच एक सत्र को हमलावर द्वारा अपहृत किया जा सकता है। इसमें कुछ विधियाँ

जैसे सेशन फिक्सिंग औरसेशन प्रेडिक्टिंग उपयोग में लाई जाती हैं। यहां, आमतौर पर, उपयोगकर्ता और सर्वर के बीच एक वैध सत्र हमलावर द्वारा ले लिया जाता है।

डिस्ट्रीब्यूटेड डिनायल ऑफ सर्विस (DDoS): डिडिओएस(DDoS) अटैक तब होता है जब हमलावर सर्वर या रिसोर्स को रिक्वेस्ट के साथ ओवरलोड कर देते हैं। हमलावर इन हमलों को मैन्युअल रूप से या बॉटनेट या, अनुरोध स्रोतों को वितरित करने के लिए उपयोग किए जाने वाले, समझौता किए गए उपकरणों के नेटवर्क के माध्यम से कर सकते हैं। डिडिओएस हमले का उद्देश्य उपयोगकर्ताओं को सेवाओं तक पहुँचने से रोकना या सुरक्षा टीमों का ध्यान भटकाना है जब अन्य हमले हो रहें हैं।

5.3 सूचना सुरक्षा खतरों का मुकाबला

हम अपनी जानकारी को कपटपूर्ण उपयोगकर्ताओं से बचाने के लिए विभिन्न सूचना सुरक्षा तकनीकों को सीखेंगे। यह माना जाता है कि सुरक्षा एक कला है, विज्ञान नहीं। यह एक सतत प्रक्रिया है। सुरक्षा उल्लंघन के मामले में, दूसरों की सुरक्षा के लिए एक घटना रिपोर्टिंग प्रक्रिया का पालन किया जाना चाहिए।

फ़ायरवॉल

फ़ायरवॉल एक समर्पित उपकरण या कंप्यूटर है, जो इससे गुजरने वाले नेटवर्क ट्रैफ़िक की निगरानी करता है और नियमों के आधार पर मार्गों को अस्वीकार या स्वीकार करने की अनुमति देता है। यह सॉफ्टवेयर या हार्डवेयर है जिसे आमतौर पर एक सुरक्षित नेटवर्क और एक असुरक्षित नेटवर्क के बीच रखा जाता है, और यह एक गेटवे के रूप में कार्य करता है जो यह सुनिश्चित करता है कि कुछ भी निजी और दुर्भावनापूर्ण चीजें बाहर नहीं जा सकती हैं और नहीं आ रही हैं।

सुरक्षा के आधार पर और नेटवर्क फायरवॉल में उनके स्थान को होस्ट और नेटवर्क फायरवॉल में वर्गीकृत किया गया है। सेवा से इनकार (डॉस) हमले को रोकने के लिए फ़ायरवॉल एक शानदार तरीका हो सकता है। इसका उपयोग किसी हैकर को आपके नेटवर्क के आंतरिक विवरण को स्कैन करने से रोकने के लिए किया जा सकता है। फ़ायरवॉल सुरक्षा के लिए रामबाण तरीका नहीं है क्योंकि यह हर हमले को रोक नहीं सकता है। फ़ायरवॉल आपको ट्रोजन हॉर्स डाउनलोड करने से भी नहीं रोकेगा। यह आंतरिक हमलों को भी नहीं रोक सकता।

5.3.1 डेटा बैकअप

डेटा बैकअप, डेटा की प्रतिलिपियाँ बनाने या डुप्लिकेट करने की प्रक्रिया है। हमारे डेटा के नुकसान, विलोपन या भ्रष्टाचार के मामले में डेटा बैकअप रणनीति बहुत सामान्य और उपयोगी है। यह हमें अंतिम बैकअप तक काम बहाल करता है। डेटा बैकअप हमें सूचना सुरक्षा की अखंडता और उपलब्धता लक्ष्य को बनाए रखने में सक्षम रखता है। बैकअप तीन तरह से लिया जा सकता है: इंक्रीमेंटल बैकअप, डिफरेंशियल बैकअप और फुल बैक अप।

5.3.2 वर्चुअल प्राइवेट नेटवर्क (VPN)

वर्चुअल प्राइवेट नेटवर्क (वीपीएन) एक ऐसा नेटवर्क है जो किसी निजी नेटवर्क से जुड़ने के लिए सार्वजनिक तारों (आमतौर पर इंटरनेट) का उपयोग करके बनाया जाता है, जैसे कि कंपनी का आंतरिक नेटवर्क। कई प्रणालियाँ डेटा के परिवहन के माध्यम के रूप में इंटरनेट का उपयोग करके नेटवर्क बनाने में सक्षम बनाती हैं। ये सिस्टम यह सुनिश्चित करने के लिए एन्क्रिप्शन और अन्य सुरक्षा तंत्र का उपयोग करते हैं कि केवल अधिकृत उपयोगकर्ता ही नेटवर्क तक पहुँच सकते हैं और डेटा को इंटरसेप्ट नहीं किया जा सकता है।

5.3.3 एन्क्रिप्शन

कुछ तकनीकों को लागू करके सादा डेटा को एक अपठनीय प्रारूप में परिवर्तित किया जा सकता है। एन्क्रिप्शन एक ऐसी तकनीक है जो सुरक्षा प्राप्त करने के लिए वास्तविक डेटा को छिपाने के लिए सादे पाठ को छुपाती है। क्रिप्टोग्राफिक एन्क्रिप्शन तकनीकों का उपयोग डेटा की सुरक्षा और इसके प्रसारण और भंडारण के दौरान गोपनीयता को लागू करने के लिए किया जाता है।

5.3.4 एंटी-वायरस सॉफ्टवेयर

एंटी-वायरस सॉफ्टवेयर न केवल उपयोगकर्ता को मैलवेयर संक्रमण से बचाता है और साफ़ करता है बल्कि यह कई अन्य हमलों से सुरक्षा प्रदान करता है और हमारी जानकारी को सुरक्षित रखता है। प्रभावी एंटी-वायरस सॉफ्टवेयर से निम्नलिखित सुविधाएँ प्रदान करने की अपेक्षा की जाती है:

- एंटी-वायरस सुविधाएँ
- एंटी-वर्म सुविधाएँ
- एंटी-ट्रोजन सुविधाएँ
- एंटी-रूटकिट सुविधाएँ
- एंटी-स्पाइवेयर सुविधाएँ
- एंटी-फ़िशिंग सुविधाएँ
- संपीड़ित फ़ाइलों को भी स्कैन करना
- ई-मेल स्कैन करना
- स्वचालित रूप से यूएसबी का पता लगाना
- स्वचालित रूप से साफ़ करें संक्रमित फ़ाइलें
- संगरोध संक्रमित फ़ाइलें
- रजिस्ट्री सुरक्षा
- त्वरित संदेश सुरक्षा

कुछ लोकप्रिय एंटी-वायरस सॉफ्टवेयर हैं; सिमेंटेक नॉर्टन एंटी-वायरस, मैकएफ़ी एंटी-वायरस, कैस्पर्सकी एंटी-वायरस, बिटडेफ़ेंडर एंटी-वायरस प्लस, औसत एंटी-वायरस, क्विक हील, आदि।

5.3.5 इन्ट्रूज़न डिटेक्शन सिस्टम (IDS)

आईडीएस (IDS) में, आने वाले और बाहर जाने वाले यातायात में संदिग्ध खतरों के लिए रीयल-टाइम निगरानी के लिए विभिन्न उपकरण शामिल हैं। आईडीएस प्रणाली, उपयोगकर्ता को हमारे सिस्टम में किसी भी कपटपूर्ण यातायात के दृष्टिकोण के मामले में सचेत करती है।

5.3.6 इन्ट्रूज़न प्रिवेंशन सिस्टम (IPS)

आईपीएस (IPS) सुरक्षा समाधान एडवांस्ड प्रणालियाँ हैं, ये न केवल धोखाधड़ी वाले यातायात स्रोत का पता लगाते हैं बल्कि अनुरोधों को अवरुद्ध करके या उपयोगकर्ता सत्रों को समाप्त करके हमारे सिस्टम को उनके हमले से रोकते हैं। ज्यादातर आईडीएस और आईपीएस अक्सर एक साथ उपयोग किए जाते हैं। IPS में इनकमिंग और आउटगोइंग पैकेट के लिए विभिन्न नियम और नीतियाँ बनाई जाती हैं। नीतियाँ पैकेट की जानकारी की जांच करती हैं और यातायात नियम के आधार पर अनुमति देने या अस्वीकार करने की कार्रवाई जारी की जाती है।

5.4 सूचना सुरक्षा सर्वोत्तम प्रथाएं

जैसा कि हमने अध्ययन किया है, इन्फोसेक के लिए कई खतरे हैं और इस तरह की कमजोरियों से खुद को और समाज को बचाना समय की आवश्यकता है। इन्फोसेक सुरक्षा उपकरणों और तकनीकों के बारे में हमें खुद को जागरूक और अद्यतन रखना होगा। प्रौद्योगिकी को हमारा सहायक (या गुलाम) होना चाहिए न कि हमारा स्वामी, इसलिए हमें प्रौद्योगिकी का प्रभावी ढंग से उपयोग करने के लिए कुछ अच्छी आदतों का पालन करना चाहिए।

MHA ने सरकारी अधिकारियों/अधिकारियों के लाभ के लिए, इन्फोसेक दिशानिर्देश जारी किए हैं। दिशानिर्देश कमोबेश हर व्यक्ति पर लागू होते हैं। आधिकारिक व्यक्ति भी शिक्षा प्रणाली के माध्यम से आते हैं, इसलिए भविष्य के अधिकारियों (आज के छात्रों) को, इन्फोसेक की इन सर्वोत्तम प्रथाओं को सीखना चाहिए। निम्नलिखित सूचना सुरक्षा सर्वोत्तम प्रथाएँ, हमें हमारे दैनिक डिजिटल जीवन में सुरक्षा स्वच्छता बनाए रखने के लिए एक बुनियादी चेकलिस्ट प्रदान करते हैं। इन्हें तार्किक सूचियों के रूप में प्रस्तुत किया जाता है जहाँ प्रत्येक सूची कुछ सामान्य इन्फोसेक मुद्दों को संबोधित करती है। पाठकों को इन इन्फोसेक सर्वोत्तम प्रथाओं का पालन करना चाहिए और भारत को डिज़िटल रूप से सुरक्षित रखने में योगदान देना चाहिए।

5.4.1. सामान्य कंप्यूटर उपयोग

दिन-प्रतिदिन के आधार पर कंप्यूटर के उपयोग के लिए कुछ सर्वोत्तम अभ्यास निम्नलिखित हैंः

1. सभी वर्गीकृत कार्य, केवल एक स्टैंडअलोन कंप्यूटर पर सख्ती से किए जाने चाहिए जो इंटरनेट से कनेक्ट नहीं है।
2. अक्षरों, संख्याओं और विशेष वर्णों के संयोजन का उपयोग करके लॉगिन के लिए, कम से कम 10 वर्णों वाले मजबूत पासवर्ड बनाना चाहिये ।
3. आपके संगठन द्वारा उपयोग के लिए अनुमत एंटीवायरस सॉफ्टवेयर का उपयोग करने वाले कंप्यूटरों को वायरस/वर्म से सुरक्षित किया जाना चाहिए।
4. सुनिश्चित करें कि आपका ऑपरेटिंग सिस्टम, एप्लिकेशन और एंटी-वायरस सॉफ्टवेयर सहित सॉफ्टवेयर पैच अप टू डेट हैं; और आपके कंप्यूटर में ऑटो-अपडेट चालू हैं।
5. स्क्रीन पर संवेदनशील जानकारी के साथ कंप्यूटर को, अप्राप्य, असुरक्षित(अनअटेंडेड) न छोड़ें।
6. अनधिकृत पहुँच को रोकने के लिए कार्यस्थल छोड़ने से पहले हमेशा अपने कंप्यूटर को लॉक करें। एक उपयोगकर्ता 'ctrl +alt+del' दबाकर और 'इस कंप्यूटर को लॉक करें" या 'विंडो की + एल' चुनकर कंप्यूटर को लॉक कर सकता है।
7. पासवर्ड से सुरक्षित स्क्रीन सेवर को 2 मिनट की टाइमआउट अवधि के साथ सक्षम करें ताकि यह सुनिश्चित हो सके कि असुरक्षित छोड़े गए कंप्यूटर, सुरक्षित रहेंगे।
8. सावधान रहें कि आप अपने कंप्यूटर में क्या प्लग करते हैं। मैलवेयर संक्रमित यूएसबी ड्राइव, बाहरी हार्ड ड्राइव और यहां तक कि स्मार्टफोन से भी फैल सकता है।
9. कंप्यूटर में लॉगिन करने के लिए गैर-व्यवस्थापक खाता विशेषाधिकारों का उपयोग करें और दिन-प्रतिदिन के उपयोग के लिए व्यवस्थापकीय विशेषाधिकारों तक पहुँचने से बचें।
10. संवेदनशील डेटा का बहुत सावधानी से इलाज करें और संवेदनशील जानकारी को सुरक्षित रूप से एन्कोड करने के लिए एन्क्रिप्शन का उपयोग करें।
11. अनपेक्षित नुकसान से बचने के लिए नियमित अंतराल पर अपनी महत्वपूर्ण फाइलों का बैकअप लें।
12. उन अनावश्यक कार्यक्रमों या सेवाओं को हटा दें जिनकी दिन-प्रतिदिन के संचालन के लिए आवश्यकता नहीं है।
13. अन्य कंप्यूटरों को रिमोट एक्सेस, फाइल और प्रिंट शेयरिंग विकल्प न दें।
14. फ़ाइल-साँझाकरण सॉफ्टवेयर का उपयोग न करें क्योंकि फ़ाइल-साँझाकरण आपके कंप्यूटर को दुर्भावनापूर्ण फ़ाइलों और हमलों के जोखिम के लिए खोल देता है।
15. सार्वजनिक कंप्यूटर जैसे साइबर कैफे, लाइब्रेरी कंप्यूटर आदि पर संवेदनशील जानकारी दर्ज करने से बचें।
16. यदि साइबर कैफे के सार्वजनिक कंप्यूटर पर व्यक्तिगत जानकारी का भंडारण या डाउनलोड करें तो, काम होने के बाद, उन को स्थायी रूप से हटा दें , हटाए गए फ़ाइलों को पुनर्प्राप्त करना मुश्किल बनाने के लिए आप Shift और Delete बटन को एक साथ दबा सकते हैं।
17. उन फ़ाइलों या डेटा को हटा दें जिनकी अब आपको आवश्यकता नहीं है, ऐसे डेटा तक अनधिकृत पहुँच को रोकने के लिए यह आवश्यक है। केवल संवेदनशील सामग्री को हटाना पर्याप्त नहीं है, क्योंकि यह आपके सिस्टम से डेटा को नहीं हटाता है। कंप्यूटर पर संवेदनशील फाइलों को हटाने के लिए फाइल श्रेडर सॉफ्टवेयर का उपयोग किया जाना चाहिए।
18. यूपीएस या अन्य बैकअप स्त्रोतों के माध्यम से कंप्यूटर को निर्बाध बिजली आपूर्ति का उपयोग करना सुनिश्चित करें।

19. कंप्यूटर को सीधे वॉल आउटलेट में प्लग न करें क्योंकि पावर सर्ज कंप्यूटर को नुकसान पहुँचा सकता है। इसके बजाय, कंप्यूटर को प्लग करने के लिए एक वास्तविक सर्ज रक्षक का उपयोग करें।
20. सिस्टम को एक ऐसे कमरे में रखा जाना चाहिए जो धूल से मुक्त हो और जिसमें सीपीयू की ओवरहीटिंग से बचने के लिए अच्छा वेंटिलेशन हो।
21. सेवा इंजीनियरों द्वारा सिस्टम में दोषों के रखरखाव या सुधार का पर्यवेक्षण करना।
22. पीसी के पास खाना-पीना न खाएं।

5.4.2. सामान्य इंटरनेट ब्राउज़िंग

इंटरनेट पर ब्राउज़ करते समय ध्यान में रखने के लिए कुछ सर्वोत्तम अभ्यास निम्नलिखित हैं:

1. लिंक पर क्लिक करने या डाउनलोड करते समय हमेशा सावधान रहें। अगर यह किसी भी कारण से अप्रत्याशित या संदिग्ध हैं, उस पर क्लिक नहीं करें।
2. अपने सिस्टम एडमिनिस्ट्रेटर/विभाग द्वारा अनुमत किसी अन्य स्रोत से किसी भी प्रकार की फाइल/सॉफ्टवेयर डाउनलोड न करें।
3. एक वेब ब्राउज़र का उपयोग करें जिसे आपके संगठन द्वारा अनुमति दी गई है।
4. ब्राउजिंग के लिए हमेशा अपडेटेड वेब ब्राउजर का इस्तेमाल करें। पुराने संस्करण के ब्राउज़र में सुरक्षा भेद्यताएं हो सकती हैं और आप अपने कंप्यूटर से छेड़छाड़ करने का जोखिम उठा सकते हैं। सुरक्षा शोषण के आधार पर, आपकी व्यक्तिगत जानकारी (ईमेल, बैंकिंग विवरण, ऑनलाइन लेनदेन, फोटो और अन्य संवेदनशील जानकारी सहित) चोरी या नष्ट हो सकती है।
5. इंटरनेट से जुड़े किसी भी उपकरण पर किसी भी संवेदनशील जानकारी को स्टोर/साँझा न करें।
6. ब्राउज़र द्वारा संकेतित 'पासवर्ड सहेजें' विकल्प का चयन नहीं किया जाना चाहिए। खाते की जानकारी, जैसे पासवर्ड या क्रेडिट कार्ड की जानकारी को वेब ब्राउज़र में सेव न करें।
7. यह सत्यापित करने के लिए कि साइट सुरक्षित है, ब्राउज़र एड्रेस बार में हरे पैडलॉक आइकन के साथ 'https' चिह्न देखें। "https" में "s" का अर्थ सुरक्षित है, जिसका अर्थ है कि वेबसाइट SSL एन्क्रिप्शन का उपयोग कर रही है।
8. सभी संभावित ऑनलाइन खातों और सेवाओं के लिए मल्टी फैक्टर ऑथेंटिकेशन (MFA) सक्षम करें। इसका उपयोग एक अलग चैनल के माध्यम से आपकी पहचान को सत्यापित करने के लिए किया जाता है।
9. प्रत्येक लॉगआउट सत्र के बाद ब्राउज़र से इतिहास साफ़ करने की आदत डालें।
10. निजी क्लाउड सेवाओं (गूगल ड्राइव, ड्रॉपबॉक्स, आईक्लाउड, आदि) पर सरकार की कोई वर्गीकृत जानकारी संग्रहित नहीं की जा सकती है और ऐसा करने पर डेटा लीक होने की स्थिति में आप पर दंडात्मक कार्रवाई की जा सकती है।
11. जब दौरे पर हों, तो उन सेवाओं का उपयोग करने से बचें जिनके लिए स्थान की जानकारी की आवश्यकता होती है, जब तक कि यह आधिकारिक कर्तव्यों के निर्वहन के लिए आवश्यक न हो।
12. ब्राउज़ करते समय, कुछ पॉप-अप क्लोज बटन के विकल्प के साथ दिखाई दे सकते हैं। ये नकली हो सकते हैं और जब आप क्लिक करते हैं तो स्पाइवेयर स्थापित करने का प्रयास कर सकते हैं। ऐसे पॉप-अप से सावधान रहें और उन पर क्लिक करने से बचें।

13. पॉपअप अवरोधक विकल्प को ब्राउज़र में चालू रखा जाना चाहिए और यदि आवश्यक हो तो विश्वसनीय साइटों के लिए चुनिंदा रूप से अनुमति दी जा सकती है। ऐसा करने से विज्ञापनों में एम्बेड किए गए किसी भी उपद्रव वाले वेब विज्ञापनों या मैलवेयर को स्क्रीन पर प्रदर्शित होने से रोकने में मदद मिलेगी।

14. याद रखें कि इंटरनेट पर चीजें शायद ही कभी मुफ्त होती हैं। 'फ्री' स्क्रीनसेवर आदि में अक्सर मैलवेयर होते हैं। तो ऐसे ऑनलाइन फ्री ऑफर्स से सावधान रहें।

15. किसी भी वित्तीय या संवेदनशील लेनदेन को एक्सेस करने के लिए सार्वजनिक कंप्यूटर और सार्वजनिक वाई-फाई कनेक्शन का उपयोग करने से बचें।

कार्यकलाप 1

उन कार्यों की सूची बनाएं जो आप आमतौर पर कंप्यूटर और इंटरनेट पर करते हैं। अब, अपने लिए सर्वोत्तम सुरक्षा प्रथाओं की एक सूची तैयार करें। इस सूची को अपने दोस्तों के साथ साँझा करें और इसकी तुलना करें।

16. यदि आपकी नौकरी के लिए आपको कुछ सूचना प्रणालियों को सुरक्षित तरीके से एक्सेस करने की आवश्यकता है, तो ऐसी पहुँच के लिए सुरक्षा नियंत्रण जैसे एमपीएलएस लिंक, इंटरनेट पर वीपीएन, आदि का उपयोग करना उचित है।

5.4.3. पासवर्ड मैनेजमेंट

अनधिकृत पहुँच किसी भी व्यक्ति के लिए एक बड़ी समस्या है जो कंप्यूटर या डिवाइस जैसे स्मार्टफोन या टैबलेट का उपयोग करता है। इन ब्रेक-इन के शिकार लोगों के परिणामों में, मूल्यवान डेटा जैसे वर्गीकृत जानकारी, व्यक्तिगत डेटा, आदि का नुकसान शामिल हो सकता है। हैकर्स द्वारा कंप्यूटर में सेंध लगाने के सबसे सामान्य तरीकों में से एक पासवर्ड का अनुमान लगाना है। सरल और आमतौर पर उपयोग किए जाने वाले पासवर्ड घुसपैठियों को आसानी से एक कंप्यूटिंग डिवाइस तक पहुँच प्राप्त करने और नियंत्रित करने में सक्षम बनाते हैं। पासवर्ड सेट अप और प्रबंधन करते समय विचार करने के लिए कुछ सर्वोत्तम अभ्यास निम्नलिखित हैं,

1. आदर्श रूप से 10 वर्णों की न्यूनतम लंबाई और अक्षरों, संख्याओं और वर्णों के मिश्रण के साथ एक मजबूत पासवर्ड बनाएं।
2. सभी पासवर्ड (जैसे, ईमेल, कंप्यूटर, आदि) को हर तीन महीने में कम से कम एक बार बदलना चाहिए।
3. पुराने पासवर्ड का दोबारा इस्तेमाल न करें।
4. पासवर्ड को कंप्यूटर, नोटबुक, नोटिस बोर्ड, या किसी अन्य स्थान पर पढ़ने योग्य रूप में संग्रहित नहीं किया जाना चाहिए जहां अनधिकृत व्यक्ति उन्हें खोज सकते हैं या उनका उपयोग कर सकते हैं।
5. पासवर्ड को संवेदनशील जानकारी मानें और इसे किसी के साथ साँझा न करें।
6. आपके पास मौजूद प्रत्येक लॉग-इन खाते के लिए हमेशा अलग-अलग पासवर्ड का उपयोग करें। यदि आपके द्वारा उपयोग की जाने वाली एक साइट हैक हो जाती है, तो एक से अधिक खातों के लिए एक ही पासवर्ड का उपयोग करने से कई संवेदनशील जानकारी, जोखिम में पड़ जाते हैं।
7. यदि आपके काम के लिए आपको पासवर्ड संप्रेषित करने की आवश्यकता है, जैसे कि ईमेल के माध्यम से अटैचमेंट के रूप में भेजी गई एन्क्रिप्टेड फ़ाइल के लिए पासवर्ड भेजते समय इसे एक अलग चैनल जैसे फोन कॉल या एसएमएस के माध्यम से संप्रेषित किया जाना चाहिए।
8. 'पासवर्ड याद रखें' सुविधा के उपयोग को हमेशा अस्वीकार करें जहाँ भी यह संकेत दिया जाए।

9. याद रखें कमजोर पासवर्ड में निम्नलिखित विशेषताएँ होती हैं:

   - पासवर्ड में 10 से कम वर्ण होते हैं
   - पासवर्ड एक शब्द है जो एक शब्दकोश (अंग्रेजी या विदेशी) में पाया जाता है
   - पासवर्ड एक सामान्य उपयोग शब्द है जैसे परिवार, पालतू जानवर, दोस्तों, सहकर्मियों, मूवी / उपन्यास / कॉमिक्स वर्ण, आदि, कंप्यूटर शब्द और नाम, कमांड, साइट, कंपनियां, हार्डवेयर, सॉफ्टवेयर।
   - जन्मदिन और अन्य व्यक्तिगत जानकारी जैसे पते और फोन नंबर।
   - शब्द या संख्या पैटर्न जैसे 123456, aaaaa(आआआ), क्वर्टी, एएसडीएफजी, जेडएक्ससीवीबी, नाम@वर्ष, आदि।

10. एक मजबूत पासवर्ड बनाने के कुछ सुझाए गए तरीके इस प्रकार हैं,

    एक सुरक्षित पासवर्ड में न केवल अक्षर होते हैं, बल्कि संख्याओं, विशेष वर्णों और कैप्स का भी उपयोग करना चाहिए। एक ने अक्षरों को, संख्याओं और विशेष वर्णों से बदलने का सुझाव दिया, इसलिए 'i', '!' बन जाएगा, 'o', '0' में बदल जाएगा और 's' को '$' के रूप में लिखा जाएगा। इस तरह, सरल शब्द 'Microsoft' काफी कठिन शब्द 'M !cr0$0ft' में बदल जाता है।

    - पासवर्ड की लंबाई मायने रखती है, पासवर्ड जितना लंबा होगा, उसे क्रैक करना उतना ही कठिन होगा।
    - एक वाक्य के बारे में सोचें और एक पंक्ति में प्रत्येक शब्द के पहले अक्षर का चयन करें एक जटिल पासवर्ड मिलेगा और साथ ही याद रखने में आसान होगा।

    उदाहरण के लिए, इस तरह का वाक्य, 'माई नेम इज दर्श स्वाति और मेरा जन्म 26 जनवरी 1988 को हुआ था!' निम्नलिखित पासवर्ड उत्पन्न करेगाः 'MNiDSaIwbo2J1988!' ।यह लंबा है, संख्या, विशेष वर्ण, कैप्स, और अक्षर भी शामिल है, और यह याद रखने में आसान और शब्दकोश में भी नहीं है।

11. एप्लिकेशन की 'पासवर्ड याद रखें' सुविधा के उपयोग को हमेशा अस्वीकार करें।
12. पासवर्ड इतिहास को जहां भी संभव हो लागू किया जाना चाहिए ताकि यह सुनिश्चित किया जा सके कि उपयोगकर्ताओं को उपयोगकर्ता खाते के साथ अलग-अलग पासवर्ड चुनने के लिए मजबूर किया जाता है।
13. अधिकतम पासवर्ड आयु को उस अवधि को लागू करने के लिए कॉन्फ़िगर किया जाना चाहिए (उदाहरण के लिए, 90 दिन) कि सिस्टम द्वारा उपयोगकर्ता को इसे बदलने के लिए बाध्य करने से पहले पासवर्ड का उपयोग किया जा सकता है।
14. ईमेल, चैट या अन्य इलेक्ट्रॉनिक कम्युनिकेशन में पासवर्ड प्रकट न करें।
15. पासवर्ड के बारे में दूसरों के सामने न बोलें।
16. पासवर्ड के प्रारूप पर संकेत न दें।
17. प्रश्नावली या सुरक्षा प्रपत्रों पर पासवर्ड प्रकट न करें।

5.4.4. रिमूवेबल इंफॉर्मेशन स्टोरेज मीडिया

रिमूवेबल इंफॉर्मेशन स्टोरेज मीडिया (RISM) का मतलब कोई भी डिवाइस है जो किसी भी रूप में इलेक्ट्रॉनिक जानकारी को स्टोर करने में सक्षम है। डिवाइस या मीडिया जो अंतिम उपयोगकर्ता द्वारा पठनीय और/या लिखने योग्य है और कंप्यूटर में संशोधन के बिना कंप्यूटर से कंप्यूटर में स्थानांतरित किया जा सकता है।

उदाहरण के लिए, सीडीआर (बहु सत्र), सीडी-आरडब्ल्यू, डीवीडी-आरडब्ल्यू, ब्लूरे डिस्क, एमओडी, यूएसबी स्टोरेज डिवाइस (पेन ड्राइव, मीडिया कार्ड इत्यादि), एमपी3 प्लेयर, एमपी 4 प्लेयर, स्मार्ट फोन, डिजिटल कैमरा, मेमोरी घड़ियाँ, विभिन्न

प्रकार के मेमोरी कार्ड, इंटरनेट डेटा कार्ड, बाहरी हार्ड डिस्क, या कोई अन्य गैजेट जिसमें मेमोरी स्पेस होता है और जिसे यूएसबी या COM के माध्यम से सिस्टम से जोड़ा जा सकता है या नेटवर्क शेयर के माध्यम से जुड़े किसी अन्य पोर्ट या डिवाइस रिमूवेबल इंफॉर्मेशन स्टोरेज मीडिया के अंतर्गत आता है।

डेटा की मात्रा जिसे हटाने योग्य भंडारण(रिमूवेबल इंफॉर्मेशन स्टोरेज) उपकरणों में जल्दी से कॉपी किया जा सकता है, हर दिन बढ़ रहा है। हालांकि ये उपकरण उत्पादकता को महत्वपूर्ण रूप से बढ़ा सकते हैं, लेकिन वे डेटा सुरक्षा और नियंत्रण नीतियों में खतरनाक रूप से उच्च जोखिम भी पैदा कर सकते हैं। बाहरी, रिमूवेबल पोर्टेबल स्टोरेज डिवाइस उपयोगकर्ताओं को फायरवॉल और ईमेल सर्वर एंटी-मैलवेयर सहित परिधि सुरक्षा को बायपास करने की अनुमति देते हैं और संभावित रूप से कार्यालय नेटवर्क में मैलवेयर पेश करते हैं। चूंकि मैलवेयर किसी आंतरिक डिवाइस से नेटवर्क में प्रवेश करता है, इसलिए यह तब तक पता नहीं चल पाता जब तक कि नेटवर्क को महत्वपूर्ण क्षति न हो जाए। रिमूवेबल स्टोरेज मीडिया के साथ व्यवहार करते समय कुछ सर्वोत्तम प्रथाओं पर विचार किया जाता है:

1. सभी रिमूवेबल मीडिया के लिए ऑटो रन / ऑटो प्ले फीचर को अक्षम किया जाना चाहिए।
2. वर्गीकृत जानकारी को संग्रहित करने के लिए निर्दिष्ट रिमूवेबल स्टोरेज मीडिया में कॉपी करने से पहले वर्गीकृत डेटा को एन्क्रिप्ट किया जाना चाहिए।
3. वर्गीकृत जानकारी केवल कार्य उद्देश्यों के लिए आवंटित, रिमूवेबल स्टोरेज मीडिया पर संग्रहित की जानी चाहिए।
4. यूएसबी स्टोरेज डिवाइस में छिपी दुर्भावनापूर्ण फाइलों को देखने के लिए कंप्यूटर को 'छिपी हुई फाइल और फ़ोल्डर्स दिखाएं' विकल्प के साथ सक्षम होना चाहिए।
5. उपयोग करने से पहले सभी रिमूवेबल मीडिया को एंटी-वायरस सॉफ्टवेयर से स्कैन करने की सलाह दी जाती है।
6. यूएसबी, सीडी इत्यादि जैसे रिमूवेबल मीडिया को अनअटेंडेड नहीं छोड़ा जाना चाहिए।
7. सरकारी नेटवर्क के बाहर पोर्टेबल स्टोरेज मीडिया ड्राइव के उपयोग को प्रतिबंधित करने के लिए तकनीकी नियंत्रण लागू किया जा सकता है।
8. हटाने योग्य मीडिया को तब तक कार्यालय से बाहर नहीं किया जाना चाहिए जब तक कि आपके कार्यालय में सक्षम प्राधिकारी द्वारा अनुमति न दी जाए।
9. भौतिक जोखिम, हानि, चोरी, या विद्युत डेटा (करप्शन) को कम करने के लिए, सभी स्टोरेज मीडिया को उचित रूप से सकुशल और सुरक्षित वातावरण में संग्रहित किया जाना चाहिए।
10. डिवाइस के क्षति ग्रस्त होने या खराब होने की स्थिति में, उसे मरम्मत/बदलने के लिए आपके कार्यालय में निर्दिष्ट प्राधिकारी को वापस कर दिया जाना चाहिए। ऐसे उपकरणों को कभी भी बाहरी लोगों या अन्य विक्रेताओं को मरम्मत के लिए न सौंपें क्योंकि उनके पास वर्गीकृत जानकारी हो सकती है।
11. यदि जारी करने के बाद यूएसबी डिवाइस एक कार्यात्मक आवश्यकता नहीं है, तो उसे जारीकर्ता प्राधिकारी को वापस कर दिया जाना चाहिए।
12. आधिकारिक उद्देश्य की पूर्ति के बाद रिमूवेबलमीडिया की सामग्री को हटा दिया जाना चाहिए / मिटा दिया जाना चाहिए।
13. बैटिंग से बचें। (कोई आपको एक यूएसबी ड्राइव या अन्य इलेक्ट्रॉनिक मीडिया देता है जो इस उम्मीद में मैलवेयर से पहले से लोड हो जाता है कि आप डिवाइस का उपयोग करेंगे और उन्हें आपके कंप्यूटर को हैक करने में सक्षम करेंगे)। किसी भी इलेक्ट्रॉनिक स्टोरेज डिवाइस का उपयोग तब तक न करें जब तक आपको पता न हो कि उसका मूल वैध और सुरक्षित है।
14. उपयोग करने से पहले मैलवेयर के लिए सभी इलेक्ट्रॉनिक मीडिया को स्कैन करें।

5.4.5 कम्युनिकेशन

ईमेल संचार के संबंध में कुछ सर्वोत्तम अभ्यास निम्नलिखित हैं:

1. ईमेल अटैचमेंट डाउनलोड करने या अज्ञात या अविश्वसनीय स्रोतों से ईमेल में प्राप्त संदिग्ध लिंक पर क्लिक करने से बचें।
2. वर्गीकृत जानकारी ईमेल के माध्यम से संप्रेषित नहीं की जानी चाहिए। ऐसा करने के लिए आकस्मिक आवश्यकताओं के मामले में, सक्षम प्राधिकारी का अनुमोदन प्राप्त किया जाना चाहिए।
3. सार्वजनिक वाई-फाई कनेक्शन से आधिकारिक ईमेल खातों तक पहुँचने से बचें।
4. ईमेल खातों के लिए पासवर्ड का ऑटो सेव सक्षम नहीं होना चाहिए।
5. आपका काम हो जाने के बाद मेल खातों से लॉगआउट करें।
6. उपयोगकर्ता को ईमेल में प्राप्त लिंक पर क्लिक करने के बजाय ब्राउज़र में पूरा यूआरएल टाइप करना चाहिए।
7. किसी भी संदिग्ध ई-मेल को न खोलें/ न अग्रेषित करें/ न जवाब दें।
8. छोटे या छोटा यूआरएल (http://tiny.cc/ba1j5y की तरह दिखाई देता है) और 'इस पर क्लिक न करें ,क्योंकि यह आपको एक मैलवेयर संक्रमित वेबसाइट पर ले जा सकता है।
9. EXE, DLL, VBS, SHS, PIF, SCR जैसे एक्सटेंशन वाले अटैचमेंट न खोलें। विशिष्ट उदाहरण .txt.exe, doc.exe
10. अपने ईमेल क्लाइंट प्रोग्राम में लॉगिन करने के लिए बहु-कारक प्रमाणीकरण (MFA) सक्षम करें।
11. ईमेल खाते तक पहुँचने के दौरान उपयोगकर्ताओं को अपने अंतिम लॉगिन विवरण की जाँच करनी चाहिए।
12. आवश्यक समझे जाने वाले ईमेल के लिए एन्क्रिप्शन और डिजिटल सिग्नेचर सर्टिफिकेट (DSC) के उपयोग पर विचार किया जा सकता है।
13. ईमेल आईडी में एक मजबूत पासवर्ड होना चाहिए (अल्फान्यूमेरिक और विशेष वर्णों के साथ कम से कम 13 वर्ण)
14. हर 30 दिनों में एक बार ईमेल पासवर्ड बदलना चाहिए।
15. किसी भी अनुलग्नक को खोलने से पहले, उसे दुर्भावनापूर्ण सामग्री के लिए एक अद्यतन एंटी-वायरस के माध्यम से स्कैन किया जाना चाहिए।
16. इनबॉक्स, भेजे गए बॉक्स, ड्राफ्ट आदि में मेल न रखें जिनकी अब आवश्यकता नहीं है।
17. एसएसएल प्रमाणपत्र स्वीकार करने से पहले, उपयोगकर्ता को प्रमाण पत्र की प्रामाणिकता को सत्यापित करना चाहिए।
18. प्रत्येक लॉगआउट सत्र के बाद ब्राउज़र से इतिहास साफ़ करने की आदत डालें।
19. ई-मेल टेक्स्ट के मुख्य भाग में उल्लिखित किसी भी यूआरएल पर तब तक क्लिक न करें जब तक कि आप सुनिश्चित न हों कि यह एक वैध यूआरएल है।
20. कुछ दुर्भावनापूर्ण प्रोग्राम आउटलुक एक्सप्रेस पूर्वावलोकन फलक पर दिखाई देते ही निष्पादित होने लगते हैं। उस विकल्प को अक्षम करें (देखें -> लेआउट -> 'पूर्वावलोकन फलक दिखाएं' अनचेक करें)
21. अवांछित या अप्रत्याशित अनुलग्नकों को न खोलें। यदि आप सत्यापित नहीं कर सकते कि कोई अनुलग्नक वैध है, तो उसे हटा दें।
22. वेबसाइटों या ऑनलाइन एप्लिकेशन में तब तक लॉग इन न करें जब तक कि लॉगिन पेज सुरक्षित (HTTPS) न हो।
23. जब तक आप किसी विश्वसनीय, सुरक्षित वेब पेज का उपयोग नहीं कर रहे हैं, तब तक व्यक्तिगत या संवेदनशील जानकारी ऑनलाइन दर्ज न करें।

5.4.6. होम वाई-फाई नेटवर्क

लैपटॉप, स्मार्ट फोन और टैबलेट के बड़े पैमाने पर विस्फोट के साथ, व्यापक वायरलेस कनेक्टिविटी का व्यापक रूप से इंटरनेट से जुड़ने के विकल्प के रूप में उपयोग किया जाता है। असुरक्षित वायरलेस कॉन्फ़िगरेशन दुर्भावनापूर्ण खतरे वाले अभिनेताओं, हमलावर के लिए एक आसान खुला द्वार प्रदान कर सकता है। होम वाई-फाई नेटवर्क को सुरक्षित करने के लिए, कुछ सर्वोत्तम अभ्यास निम्नलिखित हैः

1. वायरलेस राउटर में WPA2 या उच्चतर एन्क्रिप्शन सुविधा चालू करें।
2. डिफ़ॉल्ट नेटवर्क डिवाइस का नाम बदलें, जिसे इसके सर्विस सेट आइडेंटिफ़ायर या 'SSID'(एस एस आईडी) के रूप में भी जाना जाता है। जब एक वायरलेस कनेक्शन वाला कंप्यूटर आस-पास के वायरलेस नेटवर्क को खोजता और प्रदर्शित करता है, तो यह प्रत्येक नेटवर्क को सूचीबद्ध करता है जो सार्वजनिक रूप से अपने एस एस आईडी को प्रसारित करता है। यह सलाह दी जाती है कि एक एस एस आईडी नाम होना चाहिए जो किसी भी तरह से आपकी पहचान का खुलासा न करे।
3. नेटवर्क डिवाइस डिफ़ॉल्ट पासवर्ड बदलें। अनधिकृत उपयोगकर्ता डिफ़ॉल्ट पासवर्ड से परिचित हो सकते हैं, इसलिए राउटर डिवाइस का पासवर्ड बदलना महत्वपूर्ण है।
4. अपने वायरलेस राउटर में मीडिया एक्सेस कंट्रोल, या 'मैक,' एड्रेस फिल्टर का उपयोग करने पर विचार करें। प्रत्येक उपकरण जो वाई-फाई नेटवर्क से जुड़ सकता है उसकी एक विशिष्ट आईडी होती है जिसे 'भौतिक पता' या 'MAC' पता कहा जाता है। वायरलेस राउटर उन सभी उपकरणों के MAC address को स्क्रीन कर सकते हैं जो उनसे कनेक्ट होते हैं, और उपयोगकर्ता अपने वायरलेस नेटवर्क को केवल मैक पते वाले उपकरणों से कनेक्शन स्वीकार करने के लिए सेट कर सकते हैं जिन्हें राउटर पहचान लेगा।
5. जब किसी विस्तारित अवधि के लिए आवश्यकता न हो तो अपने वायरलेस राउटर को बंद कर दें।
6. वायरलेस उपकरणों के फर्मवेयर को नियमित रूप से अपडेट करें क्योंकि इससे डिवाइस में सुरक्षा खामियों की संख्या कम हो जाएगी।
7. अनधिकृत पहुँच से बचाने के लिए राउटर में दूरस्थ प्रबंधन सुविधा को अक्षम करें।
8. वाई-फाई नेटवर्क पर सूचना/डेटा हमेशा एन्क्रिप्टेड रूप में होना चाहिए।
9. एक्सेस प्वाइंट को सीधे वायर्ड नेटवर्क से न जोड़ें। चूंकि समझौता किए गए वायरलेस क्लाइंट की संभावना है, की वह बदले में, वायर्ड नेटवर्क में सिस्टम को प्रभावित करें, तो एक फ़ायरवॉल और एक एंटीवायरस गेटवे को एक्सेस प्वाइंट और वायर्ड नेटवर्क के बीच रखा जाना चाहिए ।
10. वाई-फाई नेटवर्क खोलने के लिए ऑटो-कनेक्ट न करें।
11. WEP एन्क्रिप्शन का उपयोग न करें WPA2 या उच्चतर ग्रेड एन्क्रिप्शन का उपयोग करें।
12. जब एक्सेस प्वाइंट तक पहुँचने वाले उपयोगकर्ताओं की संख्या कम होती है, तो डीएचसीपी सेवा को अक्षम करने की सिफारिश की जाती है। चूंकि यह हमलावरों को एक्सेस प्वाइंट से जुड़ने के बाद नेटवर्क से जुड़ने में आसान बना सकता है।
13. सभी एडीएसएल ब्रॉडबैंड राउटर पर्याप्त रूप से सुरक्षित होने चाहिए।
14. नेटवर्क के बाहर से वेब और टेलनेट सेवाओं को अक्षम करें।
15. सभी नेटवर्क उपकरणों के डिफ़ॉल्ट पासवर्ड बदलें।
16. गैर-उपयोग की विस्तारित अवधि के दौरान नेटवर्क को बंद कर दें।
17. डीएचसीपी सेवा अक्षम करें।

18. खुले DNS IP पतों के बजाय अपने ISP DNS का उपयोग करने का प्रयास करें।
19. एडीएसएल डिवाइस से स्वचालित रूप से प्राप्त करने के बजाय कंप्यूटर में आईएसपी प्रदान किए गए डीएनएस आईपी पते को हमेशा कॉन्फ़िगर करें।
20. यदि एडीएसएल डिवाइस में अपडेट विकल्प उपलब्ध है, तो फर्मवेयर को वैध विक्रेता की वेबसाइट से अपडेट करें।

5.4.7. सोशल इंजीनियरिंग हमलों से बचना

सोशल इंजीनियरिंग गलत बयानी के माध्यम से जानकारी तक पहुँच प्राप्त करने का एक तरीका है। यह जानकारी प्राप्त करने के लिए लोगों का सचेत हेरफेर है, लेकिन यह सुरक्षा भंग होने को नज़रअंदाज़ करता है। यह टेलीफोन या व्यक्तिगत रूप से और ईमेल के माध्यम से प्रतिरूपण का रूप ले सकता है। सामाजिक(सोशल) इंजीनियरिंग हमलों से बचने के लिए कुछ सर्वोत्तम प्रथाओं का पालन करना चाहिएः

1. व्यक्तिगत या अन्य सरकारी जानकारी के बारे में पूछने वाले व्यक्तियों के अवांछित फोन कॉल, विज़िट या ईमेल संदेशों से सावधान रहें। यदि कोई अज्ञात व्यक्ति किसी वैध संगठन से होने का दावा करता है, तो सीधे कंपनी के साथ उसकी पहचान सत्यापित करने का प्रयास करें।
2. अपने आप को ***फ़िशिंग*** से बचाने के लिए ईमेल या संदेशों में व्यक्तिगत, संवेदनशील या वित्तीय जानकारी प्रकट न करें और ऐसे ईमेल का जवाब न दें।
3. ***विशिंग*** से बचाव के लिए फोन कॉल पर कोई संवेदनशील जानकारी प्रकट न करें।
4. ***स्मिशिंग*** से सुरक्षित रहने के लिए एसएमएस पर किसी भी संवेदनशील जानकारी को प्रकट न करें।
5. क्विड प्रो क्वो स्कैम से सुरक्षित रहने के लिए अजनबियों से ऑनलाइन बातचीत से बचें।
6. किसी वेबसाइट के यूआरएल से सावधान रहें। दुर्भावनापूर्ण वेबसाइटें एक वैध साइट के समान दिख सकती हैं, लेकिन यूआरएल वर्तनी में भिन्नता या किसी भिन्न डोमेन (जैसे, .com बनाम .net) का उपयोग कर सकता है। सामान्य तौर पर, सभी सरकारी वेबसाइटों के नाम के अंत में gov.in या nic.in होता है। उदाहरण के लिए, एक दुर्भावनापूर्ण वेबसाइट का नाम हो सकता है www.mhagov.in या www.mha-gov.in वास्तविक नाम www.mha.gov.in के स्थान पर।
7. एक यूआरएल पर क्लिक करने के बजाय यह सुरक्षित है कि अपने ब्राउज़र में किसी यूआरएल को टाइप करें। ईमेल में लिंक पर होवर करने से वास्तविक यूआरएल नीचे दिखाई देगा, लेकिन एक अच्छा नकली यूआरएल भी आपको गलत दिशा में ले जा सकता है।
8. हैकर चाहता है कि आप पहले कार्रवाई करें और बाद में सोचें। यदि संदेश तात्कालिकता की भावना व्यक्त करता है या उच्च दबाव वाली बिक्री रणनीति का उपयोग करता है तो संदेहपूर्ण हो सकता है; अत्यावश्यकता को कभी भी अपनी सावधानीपूर्वक समीक्षा को प्रभावित न करने दें।
9. यदि आपको किसी विदेशी लॉटरी या स्वीपस्टेक से कोई ईमेल प्राप्त होता है, किसी अज्ञात रिश्तेदार से धन प्राप्त होता है, या धन के हिस्से के लिए किसी विदेशी देश से धन हस्तांतरित करने का अनुरोध किया जाता है, तो यह एक घोटाला होने की गारंटी है और ऐसे ईमेल का जवाब न दें और ऐसे ईमेल को हटाएं।
10. आपके द्वारा किसी के सामने प्रकट किए गए किसी भी पासवर्ड को तुरंत बदल दें। यदि आपने एक से अधिक संसाधनों के लिए एक ही पासवर्ड का उपयोग किया है, तो प्रत्येक खाते के लिए इसे बदलना सुनिश्चित करें, और भविष्य में उस पासवर्ड का उपयोग न करें।
11. कुछ ईमेल, प्राप्तकर्ता को एक अटैचमेंट खोलने के लिए लुभाते हैं ,जो आपके कंप्यूटर में वायरस या दुर्भावनापूर्ण प्रोग्राम को सक्रिय करता है।

12. कर्मचारियों या अन्य आंतरिक जानकारी के बारे में पूछने वाले व्यक्तियों के अवांछित फोन कॉल, विज़िट या ईमेल संदेशों पर संदेह करें। यदि कोई अज्ञात व्यक्ति किसी वैध संगठन से होने का दावा करता है, तो सीधे कंपनी के साथ उसकी पहचान सत्यापित करने का प्रयास करें।

13. अपनी संरचना या नेटवर्क सहित अपने संगठन के बारे में जानकारी या व्यक्तिगत जानकारी प्रदान न करें, जब तक कि आप किसी व्यक्ति के पास जानकारी रखने के अधिकार के बारे में सुनिश्चित न हों।

14. ईमेल में व्यक्तिगत या वित्तीय जानकारी प्रकट न करें, और इस जानकारी के लिए ईमेल अनुरोधों का जवाब न दें। इसमें ईमेल में भेजे गए निम्नलिखित लिंक शामिल हैं।

15. यदि आप सुनिश्चित नहीं हैं कि कोई ईमेल अनुरोध वैध है या नहीं, तो सीधे कंपनी से संपर्क करके इसे सत्यापित करने का प्रयास करें। अनुरोध से जुड़ी वेबसाइट पर उपलब्ध कराई गई संपर्क जानकारी का उपयोग न करें; इसके बजाय, संपर्क जानकारी के लिए पिछले बयानों की जाँच करें।

16. इस ट्रैफ़िक में से कुछ को कम करने के लिए एंटी-वायरस सॉफ्टवेयर, फ़ायरवॉल और ईमेल फ़िल्टर स्थापित और बनाए रखें।

17. अपने ईमेल क्लाइंट और वेब ब्राउज़र द्वारा दी जाने वाली किसी भी एंटी-फ़िशिंग सुविधाओं का लाभ उठाएं।

18. आपके द्वारा प्रकट किए गए किसी भी पासवर्ड को तुरंत बदल दें। यदि आपने एक से अधिक संसाधनों के लिए एक ही पासवर्ड का उपयोग किया है, तो प्रत्येक खाते के लिए इसे बदलना सुनिश्चित करें, और भविष्य में उस पासवर्ड का उपयोग न करें।

5.4.8. स्मार्ट डिवाइस (स्मार्ट फोन, टैब, आदि)

स्मार्ट डिवाइस एक ऐसा उपकरण है जिसमें कम्प्यूटेशन पावर, इंटरनेट एक्सेस, स्टोरेज क्षमता, कैमरा, रिकॉर्डिंग, जीपीएस, आदि जैसी कोई भी विशेषता होती है। स्मार्टफोन, टैबलेट आदि इस श्रेणी में आते हैं। अधिकांश स्मार्ट फोन और टैबलेट (टैब) में सामान्य डेस्कटॉप / लैपटॉप सिस्टम के बराबर कंप्यूटिंग शक्ति होती है। ये गैजेट किसी भी अन्य कंप्यूटर की तरह वीडियो, वॉयस, जीपीएस और अन्य कम्प्यूटेशनल ऐप पर कई सेवाएं देने में सक्षम हैं। इसलिए, कंप्यूटर से संबंधित सभी साइबर सुरक्षा मुद्दे भी इन उपकरणों पर लागू होते हैं। सुरक्षा के लिए कुछ महत्वपूर्ण प्रथाओं को सूचीबद्ध किया गया है:

1. संवेदनशील टेलीफोन पर बातचीत के लिए स्मार्ट उपकरणों का उपयोग नहीं किया जाना चाहिए। वाई-फाई और ब्लू टूथ को टर्न-ऑफ मोड में रखा जाना चाहिए।

2. संवेदनशील आवाज वार्तालाप और संपर्क विवरण के लिए कैमरा/इंटरनेट/वाई-फाई के बिना एक लो-एंड बेसिक मोबाइल फोन ले जाया जा सकता है।

3. स्मार्ट डिवाइस में इंटरनेट कनेक्शन सामान्य रूप से ऑफ-मोड में रखा जाएगा और इसे इंटरनेट एक्सेस करने के लिए आवश्यकता के आधार पर 'चालू' किया जा सकता है।

4. स्मार्ट डिवाइस में कोई भी फ्री ऐप्स लोड नहीं होना चाहिए।

5. मरम्मत के दौरान, डिवाइस को मैलवेयर इंस्टालेशन से बचाने के लिए उसे अनअटेंडेड न छोड़ें।

6. स्मार्ट डिवाइस में भी प्रासंगिक एंटी-वायरस सॉफ्टवेयर स्थापित किया जाना चाहिए।

7. यदि स्मार्ट डिवाइस कुछ घंटों/एक दिन के लिए किसी भी कारण से निष्क्रिय हो जाता है, तो निष्क्रियता के कारण का पता लगाने के लिए तुरंत सेवा प्रदाता से संपर्क किया जाना चाहिए।

8. यदि बैटरी असामान्य रूप से बहुत तेजी से डिस्चार्ज हो जाती है या डिवाइस बिना किसी उपयोगकर्ता गतिविधि से गर्म हो जाता है, तो यह बहुत संभव है कि कुछ दुर्भावनापूर्ण ट्रैफ़िक बैटरी की खपत कर रहे हों।

9. हवाई अड्डों जैसे सार्वजनिक स्थानों पर मुफ्त वाई-फाई का उपयोग नहीं किया जाना चाहिए। ब्लू-टूथ और वाई-फाई को बंद कर दें, जब इसका उपयोग परिचालन उद्देश्यों के लिए आवश्यक न हो। यहां तक कि जब वही उपयोग में हो, तो डिफ़ॉल्ट ब्लू-टूथ / वाई-फाई कॉन्फ़िगरेशन को 'non-discoverable' पर सेट करें।
10. एक समझौता किए गए स्मार्ट डिवाइस को चार्ज करने के लिए भी कंप्यूटर से कनेक्ट नहीं किया जाना चाहिए।
11. जिन ऐप्स की जरूरत नहीं है, उन्हें बंद कर दें।
12. जब कोई उपकरण निष्क्रिय होता है, तो उसे लॉक हो जाना चाहिए और पासवर्ड/पिन या स्वाइप पैटर्न की आवश्यकता होती है। डिवाइस को अपेक्षाकृत कम समय में लॉक करने के लिए सेट करें।
13. किसी अजनबी द्वारा भेजे गए एसएमएस या संदेशों के लिंक का जवाब न दें या उस पर क्लिक न करें।
14. अपने डिवाइस को जेल-ब्रेक न करें क्योंकि जेल-ब्रेकिंग उन प्रतिबंधों को हटा देता है जिन पर ऐप्स इंस्टॉल किए जा सकते हैं या इंस्टॉल नहीं किए जा सकते हैं। यह कंपनी द्वारा निर्धारित सुरक्षा को हटा देता है।
15. स्मार्ट डिवाइस के निष्क्रिय मोड के दौरान अनधिकृत जीपीआरएस/डेटा कनेक्शन के लिए देखें।
16. यदि कोई असामान्य डेटा मेमोरी में संग्रहित है तो मेमोरी को बार-बार जांचें। फोन की मेमोरी में एकत्रित डेटा को गंतव्य तक भेजे जाने तक मालवेयर अस्थायी रूप से डेटा स्टोर करता है।
17. कैमरा दृश्य को अवरुद्ध करने के लिए एक उपयुक्त गैर-पारदर्शी टेप/स्टिकर लगाया जा सकता है।
18. क्लिक करने, डाउनलोड करने, फॉरवर्ड करने या खोलने से पहले सोचें। प्रतिक्रिया देने, पंजीकरण करने, डाउनलोड करने या जानकारी प्रदान करने से पहले, तथ्य प्राप्त करें।
19. उपयोग की शर्तों को समझें। कुछ एप्लिकेशन आपकी व्यक्तिगत जानकारी तक पहुँचने और उसका लाभ उठाने के व्यापक अधिकारों का दावा करते हैं। यदि ऐप को सेवा चलाने के लिए आपके खाते और/या डिवाइस की आवश्यकता से अधिक एक्सेस की आवश्यकता है, तो ऐप को जारी न रखें। इसके अलावा, ध्यान रखें कि समय के साथ शर्तें बदल सकती हैं। अपने उपयोग की शर्तों की अक्सर समीक्षा करें।
20. पब्लिक वाई-फाई से सावधान रहें। सुरक्षित रहने के लिए, सार्वजनिक वायरलेस नेटवर्क का उपयोग करते समय खातों, विशेष रूप से वित्तीय खातों में लॉग इन करने से बचें।
21. उपयोग में न होने पर ब्लूटूथ और नियर फील्ड कम्युनिकेशन (NFC) क्षमताओं को अक्षम करें।
22. एन्क्रिप्शन सक्षम करें। अपने स्मार्टफ़ोन पर एन्क्रिप्शन को सक्षम करना डिवाइस पर संग्रहित जानकारी को सुरक्षित रखने के सर्वोत्तम तरीकों में से एक है, जिससे अनधिकृत पहुँच को रोका जा सकता है।
23. स्मार्टफोन निपटान से पहले, आपको स्मार्टफोन से ,अपने जानकारी को मिटा देना चाहिए। इसके अतिरिक्त, सुनिश्चित करें कि कोई भी एसडी कार्ड हटा दिया गया है और मिटा दिया गया है। यदि आप सिम कार्ड को किसी अन्य डिवाइस पर, पुनः नियोजित नहीं कर रहे हैं तो सुनिश्चित करें कि सिम कार्ड पर संग्रहित आपकी व्यक्तिगत जानकारी मिटा दी गई है या नष्ट कर दी गई है।

सुरक्षित एंड्रॉयड डिवाइस के लिए चेकलिस्ट

एंड्रॉयड डिवाइस को सकुशल और सुरक्षित बनाने के कई तरीके हैं। इनमें से कुछ यहां सूचीबद्ध हैं:

1. **बुनियादी सुरक्षा लागू करना (स्क्रीन सुरक्षा)**: उपयोगकर्ता मानक डिवाइस पिन, पासवर्ड, पैटर्न लॉक, बायोमेट्रिक अनलॉक और स्वाइप (स्वाइप एक सुरक्षित तरीका नहीं है) में से चुन सकते हैं। स्क्रीन लॉक को सेटिंग्स > स्क्रीन सुरक्षा > स्क्रीन लॉक से सेट किया जा सकता है।

2. **सिम पिनः** उपयोगकर्ताओं को सिम पिन सेट करने पर विचार करना चाहिए। इस विकल्प के सक्षम होने पर, डिवाइस हर बार बूट होने पर सिम पिन मांगेगा।

3. **एन्क्रिप्शनः** एंड्रॉयड 2.3.4 और बाद के संस्करण डिवाइस एन्क्रिप्शन का समर्थन करते हैं। हालांकि यह एक अनिवार्य सुरक्षा सुविधा है, लेकिन अगर यह आपके डिवाइस में उपलब्ध नहीं है, तो उपयोगकर्ता बाहरी ऐप जैसे सीक्रेट स्पेस एनक्रिप्टर (एसएसई), एन्क्रिप्शन मैनेजर, आदि का उपयोग कर सकते हैं।

4. **पासवर्डः** पासवर्ड को दृश्यमान नहीं बनाया जाना चाहिए। उपयोगकर्ताओं को यह सुनिश्चित करना चाहिए कि यह सुविधा हर समय अक्षम रहे।

5. **एकाधिक उपयोगकर्ता खातेः** एंड्रॉइड 4.2+ (जेलीबीन) पर चलने वाले टैबलेट विभिन्न उपयोगकर्ताओं के लिए अलग उपयोगकर्ता प्रोफाइल बनाने का विकल्प प्रदान करते हैं। यह तब मददगार होता है जब डिवाइस को परिवार के कई सदस्यों द्वारा साँझा किया जा रहा हो। यह सुविधा Settings -> device -> users या System->Multiple users सेटिंग्स में एकाधिक उपयोगकर्ता या सर्च यूजर, विकल्प के अंतर्गत पाई जा सकती है।।

6. **डिवाइस एडमिनिस्ट्रेशनः** डिवाइस एडमिनिस्ट्रेटर ऐसे ऐप्स होते हैं जो डिवाइस की कुछ विशेषताओं को नियंत्रित कर सकते हैं। उदाहरण के लिए, जब कोई एंटी-वायरस ऐप इंस्टॉल होता है, तो वह डिवाइस एडमिनिस्ट्रेटर बन जाता है। यह उपयोगकर्ता की ओर से डिवाइस पर सभी डेटा मिटा सकता है, पासवर्ड नियम आदि सेट कर सकता है।

   'अज्ञात स्रोत' सुविधा, उपयोगकर्ता को ऐप्स को साइड लोड करने या किसी तृतीय-पक्ष ऐप स्टोर द्वारा प्रदान किए गए ऐप्स इंस्टॉल करने की अनुमति देती है। इस मोड के माध्यम से इंस्टॉल किए गए ऐप्स में कुछ दुर्भावनापूर्ण कोड हो सकते हैं, जो उपयोगकर्ता के डेटा के लिए जोखिम पैदा कर सकते हैं। यह विकल्प सामान्य उपयोगकर्ताओं के लिए अक्षम रहना चाहिए।

7. **मोबाइल सिक्योरिटी सूटः** मोबाइल सुरक्षा सूट स्थापित करना जरूरी है। सभी प्रमुख एंटी-वायरस कंपनियां अपने उत्पाद का एक मोबाइल संस्करण प्रदान करती हैं। एक मोबाइल सुरक्षा सूट एक एंटी-वायरस के साथ-साथ कई प्रकार की सुविधाएँ प्रदान करता है।

8. **डिवाइस बैकअपः** उपयोगकर्ताओं को नियमित रूप से अपने डिवाइस पर डेटा का बैकअप लेना चाहिए। डिफ़ॉल्ट रूप से, एंड्रॉइड, कॉन्फ़िगरेशन और सेटिंग्स का बैकअप लेने का विकल्प प्रदान करता है। यह सेटिंग्स -> व्यक्तिगत -> बैकअप और रीसेट के तहत उपलब्ध है। हालाँकि, यह डिवाइस पर संग्रहित डेटा का बैकअप नहीं लेता है। डिवाइस डेटा का बैकअप या तो डिवाइस के लिए डेस्कटॉप सॉफ्टवेयर सूट का उपयोग करके या तृतीय पक्ष ऐप्स के माध्यम से लिया जा सकता है।

9. **मोबाइल डिवाइस मैनेजमेंटः** कई उपयोगकर्ता अपने डिवाइस लाते हैं और इसे अपने संगठन नेटवर्क से जोड़ते हैं, और डेटा रिसाव और अन्य सुरक्षा समझौता करने के लिए अग्रणी हो सकते हैं। ऐसे जोखिमों का मुकाबला करने के लिए, संगठनों द्वारा MDM समाधान (मोबाइल डिवाइस प्रबंधन) को तैनात करने की आवश्यकता है।

10. **एप्लिकेशन परमिशनः** किसी भी ऐप को उपयोगकर्ता की सहमति के बिना डिवाइस संसाधनों तक पहुँचने की अनुमति नहीं दी जानी चाहिए। उपयोगकर्ता को ऐसे ऐप्स इंस्टॉल करने से बचना चाहिए जो संदिग्ध लगते हैं और एक्सेस करने के लिए अन्य संसाधनों की मांग करते हैं।

11. **एप्लिकेशन लॉक्सः** यदि कोई उपकरण किसी और एक्सेस (हाथ) बदल रहा है, तो उपयोगकर्ता अपने व्यक्तिगत डेटा (एसएमएस, चित्र, ईमेल, आदि) को किसी और के चुभती नज़रों से (एक्सेस से) बचाना चाह सकते हैं। एप्लिकेशन लॉक इस समस्या का उत्तर है। ऐप्स इंस्टॉल करके उपयोगकर्ता व्यक्तिगत डेटा स्टोर करने वाले ऐप्स पर पासवर्ड डाल सकते हैं। एक बार लागू होने के बाद, पासवर्ड से सुरक्षित ऐप लॉन्च करने से पहले उपयोगकर्ता से पिन मांगेगा।

12. **ट्रांज़ैक्शन पासवर्डः** उपयोगकर्ता चयनित ऐप स्टोर के लिए लेनदेन पासवर्ड सेट कर सकते हैं।

13. **रूटिंग डिवाइसः** उपकरणों के साथ भेजे गए एंड्रॉइड, ROM,; डिफ़ॉल्ट रूप से रूट (सुपरयूजर विशेषाधिकार) एक्सेस प्रदान नहीं करते हैं। जबकि कई उपयोगकर्ताओं को अपने उपकरणों पर रूट विशेषाधिकारों की आवश्यकता नहीं होती है,

एडवांस्ड उपयोगकर्ता और डेवलपर्स अक्सर अपने उपकरणों के साथ प्रयोग करना पसंद करते हैं लेकिन यह खतरनाक है।

14. **डिजिटल वेल्बीइंग और माता-पिता का नियंत्रणः** स्क्रीन समय को कम करने के लिए इन्हें सावधानी से कॉन्फ़िगर किया जाना चाहिए।

15. अपने मोबाइल फोन को अपने व्यक्तिगत डेटा का स्रोत न बनाएं, जो कि अजनबियों के हाथों में पड़ने पर खतरनाक है। यह सलाह दी जाती है कि मोबाइल फोन में महत्वपूर्ण जानकारी जैसे क्रेडिट कार्ड और बैंक कार्ड पासवर्ड आदि को स्टोर न करें।

16. अपने सेल फोन का IMEI कोड नोट कर लें और उसे किसी सुरक्षित जगह पर रख दें। यह मालिक को चोरी हुए मोबाइल तक पहुँच को रोकने में मदद करता है। ऑपरेटर IMEI कोड का उपयोग करके फोन को ब्लॉक कर सकता है।

कार्यकलाप 2

सिस्टम के अनुमति प्रबंधक के साथ अपने एंड्रॉइड डिवाइस की अनुमतियों की जांच करें। अनुमत और अस्वीकृत ऐप्स के विरुद्ध अनुमतियों की एक सूची बनाएं।

5.4.9 सोशल नेटवर्किंग

1. इंटरनेट से कनेक्ट होने वाले किसी भी उपकरण पर ऐसी कोई भी जानकारी संग्रहित न करें जिसे आप सुरक्षित रखना चाहते हैं।

2. सोशल नेटवर्किंग साइट्स पर हमेशा उच्च सुरक्षा सेटिंग्स का उपयोग करें, और आपके द्वारा साँझा की जाने वाली व्यक्तिगत जानकारी में बहुत सीमित रहें। अन्य लोग अपनी ऑनलाइन चर्चा में आपके बारे में क्या पोस्ट कर रहे हैं, इसकी निगरानी करें।

3. एंटी-वायरस और फ़ायरवॉल सॉफ्टवेयर का उपयोग करें। उन्हें और अपने ब्राउज़र और ऑपरेटिंग सिस्टम को पैच और अपडेट रखें।

4. अपने पासवर्ड को समय-समय पर बदलते रहें और पुराने पासवर्ड का दोबारा इस्तेमाल न करें। एक से अधिक सिस्टम या सेवा के लिए एक ही पासवर्ड का उपयोग न करें। उदाहरण के लिए, अगर किसी को आपके ईमेल के लिए पासवर्ड मिलता है, तो वे उसी पासवर्ड से आपकी ऑनलाइन बैंकिंग जानकारी तक पहुँच सकते हैं।

5. ऐसा कुछ भी पोस्ट न करें जो आपको बाद में शर्मिंदा करे, या जिसे आप अजनबियों को नहीं बताना चाहते।

6. किसी वेबसाइट या ईमेल में सामग्री को स्वचालित रूप से डाउनलोड न करें या प्रतिक्रिया न दें। सोशल नेटवर्किंग साइट से होने का दावा करने वाले ईमेल संदेशों के लिंक पर क्लिक न करें। इसके बजाय, संदेशों को पुनः प्राप्त करने के लिए सीधे साइट पर जाएं।

7. केवल विश्वसनीय, प्रसिद्ध साइटों से आने वाले एप्लिकेशन या सॉफ्टवेयर इंस्टॉल करें। 'मुफ़्त' सॉफ्टवेयर मैलवेयर के साथ आ सकता है।

8. सार्वजनिक कंप्यूटर से या सार्वजनिक वाई-फाई स्पॉट के माध्यम से अपने व्यक्तिगत खातों तक पहुँचने से बचें।

9. ग्लोबल पोजिशन सिस्टम (जीपीएस) एन्कोडिंग को अक्षम करें। कई डिजिटल कैमरे फोटो लेते समय जीपीएस लोकेशन को एनकोड करते हैं।

10. अगर वह फोटो किसी साइट पर अपलोड किया गया है, तो जीपीएस निर्देशांक भी हैं, जो लोगों को सटीक स्थान बताएंगे।

11. जब भी संभव हो, वेबसाइटों के साथ संचार एन्क्रिप्ट करें। यह एक विशेषता हो सकती है (जैसे HTTP साइट की बजाय HTTPS साइट) सोशल नेटवर्क साइट आपको सक्षम करने की अनुमति देती हैं।

12. व्यक्तिगत रूप से, टेलीफोन पर, या इंटरनेट पर ऐसे व्यक्तियों के अवांछित संपर्कों से सावधान रहें जो कॉर्पोरेट या व्यक्तिगत डेटा की मांग कर रहे हैं।

13. अपने बैंक स्टेटमेंट, बैलेंस और क्रेडिट रिपोर्ट की निगरानी करें।
14. उपयोगकर्ता नाम, पासवर्ड, क्रेडिट कार्ड, बैंक की जानकारी, वेतन, कंप्यूटर नेटवर्क विवरण, सुरक्षा मंजूरी, घर और कार्यालय की भौतिक सुरक्षा और रसद, कार्य प्रणालियों की क्षमताओं और सीमाओं, या शेड्यूल और यात्रा कार्यक्रमों को साँझा न करें।
15. कोई वैध सेवा या नेटवर्क व्यवस्थापक आपसे आपका पासवर्ड नहीं मांगेगा।
16. अपने बारे में ऐसी जानकारी प्रदान न करें जो दूसरों को आपके सुरक्षा प्रश्नों का उत्तर देने की अनुमति दे—जैसे कि 'मैं अपना पासवर्ड भूल गया' (FORGOT PASSWORD) सुविधा का उपयोग करते समय।
17. विचारशील रहें और अपने द्वारा साँझा की जाने वाली व्यक्तिगत जानकारी जैसे कि नौकरी के शीर्षक, स्थान, शौक, पसंद और नापसंद, या परिवार के सदस्यों, दोस्तों और सहकर्मियों के नाम और विवरण सीमित करें।
18. उन लोगों को सत्यापित करें जिनके साथ आप मेल खाते हैं। लोगों के लिए इंटरनेट पर नकली पहचान बनाना आसान है।
19. सोशल वेब पेजों पर दिखाए जाने वाले विज्ञापनों पर क्लिक न करें।

एक खाता पंजीकृत करना

1. अन्य साइटों तक पहुँचने के लिए आपके द्वारा उपयोग किए जाने वाले पासवर्ड से भिन्न एक मजबूत पासवर्ड का उपयोग करें।
2. यदि आपको सुरक्षा प्रश्न प्रदान करने के लिए कहा जाता है, तो ऐसी जानकारी का उपयोग करें जिसे अन्य लोग आपके बारे में नहीं जानते होंगे।
3. सामाजिक नेटवर्क को कभी भी कार्य-संबद्ध ईमेल प्रदान न करें, विशेष रूप से साइन अप करते समय। अपने सोशल नेटवर्किंग प्रोफाइल (प्रोफाइल) से जुड़ने के लिए सख्ती से एक नया ईमेल पता बनाने पर विचार करें।
4. अपने वास्तविक नाम का प्रयोग न करें।
5. केवल वही जानकारी प्रदान करें जो आवश्यक हो या जिसे प्रदान करने में आप सहज महसूस करते हों। जब संदेह हो, तो कम जानकारी प्रदान करने की गलती करें।
6. पंजीकरण प्रक्रिया के दौरान, सामाजिक नेटवर्क अक्सर एक नए उपयोगकर्ता को ईमेल खाता पासवर्ड प्रदान करने के लिए कहते हैं ताकि सामाजिक नेटवर्क उपयोगकर्ता की ईमेल पता पुस्तिका तक पहुँच सके। सोशल नेटवर्क नए उपयोगकर्ता को उन अन्य लोगों से जोड़ने का वादा करता है जिन्हें वे नेटवर्क पर पहले से जानते हैं। सुरक्षित रहने के लिए, यह जानकारी बिल्कुल न दें।

5.4.10 इंस्टेंट मैसेजिंग (IM)

इंस्टेंट मैसेजिंग नेटवर्क न केवल टेक्स्ट मैसेज ट्रांसफर करने की क्षमता प्रदान करते हैं, बल्कि फाइलों को ट्रांसफर भी करते हैं। नतीजन, IM, मैलवेयर और अन्य प्रोग्राम को स्थानांतरित कर सकता है। कई IM(आईएम) पीयर-टू-पीयर फ़ाइल साँझाकरण की अनुमति देते हैं, एक मैलवेयर, आईएम क्लाइंट को सिस्टम पर सभी फ़ाइलों को सभी तक पूर्ण पहुँच के साथ साँझा करने के लिए कॉन्फ़िगर कर सकता है।

हैकर्स अन्य उपयोगकर्ताओं को कई अलग-अलग तरीकों से प्रतिरूपित कर सकते हैं। सबसे अधिक इस्तेमाल किया जाने वाला हमला, केवल एक अनसुने उपयोगकर्ता के खाते की जानकारी चुरा रहा है। व्हाट्सएप, मैसेंजर, टेलीग्राम, वीचैट, इंस्टेंट मैसेजिंग नेटवर्क के कुछ उदाहरण हैं।

1. स्क्रीन नाम बनाते समय सावधान रहें। प्रत्येक आईएम प्रोग्राम आपको एक स्क्रीन नाम बनाने के लिए कहता है। स्क्रीन नाम व्यक्तिगत जानकारी प्रदान या संकेत नहीं देना चाहिए। पूरे नाम के बजाय उपनाम का प्रयोग करें।
2. कभी भी संवेदनशील व्यक्तिगत जानकारी न दें। क्रेडिट कार्ड नंबर/पासवर्ड आदि आईएम पर साँझा न करें।।

3. अवांछित आईएम के विरुद्ध एक अवरोध बनाएँ। सार्वजनिक क्षेत्रों में या अजनबियों को अपना नाम या ईमेल पता सूचीबद्ध न करें।
4. केवल उन लोगों के साथ संवाद करें जो आपकी संपर्क सूची में हैं। यदि आप किसी ऐसे अजनबी से मिलने का निर्णय लेते हैं जिसे आप केवल IM कम्युनिकेशन से जानते हैं, तो उचित सुरक्षा सावधानी बरतें। उदाहरण के लिए, उस व्यक्ति से अकेले न मिलें, किसी मित्र या सहकर्मी को अपने साथ ले जाएं। हमेशा सार्वजनिक स्थान जैसे कैफे या अन्य जगहों पर मिलें और ठहरें।
5. उन लोगों के संदेशों में कभी भी चित्र न खोलें, फ़ाइलें डाउनलोड न करें या लिंक पर क्लिक न करें जिन्हें आप नहीं जानते हैं।
6. कार्यस्थल पर व्यक्तिगत या निजी आईएम न भेजें।
7. यदि आप सार्वजनिक कंप्यूटर का उपयोग करते हैं, तो उस सुविधा का चयन न करें जो आपको स्वचालित रूप से लॉग ऑन करने की अनुमति देती है।

5.4.11 ऑनलाइन ट्रांज़ैक्शन/ एटीएम

1. खरीदने से पहले, आप जिस पार्टी के साथ सौदा करने जा रहे हैं, उसकी वैधता का पता लगाने के लिए वेबसाइट समीक्षा या भौतिक पते के सत्यापन के माध्यम से स्टोर और विक्रेता की प्रतिष्ठा की जांच करें। हालांकि ध्यान रखें कि ऑनलाइन समीक्षाओं को क्रेडिट या बदनाम प्रतिष्ठा के लिए हेरफेर किया जा सकता है।
2. लेन-देन करने से पहले इस बात से अवगत रहें कि वैध साइटें क्या विवरण मांगती हैं।
3. विशेष रूप से ईमेल अटैचमेंट और एम्बेडेड लिंक वाले अवांछित मेल से सावधान रहें।
4. फर्जी संचार में अंतर करना सीखें जो बैंकों, नीलामी साइटों और अन्य वित्तीय संस्थानों से होने का दावा करते हैं, विशेष रूप से व्यक्तिगत या खाता जानकारी मांगने वाले ईमेल क्योंकि संस्थानों द्वारा इलेक्ट्रॉनिक रूप से इनका अनुरोध कभी नहीं किया जाता है।
5. अज्ञात खर्चों के लिए वित्तीय और क्रेडिट कार्ड विवरण की समीक्षा करें। गलत प्रविष्टियां या संदिग्ध लेनदेन एक चेतावनी घंटी के रूप में कार्य करते हैं कि ऑनलाइन वित्तीय खातों से छेड़छाड़ की जाती है। यदि ऐसा है, तो तुरंत वित्तीय संस्थान से संपर्क करें, पुलिस को हमले की रिपोर्ट करने पर विचार करें, ऑनलाइन पासवर्ड, एटीएम पिन रीसेट करें, और अपने घरेलू कंप्यूटर पर मैलवेयर की जांच करें।
6. अप्रयुक्त डेबिट/क्रेडिट कार्ड रद्द करें (उन्हें काट देना पर्याप्त नहीं है)।
7. अपने क्रेडिट कार्ड स्टेटमेंट की जांच करें और अनधिकृत खरीद की तुरंत रिपोर्ट करें।
8. पिन और पासवर्ड कभी न लिखेंः उन्हें याद रखें।
9. अपने इंटरनेट ब्राउज़र में हमेशा फ़िशिंग फ़िल्टर का उपयोग करें।
10. बैंक विवरण ऑनलाइन प्रदान करते समय सतर्क रहें, आगे बढ़ने से पहले आपको प्राप्त ईमेल के बारे में बैंक से पुष्टि करें। सोचें कि अगर कुछ महत्वपूर्ण या जरूरी है ,तो बैंक मुझे ईमेल भेजने के बजाय कॉल क्यों नहीं करता?
11. ऑनलाइन लेन-देन करने से पहले सभी कुकीज़ और इतिहास फ़ाइलों को हटा दें।
12. ऑनलाइन बैंकिंग का उपयोग करते समय हमेशा वर्चुअल कीबोर्ड का उपयोग करें।
13. समय पर एसएमएस और ईमेल अलर्ट के लिए बैंकिंग लेनदेन के साथ अपना मोबाइल नंबर और ईमेल पंजीकृत करें। अपनी बैंकिंग वेबसाइट पर लॉग इन करने के लिए मल्टी-फैक्टर ऑथेंटिकेशन (एमएफए) का उपयोग करें।

14. विशिंग, फ़िशिंग का एक रूप है, जहां लोगों को व्यक्तिगत जानकारी देने के लिए लुभाने के लिए ईमेल प्राप्त करने के बजाय, अपराधी, बैंक या क्रेडिट यूनियन ग्राहक पर हमला करने और महत्वपूर्ण जानकारी प्राप्त करने के लिए, लाइव या स्वचालित फोन कॉल का उपयोग करता है।

15. जब आप धन प्राप्त करते हैं, तो आपको कभी भी अपन ी क्रेडेंशियल्स प्रदान करने के लिए नहीं कहेंगे।

16. भुगतान के लिए क्यूआर कोड स्कैन करते समय सावधान रहें, इसके बहुत ही समान परिणाम होते हैं जैसे धोखाधड़ी वाले हाइपरलिंक या छोटे यूआरएल।

ऑटोमेटेड टेलर मशीन (ATM)

ऑटोमेटेड टेलर मशीनें, वर्तमान डिजिटल युग में बैंकिंग लेनदेन के लिए अंतर्राष्ट्रीय समुदाय द्वारा अपनाई गई इलेक्ट्रो-मैकेनिकल मशीनें हैं। इसके उपयोग के लिए कुछ सुरक्षा उपाय इस प्रकार हैः

1. अपने पिन को हमेशा सुरक्षित रखें, किसी को नंबर न दें ।
2. पिन दर्ज करते समय कीपैड को कवर करें।
3. एकांत स्थान/बिना सुरक्षा वाले एटीएम (ATM) में एटीएम का संचालन न करें।
4. एटीएम के बारे में ऐसी किसी भी चीज़ से सावधान रहें जो सामान्य से अलग दिखती हो, जैसे कि अजीब दिखने वाले उपकरण या डिवाइस से जुड़े तार।
5. 'कोई छेड़छाड़ नहीं' संकेत देखें। बदमाश अक्सर किसी नए उपकरण के बारे में उत्सुक किसी को रोकने के लिए इन्हें लगाते हैं।
6. यह सुनिश्चित करने के लिए नियमित रूप से बैंक खातों की जांच करें कि कोई असामान्य या अनधिकृत लेनदेन (यहां तक कि छोटी मात्रा में भी) नहीं है।

5.4.12 सार्वजनिक कंप्यूटर

1. यदि आप किसी साइबर कैफे में डेस्कटॉप पर कोई व्यक्तिगत जानकारी संग्रहित या डाउनलोड करते हैं, तो सुनिश्चित करें कि अपना काम पूरा करने के बाद आप सभी दस्तावेजों को हटा दें।

2. इंटरनेट पर सर्फिंग करते समय, आपको हमेशा ब्राउज़र के सुरक्षा पहलुओं की जांच करनी चाहिए।

3. कीलॉगर्स से सावधान रहें, ये स्पाइवेयर हैं और आपके कीस्ट्रोक्स को लॉग या रिकॉर्ड करते हैं ताकि आपका यूजरनेम और पासवर्ड साइबर कैफे के मालिक या किसी हमलावर को उपलब्ध कराया जा सके। ये रिकॉर्ड सीधे हैकर की मशीन में टाइप हो सकते हैं या फ़ाइल स्थानांतरण के माध्यम से बाद में एकत्र किए जा सकते हैं। कुछ साइबर कैफे हार्डवेयर कुंजी लॉगर्स का उपयोग कर सकते हैं ताकि आप जांच सकें कि आपके कीबोर्ड और सीपीयू के बीच एक मध्यवर्ती उपकरण है।

4. साइबर कैफे कंप्यूटर, सार्वजनिक कंप्यूटर और साँझा कंप्यूटर हैं। आपका डेटा या संचार एक ही समय में सभी उपयोगकर्ताओं के सामने आ सकता है। इसलिए सावधान रहें कि व्यक्तिगत जानकारी जैसे उपयोगकर्ता नाम, पासवर्ड आदि जैसी संवेदनशील जानकारी को हटा दिया जाना चाहिए।

5. जब भी आप साइबर कैफे में जाते हैं, तो आप यह सुनिश्चित करते हैं कि उसमें अप-टू-डेट एंटी-वायरस और एंटी-स्पैम सॉफ्टवेयर हो। ये कुछ प्रमुख लॉगर, ट्रोजन और अन्य मैलवेयर को रोकने में मदद कर सकते हैं।

6. स्क्रीन पर संवेदनशील जानकारी के साथ कंप्यूटर को अप्राप्य न छोड़ें।

7. सार्वजनिक कंप्यूटर में संवेदनशील जानकारी दर्ज न करें।

8. साइबर कैफे से बाहर निकलते समय हमेशा ठीक से लॉग आउट करना सुनिश्चित करें।

ऑनलाइन प्रश्नोत्तरी और वीडियो संसाधन

आप स्वयं का मूल्यांकन करने के लिए भाग ले सकते हैं और यहां तक कि सी-डैक, इलेक्ट्रॉनिक्स और सूचना प्रौद्योगिकी मंत्रालय (एमईआईटीवाई), भारत सरकार की इन्फोसेक जागरूकता वेबसाइट पर आयोजित एक ऑनलाइन प्रश्नोत्तरी में भाग लेकर प्रमाण पत्र प्राप्त कर सकते हैं।

ब्राउज़र सिक्योरिटी

फायरवॉल सिक्योरिटी

□□□

यूनिट सारांश

1. डिजिटल दुनिया सर्वव्यापी है। यह असीमित है जिसकी कोई भौतिक या भौगोलिक सीमा नहीं है।
2. सूचना सुरक्षा सर्वोत्तम प्रथाओं का पालन करते हुए, समग्र आईटी प्रणाली की सुरक्षा मजबूत हो सकती है।
3. सूचना सुरक्षा का उद्देश्य इन्फोसेक के त्रय अर्थात गोपनीयता, अखंडता और उपलब्धता की रक्षा करना है।
4. इन्फोसेक के कई सूत्र मौजूद हैं जैसे, मैलवेयर, सोशल इंजीनियरिंग, भौतिक सुरक्षा।
5. मैलवेयर दुर्भावनापूर्ण सॉफ्टवेयर के लिए छोटा नाम है और वायरस, ट्रोजन हॉर्स, वर्म्स, स्पाइवेयर आदि को संदर्भित करने के लिए एकल शब्द के रूप में उपयोग किया जाता है।
6. ऐसे कई तरीके हैं जिनके द्वारा मैलवेयर हमारे सिस्टम तक पहुँच सकते हैं जैसे, इंटरनेट से सीधे डाउनलोड, ईमेल, छल से रिमूवेबलडिवाइस, नेटवर्क प्रचार, आदि।
7. सोशल इंजीनियरिंग हमलावरों के लिए एक सामान्य शब्द है जो लोगों को संवेदनशील जानकारी प्रकट करने या कुछ कार्रवाई करने के लिए छल करने की कोशिश कर रहा है।
8. फायरवॉल सुरक्षा के लिए रामबाण नहीं है, लेकिन यह रक्षा की पहली अनिवार्य परत है।
9. कुकीज़ का उपयोग, उपयोगकर्ता के बारे में वेबसाइट की जानकारी को उपयोगकर्ता के कंप्यूटर पर संग्रहित करने के लिए किया जाता है।
10. कंप्यूटर सिस्टम को इन्फोसेक खतरों से बचाने के लिए विभिन्न उपकरणों और तकनीकों का उपयोग किया जाता है जैसे, फ़ायरवॉल, एंटीवायरस सॉफ्टवेयर, वीपीएन, बैकअप, क्रिप्टोग्राफी तकनीक, प्रमाणीकरण, प्राधिकरण, डिजिटल हस्ताक्षर, आदि।
11. सूचना सुरक्षा, प्रौद्योगिकी के ज्ञान के साथ-साथ इसका उपयोग करने के सर्वोत्तम अभ्यास अपनाने से बढ़ती है।

अभ्यास

A. विषयात्मक प्रश्न

Q1. मालवेयर से आप क्या समझते हैं? विभिन्न प्रकार के मालवेयर को समझाइए।

Q2. सूचना सुरक्षा त्रय के सदस्यों को समझाइए।

Q3. इंटरनेट पर सर्फिंग करते समय सूचना सुरक्षा के लिए सर्वोत्तम अभ्यास क्या हैं?

Q4. वे कौन से खतरे हैं जो इंटरनेट से कनेक्ट न होने पर भी आपके सिस्टम को नुकसान पहुँचा सकते हैं?

Q5. बहु-कारक प्रमाणीकरण की एक विधि का वर्णन करें जिसे आपने अनुभव किया है और बहु-कारक प्रमाणीकरण का उपयोग करने के पेशेवरों और विपक्षों पर चर्चा करें।

B. वस्तुनिष्ठ प्रश्न

Q1. वर्ल्ड वाइड वेब पर सूचना और संसाधनों तक पहुँचने के लिए उपयोग किए जाने वाले एप्लिकेशन को क्या कहते हैं?

a. वेब ब्राउज़र
b. वेबसर्वर
c. वेब मैट्रिक्स
d. उपरोक्त में से कोई नहीं

Q2. यह एक हार्डवेयर डिवाइस या प्रोग्राम है जो किसी नेटवर्क या कंप्यूटर सिस्टम में इंटरनेट कनेक्शन के माध्यम से आने वाली जानकारी को फ़िल्टर करता है।

a. साइबर सुरक्षा।
b. एंटी-वायरस
c. कुकीज़।
d. फ़ायरवॉल

Q3. उस तकनीक का नाम क्या है जिसका उपयोग क्रोम ब्राउज़र आपको मैलवेयर और फ़िशिंग से सुरक्षित रखने के लिए करता है?

a. संरक्षित ब्राउज़िंग
b. सकुशल ब्राउज़िंग
c. सुरक्षित ब्राउज़िंग
d. इंटरनेट ट्रैकिंग

Q4. ऐसी कौन सी निजी जानकारी है जिसे आपको सोशल मीडिया प्लेटफ़ॉर्म पर साँझा करने से हमेशा बचना चाहिए?

a. वित्तीय जानकारी जैसे डेबिट कार्ड / क्रेडिट कार्ड विवरण, बैंक विवरण
b. पता, मोबाइल नंबर, जन्म तिथि, जन्म स्थान
c. पसंदीदा भोजन, शौक, फिल्में, संगीत आदि,
d. उपरोक्त सभी

Q5. एक प्रकार का कार्यक्रम जो एक कंप्यूटर सिस्टम पर साइबर हमला लॉन्च करने के बाद भुगतान की मांग करता है

a. रैंसमवेयर

b. मैलवेयर

c. वायरस

d. ट्रोजन

Q6. सशक्त पासवर्ड को याद रखने के लिए मुश्किल हो सकता है, आप उन्हें भूलने से बचने के लिए क्या कर सकते हैं?

a. निमोनिक्स का उपयोग करें (ऐसे शब्द या वाक्यांश जो आपको याद रखने में आसान हों)

b. एक पासवर्ड रणनीति विकसित करें

c. एन्क्रिप्शन के साथ पासवर्ड प्रबंधन सॉफ्टवेयर का उपयोग करें

d. उपरोक्त सभी

Q7. ईमेल के माध्यम से भेजी गई संवेदनशील जानकारी को सुरक्षित रखने का एक अच्छा तरीका क्या है?

a. ईमेल को एन्क्रिप्ट करें

b. इसे किसी अन्य भाषा में लिखें

c. वापसी का पता शामिल न करें

d. उपरोक्त सभी

Q8. प्रमुख सुरक्षा खतरे क्या हैं जिनकी ईमेल के माध्यम से उम्मीद की जा सकती है?

a. स्पैम, वायरस, मैलवेयर, फ़िशिंग, विशिंग

b. मालवेयर, डॉस अटैक, मालवेयर अटैक, विशिंग

c. स्पैम, वायरस, दुर्भावनापूर्ण लिंक, फ़िशिंग, स्पूफ़िंग, रैनसमवेयर

d. मैन इन मिडिल अटैक, डॉस अटैक, विशिंग, मालवेयर

Q9. अज्ञात स्रोत से ईमेल के माध्यम से प्राप्त एक लिंक, जो सिस्टम में मैलवेयर को स्वचालित रूप से स्थापित कर सकता है, को क्लिक करने पर किस साइट पर रीडायरेक्ट किया जाएगा?

a. आधिकारिक विक्रेता की साइट

b. सुरक्षा समाधान साइट

c. दुर्भावनापूर्ण साइट

d. सॉफ्टवेयर डाउनलोडिंग साइट

Q10. यदि आप एक गेमिंग रूम में हैं और कोई ऐसा व्यक्ति (आपकी या आपकी उम्र के समान) जिसे आप नहीं जानते हैं, आपसे व्यक्तिगत जानकारी के बारे में पूछता है, तब आप क्या करते हैं?

a. उन्हें अपने बारे में थोड़ा सा बताएं

b. कभी भी कोई व्यक्तिगत जानकारी न दें।

c. लोग इंटरनेट पर क्या कहते हैं, उस पर भरोसा न करें।

d. B & c

Q11. डिजिटल फुटप्रिंट क्या है?

a. आपके पैर की एक स्कैन की गई छवि

b. आपके जूते की एक तस्वीर

c. एक व्यक्ति के बारे में ऑनलाइन सभी जानकारी जो ऑनलाइन संग्रहित है

d. एक ब्लॉग, फेसबुक या ट्विटर पेज

Q12. निम्नलिखित में से किसका उपयोग वेबसाइट उपयोगकर्ता की पहचान करने के लिए किया जाता है और यदि नियमित रूप से साफ नहीं होने पर,आपकी गोपनीयता के लिए एक भेद्यता हो सकती है?

a. पॉप-अप

b. कुकी

c. प्लग-इन-से

d. स्क्रिप्ट

Q13. निम्न में से कौन से संदेश अनुलग्नक नहीं खोले जाने हैं? एक अटैचमेंट के साथ एक संदेश जोः

a. आपके इनबॉक्स में एक से अधिक बार दिखाई देता है

b. एक अपरिचित कंपनी के ई-मेल पते से एक नए गेम की एक नमूना प्रति

c. एक मित्र से एक अप्रत्याशित नोट है

d. उपरोक्त सभी

Q14. क्या अज्ञात नंबरों से व्हाट्सएप वीडियो कॉल प्राप्त करना या इसमें भाग लेना सुरक्षित है?

a. हाँ, यह हमें कॉल करने वाले व्यक्ति को जानने में मदद करता है।

b. नहीं, क्योंकि यह आपको अनुपयुक्त वीडियो सामग्री के साथ फंसाने का प्रयास करने वाले अपराधियों में से हो सकता है।

c. हाँ, यह दूसरों के साथ बातचीत करने का एक अच्छा तरीका है।

d. मुझे नहीं पता

Q15. ऐसी कौन सी विशेषताएँ हैं जो आपको अपने सोशल मीडिया अकाउंट पर हमेशा सक्षम करनी चाहिए?

a. सुरक्षा और गोपनीयता में

b. रुझान वाले विज्ञापन और वीडियो

c. नवीनतम अपडेट और चित्र हैं।

d. उपरोक्त में से कोई भी

C. क्रॉसवर्ड

Across	Down
4. यह रिसीवर के ईमेल में अनावश्यक जंक बनाता है।	1. जब उपयोगकर्ता, कंप्यूटर पर डाउनलोड की गई कुछ वेबसाइट छोटी फाइलों तक पहुँचता है।
6. यह धोखाधड़ी संचार भेजने का अभ्यास है जो एक प्रतिष्ठित स्त्रोत से आता है	2. यह एक नेटवर्क सुरक्षा प्रणाली है जिसे एक विश्वसनीय निजी नेटवर्क को अनधिकृत पहुँच से बचाने के लिए डिज़ाइन किया गया है ।
8. यह उपयोगकर्ता को अपने डेटा तक पहुँचने और धमकी देने के लिए अवरुद्ध करता है।	3. मूल सामग्री को छिपाने के लिए संदेश को एन्कोड करने की प्रक्रिया
10. गुप्त रूप से एक वार्तालाप सुनना	5. दुर्भावनापूर्ण सॉफ्टवेयर के लिए संक्षेप में नाम
11. दुर्भावनापूर्ण गतिविधियों को करने के लिए बनाया गया सॉफ्टवेयर कोड का एक टुकड़ा	7. उपयोगकर्ता के कीस्ट्रोक को रिकॉर्ड करने के लिए एक सॉफ्टवेयर
	9. यह एक मैलवेयर है जो किसी संक्रमित कंप्यूटर पर हानिकारक गतिविधि भी करता है।

उत्तर

विषयात्मक प्रश्नों के लिए संकेत

A1. मैलवेयर दुर्भावनापूर्ण इरादों को पूरा करने के लिए बनाया गया सॉफ्टवेयर है। रैंसमवेयर, ट्रोजन, वर्म, स्पाईवेयर, एडवेयर, कीलॉगर, वायरस, स्निफर, बैकडोर आदि के बारे में विस्तार से बताएं।

A2. सूचना सुरक्षा लक्ष्यों यानी गोपनीयता, अखंडता और उपलब्धता की व्याख्या करें (चित्र 5.2 देखें)।

A3. विशेष रूप से इंटरनेट ब्राउज़िंग, ईमेल संचार, त्वरित संदेश और सामाजिक इंजीनियरिंग के लिए इन्फोसेक की सर्वोत्तम प्रथाओं की व्याख्या करें।

A4. सामान्य कंप्यूटर उपयोग की सर्वोत्तम प्रथाओं, रिमूवेबल मीडिया के खतरों, कंप्यूटर उपयोग प्रथाओं आदि में भौतिक सुरक्षा पर चर्चा करें।

A5. एसबीआई बैंक एटीएम मशीन से पैसे की निकासी के दौरान एसएमएस सेवा पर वन-टाइम पासवर्ड (ओटीपी) प्राप्त करना मल्टीफैक्टर प्रमाणीकरण का एक उदाहरण है। इसी तरह, विभिन्न आईटी सेवाएं केवल आपके स्मार्टफोन पर प्रमाणक ऐप के माध्यम से प्रमाणीकरण (एमएफए) के माध्यम से प्रदान की जाती हैं, यानी सरकारी अधिकारियों के लिए कवच ऐप, ईमेल सेवा, गूगल या माइक्रोसॉफ्ट ऑथेंटिकेटर ऐप तक पहुँचने के लिए उनकी क्लाउड सेवाओं तक पहुँचने के लिए।

एमएफए को संचार के लिए, एक अलग चैनल की आवश्यकता होती है, जो रीयल-टाइम सेवा वितरण के लिए उपलब्ध होना चाहिए, उदाहरण के लिए, हमें अपने चल रहे लेनदेन को पूरा करने के लिए तुरंत एसएमएस या अधिसूचना प्राप्त करनी चाहिए। स्मार्टफोन या हार्डवेयर की आवश्यकता, एक और अन्य निर्भरता है।

वस्तुनिष्ठ प्रश्नों के उत्तर

प्रश्न क्र.	1	2	3	4	5	6	7	8	9	10	11	12	13	14	15
सही जवाब	a	d	c	d	a	d	a	c	c	d	c	b	d	b	A

क्रॉसवर्ड

Across: 4- spam, 6-phishing, 8-ransomware, 10-snooping, 11-virus

Down:1-cookies, 2-firewall, 3-encryption, 5-malware, 7-keylogger, 9-worm

अधिक जानें

- अत्यधिक सुरक्षा सावधानी बरतने और इन्फोसेक की सर्वोत्तम प्रथाओं का पालन करने के बाद भी, सुरक्षा उल्लंघनों की संभावना है।
- इन्फोसेक की किसी भी घटना या भेद्यता के होने की सूचना कंप्यूटर इमरजेंसी रिस्पांस टीम सर्ट-इन (CERT-IN) को यूआरएलः https://www.cert-in.org.in पर दी जा सकती है।
- एक भारतीय नागरिक उपरोक्त यूआरएल पर CERT-IN की मेलिंग सूची की सदस्यता के माध्यम से सलाह और भेद्यता नोट की सुविधा का लाभ उठा सकता है।

- किसी भी साइबर अपराध की घटना की सूचना स्थानीय पुलिस और भारत सरकार के आधिकारिक पोर्टल यानी www.cybercrime.gov.in को दी जानी चाहिए।
- संदिग्ध फ़ाइलें, छोटे यूआरएल, जोखिम भरे यूआरएल का विश्लेषण यह जांचने के लिए किया जा सकता है कि वे वैध फ़ाइल/यूआरएल हैं या मैलवेयर से संबद्ध हैं। यूआरएलः https://www.virustotal.com/gui/

एप्लिकेशन

आजकल, इनफार्मेशन सिक्योरिटी (सूचना सुरक्षा) के लिए अनेक अनुप्रयोग हैं। कुछ एप्लिकेशन इस प्रकार हैः

ईमेल सुरक्षाः ईमेल सेवा दशकों से लोकप्रिय इंटरनेट सेवा है। हैकर्स के द्वारा भी उनकी सोशल इंजीनियरिंग जुल्म प्रक्रिया के लिए इसका व्यापक रूप से दुरुपयोग किया जा रहा है। अपने ईमेल खातों की पहुँच और सामग्री को सुरक्षित करने के लिए सॉफ़्टवेयर स्थापित करने की सलाह दी जाती है।

एप्लिकेशन सुरक्षाः लैपटॉप में उपयोग किए जाने वाले सॉफ़्टवेयर पैकेज जैसे अनुप्रयोगों को सुरक्षित करना, मोबाइल में उपयोग किए जाने वाले ऐप्स को अनधिकृत पहुँच से और डेटा रिसाव को रोकना एक महत्वपूर्ण एप्लिकेशन है।

क्लाउड सेवाओं के लिए सुरक्षाः क्लाउड इंफ्रास्ट्रक्चर को सुरक्षित रखना बहुत महत्वपूर्ण है। सेवा स्तर की संरचना और ऑनलाइन खातों जैसे गूगल खाते, वन ड्राइव आदि के विशेषाधिकारों को सुरक्षित रखा जाना चाहिए।

इंटरनेट ऑफ थिंग्स (IoT) के लिए सुरक्षाः IoT का उपयोग स्मार्ट होम, स्मार्ट सिटी, इंटेलिजेंट ट्रांसपोर्ट सिस्टम, स्वास्थ्य देखभाल, कृषि जैसे कई अनुप्रयोगों के लिए किया जाता है। इन अनुप्रयोगों को डेटा रिसाव से सुरक्षित करना, डेटा संशोधन वास्तविक दुनिया के अनुप्रयोग में महत्वपूर्ण पहलू हैं।

चालक रहित कारों में सुरक्षाः आजकल स्वायत्त कार या चालक रहित कार महत्वपूर्ण शोध बन गई है। कार चलाने में सेंसर और रियल टाइम डेटा का इस्तेमाल होता है और इसलिए डेटा में किसी भी तरह के बदलाव से इंसान की जान जा सकती है। इसलिए चालक रहित कार के वास्तविक समय डेटा की सुरक्षा के माध्यम से चालक रहित कार को सुरक्षित करना सबसे महत्वपूर्ण है।

प्रयोग 5.1: ऑपरेटिंग सिस्टमः सुरक्षा विशेषताएँ एवं टूल्स

प्रायोगिक कथन

ऑपरेटिंग सिस्टम और टूल्स की सुरक्षा विशेषताओं का अन्वेषण करें, उनका उपयोग करने का प्रयास करें और देखें कि क्या होता है।

प्रायोगिक महत्व

किसी भी ऑपरेटिंग सिस्टम द्वारा प्रदान की गई अंतर्निहित सुरक्षा सुविधाओं को एक ऑपरेटिंग सिस्टम के मूल गुणों में से एक माना जाता है। प्रत्येक कंप्यूटर उपयोगकर्ता के लिए अपनी गोपनीयता और मूल्यवान डेटा की सुरक्षा के लिए ओएस द्वारा प्रदान की गई इन सुविधाओं और उपकरणों का उपयोग करना महत्वपूर्ण है।

प्रासंगिक सिद्धांत

BIOS(बायोस) और UEFI(यूईएफआई) के साथ प्रोटेक्शन

आधुनिक कंप्यूटर UEFI(यूनिफाइड एक्स्टेंसिबल फ़र्मवेयर इंटरफ़ेस) के साथ आते हैं। फर्मवेयर सेटिंग हमारे कंप्यूटर सिस्टम के हार्डवेयर को निम्नतम स्तर पर नियंत्रित कर सकती है। हम यूएसबी पोर्ट, कैमरा, साउंड कार्ड इत्यादि जैसे किसी भी हार्डवेयर को सक्षम या अक्षम कर सकते हैं। यदि हमारे कंप्यूटर सिस्टम की भौतिक पहुँच गलत हाथों में जाती है, तो संभव है कि लाइव यूएसबी/डीवीडी के माध्यम से हमारा सिस्टम भंग हो जाए। ऐसी स्थिति से बचने के लिए, बायोस के बूट ऑर्डर परिवर्तन को सुरक्षित करना और केवल हार्ड डिस्क से बूटिंग की अनुमति देना आवश्यक है। यूईएफआई पर पासवर्ड सेट करके और सुरक्षित बूट सेटिंग्स को सक्षम करके सुरक्षा को बढ़ाया जाना चाहिए।

यूजर एकाउंट्स

जब हम कुछ उपयोगकर्ता खाते के साथ कंप्यूटर पर लॉग ऑन होते हैं तो उपयोगकर्ता के साथ कुछ विशेषाधिकार जुड़े होते हैं। विंडोज ओएस दो प्रकार के उपयोगकर्ता, अर्थात मानक उपयोगकर्ता और विशेषाधिकार प्राप्त उपयोगकर्ता खातों को निर्दिष्ट करता है । मानक उपयोगकर्ता खाते को विशेषाधिकार प्राप्त खाते की तुलना में सिस्टम की सेटिंग बदलने या अन्य सॉफ़्टवेयर स्थापित करने का कम विशेषाधिकार दिया जाता है। मानक उपयोगकर्ता खाते में, मैलवेयर को आवश्यक अनुमति नहीं मिलने के कारण सिस्टम सुरक्षित हो जाता है। इसलिएं इसे एक सामान्य नियम के रूप में समझें कि यदि हम सिस्टम की सेटिंग्स में बदलाव करना चाहते हैं, तो केवल प्रिविलेज यूजर अकाउंट से लॉग ऑन करें।

डेटा एन्क्रिप्शन

एन्क्रिप्शन का उपयोग कंप्यूटर सिस्टम में डेटा को बुरी नज़र से बचाने के लिए किया जाता है। वर्तमान ऑपरेटिंग सिस्टम पूर्ण डिस्क एन्क्रिप्शन की सुविधा भी प्रदान करते हैं और हमारी पूरी हार्ड डिस्क को एन्क्रिप्ट किया जा सकता है। यह सुविधा उबंटू 20 कोर और विंडोज 10 (होम संस्करणों को छोड़कर) में मौजूद है। विंडोज 10 में उसी के लिए बिटलॉकर नामक एक उपयोगिता है। ओएस टूल के अलावा, गोपनीयता और सुरक्षा को तृतीय-पक्ष सॉफ़्टवेयर जैसे DiskCryptor, Veracrypt, 7-Zip, आदि से बढ़ाया जा सकता है।

फ़ायरवॉल

फ़ायरवॉल हमारे नेटवर्क और बाहरी दुनिया के बीच एक बाधा के रूप में कार्य करते हैं। इनका उपयोग पैकेट के आकार, स्रोत आईपी पते, प्रोटोकॉल और गंतव्य पोर्ट जैसे कुछ मापदंडों के आधार पर आने वाले पैकेट को फ़िल्टर करने के लिए किया जाता है। पैकेट को अंदर से बाहर या इसके विपरीत, बाहर से अंदर की अनुमति देने या अस्वीकार करने के लिए विभिन्न नियमों को परिभाषित किया

जा सकता है। उबंटू में 'अनकॉम्प्लिकेटेड फ़ायरवॉल' (UFW) नाम का एक फ़ायरवॉल है, जबकि विंडोज़ 10 में 'विंडोज डिफ़ेंडर फ़ायरवॉल' का उपयोग किया जाता है।

बैकअप और रिकवरी

ऑपरेटिंग सिस्टम में बैकअप और रिकवरी टूल हैं जो कठिन समय में रामबाण का काम करते हैं। विंडोज 10 में एक ऐसा विकल्प भी है जिससे हम मनचाहे फोल्डर का बैकअप ले सकते हैं। इसके माध्यम से बैकअप की आवृत्ति और समय अंतराल को भी कॉन्फ़िगर किया जाता है।

प्रैक्टिकल आउटकम्स (PrO)

विद्यार्थी निम्न में सक्षम होंगेः

PrO1: बायोस और यूईएफआई की मदद से खुद को सुरक्षित रखें।

PrO2: उपयोगकर्ता खातों को परिभाषित करने और विंडोज 10में एक मानक उपयोगकर्ता खाता बनाएँ|

PrO3:विंडोज 10की बिटलॉकर उपयोगिता के साथ हार्ड डिस्क ड्राइव को एन्क्रिप्ट करें।

PrO4 वांछित फ़ोल्डरों के लिए बैकअप कॉन्फ़िगर करें, बैकअप आवृत्ति और अवधारण समय सेट करें।

PrO5: विंडोज 10 पर माइक्रोसॉफ्ट डिफेंडर फ़ायरवॉल चालू करें।

आवश्यक संसाधन

1. कंप्यूटर सिस्टम यानी पीसी/लैपटॉप में से कोई भी।
2. स्थापित ऑपरेटिंग सिस्टम यानी विंडोज 10 या उबंटू।

सावधानियाँ

1. UEFI पासवर्ड सेट करने के मामले में, इसे याद रखें या इसे किसी सुरक्षित स्थान पर रखें।
2. उपयोगकर्ता खाता निर्माण के दौरान, उपयोगकर्ताओं को न्यूनतम अनुमतियाँ प्रदान करें।
3. डेटा एन्क्रिप्ट करते समय, एन्क्रिप्शन कुंजी बहुत महत्वपूर्ण है, एक कुंजी खोना डेटा खोने के बराबर है।
4. बैकअप रणनीति को डेटा को सुरक्षित रखना चाहिए लेकिन कम मेमोरी आवश्यकताओं के साथ।
5. वैध उपयोगकर्ताओं और अनुप्रयोगों से जुड़े रहने के लिए, आईपी को अनुमति देना और अस्वीकार करना, फ़ायरवॉल नियमों के माध्यम से अनुप्रयोग, सावधानी से किए जाने चाहिए।

सुझाई गई प्रक्रिया

यूईएफआई पासवर्ड सेट करना

1. कंप्यूटर चालू करें और या तो एस्केप, डिलीट, F2, F10, या F12 कुंजी दबाएं।
2. सेटअप/ BIOS /UEFI दर्ज करें और अग्रिम सेटिंग पृष्ठ पर नेविगेट करें (F7)
3. सुरक्षा टैब पर क्लिक करें।

चित्र 5.3: UEFI पासवर्ड स्क्रीन

4. सुरक्षा टैब के अंतर्गत, आप व्यवस्थापक और उपयोगकर्ता पासवर्ड देखेंगे। आगे बढ़ें और व्यवस्थापक और उपयोगकर्ता खातों के लिए दो अलग-अलग पासवर्ड सेट करें।
5. अब आपको एडमिनिस्ट्रेटर और यूजर पासवर्ड स्टेटस 'इंस्टॉल' के रूप में दिखना चाहिए।
6. सहेजने और बाहर निकलने के लिए, सेव और एग्जिट(सहेजें और बाहर निकलें) विकल्प पर आगे बढ़ें। सेव और एग्जिट के लिए आपको कीबोर्ड पर F-10 को हिट करना पड़ सकता है।
7. कंप्यूटर को अब आपको तुरंत पासवर्ड के लिए संकेत देते हुए पुनरारंभ करना चाहिए। आप यूईएफआई में वापस भी जा सकते हैं और प्रशासक या पर्यवेक्षक पासवर्ड का भी परीक्षण कर सकते हैं।

बूट ऑर्डर को प्रतिबंधित करना

बूट अनुक्रम को बदलना भी अध्याय 2 में विस्तृत है (चित्र 2.4 देखें)। हम हार्डडिस्क के अलावा अन्य बूटिंग को प्रतिबंधित करने के लिए नीचे दिए गए चरणों का पालन करेंगे:

1. सिस्टम को यूईएफआई सेटिंग्स में बूट करें।
2. यूईएफआई के एडवांस्ड (F7) भाग पर नेविगेट करें।
3. बूट विकल्प टैब पर क्लिक करें।
4. आप 'बूट विकल्प # 1' देखेंगे। इसे अपनी आंतरिक हार्ड ड्राइव पर सेट करें।
5. यदि आपके पास 'बूट विकल्प #2' या अधिक है, तो आपको प्रत्येक को अक्षम करना चाहिए।
6. Save and Exit पर नेविगेट करें या अपने कीबोर्ड पर F10 दबाएँ।
7. UEFI सेटिंग में वापस जाएं और सत्यापित करें कि परिवर्तन सेट हैं।

स्टैण्डर्ड यूजर अकाउंट बनाना

1. विंडोज 'स्टार्ट' आइकन पर क्लिक करें।
2. 'विंडोज सिस्टम' फ़ोल्डर नीचे तक स्क्रॉल करें और विस्तार करने के लिए तीर पर क्लिक करें।
3. नेविगेट करने के लिए प्रत्येक विकल्प पर क्लिक करके Control Panel➔User Accounts➔User Accounts को नेविगेट करे।
4. अब, Manage Another Account ➔Add a user account जोड़ें पर क्लिक करें।
5. सबसे नीचे, 'माइक्रोसॉफ्ट खाते के बिना साइन इन करें (अनुशंसित नहीं)' ("Sign in without a Microsoft Account (not recommended)") पर क्लिक करें।
6. सबसे नीचे, 'स्थानीय खाता' "Local account" पर क्लिक करें और 'उपयोगकर्ता नाम, पासवर्ड और पासवर्ड संकेत' भरें। पूरा होने पर NEXT क्लिक करें'।
7. "Finish" पर क्लिक करें। अब आपको "Manage Accounts" विंडो पर वापस जाना चाहिए। सिस्टम पर एक नया उपयोगकर्ता खाता बनाया जाएगा।
8. लॉग ऑफ करें और सत्यापित करने के लिए लॉग ऑन करें।

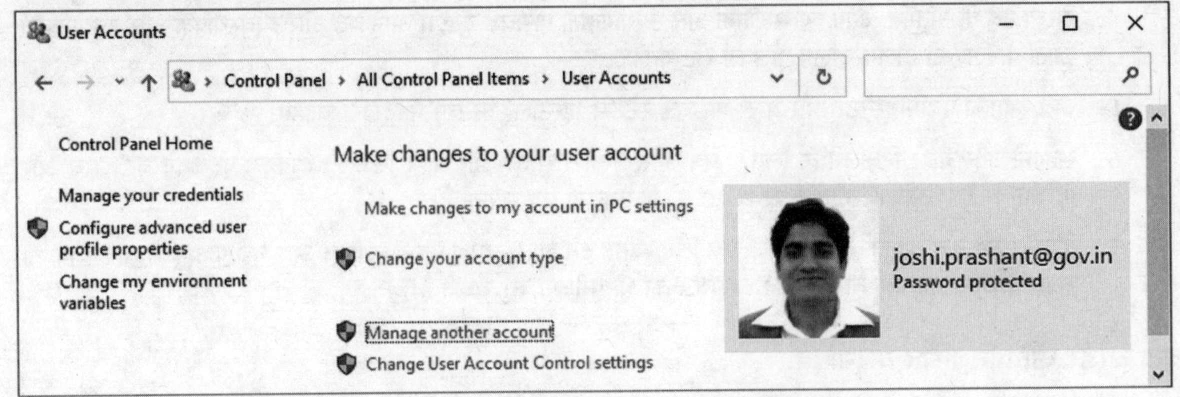

चित्र 5.4: विंडोज 10 में एक मानक उपयोगकर्ता खाता

बिटलॉकर के साथ हार्ड ड्राइव को एन्क्रिप्ट करें

1. **उस हार्ड ड्राइव का** पता लगाएँ जिसे आप, विंडोज एक्सप्लोरर में **"This PC"** के तहत एन्क्रिप्ट करना चाहते हैं।
2. लक्ष्य ड्राइव पर राइट-क्लिक करें और **"बिटलॉकर चालू करें" ("Turn on BitLocker.")** चुनें।
3. **'पासवर्ड दर्ज करें"** विकल्प चुनें और एक सुरक्षित पासवर्ड दर्ज करें।
4. **''अपनी पुनर्प्राप्ति कुंजी कैसे सक्षम करें"** "How to Enable Your Recovery Key" चुनें,जिसका उपयोग आप अपना पासवर्ड खो जाने पर अपनी ड्राइव तक पहुँचने के लिए करेंगे। इसे अपनी हार्ड ड्राइव में फ़ाइल के रूप में सहेजें,प्रिंट, इसे यूएसबी ड्राइव में फ़ाइल के रूप में सहेजें, या अपने माइक्रोसॉफ्ट खाते की कुंजी सहेजें जैसे विभिन्न विकल्प प्रदान किए जाते हैं।
5. **"Encrypt Entire Drive."** चुनें। यह विकल्प अधिक सुरक्षित है और आपके द्वारा हटाए जाने के लिए चिह्नित फ़ाइलों को एन्क्रिप्ट करता है।
6. जब तक आपको पुराने विंडोज मशीनों के साथ संगत होने के लिए अपने ड्राइव की आवश्यकता न हो, तब तक **"नया एन्क्रिप्शन मोड" ("New Encryption Mode.")** चुनें।
7. **"एनक्रिप्ट करना प्रारंभ करें"** पर क्लिक करें। एन्क्रिप्शन प्रक्रिया शुरू करने के लिए, ध्यान दें कि यदि आप अपने बूट ड्राइव को एन्क्रिप्ट कर रहे हैं तो इसके लिए कंप्यूटर पुनरारंभ की आवश्यकता होगी। एन्क्रिप्शन में कुछ समय लगेगा, लेकिन यह पृष्ठभूमि में चलेगा, और जब तक यह चलता है तब भी आप अपने कंप्यूटर का उपयोग करने में सक्षम होंगे।

विंडोज 10 में बैकअप

1. Navigate to Update & Security के लिए करने के लिए, Start→Settings →Update & Security का चयन से प्रारंभ करें।
2. बाएँ फलक से **''बैकअप"** विकल्प का उपयोग करते हुए और फिर दाएँ फलक पर "फ़ाइल का इतिहास का उपयोग करते हुए बैकअप",के अंतर्गत एक ड्राइव जोड़ें क्लिक करें। एक विंडो खुलेगी जिसमें आपसे उस ड्राइव का चयन करने के लिए कहा जाएगा, जिस पर आप फ़ाइलों का बैकअप लेना चाहते हैं। इस समय तक आपके कंप्यूटर सिस्टम में एक यूएसबी पेनड्राइव या अन्य आंतरिक हार्ड डिस्क स्थापित होनी चाहिए।
3. "Back Up Using File History" के अंतर्गत 'More Options' पर क्लिक करें।

4. जिन फ़ोल्डरों का बैकअप लिया जाएगा, वे 'बैक-अप इन फ़ोल्डर्स' के अंतर्गत सूचीबद्ध हैं। यदि आप एक फ़ोल्डर देखते हैं जिसका आप बैकअप नहीं लेना चाहते हैं, तो फ़ोल्डर पर क्लिक करें और 'निकालें' पर क्लिक करें।

5. यदि आप "Back Up These Folders" के तहत सूचीबद्ध नहीं किए गए फ़ोल्डर का बैकअप लेना चाहते हैं, तो आप "Add a Folder" पर क्लिक करना चाहेंगे। 'फ़ोल्डर चुनें' विंडो खुल जाएगी। आप वांछित फ़ोल्डर पर क्लिक करना चाहेंगे और "Choose This Folder" पर क्लिक करें।

6. "Overview" के अंतर्गत, आप यह सेट कर सकते हैं कि फ़ाइलों का बैकअप कब और कितनी देर तक रखना है। 'बैक अप फाइल्स' के तहत, मैंने 'डेली' पर सेट किया और 'कीप माई बैकअप्स' के तहत, मैं इसे डिफ़ॉल्ट सेटिंग 'फॉरएवर' पर छोड़ देता हूं। तैयार होने पर, आपको 'बैक अप नाउ' पर क्लिक करना होगा।

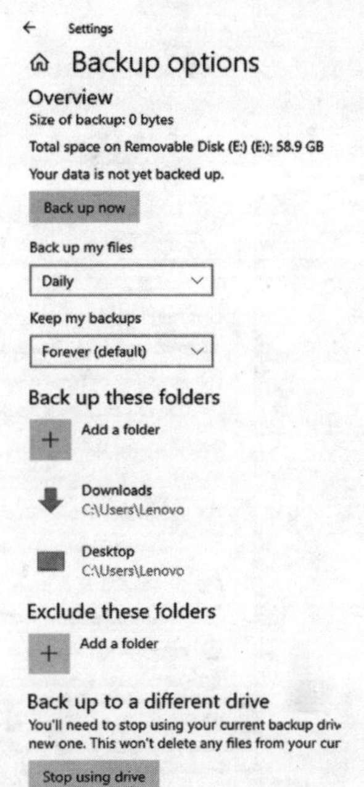

चित्र 5.5: विंडोज 10 में बैकअप विकल्प

अब यदि आप अपने द्वारा चुनी गई ड्राइव पर नेविगेट करते हैं, तो आपको 'फाइल हिस्ट्री' नामक एक फ़ोल्डर दिखाई देगा। यह उन फ़ोल्डरों का स्थान है जिनका आपने अभी-अभी बैकअप लिया है।

माइक्रोसॉफ्ट के डिफेंडर फ़ायरवॉलपरटर्निंग।

1. Start button➔Settings➔Update & Security➔Windows Security और फिर फायरवॉल और नेटवर्क सुरक्षा का चयन करें, विंडोज सुरक्षा सेटिंग्स खोलें।

2. एक नेटवर्क प्रोफ़ाइल का चयन करें।

3. माइक्रोसॉफ्ट डिफ़ेंडर फ़ायरवॉल के अंतर्गत, सेटिंग को चालू पर(ऑन) स्विच करें। यदि आपका उपकरण किसी नेटवर्क से जुड़ा है, तो नेटवर्क नीति सेटिंग्स आपको इन चरणों को पूरा करने से रोक सकती हैं। अधिक जानकारी के लिए, अपने व्यवस्थापक से संपर्क करें।

4. इसे बंद करने के लिए, सेटिंग को बंद पर(ऑफ़) स्विच करें। माइक्रोसॉफ्ट डिफ़ेंडर फ़ायरवॉल को बंद करने से आपका डिवाइस (और नेटवर्क, यदि आपके पास एक है) अनधिकृत पहुँच के प्रति अधिक संवेदनशील हो सकता है।

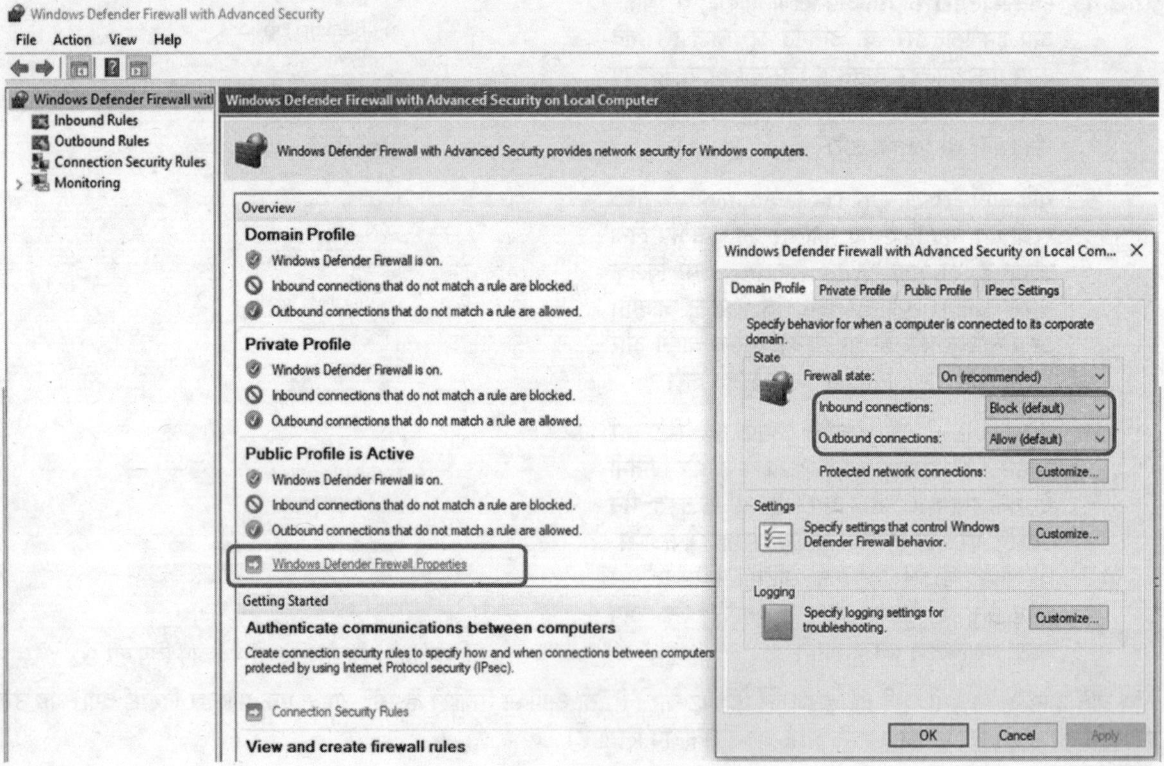

चित्र 5.6: विंडोज डिफेंडर फ़ायरवॉल

उबंटू ओएस 20.04 में एक इनबिल्ट फ़ायरवॉल भी है जिसे एक अनकंप्लीकैटेड फ़ायरवॉल (UEFI) नाम दिया गया है। हम काम के प्रकार और आवश्यकता के आधार पर इनकमिंग और आउटगोइंग पैकेट के लिए अपने नियमों को कॉन्फ़िगर कर सकते हैं। कमांड लाइन इंटरफेस या जीयूआई दोनों उपलब्ध हैं। एक स्व-व्याख्या करने वाला आसान जीयूआई चित्र 5.4 में दर्शाया गया है।

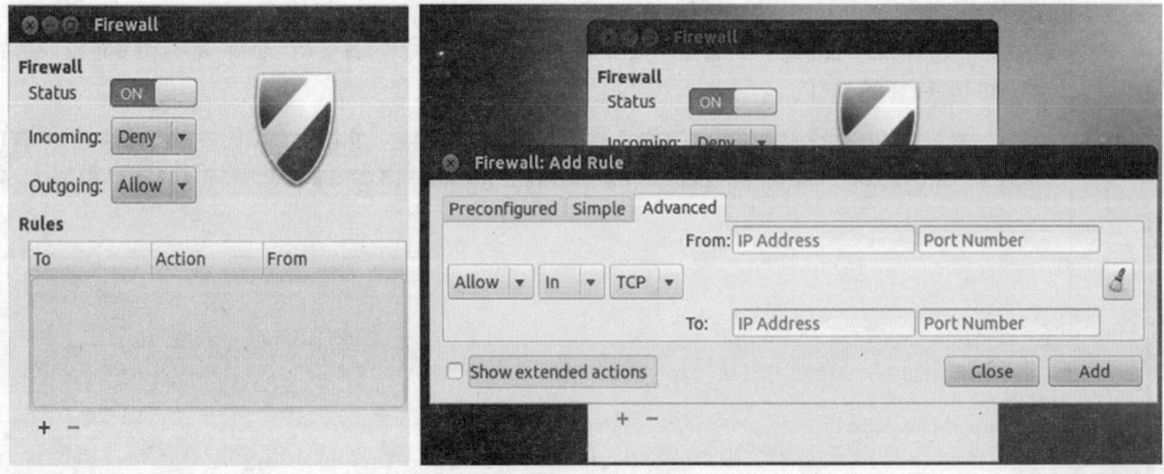

चित्र 5.7: उबंटू के UFW के लिए GUI

प्रैक्टिकल से संबंधित प्रश्न

नोटः संदर्भ के लिए नीचे कुछ नमूना प्रश्न दिए गए हैं।

1. बायोस (BIOS) और यूईएफआई में पासवर्ड सेट करके, क्या सुरक्षा उपाय दिए गए हैं?
2. उपयोगकर्ता अपने डेटा को ओएस के साथ कैसे एन्क्रिप्ट कर सकते हैं? किसी तृतीय-पक्ष सॉफ्टवेयर के नाम भी बताइए।
3. अपने सिस्टम के एफ़टीपी पोर्ट को ब्लॉक करने के लिए एक नियम सेट करें।
4. अपने ओएस में 'एआईसीटीई' नाम का एक यूजर अकाउंट बनाएँ।
5. आप विंडोज 10 ऑपरेटिंग सिस्टम में हर 12 घंटे के बाद अपने निर्दिष्ट फ़ोल्डरों का स्वचालित बैकअप कैसे कॉन्फ़िगर करते हैं?

अध्ययन हेतु सुझाए गए संसाधन

[1] Tyler S Payne, *WINDOWS 10, Improving Privacy & Security*. 2020.

[2] M. Meyers, Mike Meyers' *CompTIA A+ guide : essentials : exam 220-701.* New York: Mcgraw-Hill, 2010.

मूल्यांकन योजना हेतु सुझाव

दिए गए कार्यनिष्पादन संकेतक को, प्रक्रिया और उत्पाद से संबंधित अंकों के मूल्यांकन के लिए एक दिशानिर्देश के रूप में कार्य करना चाहिए।

	कार्य निष्पादन संकेतक	कुल अंको का प्रतिशत वेटेज	प्रदान किए गए अंक
परिणाम संबंधितः अंक* (%)			
1.	छात्र द्वारा की गई परिस्थिति तैयारी का आँकलन	10	
2.	प्रैक्टिकल घटकों की व्याख्या यानी, खंड 1.2 से 1.7	20	
3.	प्रक्रिया को समझने एवं क्रमानुसार उसे समझा पाना	10	
4.	मौखिक परीक्षा	10	
प्रक्रिया संबंधितः अंक* (.%)			
5.	BIOS और UEFI के लिए पासवर्ड सेटिंग और बूट ऑर्डर बदल को प्रतिबंधित करना	10	
6.	उपयोगकर्ता खाता निर्माण	10	
7.	डेटा एन्क्रिप्शन उपकरण का उपयोग	10	
8.	फ़ायरवॉल चालू करना और नियम निर्धारित करना।	10	
9.	स्वचालित बैकअप सेट करना।	10	
	कुल	**100%**	

*परिणाम और प्रक्रिया मूल्यांकन के लिए अंक और प्रतिशत भार का निर्णय शिक्षक द्वारा लिया जायेगा।

छात्र का नामः.. प्रदान किए गए अंक			दिनांक के साथ शिक्षक के हस्ताक्षर
प्रक्रिया संबंधित	परिणाम संबंधित	कुल	

संदर्भ एवं अध्ययन हेतु सुझाव

[1] "A Document on Information Security Best Practices by Ministry of Home Affairs, Government of India."

[2] "A Document on Information Technology Security Best Practices by Ministry of Tourism, Government of India."

[3] "National Information Security Policy and Guidelines (NISPG 5.0)," Ministry of Home Affairs, Government of India.

[4] "National Cyber Security Policy, 2013," Department of Electronics and Information Technology, Government of India.

[5] "Topics," *ISEA*. https://www.infosecawareness.in/topics (accessed Aug. 10, 2021).

□□□

परिशिष्ट

शॉर्टकट कुंजियाँ कंप्यूटर उपयोगकर्ताओं को डेस्कटॉप और एप्लिकेशन को अधिक कुशलता और आसानी से संचालित करने में सक्षम बनाती हैं। यह खंड वैकल्पिक तरीके से कार्य करने के लिए विभिन्न शॉर्टकट कुंजियों या कुंजी संयोजनों को सूचीबद्ध करता है जो आमतौर पर माउस के माध्यम से किया जाता है।

परिशिष्ट A वेब ब्राउज़र के लिए शॉर्टकट कुंजियाँ

KEY	कार्य
टैब्स	
Ctrl+1-8	बाएं से गिनते करते हुए , 1-8 निर्दिष्ट टैब पर स्विच करने के लिए
Ctrl+9	अंतिम टैब पर स्विच करने के लिए
Ctrl+Tab	अगले टैब (दाईं ओर) पर स्विच करने के लिए
Ctrl+Shift+Tab	पिछले टैब (बाईं ओर) पर स्विच करने के लिए
Ctrl+W, Ctrl+F4	वर्तमान टैब को बंद करने के लिए
Ctrl+Shift+T	अंतिम बंद टैब को फिर से खोलने के लिए
Ctrl+T	एक नया टैब खोलने के लिए
Ctrl+N	एक नई ब्राउज़र विंडो खोलने के लिए
टैब के लिए माउस कार्य	
Middle Click a Tab	टैब बंद करें
Ctrl+Left Click, Middle Click	पृष्ठभूमि टैब में एक और लिंक ओपन करें
Shift+Left Click	एक नई ब्राउजर विंडो में एक लिंक ओपन करें
Ctrl+Shift+Left Click	एक अग्रभूमि टैब में एक लिंक ओपन करें
नेवीगेशन	
Alt+Left Arrow or Backspace	बैक (वापस)
Alt+Right Arrow or Shift+Backspace	फॉरवर्ड (आगे)
F5	वेबपृष्ठ को फिर से लोड करें
Ctrl+F5	पुनः लोड करें और कैश को छोड़ दे
Escape	बंद करो
Alt+Home	ओपन होमपेज
ज़ूमिंग (ज़ूम करना)	
Ctrl and + or Ctrl+Mousewheel Up	ज़ूम इन

KEY	कार्य
	टैब्स
Ctrl and – or Ctrl+Mousewheel Down	ज़ूम आउट
Ctrl+0	डिफ़ॉल्ट ज़ूम स्तर
F11	फुल स्क्रीन मोड
	स्क्रॉलिंग
Space or Page Down	पेज को एक फ्रेम तक नीचे स्क्रॉल करें ।(फ्रेम स्क्रॉल डाउन)
Shift+Space or Page Up	पेज को एक फ्रेम तक उपर स्क्रॉल करें । (फ्रेम स्क्रॉल अप)
Home	पेज का टॉप
End	पेज का बॉटम
Middle Click	माउस के साथ स्क्रॉल (केवल विंडोज ओएस में)
	एड्रेस बार
Ctrl+L or Alt+D or F6	टाइप करना आरंभ करने के लिए एड्रेस बार को फ़ोकस करें
Ctrl+Enter	उपसर्ग www करने के लिए और .com संलग्न करने के लिए
	सर्च
Ctrl+K or Ctrl+E	ब्राउज़र के बिल्ट-इन(अंतर्निर्मित) सर्च बॉक्स पर फ़ोकस करें
Alt+Enter	सर्च बॉक्स से, एक नए टैब में खोज करें
Ctrl+F or F3	पृष्ठ पर खोज करने के लिए इन-पेज सर्च बॉक्स खोलें
Ctrl+G or F3	पृष्ठ पर खोजे गए टेक्स्ट का अगला मिलान ढूंढें
Ctrl+Shift+G or Shift+F3	पृष्ठ पर खोजे गए टेक्स्ट का पिछला मिलान
	हिस्ट्री और बुकमार्क्स
Ctrl+H	ब्राउज़िंग हिस्ट्री खोलें
Ctrl+J	डाउनलोड हिस्ट्री को खोलें
Ctrl+D	वर्तमान वेबसाइट को बुकमार्क करें
Ctrl+Shift+Del	"क्लियर ब्राउज़िंग हिस्ट्री" विंडो खोलें
	अन्य कार्य
Ctrl+P	वर्तमान पृष्ठ को प्रिंट करें
Ctrl+S	वर्तमान पृष्ठ को अपने कंप्यूटर पर सेव करने के लिए
Ctrl+O	अपने कंप्यूटर से एक फ़ाइल खोलने के लिए
Ctrl+U	वर्तमान पृष्ठ का स्रोत कोड खोलने के लिए (IE के लिए नहीं)
F12	डेवलपर टूल खोलने के लिए

परिशिष्ट B विंडोज़ 10 के लिए सामान्य प्रयोजन शॉर्टकट कुंजियाँ

KEY	कार्य
Ctrl + X	चयनित आइटम को कट करने के लिए
Ctrl + C (or Ctrl + Insert)	चयनित आइटम को कॉपी करने के लिए
Ctrl + V (or Shift + Insert)	चयनित आइटम को पेस्ट करने के लिए
Ctrl + Z	क्रिया को पूर्ववत करें
Alt + Tab	खुले ऐप्स के बीच स्विच करने के लिए
Alt + F4	वर्तमान आइटम बंद करें, या सक्रिय ऐप से बाहर निकलें
Windows logo key + L	अपने पीसी को लॉक करने के लिए
Windows logo key + D	डिस्प्ले करें और डेस्कटॉप को छुपाएं
F2	चयनित आइटम का नाम बदलें
F3	फ़ाइल एक्सप्लोरर में फ़ाइल या फ़ोल्डर खोजें
F4	फ़ाइल एक्सप्लोरर में एड्रेस बार सूची प्रदर्शित करने के लिए
F5	सक्रिय विंडो रीफ्रेश करने के लिए
F6	विंडो या डेस्कटॉप पर उपलब्ध स्क्रीन तत्वों में आवर्तन करने के लिए
F10	वर्तमान ऐप में मेनू बार को सक्रिय करने के लिए
Alt + F8	साइन-इन स्क्रीन पर अपना पासवर्ड दिखाने के लिए
Alt + Esc	जिस क्रम से आइटम्स खोले गए है उसी क्रम में आवर्तन करने के लिए
Alt + underlined letter	रेखांकित अक्षर के लिए आदेश निष्पादित करने के लिए
Alt + Enter	चयनित आइटम के लिए गुण प्रदर्शित करने के लिए
Alt + Spacebar	सक्रिय विंडो के लिए शॉर्टकट मेनू खोलने के लिए
Alt + Left arrow	वापस जाएं
Alt + Right arrow	आगे जाएं
Alt + Page Up	एक स्क्रीन ऊपर ले जाएं
Alt + Page Down	एक स्क्रीन नीचे ले जाएं
Ctrl + F4	सक्रिय दस्तावेज़ बंद करें (ऐसे ऐप्लिकेशन जो पूर्ण-स्क्रीन हैं और आपको कई दस्तावेज़ एक ही समय में खुलते हैं उस में एप्लीकेबल)
Ctrl + A	किसी दस्तावेज़ या विंडो में सभी आइटम का चयन करें
Ctrl + D (or Delete)	चयनित आइटम को हटाएँ और इसे रीसायकल बिन में ले जाएं
Ctrl + R (or F5)	सक्रिय विंडो को रिफ्रेश करें
Ctrl + Y	एक क्रिया फिर से करने के लिए

KEY	कार्य
Ctrl + Right arrow	कर्सर को अगले शब्द की शुरुआत में ले जाएँ
Ctrl + Left arrow	कर्सर को पिछले शब्द की शुरुआत में ले जाएँ
Ctrl + Down arrow	कर्सर को अगले पैराग्राफ की शुरुआत में ले जाएं
Ctrl + Up arrow	कर्सर को पिछले पैराग्राफ की शुरुआत में ले जाएं
Ctrl + Alt + Tab	सभी खुले ऐप्स के बीच स्विच करने के लिए एरो कुंजियों का उपयोग करें
Alt + Shift + arrow keys	जब कोई समूह या टाइल प्रारंभ मेनू पर फ़ोकस में है, इसे निर्दिष्ट दिशा में ले जाएँ
Ctrl + Shift + arrow keys	जब कोई टाइल प्रारंभ मेनू पर फ़ोकस में हो, तो फ़ोल्डर बनाने के लिए इसे किसी अन्य टाइल में ले जाएँ
Ctrl + arrow keys	प्रारंभ मेनू के खुले होने पर उसका आकार बदलें
Ctrl + arrow key (to move to an item) + Spacebar	किसी विंडो या डेस्कटॉप में एकाधिक अलग-अलग आइटम का चयन करें
Ctrl + Shift with an arrow key	टेक्स्ट के एक ब्लॉक का चयन करें
Ctrl + Esc	ओपन स्टार्ट
Ctrl + Shift + Esc	ओपन टास्क मैनेजर
Ctrl + Shift	एकाधिक कीबोर्ड लेआउट उपलब्ध होने पर कीबोर्ड लेआउट स्विच करने के लिए
Shift + F10	चयनित आइटम के लिए शॉर्टकट मेनू प्रदर्शित करने के लिए
Shift with any arrow key	विंडो या डेस्कटॉप पर एक से अधिक आइटम का चयन करें, या किसी दस्तावेज़ में टेक्स्ट का चयन करें
Shift + Delete	चयनित आइटम को पहले रीसायकल बिन में ले जाए बिना हटाएं
Right arrow	दाईं ओर अगला मेनू या एक सबमेनू खोलें
Left arrow	बाईं ओर अगला मेनू या एक सबमेनू खोलें
Esc	वर्तमान कार्य को रोकें(बंद करें) या छोड़ें
PrtScn	अपने पूरी स्क्रीन का स्क्रीनशॉट लें और इसे क्लिपबोर्ड पर कॉपी करें

परिशिष्ट C उबंटू 20.04 के लिए सामान्य प्रयोजन शॉर्टकट कुंजियाँ

KEY	कार्य
Alt+F1 or the Super key	एक्टिविटीज ओवरव्यू ('Activities') और डेस्कटॉप के बीच स्विच करें। ओवरव्यू में, अपने एप्लिकेशन, संपर्क और दस्तावेज़ों को तुरंत खोजने के लिए टाइप करना प्रारंभ करें।
Alt+F2	पॉप अप कमांड विंडो (जल्दी से कमांड को चलाने के लिए)। पहले चलाए गए आदेशों को शीघ्रता से एक्सेस करने के लिए 'एरो कीज ' का उपयोग करें।
Super+Tab	विंडोज़ के बीच जल्दी से स्विच करें। रिवर्स ऑर्डर के लिए Shift दबाए रखें।
Super+`	सुपर+टैब के बाद उसी एप्लिकेशन से या चयनित एप्लिकेशन से विंडोज़ के बीच स्विच करें। (` कुंजी, 'टैब'('Tab') की के ऊपर है)
Alt+Esc	वर्तमान वर्कस्पेस(कार्यक्षेत्र) में विंडोज़ के बीच स्विच करें। रिवर्स ऑर्डर के लिए Shift दबाए रखें।
Ctrl+Alt+Tab	कीबोर्ड फोकस को टॉप बार पर दें। 'एक्टिविटीज ओवरव्यू' में, कीबोर्ड फ़ोकस को टॉप बार, डैश, विंडोज़ ओवरव्यू, एप्लिकेशन सूची और सर्च फ़ील्ड के बीच स्विच करें। नेविगेट करने के लिए 'एरो कीज ' का उपयोग करें।
Super+A	एप्लिकेशन सूची दिखाएं ।
Super+Page Up and Super+Page Down	वर्कस्पेसेस के बीच स्विच करें।
Shift+Super+Page Up and Shift+Super+Page Down	वर्तमान विंडो को किसी भिन्न वर्कस्पेस पर ले जाएं।
Shift+Super+Left arrow	वर्तमान विंडो एक मॉनिटर तक बाईं ओर ले जाएं।
Shift+Super+Right arrow	वर्तमान विंडो एक मॉनिटर तक दाईं ओर ले जाएं।
Ctrl+Alt+Delete	पावर ऑफ / रीस्टार्ट डायलॉग दिखाएं।
Super+L	स्क्रीन लॉक करें।
Super+V	नोटिफिकेशन सूची दिखाएं । सुपर+वी फिर से दबाएं या बंद करने के लिए Esc दबाएं।

परिशिष्ट D OpenOffice.org के लिए सामान्य शॉर्टकट कुंजियाँ

KEY	कार्य
Enter key	डायलॉग में फ़ोकस किए गए बटन को सक्रिय करता है। .
Esc	क्रिया या डायलॉग को समाप्त करता है। यदि OpenOffice.org सहायता में है, तब एक स्तर ऊपर जाता है।
Spacebar	किसी डायलॉग में फ़ोकस किए गए चेकबॉक्स को टॉगल करता है।
Arrow keys	डायलॉग के ऑप्शन सेक्शन के सक्रिय कण्ट्रोल फ़ील्ड को बदलता है।
Tab	डायलॉग में अगले सेक्शन या एलीमेंट की ओर फ़ोकस बढ़ाता हैं।
Shift+Tab	डायलॉग में पिछले सेक्शन या एलीमेंट की ओर फ़ोकस बढ़ाता हैं।
Alt+Down Arrow	डायलॉग में वर्तमान में चयनित कण्ट्रोल फ़ील्ड की सूची खोलता है। यह शॉर्टकट कॉम्बो बॉक्स और पॉप-अप मेनू वाले आइकन बटन पर लागू होता है। Esc कुंजी दबाकर खुली हुई सूची को बंद करें।
Del	चयनित वस्तुओं को रीसायकल बिन में डाल देता है।
Shift+Del	चयनित वस्तुओं को रीसायकल बिन में डाले बिना हटा देता है।
Backspace	जब कोई फ़ोल्डर दिखाया जाता हैः तब एक स्तर ऊपर जाता है (वापस जाता है)।
Ctrl+Shift+Spacebar	चयनित टेक्स्ट या वस्तुओं से प्रत्यक्ष फॉर्मेटिंग (स्वरूपण) को हटाता है (जैसा कि फॉर्मेट-> डिफ़ॉल्ट फॉर्मेटिंग में है)।
Ctrl+Tab	जब हेडर की शुरुआत में प्लेस किया जाता है, तो एक टैब इन्सर्ट करता है।
Enter (if a drawing object or text object is selected)	टेक्स्ट इनपुट मोड को सक्रिय करता है। (अगर कोई ड्राइंग या टेक्स्ट ऑब्जेक्ट चयनित है)
Ctrl+O	डॉक्यूमेंट खोलता है
Ctrl+S	वर्तमान डॉक्यूमेंट डॉक्यूमेंट को सेव करता है
Ctrl+N	एक नया डॉक्यूमेंट बनाता है
Shift+Ctrl+N	टेम्पलेट और डॉक्युमेंट्स डायलॉग खोलता है।
Ctrl+P	डॉक्यूमेंट को प्रिंट करता है।
Ctrl+Q	एप्लिकेशन से बाहर निकलता है।
Ctrl+X	चयनित आइटम्स को कट करता है ।
Ctrl+C	चयनित आइटम्स की कॉपी बनाता है।
Ctrl+V	क्लिपबोर्ड से कॉपी पेस्ट करता है।
Ctrl+Shift+V	पेस्ट स्पेशल डायलॉग खोलता है।
Ctrl+A	सभी का चयन करता है।

KEY	कार्य
Ctrl+Z	अंतिम क्रिया को पूर्ववत करता है। (अनडू लास्ट एक्शन)
Ctrl+Y	अंतिम क्रिया को फिर से करता है। (रीडू लास्ट एक्शन)
Ctrl+Shift+Y	अंतिम कमांड दोहराता है।
Ctrl+F	ढूँढें और बदलें(फाइंड एंड रिप्लेस) डायलॉग को कॉल करता है।
Ctrl+Shift+F	अंतिम दर्ज किए गए खोज शब्द (सर्चड टर्म) की खोज करता है।.
Ctrl+Shift+J	राइटर या कैल्क में फ़ुलस्क्रीन मोड और सामान्य मोड के बीच के व्यू को टॉगल करता है।
Ctrl+Shift+R	डॉक्यूमेंट व्यू को रिफ्रेश (रिड्रॉ) करता है ।
Ctrl+Shift+I	रीड ओनली टेक्स्ट में चयन कर्सर को सक्षम (इनेबल) या अक्षम (डिसेबल) करता है।
Ctrl+I	इटैलिक विशेषता को चयनित क्षेत्र या उस शब्द पर लागू करता है जिसमें कर्सर स्थित है।
Ctrl+B	बोल्ड विशेषता को चयनित क्षेत्र या उस शब्द पर लागू करता है जिसमें कर्सर स्थित है।
Ctrl+U	रेखांकित विशेषता को चयनित क्षेत्र या उस शब्द पर लागू करता है जिसमें कर्सर स्थित है।

आगामी अध्ययन हेतु संदर्भ

[1] C. Hoffman, "47 Keyboard Shortcuts That Work in All Web Browsers," How-To Geek. https://www.howtogeek.com/114518/47-keyboard-shortcuts-that-work-in-all-web-browsers/ (accessed Sep. 21, 2021).

[2] "Keyboard shortcuts in Windows," support.microsoft.com. https://support.microsoft.com/en-us/windows/keyboard-shortcuts-in-windows-dcc61a57-8ff0-cffe-9796-cb9706c75eec.

[3] "Useful keyboard shortcuts," help.ubuntu.com. https://help.ubuntu.com/stable/ubuntu-help/shell-keyboard-shortcuts.html.en (accessed Sep. 21, 2021).

[4] "Getting Started Guide Appendix A Keyboard Shortcuts." Accessed: Sep. 21, 2021. [Online]. Available: https://www.openoffice.org/documentation/manuals/userguide3/0115GS3-KeyboardShortcuts.pdf.

CO और PO अटैनमेंट तालिका

पाठ्यक्रम पूर्ण होने के उपरांत कोर्स आउटकम्स (COs) को प्रोग्राम आउटकम्स (POs) के साथ मैप (परस्पर संबंध) किया जा सकता है तथा अन्तर का विश्लेषण करने के लिए POs प्राप्ति हेतु सहसंबंध स्थापित किया जा सकता है। POs प्राप्ति में अन्तर के उचित विश्लेषण पश्चात प्राप्त कमियों को दूर करने के लिए उचित उपाय भी किये जा सकते हैं।

CO और PO अटैनमेंट तालिका

कोर्स आउटकम्स (COs)	प्रोग्राम आउटकम्स (POs) के साथ अपेक्षित संबंध *(1- कमजोर सहसंबंध; 2- मध्यम सहसंबंध; 3- मजबूत सहसंबंध)*						
	PO-1	PO-2	PO-3	PO-4	PO-5	PO-6	PO-7
CO-1							
CO-2							
CO-3							
CO-4							
CO-5							
CO-6							
CO-7							

उपरोक्त तालिका में उल्लेखित किये गए आंकड़ों का उपयोग, अन्तर के विश्लेषण करने में किया जा सकता है।

अनुक्रमणिका

□□□

शब्दकोष

अनुक्रमण	indexing
अनुप्रयोग	application
अनुभाग	section
अनुलग्नक	attachment
अनुसूचित बैकअप	scheduled backups
अनुसंधान	research
अनुसंधान और सीखने की गतिविधियाँ	Research and Learning activities
असुरक्षित व्यवहार	Insecure practices
आउटकम बेस्ड एजुकेशन	Outcome based education(OBE)
उपकरण	equipment
उपनाम	alias
उपलब्धता	Availability
उत्पाद	product
उत्सर्जक	Emmisive
एक गैर-लाभकारी स्वयंसेवी समूह	Non-profit volunteer
कुंजी	key
कोशिका	cell
कृत्रिम बुद्धिमत्ता	Artificial Inteligence
खोज इंजन	Search engine
खोज प्रतीक	Search sympol
खोज प्रश्न	Search query
गणना	calculation
गुण	property
गैर-अस्वीकृति	non-repudiation.

प्रस्तुति	presentation
प्रामाणिकता	authenticity
प्रारूपित	format
प्रासंगिक	contextual
प्रौद्योगिकी	technology
भेद्यताएं	vulnerabilities
भंडारण	storage
भंडारण और फ़ाइल स्थानांतरण	Storage and file transfer
मदद मेनू	Help menu
मालिकाना	proprietory
तत्व	element
त्वरित संदेश	Instant Messaging
दस्तावेज़	document
नियमित रखरखाव	regular maintenance
निरंतरता	Continuity
नौकरी की तलाश	Job hunting
रेखांकित	underline
वर्तनी	spelling
वर्तनी जाँच	Spelling check
विकसित	advanced
विभाजन	partition
विज्ञापन अवरोधन	Ad blocking
वृद्धिशील खोज	Incremental search
शीर्षक पट्टी	Title bar

गैर-वाष्पशील	Non volatile	समाचार, मनोरंजन	News,entertainment
गोपनीयता	Confidentiality	सहयोगात्मक कार्य	Collaborative task
गंतव्य	destination	सत्र अपहरण	Session hijacking
घटक	constituents	सत्यनिष्ठा, अखंडता	Integrity
घुसपैठ	intrusion	स्वतः अद्यतन	Auto update
चयनकर्ता	selector	सामाजिक	social
डेटा भंडारण और दृढ़ता	Data storage and persistence	सारणीबद्ध	tabular
डोमेन नाम प्रणाली	Domain name system	सुरक्षा सिद्धांत	Security principles
ढूँढें और बदलें	Find and replace	सूचना सुरक्षा	Information security
पत्रिका	periodical	संगतता	compatibility
पारिस्थितिकी तंत्र	ecosystem	संगरोध संक्रमित	Quarantine infected
प्रणाली	System	संचार	communication
प्रपत्र प्रबंधन	Form management	संपीड़ित	compressed
प्रतिदान घोटाला	Quid pro quo scam	संस्करण	version
प्रतिलिपि	Copy	संस्थापन, स्थापना	installation
विकसित खोज	Advanced search	समाचार, मनोरंजन	News,entertainment

□□□